JN425222

제6판

유아교사론

박 은 혜

창지사

머리말

지난 2017년에 제5판을 출간하고 나서 약 3년의 세월이 흘렀다. 이번 제6판에서는 이론적으로 크게 달라진 점이 없기 때문에 전체적인 구조를 변경하기보다는 교육과정과 법적인 부분의 변화에 따른 부분을 중점으로 개정하였다. 특별히, 교원의 권리와 관련하여 자격증이나 복무규정, 임금, 임용, 휴직 등의 부분에서 최신의 정보로 수정하였다.

2019년에는 누리과정의 개정이 있었다. 교육과정에서 사용하는 용어가 달라진 부분도 있고, 교육계획을 작성하고 놀이를 지원하는 교사의 역할에 대한 변화가 있었기 때문에 전반적으로 이 부분을 반영하여 개정하였다.

올해는 교육과정의 변화와 더불어 코로나19로 인한 방역과 원격교육에 대한 준비 등으로 교사들의 헌신이 그 어느 때보다도 요구되는 한 해였다. 그럼에도 불구하고 그에 상응하는 권리를 보장받았는지에 대해서는 이견이 있을 수 있다. 최근에는 교사를 중심으로 하는 새로운 교원단체들이 생겼고, 유치원 교사들이 가입하는 비율도 점차 증가하는 추세이기 때문에 이 부분에 대한 정보를 더하였다.

앞으로 교사가 되려는 사람들에게는 교육과정 개발과 운영자로서의 역할에 대한 지식뿐만 아니라 사회의 변화에 대응할 수 있는 역량과 함께 자신의 정체성과 심리적인 방역을 할 수 있는 역량이 필요하다.

점점 더 많은 역할과 책임이 요구되는 유아교사가 되려는 사람들에게 이 책이 조금이라도 도움이 될 수 있기를 바란다.

2020년 7월

이화동산에서 박은혜

차 례

Chapter

01 유아교사직 이해하기

학습목표

- 가르치는 일의 특성에 대해 이해한다.
- 유아교사직의 일반적인 특성 및 현황을 이해한다.
- 유아교사에게 요구되는 가르치는 일과 돌봄의 특성을 이해한다.
- 전문직으로서의 유아교사직의 특성을 이해한다.

학습내용

- 교직의 본질
- 유아교사직의 본질
- 유아교사직의 의의

핵심용어

- 교직관
- 유아교사의 이미지
- 돌봄의 특성
- 딜레마

CHAPTER

Early Childhood Teacher Education

01 유아교사직 이해하기

교직의 본질 01

1) 한국 표준 직업 분류

세상에는 10만여 종의 직업이 존재하며 우리나라의 경우에는 약 12,000개의 직업이 존재한다. 한국 표준 직업 분류는 우리나라에 있는 모든 직업을 총 정리하여 그 특성에 따라 분류한 것이다. 이 분류에 의하면 우리나라에 존재하는 직업들은 9개 군으로 구분되는데 교직은 법학이나 의학 등과 함께 전문직에 속한다. 전문가는 "물리, 생명과학 및 사회과학 분야에서 높은 수준의 전문적 지식과 경험을 기초로 과학적 개념과 이론을 응용하여 해당 분야를 연구, 개발 및 개선한다. 또한 고도의 전문 지식을 이용하여 의료 진료 활동과 각급 학교 학생을 지도하고 사업, 법률 및 사회 서비스를 제공하며 예술적인 창작 활동을 수행"하는 사람들이다. 이 정의에 따르면 교사는 그가 대학의 수준에서 일하든지 유치원의 수준에서 일하든지 간에 가르치는 것을 중점으로 하는 전문가이다. 현재 우리나라에 존재하는 9개의 직업군은 다음과 같다.

1 관리자
2 전문가 및 관련 종사자
 21 과학 전문가 및 관련직
 22 정보통신 전문가 및 기술직
 23 공학 전문가 및 기술직
 24 보건·사회복지 및 종교 관련직
  241 의료진료 전문가
  242 약사 및 한약사
  243 간호사
  244 영양사
  245 치료사 및 의료기사
  246 보건의료 관련 종사자
  247 사회복지 관련 종사자
   2471 사회복지사
    24710 사회복지사
   2472 보육 교사
    24720 보육 교사
   2473 직업 상담사
   2474 상담 전문가
   2475 청소년 지도사
   2476 시민 단체 활동가
   2479 기타 사회복지 관련 종사원
  248 종교 관련 종사자
 25 교육 전문가 및 관련직
  251 대학 교수 및 강사
  252 학교 교사
   2521 중·고등학교 교사
    25211 국어 교사
    25212 수학 교사
    25213 사회 교사
    25214 과학 교사
    25215 예·체능 교사
    25216 실업 교사
    25217 외국어 교사
    25219 그 외 중·고등학교 교사

2522 초등학교 교사
25220 초등학교 교사
2523 특수교육 교사
25231 시각장애인 특수교육 교사
25232 청각장애인 특수교육 교사
25239 그 외 특수교육 교사
253 유치원 교사
2530 유치원 교사
25300 유치원 교사
254 문리·기술 및 예능 강사
259 기타 교육 전문가
26 법률 및 행정 전문직
27 경영·금융 전문가 및 관련직
28 문화·예술·스포츠 전문가 및 관련직
3 사무 종사자
4 서비스 종사자
5 판매 종사자
6 농림어업 숙련 종사자
7 기능원 및 관련 기능 종사자
8 장치·기계조작 및 조립 종사자
9 단순노무 종사자
A 군인

출처: 통계청(2020). 한국표준직업분류.

대분류의 전문가 및 관련 종사자[2] 가운데 가르치는 사람은 [5]의 번호로 표시한다(중분류). 가르치는 사람 가운데서도 가르치는 기관에 따라 대학 교수 및 강사는 [1], 초·중·고등학교를 포함한 학교 교사는 [2], 유치원 교사는 [3], 문리·기술 및 예능 강사는 [4], 기타 교육전문가는 [9]로 나타낸다(소분류). 학교급에 따라 중·고등학교 교사는 [1], 초등학교 교사는 [2], 특수교육 교사는 [3]의 번호를 가지게 된다(세분류). 같은 학교급에서도 가르치는 과목에 따라 수학 교사는 [2]의 번호를 가지게 된다(세세분류). 이와 같은 원칙에 따라 보면 유치원은 하위 학교급의 구분과 교과 구분이 없으므로 세분류 번호 [0]과 세세분류번호 [0]을 가지게 되어 [25300]이라는 고유의 직업번호를 가지게 되는 것이다.

보육교사의 경우에는 교직을 이수한 것이 아니므로 교사에 해당하지 않으며 대분류 전문가 및 관련 종사자[2] 가운데 보건·사회복지 및 종교 관련직[4]으로 표시한다(중분류). 관련 직종 가운데 보육교사는 사회복지 관련 종사자[7]이며(소분류) 근무 시설과 직무에 따라 사회복지사[1], 보육교사[2], 직업상담사[3], 상담전문가[4], 청소년 지도사[5], 시민단체 활동가[6], 기타 사회복지 관련 종사원[9]으로 분류된다(세분류). 보육교사의 경우 하위 구분이 존재하지 않으므로 세세분류번호 [0]을 가지게 되어 [24720]이라는 고유의 직업번호를 가지게 된다. 이처럼 자격에 따른 구분에 근거했을 때는 유치원 교사와 보육교사가 같은 직업군에 속하지 않는다. 다만 동일 연령의 유아를 교육하고 돌보는 기능이 유사하므로 통상적으로 유아교사로 통칭하는 경향이 있다.

2) 교직의 특성

교직은 다른 전문직과 공통되는 점도 있으나 다음과 같은 점에서 일반 직업과는 구분된다(곽영우 외, 1997).

(1) 교직은 인간을 대상으로 하는 직업이다.

사람들이 가지는 직업 중에는 자연을 대상으로 하는 것도 있고, 사물을 대상으로 하는 것도 있으며, 눈에 보이지 않는 존재를 대상으로 하는 것도 있다. 어떤 직업이든지 그 대상에 대한 충분한 이해가 자신의 역할을 충실하게 해낼 수 있는 중요한 조건이 된다. 교사는 인간을 대상으로 하는 직업이며 유아교사는 그 중에서도 가장 어린 연령의 유아기에 속하는 어린아이들과 그 부모를 대상으로 하는 직업이다. 교사가 대상으로 하는 인간은 그 어떠한 이론으로도 완벽한 설명이 불가능하다. 인간들의 신체적, 정서적, 인지적, 언어적, 사회적 발달 특성에 대한 수많은 이론이 있으나 그 어떠한 것도 이들의 특성을 완벽하게 설명하지는 못한다. 의학, 심리학, 유전학 등에서 노력을 기울이고 있고 게놈 프로젝트 등을 통하여 인간의 근원을 이해하려는 노력이 상당 수준에 이르렀다고 하지만 아직까지 인간을 완벽하게 이해한다는 것은 요원한 일이다. 교사는 바로 이러한 인간을 대상으로 하는 것이다.

(2) 교직은 인간의 전인적인 측면을 대상으로 하는 직업이다.

교직 이외에도 인간을 대상으로 하는 직업이 많이 있다. 그러나 교직을 제외한 그 어떤 직업도 인간을 총체적으로 다루지는 못한다. 의사도 사람을 상대로 하는 직업이지만 육체의 일부 혹은 정신의 일부만을 다룰 뿐이다. 정식 학교 기관이 아닌 곳에서도 가르치는 일을 한다. 그러나 이곳에서는 지식의 전달만이 있을 뿐 학습자의 인성이나 생활 지도까지 병행하지는 않는다. 반면에 교사는 단순한 지식 전달뿐만 아니라 학습자의 전인적인 성장도 중요시한다. 이는 교사란 학습자의 그 어느 한 면만이 아닌 총체적인 인간으로서의 성장을 도와주는 역할을 한다는 의미이며 그만큼 교사의 책임이 넓고 다양하다는 것을 의미한다.

(3) 교직은 미성숙자를 대상으로 하는 직업이다.

교사는 아직 성장하지 않은 인간을 대상으로 하는 직업이다. 물론 여기서 미성숙은 부족하다는 의미보다는 앞으로의 성장 가능성이 더 높다는 의미로 이해되어야 한다. 소파(小破) 방정환(方定煥)이 1922년 어린이날을 제정하고 1923년 근대 아동 잡지의 효시인 『어린이』를 발간하면서부터 사용된 어린이라는 명칭은 한자의 어릴 '유(幼)'에 해당하는 '어린'과 사람이라는 의미의 '이'가 합쳐진 것이다. 방정환(1926)은 그의 저서에서 "어림(幼)은 크게 자라날 어림이요, 새로운 큰 것을 지어낼 어림입니다."라고 주장하고 있어 어리다는 것이 성인에 비해 부족한 미성숙함을 전제로 하는 것이 아니라 성장하는 힘을 가진 존재임을 밝히고 있다. 이는 '어린이'란 어른과 상대적인 위치에서 '어린 사람'이라는 의미이며, 어린 사람도 어른과 마찬가지로 하나의 독립된 인격체로서의 지위를 부여한다는 의미가 내포되어 있다.

교사는 앞으로의 무한한 가능성을 가진 한 어린이가 자신의 잠재력을 충분히 발휘하고 성숙한 인격을 가진 이상적인 인간으로 성장, 발달할 수 있도록 도와주는 역할을 하는 사람을 의미한다.

3) 교직관

모든 사람은 삶의 일정 부분이나 사물을 대할 때 특정한 관점을 가지고 본다. 인생의 본질이나 성격을 특정한 관점을 가지고 볼 때 인생관이 되고, 교육의 본질이나 성격을 특정한 관점을 가지고 보면 교육관이 된다. 교직관은 교직의 본질과 성격을 이해하는 관점을 의미한다. 이러한 관점은 실제 그 일과 관련된 사람들이 상호작용할 때 기본 태도나 신념을 결정하기 때문에 매우 중요하다.

고전(1997)은 전통적인 교직관과 근대적인 교직관을 정리하여 다음과 같이 정리하였다.

표 1-1 교직관

교직관	교사 지위 유형	교직의 본질	교사 지위 명칭	교사 지위 기능
성 직	인 격 자	인격성(윤리성)	스 승(선생)	본질적 지위
전문직	전 문 가	전문성(자율성)	교육자(교사)	
노동직	근 로 자	근로성	교육 근로자(교육 노동자)	수단적 지위
공 직	공 직 자	공공성	교 원(교육 공무원)	

(1) 성직관

교직을 성직으로 보는 것은 가장 전통적인 관점이다. 성직으로서의 교직은 정신적인 봉사활동을 강조하는 직업관이다. 이 관점에서 보는 교사는 학생들의 영혼과 정신을 다루며 단순한 지식과 기술보다는 참다운 인격을 형성시키는 사람이다. 성직관을 가장 잘 대표하는 말로 '군사부일체'라든지 '스승의 그림자를 밟지 않는다'와 같은 말을 들 수 있다. 이 관점에서 보는 교직은 돈이나 명예, 권력과 같은 세속적인 가치관과는 거리가 멀다. 따라서 교사들에게도 일반인들과 다른 인격을 소유할 것을 기대하며 사랑과 헌신, 희생과 봉사를 기대한다.

(2) 전문직관

교직의 직능과 역할에 업무의 특수성이 있다고 보는 관점이다. 이 관점에서 보는 교사는 자신이 하는 일, 즉 가르치는 일에 있어서 다른 사람들과는 구분된 자질과 능력을 가진 사람이다. 백명희(1977)에 따르면 교원은 다음과 같은 특성으로 인하여 전문성을 지닌 직업인으로 규정지을 수 있다. 첫째, 명확한 직무 범위 안에서 지적으로 고도의 자율적인 판단과 선택을 한다. 둘째, 심오한 이론 및 이의 응용을 연구하기 위한 자율성을 가진다. 셋째, 장기간의 엄격한 전문 교육을 받아 자격 수준에 도달해야 한다. 넷째, 자율적 직업 단체를 통해서 윤리강령을 가지고 스스로 제재한다. 다섯째, 사회적 봉사활동을 한다.

이 관점에 따르면 교사는 이론적인 지식에 기초하여 교실 상황에서 벌어지는 수많은 문제 상황을 자율적으로 해결해 가는 의사결정자이다(임승렬, 2001). 최근에는 교사가 의사결정을 내리는 과정에서 도덕적이고 윤리적인 측면을 고려해야 한다고 주장하는 학자들이 교직이란 도덕성이 강조되는 전문 직업임을 강조하고 있다. 교직을 전문직으로 보는 관점에서 보면 교사는 자신의 전문성을 유지하기 위해 장기간 교육을 받고, 엄격한 기준에 의해 자격을 취득하고, 고도의 자율성과 사회적 책임감을 가지고 끊임없이 연구하고 노력하는 사람이다.

(3) 노동직관

노동직관에서 보는 교사는 성직에서 보는 교사와는 정반대의 역할과 기능을 한다. 노동직관으로 보는 교직은 본질적으로 노동의 대가로 보수를 받고 자신의 권익을 위하여 일하는 직업이다. 우리나라 「대한민국 헌법」 제32조 제1항의 규정에 따르면 모든 국민은 근로할 권리를 가지고 있으며, 「노동조합 및 노동관계조정법」 제4조에서는 근로자란 직업의 종류를 불문하고 임금, 급여, 기타 이에 준하는 수입에 의하여 생활하는 자라고 규정하고 있다. 이에 따라 교원은 교육활동이라는 근로를 생활 수단으로 삼고 있고 교육기관에 종속되어 있으므로 근로자성을 가진다고 본다.

가르치는 일을 노동으로 보고 가르치는 사람을 근로자로 보는 노동직의 관점에 따르면 교사는 미리 정해진 교육과정을 정해진 절차에 따라 수행하는 사람이다(임승렬, 2001). 교육과정은 교사가 아닌 전문가가 구성하고 그 교육과정을 어떻게 하면 효율적으로 전달할 것인가의 방법도 미리 명시되어 있다. 따라서 교사는 교육과정을 구성하거나 운영함에 있어 자율성을 보장받지 못하며 교사의 능력은 주어진 교육과정을 얼마나 충실하게 전달하였는가에 따라 평가받는다.

(4) 공직관

공직관은 교직이 가지고 있는 사회적 공헌을 특별히 강조한 관점이다. 우리나라 헌법에는 모든 국민이 교육 받을 권리를 가지고 있음을 명시하고 있다. 따라서 누군가는 가르칠 사람이 있어야 한다. 이러한 단순한 관점에서 볼 때 교직은 헌법에 보장된 국민의 권리를 보장하려는 목적을 가진 공공성을 가진 직업이다. 교육의 공공성은 교육은 국가의 백년대계라는 말로 대표된다. 이는 교육을 통해 한 국가 혹은 민족의 문화유산이 전달되고 또한 경쟁력이 확보되기 때문이다.

(5) 기타 교직관

그 밖에 가르치는 일을 기술로 보고 가르치는 사람을 장인(匠人)으로 보는 관점도 있고, 가르치는 일을 예술로 보는 관점도 존재한다. 장인의 관점에서 보면 가르치는 일은 교사 개인의 믿음이나 신념 혹은 지식의 정도에 따라 달라질 수 있으며 가르치는 일을 배우는 것도 형식적인 과정이 아닌 관찰 등을 통한 도제제도 식으로 가능하다. 반면에 예술의 관점에서 보면 가르치는 일은 교사 개인의 창의성이나 교사의 직관에 따라 달라질 수 있다.

이상에서 교직을 바라보는 학자들의 다양한 관점을 살펴보았다. 이처럼 교직에 대한 다양한 관점이 존재한다면 교직이란 외부 사람들의 구분이 중요한 것이 아니라 가르치는 일을 교사 자신이 어떻게 대하는가에 따라 그 의미가 달라진다. 가르치는 일에 소명을 가지고 헌신한다면 그 사람에게 교직은 성직이 되지만 단지 소정의 임금을 받고 그만큼만 가르친다고 생각한다면 그 사람에게 교직은 단순한 돈벌이에 불과한 것이다.

• 나는 어떤 유형의 교사인가?

❶ 교사라는 존재를 강조하는 형

가르치는 것은 마치 옷을 입는 것과 같은 것으로 일단 이 옷을 입으면 그것을 떠나기가 쉽지 않다. 이 옷은 가르칠 때뿐만 아니라 외부의 일상생활에도 영향을 미치며 언제나 함께 한다. 가르치지 않을 때도 가르치는 것을 항상 생각한다.

❷ 창조적 노력형

가르치는 것은 교사가 학습자의 학습과 경험을 계속적으로 형상화하거나, 재형상화하는 창조적인 노력이라고 본다. 가르치는 행위에 대한 창조적인 노력은 오랫동안 교직에 몸담고 있는 사람들의 생활 근원이 된다.

❸ 활기찬 직무 수행형

가르치는 것을 매일 학급에서 자신이 맡은 직무를 수행하는 것으로 본다. 교사들은 자신이 가르치는 학생들과 활기찬 대화를 한다. 그래서 가르치는 경험은 강렬하고, 순간순간 도전을 제공하며 상호작용하는 것이다.

❹ 권한 남용형

가르치는 일은 최소한의 존경을 받는다. 왜냐하면 학습자의 생활에 영향을 미치는 권한이 있기 때문이다. 특히 유아기의 어린이들은 그 어느 시기보다도 성인의 영향을 많이 받기 때문에 무심코 던진 교사의 말 한 마디, 행동 하나가 상처를 줄 수도 있고 지속적으로 이루어지는 교사의 부적절한 행동은 심각한 후유증을 남길 수 있다. 교사가 휘두르는 권한의 성격은 잠재적이기 때문에 자신의 권한을 남용하지 않도록 주의해야 한다.

❺ 봉사의 기회라고 생각하는 형

가로치는 것을 학습자, 학교, 지역사회 나아가 전 국가에 봉사하는 것으로 본다. 교직에서 애타적인 보람이 어떻게 나타나든, 그것은 교사의 직업을 더욱 고귀하게, 또한 인간적 중요성을 깨닫게 한다. 애타주의 자체가 가르치는 것을 의미하지는 않지만 타인에게 봉사할 기회는 교직을 더욱 고귀하게 하고 인간의 중요성을 깨닫게 한다.

출처: 교직 생활을 반성하는 재능 있는 교사들의 모음집.

유아교사직의 본질 02

1) 유아교사가 하는 일의 실제

해마다 입시에서 유아교육과를 지원한 학생들을 면접하면서 유아교육과를 지원한 이유를 질문한다. 많은 지원자들이 "저는 아이들을 참 좋아하거든요." 혹은 "저는 피아노를 잘 치고 그림을 잘 그리거든요. 그래서 유치원 선생님이 되면 좋을 것 같아요."라는 대답을 빠지지 않고 한다. 이러한 학생들의 대답 속에는 유아교사란 아이들을 데리고 즐겁게 노래 부르고 그림을 그리면 된다는 이미지가 내포되어 있다. 물론 유아교육기관의 교사들이 유아들과 함께 노래도 부르고 그림도 그리지만 그것이 전부는 아니다. 일반적으로 유치원 혹은 어린이집을 생각하면 광고나 동화에서 나오는 것처럼 평화로운 모습을 생각한다. 그러나 실제 유아들과 함께 하루를 지내다 보면 유아교사가 된다는 것이 그리 만만한 일이 아니라는 것을 금방 알게 된다.

다음은 유아교육기관에서 유아들과 함께하는 하루를 보여준다.

(1) 교육과정 실천하기

실내 놀이 활동

실외 놀이 활동

집단 활동 : 신체활동

집단 활동 : 동극

(2) 유아들과 상호작용하기

(3) 유아들과 함께 놀이하기

(4) 일상생활 지도하기

급식 및 간식 지도

갈등 중재하기

(5) 학습공동체 참여하기

(6) 관찰 기록 및 평가하기

(7) 부모와 상호작용하기

(8) 행정 업무 보기

2) 유아교사의 이미지

앞 절에서 실제 유아교사가 하는 일을 간단하게 살펴보았다. 어떤 대상에 대한 이미지는 동 시대를 살아가는 사람들이 공유하고 있는 생각으로 실제를 그대로 반영하기도 하지만 그 사회의 일반적인 편견을 반영하기도 한다. 유아교사가 하는 일의 실제와 더불어 유아교사에 대한 이미지는 유아 교직에 대한 또 다른 단면을 반영한다. 유아교사의 이미지를 연구한 학자들은 사람들이나 대중매체가 보는 유아교사에게 일반적으로 다음과 같은 이미지를 가지고 있다고 본다. 외형적으로는 아름답고, 여성스럽고, 단정한 이미지이며(이금란, 2000; 이현숙, 2005), 인성적으로는 긍정적이며, 다정하고, 예의 바른 이미지를 떠올리는 경우가(정명숙 · 황해익, 2010) 많았다. 전문적 영역에 대한 이미지는 전통적으로 돌봄 위주의 비전문적 역할에 대한 유아교사의 이미지가 강했다면 현대사회에서 유아교육의 범위 및 개념이 달라지고 중요성에 대한 인식이 높아짐에 따라 가르치는 유아교사의 전문가적 이미지가 강조되고 있다고 보고한다(조형숙 · 김정숙, 2011). 일반인들에게 비추어지는 이러한 이미지는 교육 전문가로서의 역할이나 전문성보다는 양육자에게 필요한 인성적인 측면이 강조된 것이다. 이에 비해 교육 현장에서 실제로 생활하는 유아와 교사는 조금 다른 각도에서 교사의 이미지를 형성한다(조운주, 2007). 유아교사의 이미지를 외모, 정서, 가르침의 측면에서 살펴보면 다음과 같다.

(1) 외모 이미지

유아교사에게는 아름답고 여성스런 이미지와 독립적이고 신체적으로 강인하고 활동적인 남성적 이미지가 공존한다.

〈여성적 이미지 - 예쁘고 아름다움〉

〈남성적 이미지 - 튼튼하고 활동적임〉

(2) 정서 이미지

사람들은 유아교사가 늘 미소와 사랑과 같은 긍정적인 정서를 표면적으로 드러낼 것을 기대한다. 그러나 실제 가르칠 때는 긴장과 갈등의 부정적인 정서도 공존할 수밖에 없다.

〈긍정적 정서 - 유아에 대한 사랑과 친절함〉

〈부정적 정서 - 내면적 긴장과 힘듦〉

(3) 가르침의 이미지

유아교사는 가르치는 일뿐 아니라 돌봄 안에서 관계를 형성하고 민감성과 융통성으로 반응하는 이미지를 가지고 있다.

〈가르침의 이미지 - 따뜻함과 안정감을 주고, 놀이를 통해 발달해 가도록 가르치고 헌신함〉

다음은 예비교사가 생각하는 바람직한 유아교사의 모습을 이미지로 그려 본 또 다른 예이다.

• 내가 생각하는 바람직한 유아교사의 모습

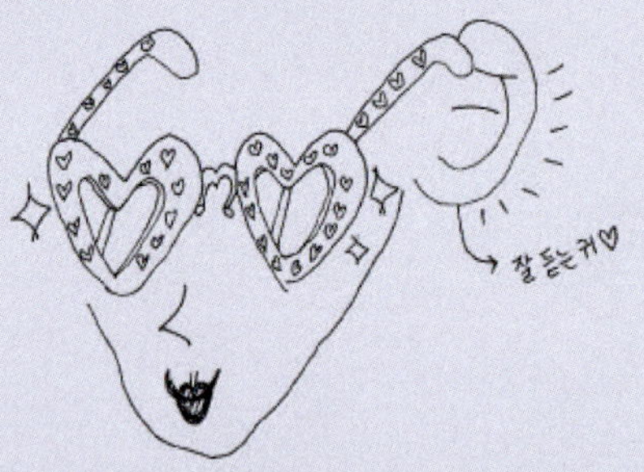

이유: 안경은 또 하나의 눈이다. 이 안경을 나는 또 다른 시선으로 비유하고 싶다. 유아 인지 수업에서 '라쇼몽'이라는 영화를 본 적이 있다. 영화의 내용은 한 사건을 모든 사람들이 각기 다르게 해석하는 방식으로 이루어지며 그 다양한 해석들 중에서 어떤 것이 과연 진실인지 생각하게 만든다. 모든 사람들의 주관적인 시각에 의해 같은 사건이 전혀 다르게 탈바꿈된다. 그러므로 모든 것을 판단하고 생각하는 것은 매우 주관적인 일일 것이다. 좋은 유아교사는 유아들의 현 발달 수준을 되도록 정확히 판단하며 그에 알맞은 교육을 제공해야 한다. 그러기 위해서는 좀 더 객관적으로 유아들을 바라볼 또 하나의 시선이 필요하다고 생각한다. 이 하트 안경은 얼굴 속에 박힌 두 눈으로 바라보는 시선을 조금 더 다르게 해석할 여지를 준다. 모든 것이 내가 본 그대로 해석되지 않으며 그대로 굴러가지도 않는다. 유아들의 시각에서 다시 한 번 유아들을 살펴보고 보살펴야 한다. 성인의 시각으로만 유아들을 바라보는 것은 현재 유아기를 실종으로 이끈 주범이라고 생각한다. 현재는 유아기를 존중해 주고 그들만의 독자적인 세계를 인정해 주는 것이 절실히 필요하다. 즉, 바람직한 교사상이란 어른들의 시각으로 볼 수 있는 유아기의 교육을 사랑의 거름체인 유아들을 존중하는 시각으로 살펴보아 좀 더 시기적절한 교육적 필요를 선명하게 조망하는 것이다. 사랑이 가득 담긴 유아기를 바라보는 존중의 시선, 좀 더 자세히 유아들을 관찰하고자 하는 마음이 담긴 시선을 종합하여 '하트 안경'으로 바람직한 교사상을 표현해 보았다.

활동 내가 생각하는 유아교사의 이미지

1 아래의 문장을 완성해 보자. 첫 번째 문장에는 자신이 생각하는 직업이나 사물, 상황 등 그 어떤 것도 넣을 수 있다.

2 다음에는 자신이 생각하는 가장 이상적인 유치원 교사(보육교사)를 그려 보자.

1 유치원 교사(보육교사)는 (　　　　　　　　　　　　)과 같다.
그 이유는 (　　　　　　　　　　　　)이다.

2 이상적인 교사

유아교사직의 의의 03

우리나라의 경우 유치원에서는 교육의 역할이 좀 더 강조되어 왔고 어린이집에서는 보호의 역할이 좀 더 강조되어 왔다고 할 수 있지만, 최근 들어서는 이러한 역할 구분이 무색해질 정도로 두 기관이 유사한 역할을 하고 있다. 이에 다음 절에서는 가르치는 일과 돌봄을 중심으로 유아교사가 하는 일의 특성을 살펴보고자 한다.

1) 가르치는 일

가르치는 일은 학자들에 따라 다른 방식으로 정의되기도 하지만 대개는 불확실성, 동시성, 딜레마를 그 특성으로 가지고 있다. 각각을 자세히 살펴보면 다음과 같다.

(1) 불확실성

필 잭슨(P. Jackson)은 유명한 그의 저서인 「교실에서의 생활」에서 가르치는 일의 역동성에 대해 다음과 같이 기술한 바 있다.

> 가르치는 일은 기회의 과정이다. … 교사와 학생 모두는 다음에 일어나는 일에 대해 정확히 예언할 수 없다. 계획은 영원히 실패한다. 그리고 교육 목적의 예기치 않은 성취 기회는 계속적으로 나타난다.

다음에 제시된 예를 한번 살펴보자.

> 영희는 자유 놀이 시간이 되자마자 쌓기놀이 영역에서 예쁜 집을 만들기 시작한다. 다양한 쌓기 놀잇감으로 영희가 멋진 집을 거의 완성했을 무렵 철수가 와서 영희가 만든 집을 무너뜨린다. 영희는 너무나 속이 상해 울음을 터뜨린다. 다른 친구들은 그 소리에 놀라 모두 영희가 울고 있는 쪽을 쳐다본다.

이와 같은 상황에서 자신이 교사라면 어떻게 처리할 것인가? 철수가 영희의 집을 무너뜨린 데는 여러 가지 원인이 있을 수 있다. 우선 자기가 만들고 싶은 것이 있는데 다른 친구가 너무 많이 가지고 있어서 쌓기 놀잇감이 부족한 경우를 생각해 볼 수 있다. 구성물을 확장해 가다가 자리가 좁아서 다른 사람의 것을 부순 경우가 있을 수 있다. 또한 다른 친구와 함께 놀고 싶은데 끼워 주지 않아서 화가 나는 경우와 단순히 재미로 부순 것일 수도 있다. 공간이나 놀잇감이 부족한 경우에는 이를 확장시키거나 함께 쓰는 방법을 알려 주어야 하고, 사회성이나 사회적 기술이 부족한 경우에는 이를 가르쳐 주어야 한다. 이처럼 겉으로 보기에는 매우 단순한 것처럼 보이는 상황도 실제로 그 상황에 관련된 유아들의 동기나 사전 경험에 따라서 매우 다른 양상으로 전개될 수 있다.

교실에서 일어나는 대부분의 일들은 교사의 판단을 필요로 하는 일이다. 교사가 그 상황을 어떻게 이해하고 판단하는가에 따라 결과는 매우 달라질 수 있다. 교사가 모든 상황을 바르게 이해하고 그에 따른 판단을 내린다면 그 상황에 관련된 사람들은 만족할 것이고 그것이 학습과 관련된 상황이라면 유아들은 학습을 할 것이다. 그러나 만일 교사가 상황을 잘못 이해하거나 주어진 정보가 충분하지 않아 잘못된 판단을 내린다면 교사가 본래 의도했던 것과는 전혀 다른 결과를 얻게 될 것이다. 이처럼 가르치는 일은 끝없는 불확실성의 연속이다.

(2) 동시성

약간의 과장은 있으나 다음과 같은 상황은 유아들과 함께 생활하면서 흔히 경험할 수 있는 것이다. 여러분이 다음과 같은 상황에 처한다면 가장 먼저 어떤 일을 처리할 것인가?

> 우리 반은 26명의 유아로 구성되어 있다. 두 명의 유아들이 쌓기놀이 영역에서 자동차 한 대를 서로 가지겠다고 다투고 있다. 조형 영역에서 꽃을 가위로 오리고 있던 한 명의 유아가 도와달라고 교사를 부른다. 역할놀이 영역에서 경찰놀이를 하던 아이들이 도둑을 잡아야 한다며 우르르 방안을 뛰어다니기 시작한다. 며칠 동안 아파서 나오지 못했던 아이가 막 엄마 손을 잡고 교실로 들어섰다.

이 세상의 어떤 직업도 26명이 넘는 의뢰인을 동시에 대하는 직업은 없다. 그러나 교사, 특히 유아교사는 동시에 26명 이상의 학습자를 대한다. 26명의 유아와 생활하는 교실에서 유아교사는 놀이를 하다 갈등이 생긴 유아를 중재하고 놀이의 흐름이 끊어진 유아들에게 새로운 아이디어를 제공하며, 놀이친구가 되어 주기도 하고, 몸이 아픈 유아를 돌보기도 하며, 놀이에 참여하지 못하는 유아를 이끌어내기도 하고, 교실 구석구석에서 놀이하고 있는 유아들의 안전을 살피기 위해 분주하게 몸을 움직인다. 대집단 활동 시간에는 훨씬 덜하겠지만 자유 놀이 시간에는 위에서 언급한 일들이 거의 동시에 일어난다고 보아야 한다. 학급에 26명의 유아가 있다면 26명이 각자 하는 행동과 또 이들이 서로 상호작용하는 수만큼의 일들이 동시에 벌어진다고 했을 때 이에 적절하게 대응하는 문제해결 능력이 교사에게 필수적으로 요구된다.

초임 교사와 경력 교사의 차이점을 오랫동안 연구해 온 벌리너(Berliner, 1986)는 초임 교사와 경력 교사의 사고 과정 및 문제 해결 능력에는 많은 차이가 존재한다는 것을 발견하였다. 경력 교사들은 학급을 운영함에 있어 먼저 해야 할 일과 조금 여유를 두고 해야 할 일의 우선순위를 정하여 실천한다. 반면 초임 교사들은 우선적으로 처리해야 하는 일의 순위를 정하는 것에 어려움을 느낀다. 초임 교사들은 교실에 처음 들어섰을 때 동시에 발생하는 너무 많은 일에 압도되어 정신을 차리기 힘들지만 가능한 전체 교실을 보고 판단하는 능력을 기를 수 있도록 지원하거나 장학을 해 줄 필요가 있다.

(3) 딜레마

다음의 사례 역시 유아교육기관에서 흔히 발생하는 일 가운데 하나이다.

나는 만 4세반을 담임하고 있다. 우리 반의 형철이는 다른 친구들과 자주 싸우고 다치게 하는 등 아주 공격적이다. 이 문제에 대하여 원장 선생님과 계속 의논을 해보았지만 원장 선생님은 심정적으로 이해해 주시는 것 이외에는 아무런 도움도 주지 못하신다. 형철이의 부모님과 개별 상담을 하였으나 부모님들은 형철이의 행동이 그 나이 또래의 남자아이들에게 전형적으로 나타나는 행동이라고 생각하기 때문에 아무런 제재를 가할 생각이 없다.

나는 형철이의 행동을 바로잡는 데 상당한 시간을 보내고는 하는데 그 때문에 다른 아이들에게 필요한 관심을 쏟지 못하는 것은 아닌지 걱정이 되기도 한다. 급기야 형철이는 다른 아이들에게 위협적인 존재가 되었고 다른 아이들의 부모들이 불평을 하기 시작했다. 나는 점점 지치고 참을성이 없어지기 시작했다. 어떻게 하는 것이 좋은지 모르겠다.

자신이 교사라면 이와 같은 상황에서 어떻게 행동하겠는가? 이 상황에서 교사는 형철이라는 개인의 권리와 학급의 다른 유아들의 권리 사이에서 고민하고 있다. 형철이의 행동은 분명 적절한 조치가 필요하지만 형철이는 자신의 감정을 표현하는 방법을 배워야 하고 학급의 구성원으로 존중받아야 한다. 뿐만 아니라 형철이는 자신의 또래들과 함께 학교에 다니면서 긍정적인 경험을 할 권리가 있다. 형철이의 사례는 교사가 자신이 돌보고 있는 모든 유아들의 요구와 개인의 요구와의 균형을 이루는 것이 얼마나 어려운 것인지를 보여준다.

또 다른 관점에서 형철이의 사례는 유아와 교사의 권리가 어느 정도의 비중으로 고려되어야 하는지의 문제도 제기해 준다. 담임교사는 형철이의 행동을 옹호하고, 형철이가 유치원에서 성공할 수 있도록 도와주어야 하는 책임이 있지만, 형철이의 행동은 교사를 매우 힘들게 하고 자신을 고립시키고 있다. 물론 교사가 최선을 다해 형철이를 지도해야 하겠지만 그것이 도를 넘어서 교사의 인내력의 범위를 넘어선다면 어떻게 해야 하는가?

이 사례에서 형철이의 부모는 형철이의 문제를 심각하게 받아들이지 않고 있다. 형철이의 사례에서와 같이 부모와 교사가 유아의 양육과 관련하여 서로 다른 관점을 가지고 있을 때 누구의 의견이 더 존중되어야 하는가? 겉으로 보기에는 단순한 것 같은 이러한 문제는 교사로 하여금 이러지도 저러지도 못하는 딜레마 상황에 빠지게 만든다. 딜레마 상황에는 하나의 정답이 존재하지 않으며, 다만 최선을 다하여 그 상황에 관련된 사람들의 최선의 이익을 위한 의사결정만이 있을 뿐이다.

이상에서 살펴본 바와 같이 가르치는 일은 매우 복잡하고 불확실하며 많은 사건이 동시 다발적으로 일어나는 특징을 가지고 있다. 이상 가르치는 일의 특성을 고려할 때 좋은 교사가 되려면 스스로 사고하고 의사결정 할 수 있는 능력과 반성적 사고를 할 수 있는 능력이 필수적으로 요구된다.

2) 돌보는 일

유아교사직은 전체 교사의 98%가 여성인 대표적인 여성 직업이다. 가부장적 가치관이 우세한 사회에서는 여성이 하는 일을 미숙련이나 반숙련 노동으로 평가 절하하는 경향이 있다. 최근 유치원 방과후과정이나 어린이집이 증가하고 점점 더 어린 연령의 아이들을 가르치게 됨에 따라 유아교사에게 가르침의 이미지보다는 돌봄의 이미지가 더 부각되고 있다.

거기에 덧붙여 돌봄이 가지고 있는 특성들은 사회에서 인정하는 전문직의 특성과는 상충되는 것처럼 보인다. 첫째, 돌봄은 돌보는 사람에 대한 감정적인 애착과 이해를 필요로 하지만 전문직에 종사하는 사람은 의뢰인과 감정적으로 무관심한 상태를 유지해야 한다. 둘째, 돌봄은 돌보는 사람과 돌봄을 당하는 사람이 모두 쉽게 이해할 수 있는 일상적인 언어로 대화하는 것이 필요하지만 전문가는 자신들만이 이해할 수 있는 공적이고 전문적인 언어로 대화하는 것이 필요하다. 셋째, 돌봄은 돌보는 사람과의 직접적이고 친밀한 관계를 유지해야 하지만 전문가는 객관성을 유지해야 하고 면대면의 직접적인 상호작용뿐만 아니라 그 범위를 넘어서는 좀 더 큰 맥락에서의 활동도 필요하다.

이처럼 돌봄과 전문화가 마치 상충되는 것처럼 느껴지는 것은 돌봄이 사회적으로 인정받지 못하는 영역이기 때문이다. 사회적인 성(gender)이 강조되는 가부장적 패러다임의 사회에서는 여성 특유의 능력이 필요한 직업의 경우 사회적으로 가치가 없는 것으로 무시하고 그 일에 종사하는 사람들의 소리를 억압하게 된다. 그러나 돌봄이라는 개념 혹은 행동도 다른 개념이나 행동과 마찬가지로 각 사회적 맥락에 따라 다르게 해석될 수 있다. 돌봄의 개념을 단순히 남에게 호의를 베푸는 태도 혹은 감정이라고 개념화하면 돌봄이란 별로 어려운 일이 아니고 중요한 일이 아니라고 무시하게 된다.

그러나 돌봄이 단지 돌보는 역할을 하는 사람 하나의 덕목이 아니라 다음과 같은 속성이 있다면 돌봄의 성격은 공적인 것이 된다. 첫째, 돌봄이란 혼자서 할 수 있는 일이 아니라 돌보는 사람과 돌봄을 당하는 사람이 존재하는 관계 속에서 이해되어야 한다. 둘째, 어떤 사람을 돌보기 위해서는 그 사람이 요구하는 것이 무엇인지 주의 깊게 듣고, 보고, 이해하는 능력이 필요하다. 셋째, 다른 사람의 문제에 주의를 기울인다는 것은 나를 떠나서 상대방의 요구와 감정에 따른다는 것을 의미한다. 물론 돌보는 사람이 피곤하거나 돌봄을 당하는 사람의 요구가 적절하지 않다면 그 요구나 필요가 무시될 수도 있다. 그러나 진정한 의미에서 돌보는 사람들은 돌봄을 당하는 사람의 요구가 정당하지 못할 때 왜 그러한 요구를 하게 되었는지도 고려한다. 넷째, 돌봄이란 돌봄을 당하는 사람의 요구에 어떻게 반응하여야 하는지에 대하여 고민하고 그 요구를 들어주기 위한 방안을 포함한다.

이처럼 돌봄은 돌봄을 당하는 사람에게 필요한 최선의 것이 무엇인지를 그 사람의 입장에서 지속적으로 고려하고 그 최선의 것이 이루어질 수 있도록 자신의 모든 에너지를 쏟는 일이라고 정의한다면 돌봄이라는 것은 상당한 노력과 수고가 들어가는 공적인 행위이며 기존의 전문직과는 다른 특성을 가진 전문적인 영역이라고 볼 수 있다.

3) 유아교사직의 특성

지금까지 교직이 가지고 있는 특성과 유아교사가 하는 일의 실제 및 유아교사에 대한 이미지를 살펴보았다. 이를 중심으로 유아교사직이 가지고 있는 특성을 종합하여 정리해 보면 다음과 같다.

(1) 유아교사직은 어린 연령의 유아들을 대상으로 하는 직업이다.

유아교사는 아주 어린 연령의 유아를 대상으로 한다. 학습자가 어릴수록 교사에 대한 의존도가 상대적으로 높을 수밖에 없다. 교사들은 자신이 학습자에게 미칠 수 있는 힘과 영향력에 대하여 충분히 생각하고 행동할 필요가 있다. 또한 어린 연령의 학습자는 음성 언어로 자신의 생각이나 감정을 표현하는 일이 어렵다. 따라서 교사는 유아의 얼굴 표정, 몸짓, 손짓, 눈빛 등의 비음성적인 신호에 담긴 요구를 빨리 읽어낼 수 있는 민감성을 가지고 있어야 한다. 영유아기의 경험은 이후 일생의 기초가 된다. 학습자의 연령이 어릴수록 가소성이 있기 때문에 교육의 효과가 매우 크다. 유아교사는 인간에게 가장 중요한 시기에 그 기초를 닦아 주는 매우 중요한 역할을 하는 사람이다.

(2) 유아교사직은 유아들의 전인발달을 도와주는 직업이다.

「유아교육법」과 국가 수준 유치원 교육과정에는 유아교육의 목적이 유아들의 전인발달을 도와주는 것으로 명시되어 있다. 유아교육은 인지, 혹은 신체와 같이 발달의 일부분에 중점을 두어 가르치는 것이 아니라 유아들의 신체적, 인지적, 사회적, 정서적 발달을 통합적으로 발달시키는 목적을 가지고 있다. 이를 위해 유아교사는 유아들의 전인적 경험을 도와줄 수 있는 교육과정을 계획하고, 환경을 조성하고, 통합적으로 운영하는 능력을 가지고 있어야 한다.

(3) 유아교사직은 가르치는 일과 돌보는 일을 조화롭게 유지해야 하는 직업이다.

앞 절에서 언급한 바와 같이 유아교사직은 일반인들이 기대하는 것과 교사들이 인지하고 있는 역할 사이에 차이가 있다. 유아교사는 교육을 하고 있다고 생각하지만 다른 사람들이 보기에는 단순히 보호하고 있다고 생각되는 활동들도 존재한다. 이는 연령이 어리거나 일상생활 지도에서 특히 많이 나타난다. 경우에 따라 가르치는 이미지와 돌보는 이미지 가운데서 상당한 갈등을 하기도 한다. 유아교사는 가르치는 일과 돌보는 일이 반드시 구분된 것이 아니라는 인식을 가지고 유아들에게 가장 필요한 것이 무엇인지를 살피는 태도가 필요하다.

(4) 유아교사직은 전문직이다.

사회에서 전문직이라 할 때는 전문적인 지식과 이를 소화할 수 있는 지적인 능력, 자격증, 자율성, 사회적인 지위와 경제적 보상, 윤리강령, 자신의 권익을 보호할 수 있는 단체 등의 특성을 요구한다. 유아교사직은 이 가운데 전문직으로 인정받을 수 있는 요소도 가지고 있으나 그렇지 않은 요소도 있다. 특히 민간이나 가정어린이집, 사립 유치원의 경우에는 사회적인 지위와 경제적 보상 측면에서 매우 열악한 것도 사실이다. 그러나 다음의 파울로 프레이리의 글에서도 보듯이 가르치는 일은 전문성을 요하는 과업을 수행해야 하는 일이다.

• 파울로 프레이리의 소리

가르치는 일은 무엇보다도 전문적인 과업입니다. 이 전문적 과업은 끊임없는 지적 엄격성을 필요로 할 뿐만 아니라 인식론적 호기심, 사랑할 수 있는 능력, 창의성, 과학적 능력 등을 자극할 수 있어야 합니다. (중략) 가르치는 일에 양육의 측면이 포함되어 있음을 결코 부정해서도 안 되겠지만, 가르치는 일을 단지 즐거운 과정, 특히 부모의 보살핌과 같은 온정주의적 양육의 의미로 환원해서도 안 된다는 것입니다. 교사들도 아이를 가질 수 있고 따라서 부모가 될 수 있습니다. 마찬가지로 부모도 학생들과 함께 공부한다는 의미에서 교사가 될 수 있습니다. 그러나 가르친다고 해서 교사가 저절로 학생의 부모가 된다거나, 부모가 된다고 해서 저절로 자녀의 교사가 된다는 뜻은 아닙니다. 가르침은 특별한 과업, 학생들의 편에 선다는 의미에서 특별한 투쟁 정신, 과업 수행에 필요한 특별한 자질을 갖추어야 하는 하나의 전문적인 일입니다. (중략) 가르치는 문제는 교육한다는 의미를 담고 있으며, 나아가 교육함은 결코 쉽지 않은 과업, 즉 우리들이 앎을 향한 애정 어린 탐험에 참여하도록 만드는 지적 열정을 내포합니다.

출처: Freire(2000), pp. 42-44.

활동 유아교사직은 전문직인가?

1 전문직으로서의 유아교사직에 대한 자신의 견해를 생각하고 이를 적절히 표시해 본다.

① 전혀 그렇지 않다　② 대부분 그렇지 않다

③ 대부분 그렇다　④ 매우 그렇다

2 종합점수가 18점이 넘으면 당신은 유아교사직을 전문직으로 생각한다고 할 수 있다.

내 용	①	②	③	④
• 유아교사들은 그들의 근무 활동에 독점권을 가지고 있다.				
• 유아교사들은 높은 자율성을 가지고 있다.				
• 다른 직업과 비교해 볼 때 유아교사가 되기 위해서는 많은 기간의 교육과 훈련을 필요로 한다.				
• 유아교사들은 사회에 필수적인 활동을 제공한다.				
• 유아교사들은 자신 스스로를 감독할 수 있다.				
• 전문가협회는 유아교육에 상당한 힘과 영향력을 행사한다.				
• 유아교사들은 일반 대중들이 가지고 있지 않은 지식과 기술을 소유하고 있다.				
• 유아교사들은 국민들로부터 많은 신뢰를 받고 있다.				
• 유아교사들은 상당한 특권과 이익 혹은 보수를 제공받는다.				
계				

토의문제

1. 유아교사로서 자신의 교직관은 성직, 전문직, 공직, 노동직 가운데 어디에 속하는지 이야기해 보자.
2. 유아교사의 역할에서 돌봄과 교육의 관계를 어떻게 규정하는 것이 적절한지 이야기해 보자.

Chapter

02 유아교사직 선택하기

학습목표

- 교직이 가지고 있는 매력을 이해한다.
- 유아교사직의 매력과 반(反)매력을 이해한다.
- 유아교사직 선택에 필요한 자질을 이해한다.
- 유아교사에게 필요한 교직적성 및 교직인성을 이해한다.

학습내용

- 교직 선택
- 유아교사직의 매력 및 반(反)매력
- 유아교사직 선택
- 유아교사의 교직적성 및 교직인성

핵심용어

- 유아교사직 선택 동기
- 열정

CHAPTER

Early Childhood Teacher Education

02 유아교사직 선택하기

교직 선택 01

1) 교직의 매력

사람들이 어떤 직업을 선택하든지 그 직업을 선택하는 이유는 그 직업이 주는 매력, 즉 유인가 때문일 것이다. 그렇다면 교직은 어떠한 유인가를 가지고 있을까? 곽영우는 교사직의 매력을 다음과 같이 기술한 바 있다.

(1) 교직은 자율적이고 창의적이다.

교사들이 학급에서 가르치는 내용과 방법은 전적으로 자신에게 달려 있다. 물론 각급 학교별로 국가 수준의 교육과정이 존재하고 실제 1년 동안 수업해야 하는 범위와 시수가 모두 정해져 있기는 하지만 그것을 운영함에 있어서는 상당한 자율권을 행사할 수 있다.

(2) 교직은 다른 직업에 비해 안정되어 있다.

교원은 특별한 징계 사유가 발생하지 않는 한 정년까지 그 임기를 보장받는다. 지금처럼 사회구조의 변화로 인하여 직업의 안정성이 적은 시대에 교직은 다른 직업과 비교해 볼 때 상대적으로 신분이 안정된 직업 가운데 하나이다.

(3) 교직은 다른 직종에 비해 비교적 여가가 많다.

교직이 가지고 있는 매력 가운데 하나로 꼽는 것은 아마도 방학이 있다는 사실일 것이다. 물론 많은 교원들이 방학을 완전한 휴식기로 보내기보다는 다양한 연수에 참여하고 다음 학기를 준비하면서 보내지만 그럼에도 불구하고 일상의 책임에서 벗어나 있을 수 있다는 것은 상당한 매력으로 작용할 수 있다.

(4) 교직은 애타적 동기에서 자기를 희생한다.

사람들은 자기 자신만을 위해서 무엇을 할 때보다 다른 사람을 위하여 봉사할 때 훨씬 더 커다란 만족감을 얻는다. 가르치는 일은 절대적으로 교사가 아닌 상대방, 즉 학습자를 고려하고 그들의 관점에서 생각할 수 있어야 성공한다. 교사들은 자신이 잘 된 것보다 자신의 제자가 잘 되었을 때 훨씬 더 기쁨을 느낀다.

(5) 교직은 사회적 공헌이 분명하고 그 정도가 높다.

교육은 일꾼을 길러내는 일이며 한 인간의 평생의 기초를 닦아 주는 일이다. 많은 교사들이 자신의 삶에서 가장 보람되고 기뻤던 순간을 졸업한 제자가 성공해서 자신을 다시 찾아 줄 때라고 응답한다. 교육이 가지고 있는 본질적인 특성상 교육의 장기적 효과가 나타나는 시점을 정확하게 말하기는 어렵다. 그러나 교사의 인정하는 말 한마디, 격려하는 몸짓 하나에 달라지는 학생들을 보는 것은 교직만이 가지고 있는 커다란 매력 가운데 하나임은 확실하다.

2) 교직 선택의 동기

수많은 직업 가운데 사람들은 왜 교직을 자신의 직업으로 선택하는가? 일반적으로 사람들이 교직을 지망하는 이유로는 다음과 같은 유형이 있다(곽영우 외, 1997).

(1) 성격 적성형

성격 적성형은 가르치는 일이 자신의 성격과 적성에 잘 맞고 그렇기 때문에 가르치는 일에 큰 열정을 가진다. 이 유형에 속하는 사람들은 단순히 어린이들과 함께 지내는 것을 좋아하기 때문에 교직을 선택한다. 이들은 어린이들이 가지고 있는 생생함, 호기심, 반짝거리는 눈망울 등을 보며 가슴 벅차한다. 이 유형에 속하는 사람들은 가르치는 일에 대하여 열정을 가지고 있다. 이들은 자신이 가르치는 과목, 교사로서의 삶, 가르치고 배우는 과정 그 자체에 매우 만족한다.

(2) 사회 공헌형

가르치는 일은 교사 개인이 생각하는 교육의 기능과 관계없이 사회의 발전을 위한 공공성을 가지고 있다. 그런데 사회 공헌형에 속하는 사람들은 바로 이 특성에 특히 주목하여 국가와 사회에 공헌하고 싶은 동기를 가지고 교직을 선택한다. 이 유형에 속하는 사람들은 타인에게 봉사하고자 하는 욕구가 매우 강하다. 대부분의 교사들은 교회 등을 통해서 자원봉사로 어린이들을 가르쳐 본 경험을 가지고 있다. 자원봉사를 하면서 얻어진 만족감은 많은 젊은이들로 하여금 교사를 자신의 직업으로 선택하는 기초를 마련해 준다.

(3) 공리형

공리형에 속하는 사람들은 교직이 가지고 있는 여러 가지 조건에 매력을 느낀다. 교사의 임금이 사회 전체적으로 보아서 그리 높은 수준에 있는 것은 아니다. 그러나 대부분의 교사는 임금보다는 정년이 보장되는 안정감이나 방학 등을 통한 시간적 여유 등을 훨씬 더 큰 매력으로 생각한다. 특히 경제적으로 어렵거나 안정되지 않은 사회에서는 교직에 대한 선호도가 매우 높아진다. 예를 들어 우리나라에서는 금융위기나 코로나19로 인한 팬데믹(pandemic) 상황 등으로 장기적인 경제침체가 발생하였을 때 교직에 대한 선호도가 매우 높아졌다.

(4) 권유형

사람은 대개 주변 환경의 영향을 받는다. 교직을 선택하는 학생들 중에는 부모님이나 친척들이 교사로 근무하는 경우가 많이 있다. 교직에 종사하는 주변 사람들 가운데 자신의 근무 만족도가 높은 경우에는 자연히 적극 추천을 하는 경향이 있다. 또한 교직을 선택하는 학생들도 주변에서 자연스럽게 교직이 가지고 있는 장점에 대해 경험할 기회가 많아지므로 큰 망설임 없이 교직을 선택할 수 있게 된다.

(5) 막연형

사실 특별한 이유는 없으나 특정 대학에 들어가기 위해 성적에 맞추어 진학하다 보니 어떤 특정한 학과를 선택하게 되었고 그 결과 교사가 되는 경우이다. 입학 후에 학과에 적응을 잘 하면 큰 문제가 없지만 학과가 적성에 맞지 않는 경우 상당한 방황을 하거나 교직에의 만족도가 낮아질 가능성이 높은 유형이다.

유아교사직의 매력 및 반(反) 매력 02

앞서 일반적으로 교직은 자율적이고 창의적이며, 다른 직업에 비해 안정되어 있고 비교적 여가가 많으며, 애타적 동기에서 자기를 희생하는 장점이 있다고 기술한 바 있다. 그렇다면 유아교사직은 위에서 언급한 매력을 어느 정도 가지고 있을까?

1) 유아교사직의 매력

(1) 수업의 자율성과 창의성

유치원에서는 국가 수준 유치원 교육과정을, 어린이집에서는 표준보육과정을 운영한다. 그러나 모든 학교에서 일정한 시기에 동일한 내용을 가르치는 초등학교와는 달리 유치원이나 어린이집에서는 기관이 운영하는 프로그램, 유아의 연령, 유아들의 흥미나 특성, 지역사회의 특성 등을 고려하여 교육과정을 운영하기 때문에 수업에 대한 교사의 자율성이 매우 높으며 이는 유아교육만이 가지고 있는 커다란 매력이라고 할 수 있다.

(2) 지속적인 자기 갱신 및 자아실현

유아교육이 다른 각급 학교에 비해 수업의 자율성을 보장하기는 하지만 기본적으로 생존기의 시간이 지나고 나면 업무가 단조롭고 반복적이라고 생각할 수도 있다. 끊임없는 자기 수련을 통하여 수업을 역동적으로 만드느냐 지루하고 무의미하게 만드느냐 하는 것은 상당 부분 교사에게 달려 있다. 유아교사가 가지고 있는 특징 가운데 하나는 끊임없이 배운다는 것이다. 유치원 교사는 직무연수나 자격연수를 통하여 보육교사들은 보수교육을 통하여 정기적이고 지속적으로 전문성을 향상시켜 간다.

(3) 유아들과 함께 지내는 삶

유치원 교사나 보육교사가 교직을 계속해서 유지하는 가장 큰 이유를 들라고 하면 아마도 유아들 그 자체일 것이다. 유아의 연령이 어릴수록 가소성이 커서 교사의 영향력이 크고, 교사를 절대적으로 신뢰하고 의존한다. 유아교사의 과업이 아무리 힘들어도 유아와 함께 시간을 보내는 그 자체가 즐거운 보상이 된다.

(4) 사회적 공헌도

유아기는 한 개인의 인생의 기초가 세워지는 시기이다. 이 시기의 질 높은 교육은 한 개인의 삶뿐만 아니라 사회 전체의 경쟁력을 기르는 데도 결정적인 역할을 한다. 다른 교직도 사회에의 공헌도가 크지만 유아교육, 특히 방과후과정이나 어린이집의 경우에는 취업모의 자녀들을 돌본다는 측면에서 사회에 기여하는 바가 대단히 크다.

표 2-1 유치원 교사라는 직업이 다른 직업에 비해 갖는 장점

내 용	N	%
늘 순수한 아이들과 함께 생활한다.	120	50.97
방학이 있다.	21	10.14
유아의 인격 형성에 영향을 미칠 수 있다.	16	7.72
교육을 통해 보람을 느낄 수 있다.	7	3.38
자녀 양육에 도움이 된다.	7	3.38
늘 새롭다.	5	2.42
성차별이 없다.	5	2.42
본인의 인격 형성에 도움이 된다.	5	2.42
존경받는 직업이다.	5	2.42
창의적인 직업이다.	4	1.93
기타(취업 용이, 유아 이해에 도움, 없음)	3	1.44
전 체	207	100.00

출처: 이경민(2002).

다음 교사의 소리를 들어 보면 이들의 공통점은 유아들이 세상을 바라보는 눈에 매료되어서, 인생의 가장 중요한 시기에 영향을 주는 사람이 되고 싶어서, 유아들을 가르치는 것이 자신에게 잘 맞아서 유아교사를 하고 있으며 그로 인해 행복하다는 것을 알 수 있다.

• 유아교사직의 매력

• 교사 1. 아이들에게 있어 교사라는 절대적 존재감
제가 한 인간으로서, 한 사람으로서 별거 아니라고 느껴질 때가 있어요. 그냥 그런 사람으로….
그런데 아이들은 제가 전부라고 생각하잖아요. 우리 선생님은 모르는 것도 없고, 무엇이든 다 잘하고…. 아이들은 저를 굉장히 큰 사람이라고 생각하는데 그런 것들을 느낄 때마다 내가 인간으로서 굉장히 가치 있는 사람이라고 느껴져요. (최 교사, 면담, 4/11)

• 교사 2. 변화하는 아이들의 모습
내가 가르쳤던 아이가 처음에는 문제 행동도 많고, 부족한 점이 많았는데 학기 말에는 많이 발전되고, 발달된 모습을 보였을 때가 가장 교사로서 보람을 느끼는 순간인 것 같아요. 변화된 모습으로 인해서 그 아이의 엄마가 고마워했을 때도…. (최 교사, 면담, 5/2)

• 교사 3. 수업에서 얻는 성취감
수업 준비를 하면서 '이렇게, 이렇게 수업을 하면 아이들이 좋아하겠다.'라고 생각한 후에 수업을 진행하여 아이들이 좋아할 때 정말 기뻐요. 그리고 아이들이 그날 배웠던 걸 집에 가면서 신나서 이야기하는 걸 들을 때도 기분이 좋아요. 수업에 관련된 걸 물어봤을 때 너무 잘 대답하면 '내가 그래도 수업을 제대로 하고 있구나.'라는 생각이 들어 뿌듯할 때도 있어요. (박 교사, 면담, 5/16)

• 교사 4. 전문성 개발 노력을 통한 교사 자신의 성장
돌이켜 보면 나 자신이 한 인간으로 성숙해진 것 같다. 아주 단적인 예로 수업시간에 내가 잘 모르는 부분에 대해 아이들이 물어보면 당황스러움을 느낀다. 그렇지만 그런 부분들을 보완하기 위해 여러 가지 자료나 서적을 찾으면서 새롭게 알게 되는 점들도 많고, 그런 부분만이 아니더라도 학부모나 교사와 함께 지내면서 인간관계에 대한 것도 많이 알게 되는 좋은 면도 많이 있다. (심 교사, 교사저널, 6/27)

출처: 조영식·김우진·박성혜(2010).

2) 유아교사직의 반 매력

유아교육은 아직까지 공교육 체제에 포함되지 않아 유치원에 다니는 어린이들의 70퍼센트 이상이 사립 유치원에 재원하고 있으며, 90퍼센트 이상의 유아가 민간 어린이집 혹은 가정 어린이집인 놀이방에 다니고 있다. 이처럼 유아교육은 사립에의 의존도가 지나치게 크기 때문에 일반적으로 학자들이 교직의 매력으로 꼽는 자율권, 신분 및 경제적 안정, 방학 등의 요소가 다른 각급 학교에 비해 장점으로 작용하기가 매우 어렵다.

(1) 신분 보장과 경제적 안정

공립 유치원 교사들은 초·중·고등학교 교사들과 마찬가지로 임용경쟁 시험을 치른 후 임용되고 교육 공무원의 신분을 보장받는다. 국·공립 어린이집의 경우도 공립 유치원 교사보다는 못하지만 사립 유치원 교사보다 높은 보수체계를 가지고 있다. 반면에 사립 유치원이나 민간 어린이집의 경우는 일반적인 대졸 신입사원보다 낮은 보수를 받는다. 국·공립 유아교육기관에 종사하는 교사들은 상당한 신분 보장과 경제적인 보상을 받지만 이들을 제외하고는 신분 보장이나 경제적 안정 등의 요소가 매력으로 작용하기 어렵다.

(2) 여가

한 설문조사(이승신, 2002)에 의하면 사립 유치원 교사들의 경우 방학 기간을 충분히 활용하지 못하고 있으며, 특히 겨울 방학은 졸업 준비, 신학년 준비 등으로 방학의 대부분을 출근해야 하는 경우가 많다. 이뿐만 아니라 방과후과정이 확대되면서 방학은 더욱더 줄어들고 있는 형편이다.

(3) 육체적 노동의 강도

유아교사는 단순히 교재를 가지고 말로 가르치기만 하는 것이 아니라 실제로 유아들과 뛰어놀기도 하고, 부모들이 가정에서 하는 것과 마찬가지로 유아들의 일상생활을 지도하고 돌본다. 수업 준비도 상당 부분 교사가 손으로 작업해야 하는 것들이 많다. 여기에 덧붙여 행사가 많아져서 그 준비에도 많은 시간을 쏟아야 한다.

(4) 낮은 사회적 인식

유치원 교사가 우리나라 직업분류상으로 볼 때 다른 각급 학교의 교사들과 마찬가지로 전문직에 속하지만 실제 사회에서의 인식은 초 · 중등 교사에 비해 매우 낮다. 최근 저출산 문제로 국가가 나서서 자녀를 키워 주겠다는 담론이 사회적으로 형성된 이후 유치원에 근무하는 교사에 대한 이미지가 교사보다는 부모의 역할을 대신하여 자녀를 양육해 주는 대리양육인의 이미지가 더 커졌다.

유아교사직 선택 03

1) 유아교사직 선택의 동기

(1) 어린 시절의 꿈

고등학교를 졸업하기 전에 교직을 결정하는 교사의 경우 이후 교직에 대한 긍정적 태도 및 만족도와 매우 높은 상관이 있다. 고동섭(2001)의 연구에 의하면 우리나라 유아교육과 신입생의 경우 대입 수능 시험을 본 후 유아교육과에 대한 선택을 가장 많이 하는 것으로 나타났다. 유아교육과에 대한 정보는 선생님이나 주변 선배, 친구, 대학 홍보 책자 및 인터넷 등을 통해 수집한다. 유아교육과를 선택하는 과정에서 부모님이나 주변의 조언을 참조하지만 최종적인 결정은 본인의 의사결정이 가장 중요하였다. 특히 어릴 때부터 교사가 되는 꿈을 가졌던 학생들의 경우 교직 선택에 거의 망설임이 없는 것으로 나타났다.

(2) 유아들이 좋아서

일반적으로 유아교육과에 지원한 학생들의 절반 정도는 고등학교 때 전공을 결정하며, 반 정도는 수능 이후에 전공을 결정한다(고동섭, 2001). 자신의 적성보다는 '대학에 들어가기 위해서' 혹은 '성적에 맞추어 진학하다 보니까'라고 응답하는 학생이 대다수인 우리나라의 현실에 비추어 볼 때 전공에 대한 선호도가 높다고 볼 수 있다. 이러한 현상은 유아교육과 혹은 그 관련 학과를 지원하는 학생들에게 학과를 지망한 이유를 물어보면 대개는 '유아들을 좋아하기 때문에'라고 답하는 것과 연결된다. 유아교육 혹은 유아교육 관련 학과에 지원하는 학생들이 물론 수능 성적에 맞추기는 하지만 근본적으로는 아이들을 좋아하고 가르치는 일이 적성에 맞을 것이라고 생각했기 때문에 지원하는 것이다.

(3) 타인에 대한 봉사

유아교사가 되기로 결정하는 이유나 동기는 유아교사직 선택뿐 아니라 교사가 되어서도 중요한 영향을 끼치게 된다. 유아교사직을 택하는 사람들은 기본적으로 유아를 대상으로 하는 일을 원하며, 다른 사람들을 돕고, 봉사하고자 하는 마음 때문에 교직을 택하는 경향이 높다. 최근 우리나라의 유아교육과 신입생들 또한 유아교육과에 대한 호기심이나 흥미, 자신의 적성이 유아교육과 맞는지 여부가 중요한 결정 요인이라는 것이 밝혀졌다(고동섭, 2001). 이것은 교대 신입생들이 교직 선택 이유를 졸업 후 진로라고 한 것과 비교가 되는 부분이다.

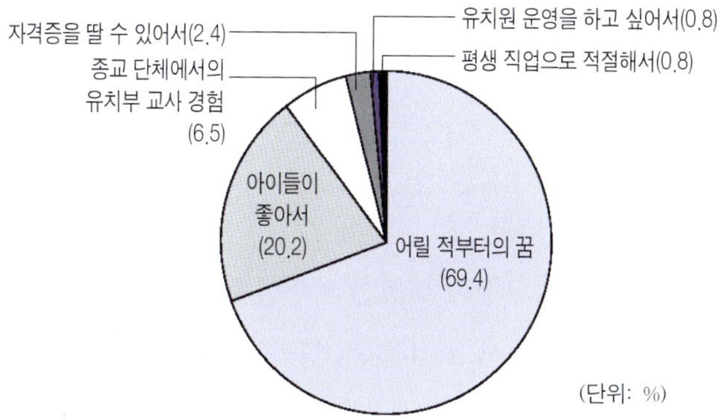

그림 2-1 유치원 교사가 된 동기

2) 유아교사직 선택에 영향을 주는 요인

예비유아교사들은 대학에 들어오기 전에 이미 이전의 삶의 경험을 통해 교사가 되려는 생각을 가지게 된다. 이러한 예비유아교사들의 경험, 가치, 지식, 신념들은 유아교육을 선택하는 데 영향을 미친다. 예비유아교사들이 유아교육을 선택하는 데 영향을 미친 요인들을 살펴보면 다음과 같다.

(1) 부모나 의미 있는 타인의 영향

유아교사직을 택하는 학생들 가운데 부모님들이 기관을 운영하거나 주변의 의미 있는 타인들 가운데 교직에 종사하는 경우가 많이 있다. 이들은 어려서부터 교직에 종사하는 사람들이 하는 일을 자연스럽게 보고 익히며 성장하기 때문에 교직이 전혀 낯설게 느껴지지 않는다. 경우에 따라서는 그들이 교육에 대해 가지고 있는 신념도 그대로 내면화하는 경우도 있다.

막상 고2 끝날 때쯤에 이제 3학년이 되니까 앞으로 뭘 해야 할까 그 생각으로 몇 달을 산 것 같아요. 이모가 수원에서 유치원을 운영하시는데 어릴 때부터 이모가 유치원 오라고 여자 직업으로 유치원 선생님이 좋다고….

류혜숙 · 조형숙(2008), p.264

(2) 어린 시절의 경험

우리는 누구나 어린 시절 우상이 되었던 선생님을 한두 명은 알고 있다. 이 선생님들은 가르치는 일이 어떠한 의미를 가지는지, 어떻게 한 사람의 일생에 영향을 미치는지를 잘 보여준다. 어린 시절 교사에게서 받은 긍정적인 영향이 교직에 대한 긍정적인 이미지로 연결되어 교직에 대한 비전을 가지게 되는 경우가 많이 있다.

(3) 교사 경험

요즘에는 많은 학생들이 대학에 들어오기 이전에 많은 봉사활동을 한다. 봉사활동의 내용은 다양하지만 그 가운데 비교적 많은 비중을 차지하는 것이 종교기관 특히 교회에서 봉사하는 일이다. 교사가 되기 이전에 이미 비공식적으로 유아들을 가르치면서 긍정적인 경험을 해본 학생들은 비교적 쉽게 교사가 되려는 동기를 가진다.

어렸을 때부터 교사라는 직업을 동경해 왔습니다. 그러다가 중학교 때 우연한 기회로 어린이집에 봉사활동을 가게 되었습니다. 그리고 한동안 그 아이들의 얼굴을 잊을 수도 없었습니다. 그러고 나서 깨달았습니다. "나도 유치원 선생님이 되어야겠다." 따라서 망설임 없이 유아교육과를 선택하게 되었습니다.

류혜숙 · 조형숙(2008), p.264

3) 유아교육을 선택하는 신입생의 특성

유아교사직에 대한 매력을 느끼고 유아교육을 선택하는 학생들은 다른 전공을 선택하는 학생들에 비해 몇 가지 특징을 가지고 있는데 이를 정리하면 다음과 같다(고동섭 2001; 고미경, 2007; 류혜숙 · 조형숙, 2008; Pigge & Marso, 1986).

(1) 일반적 특성

❶ 출신 고등학교

우리나라에서 유치원 교사를 양성하는 수는 전문대학이 약 65%, 방송통신대학이 26%, 일반 4년제 대학이 약 9%를 차지한다. 이 가운데 4년제 대학에는 인문계 계열에서 중상위권으로 공부한 학생들이 지원을 한다. 전문대학 유아교육과 신입생을 대상으로 한 실태조사에 의하면 출신 고등학교는 인문계가 50~ 85%, 실업계가 15~50%, 그리고 검정고시 출신이 2~4%를 차지한다.

❷ 입학 전 경력

고등학교 졸업 직후 입학한 학생의 비율은 60~90%, 대학 입학 전 직장생활이나 가정생활, 재수 등을 한 학생의 비율은 10~40%의 분포를 보인다.

❸ 가족 관계

유아교육과에 입학한 신입생들은 가족 관계에서 비교적 만족을 느끼고 가족이나 친척 중에 유아교육 관련 직종에 종사하는 사람이 많다.

❹ 종교적 성향

유아교육과 신입생 중에는 기독교를 가진 학생들이 많았는데 이들은 한 교회, 학교 등에서 유아들을 상대하는 경우가 많고 이러한 경험이 유아교육과를 선택하는 데 영향을 준 것으로 보인다.

(2) 대학생활과 적응 특성

❶ 학문적 지식 쌓기와 진로 및 취업문제

대부분의 유아교육과 신입생들은 전공에 대해 높은 기대를 가지고 있고 끝까지 수료하여 좋은 교사가 되기를 희망하는 성향을 보인다. 유아교육과 신입생들은 전공에 대한 호기심이 비교적 높으며 전공 이외에 컴퓨터와 영어 실력을 높이기를 기대하는 경우가 많았다.

❷ 친구관계 및 인간관계

유아교육과 신입생들은 비교적 친구관계가 긍정적이며 교수들에게는 인간적인 유대관계와 상담을 기대하는 경향이 있다. 예비교사들에게 교수와의 유대관계는 매우 중요한데 이는 대학에서 경험한 교사 - 학습자의 관계가 그대로 유아교육 현장에서 교사 - 유아의 상호작용 관계의 모델이 될 수 있기 때문이다.

(3) 예비교사적 특성

❶ 교직에 대한 기대

예비교사들은 교사양성과정을 들어오면서 교육 현장의 경험을 통해 교사가 되는 것에 대한 기대감을 가지고 있다. 이러한 기대감은 교직에 대한 자신감과 연결이 된다. 처음 교사양성과정에 들어온 예비교사들은 교수에 대한 자신감도 높고, 교직 선택 및 교직 완수에 대한 확신감도 갖는다. 이와 유사하게 유아교육과 신입생들은 입학 초기 유아교육과 선택에 대해 만족도가 높았고, 유능한 유치원 교사가 될 수 있을 것이라는 효능감을 갖고 있다.

> 저희 과 애들, 4년제 유아교육과 왔다고요. 정말로 유치원 교사 되고 싶은 애들이 많은 거예요. 시골 애들이 많아서 그런지 우리 학교 유아교육과에 온 것에 대해 다들 긍지를 가지고 있었어요. 죽기 살기로 하던데요. 악기 만들고 그럴 때도 깜짝 놀랐어요. 저는 생각나는 대로 그냥 만들어 냈는데 끝까지 다음 시간까지 검사 맡고….
>
> 서현 · 송선화(2010), p.374

❷ 교직에 대한 두려움

신입생들은 입학 초기 교직에 대한 만족감, 기대, 자신감 등을 가지고 있지만 앞으로 예상되는 교직, 전공에 대한 걱정과 두려움도 함께 가지고 있다. 예비교사들은 앞으로 잘 가르칠 수 있을지, 유아들이 잘 따라올 것인지, 교사직에 만족할 수 있게 될지 먼 미래를 걱정하기도 하고, 당장 다가오는 전공 중심의 교육 내용에 대해 어려움과 부담감을 갖고 있기도 하다.

❸ 전공에 대한 부담

신입생들은 전공 중심의 심도 있는 교육 내용이 낯설기도 하고, 어렵기도 하며, 교육의 내용 및 과제가 과중하다고 느낀다. 특히 모의수업이나 조별 수업, 그리고 교재 · 교구 제작은 상당한 부담으로 느낀다. 또한 전공과 관련되는 피아노 능력 등도 부담감을 주는 과업이다.

> 요즘에는 거의 밤을 새우는 게 허다하다. 중간고사가 끝나자 모두들 리포트를 내준다. 독후감도 써야 하고, 교육계획안도 짜고 악기도 만들어야 하고, 포트폴리오도 만들어야 하는데 정말 뭐부터 해야 할지, 어떻게 하는 건지 모르겠다. 이것저것 손만 대고 완성한 것이 하나도 없다. 유아교육과는 과제가 많다고 했는데 정말 실감한다. 자고 싶다.
>
> 류혜숙 · 조형숙(2008), p.264

❹ 인간관계

신입생들이 대학에 들어오면 학과 생활을 통해 친구, 선후배, 교수와의 새로운 인간관계를 형성하게 된다. 이 가운데 유아교육과 신입생들이 의미 있게 언급한 것은 집단의 형성이다. 입학 초기에는 자리가 붙어 있거나 번호가 가깝다는 등의 이유로 집단이 형성되는데, 일단 집단이 형성되면 이후 집단과제를 통해 더욱 공고히 되면서 다른 집단과는 거의 교류를 하지 않게 되는 것이 일반적이다. 대개 입학 초기에 형성되는 이 집단에 적응하지 못할 때 개별 학생이 가지게 되는 스트레스는 대단히 크다.

> 선배들 때문에 처음에 무서웠어요. 오빠들 많은 과는 여자들이 가면 잘 챙겨 주고 반반 만 되도 남자 선배들이 밥도 사 주고 한다잖아요. 그런데 전부 거의 다 여자잖아요. 친구들은 아예 남남이고요. 아예 인사도 해봐야 누군가 싫을 거예요. 근데 저는 먼저 인사는 하고 지내죠. 그래도 친한 몇 명과 친해요. 친한 사람만 친하니까 모두가 서로 웃으면서 인사도 나눌 정도로 골고루 친해지고 싶어요.
>
> 서현 · 송선화(2010), p.376

> 여자들이 많다보니까 그룹끼리 모이게 되잖아요. 남자들이 많은 과는 같이 두루 어울리고 왕언니들이 리드를 해 주는데 여긴 또래끼리 있다 보니까 경쟁심도 많고 사소한 것에도 많이 갈등이 생기고 꼭 고등학교 같은 분위기예요. 그룹끼리 뭉치면 다른 그룹이랑 이야기도 잘 하지 않아요.
>
> 류혜숙 · 조형숙(2008), p.268

❺ 진로문제

유아교육과 신입생들은 졸업 후 진로를 위한 계획과 준비에 많은 관심을 가지고 있다. 교직에 오랫동안 머무를 계획을 하는 학생들은 대개 공립 유치원 교사 임용에 많은 관심을 가지고 있다. 졸업 후에 안정된 직업과 보수가 보장되는 공립 유치원에 대한 선호가 높지만, 실제 취업 가능성에 대한 불안이 진로문제에 가장 큰 고민으로 바뀌는 모습을 보인다.

> 4학년 언니들한테 임용고시, 경쟁률, 보수 실제로 이런 걸 물어봤는데 빨리 길을 바꾸라고 하더라고요. 너무 힘들었어요. 정말 그 말 듣고 왜 그랬는지는 모르겠는데 경쟁상대로 생각해서인지 실제 그렇게 생각한 건지 모르겠는데 워낙 길이 좁으니까… 지금 경쟁률이 학과 내에서도 만만치 않은데 다들 그냥 모든 아이들하고 이야기해 봐도 모든 아이들이 우선 국립유치원 가고, 못 가면 교수 된다 하고 너무 쉽게 이야기하니까 제가 보기에는 답답해요. 시간이 많이 남아 있다는 여유도 있고 아직 잘 모르니까 그러는 거죠.
>
> 서현 · 송선화(2010), p.373

(4) 유아교사직에 대한 인식

❶ 유아교사에 대한 이미지

유아교육과 학생들이 유치원 교사에 대해 갖는 이미지는 예비유아교사로서 앞으로 자신이 어떤 일을 할 사람인지 스스로 갖는 교사상을 반영한다고 볼 수 있다. 입학 초기에는 유아교사의 이미지를 성실성, 인내심, 활동성, 긍정적 태도 등의 인성적 특성을 중심으로 생각하지만, 시간이 흐르면서 전문적 기능에 대해서도 고려하는 변화된 모습을 보이기도 한다. 박은혜와 조운주(2007)는 예비유아교사들이 입학 당시에 유아교사에 대해 가지는 이미지가 수업을 통해 다음과 같이 변한다는 것을 알게 되었다.

- 단정하고, 예쁘고, 귀엽고, 밝고, 따뜻하게 미소 짓는 여성스러운 이미지에서 활동적인 이미지로 변한다.
- 유아를 사랑하거나, 유아와 놀거나, 돌보거나, 가르치는 것 중 한두 가지의 일을 하는 이미지에서 여러 가지 다양한 일을 동시에 하는 복합적인 이미지로 변한다.
- 유아를 돌보고 노는 등 피상적인 모습에 근거하여 쉬운 직업이라는 이미지에서 많은 지식과 사고가 필요한 어렵고 전문적인 직업이라는 이미지로 변한다.

❷ 유아교사직에 대한 만족도

유아교사의 사회적 지위는 비교적 긍정적으로 받아들이지만 임금에 대해서는 다소 부정적인 성향을 보인다. 특히 다른 각급 학교 교사들에 비해 다양한 집단을 상대해야 하므로 상대적으로 인간관계에서 오게 될 갈등에 대한 염려를 많이 하는 경향이 있다.

04 유아교사의 인성

좋은 유아교사가 되기 위해서는 전문적인 자질과 함께 개인적인 자질을 갖추어야 한다. 유아교사라 해서 가르치는 교수능력이나 교과와 관련된 지식이 중요하지 않은 것은 아니나, 유아의 연령 특성상 교사 개인이 가지고 있는 인성은 매우 중요하다. 전문적 자질 가운데 가르치는 일과 관련된 많은 지식은 대학에서 교육을 통해 습득되지만, 개인적인 자질은 이미 형성된 경우가 많다. 그러나 좋은 유아교사로서 갖추어야 할 인성의 덕목, 가치를 살펴보고, 자신에게 그러한 자질이 있는지 점검해 본 후 부족한 부분이 있다면 교사교육과정 동안에 여러 가지 경험과 교육을 통해 해당 자질을 길러보는 것도 도움이 될 것이다. 다음에서 「인성교육진흥법」을 중심으로 최근 들어 강화되고 있는 인성교육의 현황을 살펴보고, 좋은 유아교사에게 요구되는 인성 덕목을 알아본다.

1) 인성교육진흥법

최근 들어 교사의 아동학대, 학급 내 따돌림 및 괴롭힘(bullying) 문제가 사회적 이슈로 대두되고 있다. 특히 교육기관에서의 학대와 방임, 왕따, 자살, 학교 폭력, 교육자들의 비윤리적 행동 등이 사회문제로 확산되어 한 인간의 전인적 성장에 결정적 영향을 미치기에 그 심각성이 매우 크다고 볼 수 있다.

2015년 7월부터 시행된 「인성교육진흥법」은 국가와 지방자치단체, 학교에 인성교육 의무를 부여하며, 이를 위해 정부는 인성교육진흥위원회를 설립해 5년마다 인성교육 종합계획을 수립하도록 하고 있다(국가법령정보센터, 2017). 인성교육 종합계획에 따라 17개 시 · 도 자치단체장과 교육감은 개별 기본계획을 세우고 실행한다. 이에 따라 전국의 유 · 초 · 중 · 고등학교는 매년 초 인성교육 계획을 교육감에게 보고하고, 인성에 바탕을 둔 교육과정을 운영해야 한다. 아울러 교사는 인성교육 연수를 의무적으로 받아야 하며, 사범대 · 교대 등 교원 양성기관은 인성교육 역량을 강화하기 위한 필수 과목을 개설해야 한다.

「인성교육진흥법」은 건전하고 올바른 인성을 갖춘 시민 육성을 목적으로 한다. 특히 인성교육을 '자신의 내면을 바르고 건전하게 가꾸며, 타인, 공동체, 자연과 더불어 사는 데 필요한 인간다운 성품과 역량을 기르는 것을 목적으로 하는 교육'으로 정의하고 있다. 「인성교육진흥법」에서 제시하는 핵심 가치 · 덕목은 다음과 같다.

표 2-2 인성교육진흥법의 핵심 가치 · 덕목

덕목	핵심 가치	내용
예절	친절, 겸손	• 인간관계에서 행해야 할 올바른 예와 도
효도	우애, 경애	• 부모의 뜻을 받들고 사랑하고 존경하는 데 그치지 않고 이를 생활에 실천함 • 노인을 공경하고 섬기는 바탕에 감사와 존경, 사랑이 있음
정직	신의, 공정성, 충성	• 바르고 곧은 심성으로 자기의 양심을 속이지 않고 올바른 정신을 가지고 이에 따라 행하는 마음
책임	역할책임, 행위책임	• 자신에게 주어진 임무를 성실히 완수하는 것뿐만 아니라 행한 일의 결과까지도 감수하는 것
존중	자기존중, 타인존중, 생명존중	• 자기의 몸과 마음, 행동을 받들고 높이되, 이기나 방종, 자만에 빠지지 않음
배려	공감, 감정이입, 연민, 관용	• 타인의 감정을 공유하는 것으로써 상대방의 입장을 이해하면서도 결코 자기 자신을 잃지 않는 것
소통	관점의 변화 정보 공유	• 뜻이 서로 통하여 오해가 없는 것
협동	공동체 의식, 연대성 조화	• 공동생활에 있어서 자신의 이익만을 생각하지 않고 남과 더불어 힘과 마음을 다하는 것

출처: 교육과학기술부(2012). 유치원 기본과정 내실화를 위한 인성교육프로그램. 서울: 교육과학기술부.

2) 교직적성 · 인성 검사

예비교사의 교직적성 · 인성을 함양하기 위해 교육과학기술부(2013)는 「교원자격검정령」 제19조 제3항 〈별표 1〉의 '무시험검정 합격기준'에 의하여 교원양성과정을 이수한 사람은 교직적성 및 인성 검사의 적격 판정을 받도록 하고 있다. 즉, 교원양성기관 재학 중에 2회 이상의 '교직적성 · 인성 검사' 실시를 의무화하여 단계별 진로지도를 강화하고자 함이다.

교직적성은 교직을 성공적으로 수행하는 데 필요한 지능, 다양한 종류의 능력, 인성 요인을 모두 포함한다(Tasleema & Hamid, 2012; 조운주, 2014에서 재인용). 교직적성은 가르치는 직업에 대한 특별한 능력, 잠재력, 흥미, 만족, 적합성 등 효율적인 교수를 결정하는 요인으로, 교사의 전문성을 개발하고, 교사의 수행수준을 예측하는 의미 있는 역할을 한다. 한편 교직인성은 교사로서 갖고 있는 도덕성을 비롯하여 정의적, 감성적 특성과 사회적 특성을 폭넓게 반영하는 것으로 인간다움의 의미를 다차원적으로 포함한다(서경혜 외, 2013). 교직인성은 주로 교직에 관련된 윤리성, 책임감, 교육관, 가치관 및 신념뿐만 아니라 자기 인식 및 자기관리, 타인이해와 배려, 긍정적인 관계 형성 등을 포함한다(서혜경 외, 2013; 홍기칠, 2006).

교직적성 · 인성 검사는 예비교사의 교직적성 · 인성 수준을 파악하게 할 뿐 아니라, 부족한 부분에 대한 반성의 기회를 제공하여 전문성을 향상시킬 수 있기에 예비교사의 교직적성 · 인성 수준을 평가하는 것은 중요하다(Rike & Sharp, 2008). 유아교사양성대학에서 현재 활용하고 있는 교직적성 · 인성 검사도구는 김정환 외(2012)가 초 · 중등 예비교사를 대상으로 개발한 교직적성 · 인성 검사도구로, 총 14개 영역, 210문항, 4점 척도(4. 그렇다, 3. 그런 편이다, 2. 그렇지 않은 편이다, 1. 그렇지 않다)로 구성되어 있다(조운주, 2014). 검사도구의 영역, 문항의 예 및 문항 수는 다음과 같다.

표 2-3 교직적성 · 인성 검사도구 영역 및 문항 수

영역	측정 내용	문항 수
문제해결력 · 탐구력	문제해결력, 탐구력	15
판단력	사고력, 결정능력	15
독립성 · 자주성	독립성, 자주성	15
창의 · 응용력	창의력, 응용력	15
심리적 안정성	불안, 우울, 편집, 내폐, 신경, 기타	15
언어 · 의사소통력	언어능력, 대화능력	15
지도성	지도성, 설득력	15
공감 · 포용력	공감력, 포용력	15
지식 · 정보력	지식력, 정보력	15
봉사 · 희생 · 협동성	봉사성, 희생성, 봉사정신	15
계획성	계획성, 실천력	15
성실 · 책임감	성실성, 책임감	15
소명감 · 교직관	소명의식, 교직관	15
열정	열정	15
총		210

영유아를 교육하는 유치원 교사와 어린이집 교사의 인성 수준을 측정하기 위한 도구로는 육아정책연구소에서 개발한 「KICCE 영유아교사 인성 평가 도구(김은설 · 김길숙 · 이민경, 2015)」가 있다. 영유아교사 인성 평가 도구는 보편적 인성 영역과 교사로서의 인성 영역으로 구분되어 있고, 현직교사용 인성 평가 도구는 8개 인성 요소, 94개 문항으로 구성되어 있으며, 예비교사용은 7개 인성 요소, 58개 문항으로 구성되어 있으며 5점 척도(5. 매우 그렇다, 1. 전혀 그렇지 않다)이다. 평가 도구의 영역, 인성 요소 및 정의, 문항 수는 다음과 같다.

표 2-4 영유아교사의 인성 평가 도구 영역, 인성 요소 및 문항 수

<table>
<tr><th rowspan="2">영역</th><th rowspan="2">인성 요소</th><th rowspan="2">정의</th><th colspan="2">문항 수</th></tr>
<tr><th>현직 교사</th><th>예비 교사</th></tr>
<tr><td rowspan="5">보편적 인성</td><td>사회성</td><td>• 사회적 상황에 적응하는 능력
• 적극적 참여, 협동, 원만한 관계 유지, 사교적, 친절</td><td>6</td><td>6</td></tr>
<tr><td>책임감 · 성실성</td><td>• 맡은 일을 완수하고자 하는 의욕과 자발성이 강한 정도
• 자신이 맡은 일을 열심히 하고 끝까지 마무리 짓는 성향</td><td>13</td><td>13</td></tr>
<tr><td>타인존중 · 배려</td><td>• 다른 사람의 생각이나 감정을 인정
• 상대방 입장을 먼저 생각하고 다른 사람을 돕는 행동</td><td>11</td><td>11</td></tr>
<tr><td>자기조절</td><td>• 자신의 감정 상태를 인식하여 정서를 조절하고 통제할 수 있는 능력
• 행동억제, 충동억제, 만족지연, 유혹에의 저항능력</td><td>6</td><td>4</td></tr>
<tr><td>심리적 건강</td><td>• 정신적인 균형 유지와 정신건강과 적응의 조화
• 불안감, 우울, 편집증 등 정신 건강 구성 요소의 정상성</td><td>16</td><td>16</td></tr>
<tr><td rowspan="3">교사로서의 인성</td><td>민감성 · 수용성</td><td>• 이해하고 수용할 수 있는 열린 마음
• 다양한 신호와 접근을 이해하고 요구에 신속하게 대처함</td><td>24</td><td>-</td></tr>
<tr><td>교직관 (소명의식)</td><td>• 직업적 활동에 삶의 의미와 목적 부여
• 직업을 천직으로 여기고 헌신</td><td>10</td><td>5</td></tr>
<tr><td>공감 · 정의감</td><td>• 타인이 느끼고 생각하는 바를 이해하는 인지적 공감
• 타인의 정서를 대리 경험하는 정서적 공감
• 공정 · 공평성, 약자에 대한 우선권 고려</td><td>8</td><td>3</td></tr>
<tr><td colspan="3">총</td><td>94</td><td>58</td></tr>
</table>

출처: 김은설 외(2015). pp. 81-82, 표 재구성.

현직 영유아 교사의 경우 공감 · 정의감이 가장 높고, 다음으로 민감성 · 수용성, 책임감 · 성실성, 타인존중 · 배려 순으로 높게 나타났으나, 상대적으로 심리적 건강과 자기조절 영역의 점수가 낮은 것으로 나타났다. 예비교사의 경우 공감 · 정의감이 가장 높은 것으로 나타났고, 다음으로 교직관(소명의식), 타인존중 · 배려 순으로 높게 나타났으나 상대적으로 자기조절 영역의 점수는 낮은 것으로 나타났다.

활동 내가 가진 인성 자질 점검해 보기

1 다음의 각 문항을 읽고, 자신을 잘 나타내는 번호에 ✔ 표시한다.

① 전혀 그렇지 않다　② 별로 그렇지 않다
③ 보통이다　④ 대체로 그렇다
⑤ 매우 그렇다

2 각 인성 요소에 속하는 문항의 점수를 모두 합한 후 평균을 내어 본다.

문항	①	②	③	④	⑤
1. 내가 아무런 가치도 없다고 느낄 때가 있다.					
2. 무슨 일을 하던 정신을 집중하기가 힘들다.					
3. 종종 낯선 사람들이 나를 흠잡듯이 쳐다보는 것 같다.					
4. 매사에 매우 침울하고 희망이 없어 보일 때가 있다.					
5. 다른 사람들보다 더 많이 실패한 것 같다.					
6. 아무도 믿지 않는 것이 안전하다고 생각하는 편이다.					
7. 다른 사람을 대할 때 실수를 저지를까봐 두려움을 느낀다.					
8. 편안하게 쉴 수가 없다.					
9. 걱정을 하거나 막연한 불안감을 느낀다.					
10. 도무지 무엇을 시작할 기운이 나지 않을 때가 있다.					
11. 잘못된 일이라는 것을 알아도, 그 일을 중단할 수 없을 때가 있다.					
12. 때로는 공허하고 허전한 감이 든다.					
13. 사람들은 남의 일에 진정한 관심을 갖지 않는다고 생각한다.					
14. 일이 잘못되었을 때 남의 탓을 하는 경향이 있다.					
15. 책임감이 무거운 일을 맡기가 두렵다.					
16. 종종 일이 잘못될까 봐 걱정을 한다.					
17. 새로운 사람을 만나는 자리에 참석하는 것이 즐겁다.					
18. 많은 사람들과 함께 있는 것이 좋다.					
19. 익숙하지 않은 대인관계에서도 편안함을 느낀다.					
20. 사람들과 쉽게 친해지고 원만한 관계를 유지할 수 있다.					

문항	①	②	③	④	⑤
21. 내가 필요할 때 도와줄 친구가 많다.					
22. 인사성이 밝다.					
23. 시작한 일은 끝까지 마치는 편이다.					
24. 내가 해야 할 일은 책임지고 마무리한다.					
25. 나는 꾸준하고 열심히 일하는 사람으로 알려져 있다.					
26. 내가 할 일을 남에게 미루지 않는다.					
27. 일정을 잘 맞춰서 사람들로부터 신뢰를 받는다.					
28. 시간을 잘 지키는 편이다.					
29. 마음이 내키지 않더라도 맡은 일은 반드시 한다.					
30. 다른 사람보다 옳고 그름을 가리는 데 엄격한 편이다.					
31. 규칙을 잘 지키는 편이다.					
32. 사소한 일이라도 최선을 다한다.					
33. 즐거움과 재미 때문에 주어진 일을 끝내지 못할 때가 있다.					
34. 내가 목표한 일에서 좋은 결과를 얻을 수 있다.					
35. 장기적 목표를 위해 계획을 세워 행동하는 편이다.					
36. 남에게 내 차례를 잘 양보하는 편이다.					
37. 친구들로부터 따뜻한 사람이라는 말을 듣는다.					
38. 남의 기분을 상하지 않도록 행동과 말을 조심하는 편이다.					
39. 사람들은 나를 다정하고 상냥한 사람이하고 생각한다.					
40. 남의 말을 잘 경청하는 편이다.					
41. 만나는 사람에 따라 그 사람들에게 맞춰서 행동하는 편이다.					
42. 다른 사람들이 좋아할 말이나 행동을 하려고 노력한다.					
43. 다른 사람들을 잘 도와주는 편이다.					
44. 상대방의 의견을 존중한다.					
45. 다른 사람이 나와 다른 생각을 가지고 있더라도 이해해 보려고 한다.					
46. 다른 사람들과의 의견을 잘 조율한다.					
47. 교사는 신뢰와 존경을 받는 직업이라고 생각한다.					
48. 나에게 교사라는 직업은 매우 중요한 의미를 가진다.					

문항	①	②	③	④	⑤
49. 영유아를 가르치고 돌보는 것은 가치 있는 일이라고 생각한다.					
50. 교사는 일반인보다 더 높은 윤리의식을 가져야 한다고 생각한다.					
51. 미래에 좋은 교사가 되기 위해 자기계발을 한다.					
52. 좋아하는 음식을 먹을 때 과식하는 경향이 있다.					
53. 충동적으로 일을 벌이고 나서 후회하는 경향이 있다.					
54. 머릿속에 떠오르는 대로 말하는 경향이 있다.					
55. 화를 참지 못하는 편이다.					
56. 위기나 곤란에 처한 아이를 보면 보호해 주고 싶은 마음이 든다.					
57. 환경과 배경에 따라 상대를 차별하지 않는다.					
58. 다친 아이를 보면 정말 마음이 아프다.					
계					

출처: 김은설 외(2015).

인성 요소	문항 번호	문항 수
사회성	17, 18, 19, 20, 21, 22	6
책임감 · 성실성	23, 24, 25, 26, 27, 28, 29, 30, 31, 32, 33*, 34, 35	13
타인존중 · 배려	36, 37, 38, 39, 40, 41, 42, 43, 44, 45, 46	11
자기조절	52*, 53*, 54*, 55*	4
심리적 건강	1*, 2*, 3*, 4*, 5*, 6*, 7*, 8*, 9*, 10*, 11*, 12*, 13*, 14*, 15*, 16*	16
교직관(소명의식)	47, 48, 49, 50, 51	5
공감 · 정의감	56, 57, 58	3
계		58

* 역채점 문항임

토의문제

1. 유아교사직의 가장 큰 매력은 무엇인지 이야기해 보자.
2. 유아교사직을 선택한 이유를 이야기해 보고 친구와 비교해 보자.
3. 유아교사가 되기 위해 가장 필요한 자질은 무엇인지 이야기해 보자.

Chapter

03 유아교사로서의 자신 이해하기

학습목표

- 성인 학습자로서 유아교사의 특성을 이해한다.
- 성인 학습자로서 유아교사의 특성에 적절한 학습 방법을 알고 활용한다.
- 유아교사로서의 정체성을 도모한다.

학습내용

- 유아교사의 자아 개념
- 유아교사의 교육 신념
- 유아교사의 자서전 쓰기

핵심용어

- 자기 인식
- 자아 존중
- 자기 통제
- 은 유
- 요하리의 창
- 자아 개념
- 자아 효능감
- 신 념
- 자서전

CHAPTER

Early Childhood Teacher Education

03 유아교사로서의 자신 이해하기

01 유아교사의 자아 개념

자아 개념이라 함은 자기 개인이 어떤 존재인지를 인지적으로 인식하는 자기 인식, 자신을 어느 정도로 중요한 존재로 여기는지의 정도를 알아보는 자아 존중, 자신의 능력을 어느 정도로 평가하는지를 알 수 있는 자아 효능감, 마지막으로 자신을 스스로 통제할 수 있는지를 알아보는 자기 통제 능력을 포함한다. 일반적으로 자아 개념이 높다는 것은 자신을 있는 그대로 긍정적으로 받아들이고 자신이 하는 일에 긍지를 가지며 어떤 상황에서든 자신을 통제할 수 있는 능력이 있다는 것을 의미한다. 따라서 유아교사로서 개인의 자아 개념이 높다는 것은 그만큼 교사의 역할을 효과적으로 수행할 수 있는 능력이 있다는 것을 의미한다. 본 절에서는 유아교사들의 자아 개념을 알아볼 수 있는 다양한 활동과 체크리스트를 제시한다.

1) 자기 인식

모든 자아 개념은 자기를 정확하게 인식하는 것에서부터 시작한다. 다음에서 교사의 개인적인 능력과 이미지, 실제 등을 알아보자.

(1) 나에 대한 기초 정보 확인하기

① 나에 대해서 알아보는 가장 처음 단계는 겉으로 드러나는 여러 가지 인구통계학적인 요인들에 의해서이다.

② 인구통계학적인 요인들은 가족관계, 종교, 외모, 취미, 고향, 직업 등을 포함한다.

③ 아래와 같은 활동은 자기 자신을 이 세상에서 가장 독특한 존재로 만들어 주는 것이 무엇인가에 대하여 생각해 볼 수 있는 전략이며 개인 간의 차이점뿐만 아니라 공통점에 대해서도 생각해 볼 수 있게 해 준다. 활동의 진행 방법은 다음과 같다.

활동 나에 대한 퍼즐 만들어 보기

1. 종이 한 장을 꺼내어 6~9조각의 퍼즐 모양으로 선을 긋는다.
2. 각 퍼즐의 빈 칸에 자신을 이 세상에서 가장 독특한 존재로 만들어 주는 것이 무엇인지 생각하여 적는다.
3. 퍼즐을 자른다.
4. 두 사람이 짝이 되어 서로의 퍼즐을 맞추어 본다.
5. 네 사람이 짝을 이루어 퍼즐의 모든 조각을 섞은 후 공통되는 것을 모아 이름을 붙여 본다.

(예)

장녀	기혼	기독교인
유아교육 전공	검은색 머리	운동하는 것을 싫어함
같은 일을 반복하는 것을 싫어함	창의적임	키가 작음

(2) 나의 인지 능력 알아보기

가드너는 인간이 가지고 있는 인지 능력을 언어 지능, 논리 · 수학 지능, 공간 지능, 신체 · 운동 지능, 음악 지능, 대인 관계 지능, 개인이해 지능, 자연탐구 지능의 8가지로 분류한다. 가드너는 지능을 개인이 일상생활에서 경험하는 문제들을 해결하는 능력으로 정의한다. 따라서 같은 상황의 같은 문제라 할지라도 개인에 따라 해결하는 방법이 다를 수 있다. 예를 들어 새로 산 컴퓨터에 프로그램을 설치하는 상황을 가정해 보자. 언어 지능이 발달한 사람은 일단 매뉴얼을 읽고 지시에 따라 설치하고, 신체 · 운동 지능이 발달한 사람은 일단 설치하기 시작한다. 대인관계 지능이 높은 사람은 컴퓨터를 잘 아는 사람에게 부탁할 가능성이 높다. 이와 같이 다중 지능은 개인이 문제를 해결하는 방식에 영향을 주기 때문에 교사들이 선호하는 교수 방법에 영향을 미칠 가능성이 높다. 아래의 검사는 라지에르(Lazear, 1994)가 개발한 다중 지능 능력 검사 도구이다. 자연탐구 지능을 제외한 7가지 지능을 검사해 볼 수 있다.

활동 라지에르의 다중 지능 능력 검사 도구

1 다음을 읽고 자신에게 해당하는 것에 표시하시오.

⓪ 잘 모르겠다 ① 전혀 그렇지 않다 ② 거의 그렇지 않다
③ 약간 그렇다 ④ 매우 그렇다

내 용	⓪	①	②	③	④
1. 말하고, 쓰고, 읽는 것을 좋아한다.					✔
2. 패턴을 잘 이해하고 잘 찾아낸다.					✔
3. 수업 시간 중에 낙서를 자주 한다.		✔			
4. 의자에 가만히 앉아 있는 것이 매우 힘들다.			✔		
5. 걸어 다니거나 일할 때 콧노래를 흥얼거린다.		✔			
6. 거의 모든 일을 주변 사람과 의논하여 한다.		✔			
7. 매우 본능적이고 경험에 의존한다.		✔			
8. 글이나 말로 자신을 정확하게 표현한다.					✔
9. 여러 가지 문제를 쉽게 해결한다.		✔			
10. 학습을 할 때 학습 보조물을 사용한다.		✔			
11. 자신의 감정을 표정이나 몸 움직임 등으로 잘 표현한다.			✔		
12. 일하는 동안 연필로 책상이나 발, 손가락 등을 친다.		✔			
13. 타인의 말을 잘 경청한다.				✔	
14. 조용하고 사색을 즐긴다.				✔	
15. 여러 사람 앞에서 말하는 것을 즐긴다.				✔	
16. 공식 등을 잘 외운다.			✔		
17. 그리기나 찰흙을 가지고 노는 것을 즐긴다.		✔			
18. 운동을 잘한다.		✔			
19. 노래를 쉽게 기억한다.		✔			
20. 다른 사람의 기분에 민감하게 반응한다.				✔	
21. 스스로에게 질문을 많이 하고 호기심이 많다.				✔	
22. 단어 사용 등에 매우 주의를 기울인다.					✔
23. 여러 가지 물건이나 단어 등을 범주로 분류하는 것을 좋아한다.					✔
24. 방향 감각이 좋고 지도를 잘 본다.			✔		

내 용	⓪	①	②	③	④
25. 발명을 즐기고 물건을 분해하고 다시 조립하는 것을 좋아한다.		✔			
26. 가사를 바꾸어 부르거나 음절을 새로 만들어 낸다.		✔			
27. 다른 사람과 협동해서 일을 잘한다.				✔	
28. 자신의 내적 감정을 여러 가지 방법으로 표현할 수 있다.			✔		
29. 단어 게임을 즐긴다.		✔			
30. 복잡한 논리를 따라 하거나 분석을 즐긴다.			✔		
31. 흉내 내기를 즐긴다. / 정신적인 이미지를 잘 떠올린다.		✔			
32. 다른 사람에게 가르쳐 주거나 보여주는 것을 즐긴다.					✔
33. 일상적인 삶에서 음악적 요소를 찾아낸다.		✔			
34. 다른 사람의 의도를 빨리 파악하는 편이다.					✔
35. 독립적이고 혼자서 일하는 것을 좋아한다.					✔

[분 석]

1 아래의 점수 칸에 문항별 점수, 환산 점수, 영역별 점수를 기록한다.

문항 번호	문항 점수	환산 점수	영역별 점수	점수 계산 방법
1	4	4×3=12	언어 지능 (42점)	• 문항 점수 문항의 점수를 그대로 쓴다. • 환산 점수 문항 점수에 다음과 같은 수를 곱한 점수를 쓴다. 0×0=0 1×0=0 2×1=2 3×2=6 4×3=12 • 영역별 점수 해당 영역의 환산 점수를 합한 것이다.
8	4	4×3=12		
15	3	3×2=6		
22	4	4×3=12		
29	1	1×0=0		
2	4	12	논리 · 수학 지능 (28점)	
9	1	0		
16	2	2		
23	4	12		
30	2	2		
3	1	0	공간 지능 (2점)	
10	1	0		
17	1	0		
24	2	2		
31	1	0		

문항 번호	문항 점수	환산 점수	영역별 점수	점수 계산 방법
4	2	2	신체·운동 지능 (16점)	
11	2	2		
18	1	0		
25	1	0		
32	4	12		
5	1	0	음악 지능 (0점)	
12	1	0		
19	1	0		
26	1	0		
33	1	0		
6	1	0	대인관계 지능 (30점)	
13	3	6		
20	3	6		
27	3	6		
34	4	12		
7	1	0	개인이해 지능 (26점)	
14	3	6		
21	3	6		
28	2	2		
35	4	12		

2 가장 점수가 높은 영역을 확인하고 자신의 지능과 동료들의 점수를 비교해 보자.

영 역	나의 점수	동료 점수	동료 점수	동료 점수
언어 지능	42			
논리·수학 지능	28			
공간 지능	2			
신체·운동 지능	16			
음악 지능	0			
대인관계 지능	30			
개인이해 지능	26			

위의 예시에 제시된 사람의 경우에는 언어 지능이 매우 높고 대인관계 지능, 논리 · 수학 지능, 개인이해 지능이 비교적 높은 데 비해 음악 지능, 공간 지능은

매우 낮게 나타났다. 사람에 따라 각 영역의 지능지수가 모두 유사하게 나오는 경우도 있고 편차가 큰 경우도 있다. 대부분의 교사들은 언어 지능과 대인관계 지능이 높은 편인데, 한 연구(황윤세 · 김승옥, 2005)에 따르면 우리나라 예비유아교사들은 대인관계 지능 > 음악 지능 > 언어 지능의 순서로 높게 나타났다.

(3) 자아 노출

개인의 정체성은 자신이 스스로를 바라보는 모습과 타인에게 비추어진 모습에 따라 결정된다. 이때 개인이 알고 있는 것과 타인이 알고 있는 부분이 같을 수도 있고 다를 수도 있다. 이를 가장 잘 나타내 주는 것이 요하리의 창이다. 요하리의 창은 네 부분으로 구성되는데, 자신에 대해 자기가 아는지와 타인이 아는지의 여부를 조합해서 나눈다.

타인 \ 자신		
	Open Self 열린 자아	Blind Self 눈먼 자아
	Hidden Self 감추어진 자아	Unknown Self 알 수 없는 자아

❶ 열린 자아

나와 타인이 모두 알고 있는 부분이다. 첫 만남에서도 쉽게 알 수 있는 외모, 말투, 주소, 취미, 직업, 형제관계 등이 포함된다.

❷ 눈먼 자아

자신에 대해 자기는 잘 모르고 있으나 다른 사람들은 잘 알고 있는 부분이다. 예를 들어 숨소리가 거칠다든가, 말할 때 특별한 습관이 있다든가, 나는 겸손하다고 생각하나 상대방은 교만하다고 생각한다든가 하는 것이다. 이 부분은 타인으로부터의 지속적인 피드백과 의사소통을 통해 발견할 수 있다.

❸ 감추어진 자아

타인은 모르고 자신만 알고 있는 영역이다. 이는 자신이 약점이나 단점으로 생각하는 부분이며 타인이 알게 될 때 그들의 반응에 상처를 입을까 두려워 감추게 되는 부분이다. 자신의 단점, 성적, 가족 배경 등이 이에 속할 수 있는데, 상대방과의 친밀도에 따라 노출하는 범위가 달라진다.

❹ 알 수 없는 자아

자신도 모르고 타인도 모르는 영역이다. 내면세계에 존재하는 성향, 무의식, 잠재력 등이 이에 속한다.

요하리의 창은 자아의 노출 정도에 따라 창의 크기가 달라지는데 열린 자아의 영역이 늘어날수록 의사소통이 잘 되고 대인관계가 돈독해진다.

활동 요하리의 창

1 두 사람씩 짝을 짓는다.
2 상대방에 정보를 간단히 수집한 후 열린 자아와 눈먼 자아에 기록한다.
3 자신의 창을 돌려받아 감추어진 자아를 기록한다.

타인 \ 자 신		
	Open Self 열린 자아	Blind Self 눈먼 자아
	Hidden Self 감추어진 자아	Unknown Self 알 수 없는 자아

4 다음을 토론한다.
- 두 사람의 창을 비교해 본다.
- 창의 크기를 어떻게 바꿀 수 있는지 이야기해 본다.

2) 자아 존중

자아 존중은 자신이 스스로를 어떻게 생각하고 있는지를 나타낸 것이다. 자아 존중감이 높으면 자신이 성취하고자 하는 목표에 대한 인식이 뚜렷하기 때문에 진로를 일찍 결정한다. 자아 존중감이 높으면 자신을 존중하는 만큼 타인을 배려하기 때문에 학습자를 잘 이해하고 동료들과의 대인관계도 형성한다. 또한 자신에 대해 긍정적이므로 자신이 선택한 직무에도 비교적 높은 만족도를 보인다(오영희 외, 2008; 차현화 · 김현, 2008). 다음은 개인의 자아 존중감을 평가해 볼 수 있는 활동이다.

활동 자아 존중감 평가

1 다음의 각 문항을 읽고, 자신을 잘 나타내는 번호에 ✔표시한다.

① 전혀 그렇지 않다　② 대체로 그렇지 않다
③ 대체로 그렇다　④ 항상 그렇다

2 자아 개념의 각 하위 영역에 속하는 문항의 점수를 모두 합한 후 평균을 내어 본다.

내 용	①	②	③	④
1. 나는 나의 능력이 공부하는 데 적합하지 않다고 생각한다.				
2. 나는 세상 일들이 즐겁다.				
3. 나는 과 친구들에게 중요한 사람으로 인정받고 있다.				
4. 나는 행복한 가족의 한 사람이다.				
5. 나는 명랑한 사람이다.				
6. 나는 과 친구들 앞에서 발표를 잘 한다.				
7. 나는 우리 집에서 불필요한 사람이라는 느낌이 든다.				
8. 내 얼굴은 다른 사람에게 호감을 준다.				
9. 나는 나 자신에 대해 자신감을 갖는 편이다.				
10. 나는 앞으로 새로운 학습 과제를 시작할 능력이 있다.				
11. 내 성적은 우리 형제들의 성적보다 우수하다.				

내 용	①	②	③	④
12. 나는 나 자신을 높게 평가한다.				
13. 나는 가족들과의 관계에 만족한다.				
14. 나는 학교에 가는 것을 좋아한다.				
15. 나는 나 자신을 업신여긴다.				
16. 나는 다른 사람들과 어울리기를 좋아한다.				
17. 교수님은 나에 대해 높은 기대를 하고 있다.				
18. 나는 쉽게 포기하지 않는다.				
19. 나는 내가 다른 사람을 대하는 태도에 만족한다.				
20. 나는 수업 시간 중에 질문을 받을 때 긴장한다.				
21. 나는 '현재의 나'에 대해 만족한다.				
22. 나는 외모 때문에 괴롭다.				
23. 나는 행복한 사람인 것 같다.				
24. 내 친구들은 나의 행동을 좋아한다.				
25. 나는 나 자신을 믿을 수 있는 사람이라고 생각한다.				
26. 우리 가족들은 나를 믿는다.				
27. 나는 형제들보다 학습 능력이 우수하다.				
28. 나는 시험에서 만족스러운 점수를 받을 수 있다고 생각한다.				
29. 나는 내가 하는 일에 만족하고 있다.				
30. 나는 내가 원하는 만큼 멋있다.				
31. 나는 슬프다.				
32. 친구들은 나와 함께 놀기를 좋아한다.				
33. 나는 부모님과 함께 즐거운 시간을 보낸다.				
34. 나는 나의 학교 성적이 형편없다고 생각한다.				
35. 나는 다른 사람들과 친하게 지내기가 어렵다.				
36. 나는 내가 아닌 다른 사람이 되었으면 좋겠다고 생각한다.				
37. 나는 주어진 학습 과제를 끝마칠 능력이 있다.				
38. 나의 눈은 매력적이다.				
39. 나는 나의 도덕적인 행동에 만족한다.				
40. 나는 쓸모없는 사람이라는 생각이 든다.				

내 용	①	②	③	④
41. 내 성적은 친구들의 성적보다 우수하다고 생각한다.				
42. 나는 존경받을 만하다고 생각한다.				
43. 나는 학교 공부에 만족한다.				
44. 나는 내가 부족한 과목들을 보충할 능력이 있다고 생각한다.				
45. 나는 나쁜 사람이다.				
46. 나는 우리 가족에게 중요한 사람이다.				
47. 나는 다른 사람과 사이좋게 지낸다.				
48. 나는 내 성적표를 자랑스럽게 여긴다.				
49. 우리 부모님은 나를 이해하신다.				
50. 나는 지금 나의 외모에 만족한다.				
51. 나는 매력적인 사람이다.				

하위 영역	문항 번호	문항수
신체 자아 개념	8, 22*, 30, 38, 50, 51	6
정서 자아 개념	5, 25, 31*, 39, 40*, 42, 45*	7
정체 자아 개념	2, 9, 12, 15*, 18, 21, 23, 29, 36*	9
가족 자아 개념	4, 7*, 13, 16, 19, 24, 26, 32, 33, 35*, 46, 47, 49	13
학문 자아 개념	1*, 3, 6, 10, 11, 14, 17, 20*, 27, 28, 34*, 37, 41, 43, 44, 48	16
계		51

* 역채점 문항임

3) 자아 효능감

자아 효능감이란 자신이 하는 일에 대하여 어느 정도로 수행할 수 있는 능력이 있는지를 평가하는 것을 의미한다. 일반적으로 자아 효능감이 높은 교사들은 가르치는 일에 자신을 가지고 학습자의 입장을 잘 고려한다. 교사들의 효능감은 맥락 특정적이어서 가르치는 영역에 따라 그 정도가 달라진다. 다음의 교사 효능감

검사는 리그스와 에노크스(Riggs & Enochs, 1990)가 개발한 STEBI(Science Teaching Efficacy Belief Instrument)를 조부경 등(2001)이 번역한 것이다. 교사 효능감 검사는 교사가 유아에게 영향을 미칠 수 있다고 생각하는 일반 교수 효능감과 교사로서 자신이 잘 할 수 있는지에 대한 자신감에 해당하는 개인 교수 효능감의 2가지 하위 영역으로 구성되어 있으며, 각 하위 영역별 문항 수는 일반 교수 효능감 12문항과 개인 교수 효능감 13문항이다. 각 문항에 대한 평가는 매우 부족, 약간 부족, 보통, 대체로 잘함, 매우 잘함의 5점 척도로 평정하게 되어 있으며, 점수 범위는 일반 교수 효능감이 12점에서 60점, 개인 교수 효능감이 13점에서 65점까지이다.

활동 자아 효능감 검사

1 다음의 각 문항을 읽고 자신이 생각하는 번호에 표시한다.
① 그렇지 않다. ② 약간 그렇지 않다. ③ 보통이다.
④ 대체로 그렇다. ⑤ 매우 그렇다.

2 분석: 교사 효능감 검사는 전체 항목에 대한 평균 점수를 계산하여 4.0점 이상은 '상', 3.1~3.9점은 '중', 3.0점 이하는 '하'로 평가한다.

일반 교수 효능감	①	②	③	④	⑤
1. 유아가 평소보다 적극적으로 활동을 하는 것은 교사의 노력 때문이다.					
2. 유아의 학습 능력이 좋아졌다면, 교사의 효과적인 교수 방법 때문이다.					
3. 유아가 어떤 활동에 흥미를 보이지 않는 것은 교사의 교수 방법이 적절하지 못하기 때문이다.					
4. 유아의 능력이 다소 부족하다 해도, 교사가 효과적인 교수 방법을 사용하면 극복될 수 있다.					
5. 몇몇 유아가 활동에 흥미를 보이지 않는 것을 교사의 탓이라고 할 수 없다.*					
6. 어떤 활동에 관심이 없었던 유아가 활발한 참여를 하는 것은 교사의 적극적인 시도 덕분이다.					
7. 교사가 아무리 교수에 많은 노력을 기울일지라도, 어떤 활동에 대한 유아의 태도는 변하지 않을 수 있다.*					

일반 교수 효능감	①	②	③	④	⑤
8. 어떤 활동에 대한 유아의 관심과 흥미 정도는 일반적으로 교사에게 책임이 있다.					
9. 유아의 적극적인 활동 참여는 그 활동에 대한 교사의 교수 능력과 직접적인 관련이 있다.					
10. 유아가 유치원의 활동에 흥미를 많이 보인다는 부모의 반응은 아마도 교사의 적절한 교수 때문일 것이다.					
11. 어떤 활동에 전혀 관심을 보이지 않는 유아에게는 교사가 효과적으로 교수를 해도 영향을 미치지 않는다.*					
12. 교사가 뛰어난 교수 능력을 가졌어도 어떤 유아에게는 동기 유발을 시킬 수 없다.*					
평균 점수					

개인 교수 효능감	①	②	③	④	⑤
1. 나는 효과적인 교수 방법이 무엇인지 알아내고자 끊임없이 노력한다.					
2. 나는 아무리 노력해도 어떤 영역의 활동은 다른 영역의 활동보다 더 잘 지도하지는 못한다고 생각한다.*					
3. 나는 유아들을 효과적으로 지도하기 위한 단계를 알고 있다.					
4. 나는 유아들을 지도하는 데 있어서 그다지 유능하지 않은 것 같다.*					
5. 나는 보통 유아들을 비효과적인 방법으로 지도한다.*					
6. 나는 유아들을 지도하는 데 필요한 만큼의 지식이 있다.					
7. 나는 유아들에게 어떤 활동을 왜 하는지 이해시키는 데 어려움을 느낀다.*					
8. 나는 유아들이 질문을 할 때, 적절하게 대답할 자신이 있다.					
9. 나는 유아들을 지도하는 교사로서 필요한 능력을 가지고 있는지 염려된다.*					
10. 나는 나의 교수 능력에 대해 외부 전문가로부터 객관적으로 평가받는 것이 꺼려진다.*					
11. 나는 유아가 어려움을 나타낼 때 어떻게 지도해야 할지 당황한다.*					
12. 나는 유아의 질문을 반기고 격려한다.					

개인 교수 효능감	①	②	③	④	⑤
13. 나는 유아들이 어떤 것에 관심을 갖도록 하기 위해서 어떻게 해야 할지 모르겠다.*					
평균 점수					

문항계산 방법 : * 표시가 없는 문항은 그대로 * 표시가 있는 문항은 역으로 계산
(즉 ⑤ → 1, ① → 5로)

4) 자기 통제

개인의 자기 통제 능력은 사건의 원인을 개인 외적인 부분과 개인 내적인 부분 가운데 어디에 두는지를 살펴봄으로써 그 정도를 측정한다. 일반적으로 사건의 원인을 환경적인 것에서 찾는 사람들은 문제가 발생했을 때 상대방을 탓하는 경우가 많다. 그와 반대로 사건의 원인을 개인 내적인 것에 주로 두는 사람은 문제 해결 시 우선 자신의 잘못을 먼저 분석해 보는 경향이 있다.

활동 Locus of Control 검사

1 다음의 각 문항에는 두 가지 입장이 있다. 그중 자신의 의견에 가장 가까운 것을 골라 ✔로 표시한다. 두 가지 의견에 모두 동의하지 않더라도 둘 중에서 자신의 생각에 더 가까운 곳에 표시한다.

	a	b	a	b
1.	아이들이 빗나가는 것은 부모가 너무 야단치기 때문이다.	아이들이 빗나가는 것은 부모가 너무 얼러 기르기 때문이다.		
2.	일어날 일은 기어코 일어나고야 만다.	노력하지 않고 운수만 믿었을 때는 결과가 좋지 않다.		
3.	세상은 착실한 사람이 손해를 보게 마련이다.	착실하게 사는 것은 세상을 잘 사는 방법이다.		

	a	b	a	b
4.	아무리 가르치려고 해도 안 될 아이는 안 된다.	자식은 가르치기 나름이다.		
5.	사람은 모두 이기적이다.	사람의 본성은 남을 돕기를 좋아한다.		
6.	아무리 계획을 잘 짜도 운이 나빠서 망치는 경우가 있다.	계획을 잘 짜면 일은 다 된 거나 다름이 없다.		
7.	정치인들이 하는 일에 일반인들이 손을 쓰기란 대단히 어렵다.	하려고만 하면 부정부패는 일소할 수 있다.		
8.	해야 할 일을 분명히 정해 주는 사람이 좋은 지도자이다.	해야 할 일을 스스로 결정하도록 하는 사람이 좋은 지도자이다.		
9.	주는 것 없이 미운 사람은 어쩔 수 없이 밉다.	사람은 사귀어 보면 다 좋다.		
10.	사회의 모든 불평등을 없애기 위해서는 집권자 자신의 이해와 노력이 있어야 한다.	사회의 모든 불평등을 없애기 위해서는 국민 각자가 자기의 권리를 지키고 주장해야 한다.		
11.	연분이 닿아야 좋은 배필을 만난다.	내가 노력해야 좋은 배필을 만난다.		
12.	잘못은 했지만 덮어두는 것이 좋을 때가 더러 있다.	자기의 잘못을 기꺼이 받아들이는 것이 좋다.		
13.	잘살고 못살고는 팔자소관이다.	얼마나 잘사느냐는 내가 얼마나 열심히 일하느냐에 달려 있다.		
14.	일반 국민은 나라 일에 왈가왈부해 보았자 소용이 없다.	국민도 나라 일에 영향을 줄 수 있다.		
15.	될 성싶은 나무는 떡잎부터 알아본다.	공든 탑이 무너지지는 않는다.		
16.	사회의 부정은 대개 정치인들에게 잘못이 있어서 그렇다.	사회의 부정은 국민 하나하나에 그 잘못이 있다.		
17.	세계적으로 일어나는 일에 대해서는 우리로서는 어쩔 수 없다.	정치 및 사회적인 일에 적극 참여하면 우리는 세계적으로 일어나는 일에 영향을 미칠 수 있다.		
18.	불행한 일이긴 하나 제아무리 노력을 해도 그 가치를 인정받지 못하는 일이 가끔 있다.	사람이란 결국 자기 값어치에 따라서 존경을 받게 마련이다.		
19.	돈 벌이는 먹고 살 수 있을 정도만 하면 된다.	돈 벌이는 많이 하면 할수록 좋다.		
20.	농사가 잘되는 것은 하늘의 소관이다.	농사가 잘되고 안되고는 그저 부지런히 일하는 데 있다.		

	a	b	a	b
21.	유능한 사람이라도 운이 나쁘면 지도자가 될 수 없다.	유능하면서도 지도자가 못 되는 것은 그 사람이 자기의 모든 기회를 활용하지 않았기 때문이다.		
합 계				

위의 활동 결과 a문항에 표시한 개수가 더 많은 사람은 어떤 사건의 원인을 환경이나 운으로 돌리는 경향이 강하다. 반면 b문항에 표시한 개수가 더 많은 사람은 개인 내적인 문제나 노력 부재를 문제의 원인으로 돌리는 경향이 강하다. 교사로 전자의 경향이 강한 사람은 특히 수업이 잘 진행되지 않거나 생활 지도에 문제가 생겼을 때 유아나 부모를 탓하는 경우가 자주 생기게 된다.

02 유아교사의 교육 신념

1) 교육 신념의 정의와 의의

(1) 교육 신념의 정의

신념은 어떤 사상(事象)이나 명제, 판단, 주장, 의견 등을 진리라고 생각하는 마음의 상태를 의미하는 것으로 개인이 접촉하는 세계의 어떤 측면에 대한 감정·지각·인식·평가·동기·행동 경향 등의 종합적이고 지속적인 자세를 말한다. 신념은 한 마디로 한 개인이 세상을 보는 눈이며, 사람의 행동을 이끌어 간다고 생각되는 정신 상태의 구조와 내용을 말한다(재인용). 따라서 교육 신념은 교사가 자신의 신념을 교육 현장에 적용하는 것을 의미한다.

(2) 교육 신념의 의의

한 개인이 신념을 가지고 있다는 것은 자신의 생각을 굽히거나 의심하지 않으려는 의지를 가지고 있음을 의미하기 때문에 교육 신념은 교사의 판단, 계획 및 실행에 지대한 영향을 미치게 된다. 교사가 자신이 가지고 있는 신념을 살펴보는 것이 중요한 이유는 교사의 신념이 가르치는 행위에 직접적인 영향을 미치기 때문이다. 교사 교육에서 이루어진 수많은 연구들은 교사의 태도와 신념이 교수 행위에 영향을 준다는 결과를 반복적으로 보여준다. 유아는 성인의 절대적인 도움 없이 살아갈 수 없다고 믿는 교사와 유아의 능력을 신뢰하는 교사의 교수 방법은 절대적으로 다르다. 교사가 유아에 대해 스스로 학습할 수 있는 존재라는 생각을 가지고 있으면 유아들의 학습에 직접적으로 개입하기보다는 유아 스스로 탐구할 수 있는 환경을 마련해 주고 안내자의 역할을 해 준다. 반면 유아의 학습에 성인의 역할이 절대적이라고 믿는 교사들은 매우 적극적으로 학습 과정에 개입하게 된다. 이처럼 교사의 신념은 교사가 가지고 있는 이론적인 틀에 따라 달라진다. 다음의 〈표 3-1〉은 유아교육의 대표적인 이론인 성숙주의, 행동주의, 상호작용주의 관점에서 보는 교육 신념을 정리한 것이다.

표 3-1 성숙주의, 행동주의, 상호작용주의 교육 신념 특징

특 징	성숙주의	행동주의	상호작용주의
교육 목적	사회정서 발달과 인성발달	학문적 기초 형성	인지발달
아동관	유전적 시간표에 따라 정해진 순서대로 발달하는 수동적인 존재	환경에 의해 영향을 받는 수동적 존재	환경과의 자발적인 상호작용을 통해 발달하는 능동적인 존재
발달관	인간 고유의 생득적 성향의 자연적 계발	외재적 환경의 조작 및 반응을 통한 경험	통합적 과정
동기화	유전적 성숙에 의한 내적 자극	환경의 외적 자극	환경과 유아의 내적 자극
학습관	성숙준비도와 학습동기와의 조화	환경에 의한 동기화	개인과 외적 환경과의 상호작용

교수 방법	풍부한 학습 환경 조성	직접적인 교수	풍부한 학습 환경 조성
교사의 역할	간접적 안내자, 격려자, 발달에 대한 지식자	교수, 학습 활동의 준비자	교수 활동 계획자, 관찰자, 모델링
학습 제시 방법	성숙 수준에 도달할 때 제시	가장 단순한 내용 순차적으로 제시	경험을 위한 지식의 구성
실수를 보는 관점	정신적, 신체적 미성숙에 의함	자극이 부적절하게 제시됨	성인의 지식과 질적으로 다른 것으로 인식
학습 결과	제시되지 않음	반복, 모방 및 연습	실수를 통한 내적 지시의 구성

출처: 성은영(2008). p.139.

교사들이 가지고 있는 인간, 유아, 교수 - 학습의 원리 등에 대한 신념들은 이미 대학에 들어오기 전부터 형성된다는 것이 일반적인 학설이다. 또한 교수 - 학습, 유아에 대한 신념들은 한 번에 형성되어 끝나는 것이 아니라 일생에 걸친 경험을 통해 이루어진다. 따라서 교사는 자신이 가지고 있는 믿음과 신념을 한 번에 모두 인식하기도 어렵다. 교사들이 가지고 있는 이러한 신념 중에는 때로 교육에 적합하지 않은 것도 있다. 아무리 우수한 교사라 할지라도 본인이 의식하지 못하고 있는 바람직하지 않은 신념이나 편견들이 유아의 학습을 도우려는 교사의 노력을 방해할 수도 있다(박은혜, 1996).

유아교사들은 흔히 자신은 유아들에 대하여 아무런 편견도 가지고 있지 않으며 자신이 맡고 있는 모든 유아들을 똑같이 사랑한다고 말한다. 존스와 더만-스파크스(Jones & Derman-Sparks, 1992)는 교사도 인간인 이상 의식적 혹은 무의식적으로 유아들에 대하여 편애를 할 수 있는 가능성이 있다고 지적한다. 이러한 사실을 무시한 채 자신의 내면을 들여다보지 않는다면 무의식 속에 있는 편견으로 인해 유아들을 편애할 가능성이 매우 높다. 실제로 교사들은 한 학급에서 더 정이 가고 관심이 가는 유아가 있는 반면에 그렇지 못한 유아들도 있다는 사실을 알고 있다. 교사 자신이 어떤 점에 편견을 가지고 있는지를 알게 되면 그것을 늘 의식하게 되기 때문에 그로 인해 유아들을 편애하지 않도록 노력하지만, 자신의 편견을 전혀 의식하지 못하는 경우에는 자기가 무심코 저지르는 행동의 이유를 의식하지 못하므로 훨씬 더 위험하다(Jones & Derman-Sparks, 1992).

2) 교사의 신념에 영향을 주는 요소들

교사의 신념이나 관점에 영향을 주는 대표적인 요소들로는 교사의 개인적인 경험, 학교 경험, 직전 교육 등을 들 수 있는데, 이를 좀 더 자세히 살펴보면 다음과 같다.

(1) 교사의 개인적인 경험들

❶ 성장 배경

교사가 가지게 되는 개인적인 경험 가운데 교사의 신념에 영향을 주는 것으로 사회 · 경제적 지위, 성, 지역적 특성, 종교, 결혼 및 자녀의 유무 등을 들 수 있다. 코넬리(Connelly, 1991) 연구의 대상이었던 한 초등학교 교장 선생님은 학교는 모든 구성원을 위한 하나의 공동체가 되어야 한다는 신념을 가지고 있었다. 코넬리(Connelly)는 교장 선생님과의 인터뷰를 통하여 그가 토론토 지역의 한 작고 아담한 마을에서 성장하였기 때문에 동네 사람들이 서로를 잘 아는 커뮤니티의 중요성을 체험했다는 것을 알 수 있었다. 이와 같이 교사가 자란 지역의 특성(도시 대 농촌, 단독 주택 대 아파트, 대도시 대 중 · 소도시)은 그 지역사회에서 경험하는 내용을 결정하고 결과적으로 인간과 자연을 보는 관점에 영향을 준다.

❷ 자녀의 유무

뷸록과 노울즈(Bullough & Knowles, 1991)의 연구에서는 자녀를 가진 교사의 경우 유아교사의 역할을 양육의 역할로 규정짓는 경향이 있는 것으로 나타났다. 실제 많은 교사들이 자신의 자녀를 가졌을 때와 그렇지 않은 경우 유아를 대하는 태도에 차이가 있다. 파웰과 비렐(Powell & Birrell, 1992)의 연구에서도 자신의 자녀를 가지고 있는 교사들은 자기의 자녀 양육 태도를 중심으로 교수-학습의 원리를 이해하고 그렇지 않은 교사들은 자신의 사전 학교 경험을 중심으로 가르치는 일을 이해한다는 것을 밝혀내었다.

❸ 종교

개인적인 경험 가운데 신념이나 가치에 가장 영향을 많이 주는 것은 종교이다. 종교는 세상과 인간의 관계를 규정짓는 관점에 결정적인 영향을 미치며, 우리나라의 경우 타 종교에 대한 배타심이 매우 많다는 것이 일반적으로 알려진 사실이다. 자신이 믿는 종교적인 관점에서 혼전 관계나 미혼모 등을 인정하지 않을 때 만일 자신이 담임을 하고 있는 학급에 이러한 학부모가 있다면 그들을 대하는 교사의 태도에 자연스럽지 못한 부분이 있을 것이다.

❹ 성별

유아교사의 대부분이 여성이기 때문에 여자 교사와 남자 교사의 비교를 하기는 어렵지만, 교사가 가정에서 어떠한 대접을 받고 성장했는가에 따라 여자 어린이와 남자 어린이를 대하는 태도가 달라질 수 있다. 학습자의 성별에 따라 교사와 학습자의 상호작용을 연구한 학자들은 거의 일관된 결과를 발표하고 있다. 그 중의 하나는 교사들이 남아에게 긍정적이든 부정적이든 훨씬 더 많은 반응과 관심을 보인다는 것이고, 유아들 역시 교사와의 상호작용을 훨씬 더 많이 독점하는 경향이 있다는 점이다.

❺ 성격

유아를 대하는 태도에 영향을 미치는 또 하나의 요소는 교사의 성격이다. 우리는 교사들마다 독특한 방법으로 자신의 학급을 운영해 나간다는 것을 알고 있다. 교사의 성격이 활발하고 움직이는 것을 좋아하면 그 학급의 유아들도 매우 활기차게 움직이고 만일 교사가 매우 차분한 성격이라면 그 학급의 전반적인 분위기가 매우 차분해진다. 활기찬 학급에서 조용히 자기 일을 하는 유아들은 지나치게 소극적이라고 여겨질 가능성이 있고, 조용한 분위기를 선호하는 교사의 학급에서 적극성을 띠는 유아들은 산만하고 거슬리게 느껴질 수도 있다.

(2) 초·중·고등학교 경험

예비교사들이 과거 학생 시절에 경험했던 교사-학생의 관계관은 교사상을 형성하는 데 매우 커다란 영향을 미친다(Lortie, 1975). 실제로 예비교사들이 교사 교육을 받기 이전부터 상당한 정도의 교육에 대한 신념 및 태도를 발달시킨다는 연구 결과는 수없이 많이 있으며, 노울즈와 홀트-레이놀즈(Knowles & Holt-Reynolds, 1991)는 바로 이러한 도제식의 관찰이 교직을 그 다른 어떤 전문직과도 구별 지어 주는 특징이라고 하였다. 법률가, 의사, 건축가 등의 그 어떤 전문직도 자신이 이의 준비를 위한 교육(즉 대학 교육)을 받기 이전에 그 직업의 성격이나 하는 일을 미리 보지는 않는다. 그러나 교직은 직접 교사로서는 아니지만 그 교사와 상호작용을 하는 학생으로서 교직의 역할이나 성격, 주어지는 과제, 심지어는 효과적이고 우수한 교사는 어떠해야 한다는 구체적인 정의까지도 개발시킨다. 이러한 직접적인 경험은 단지 교실 상황에 대하여 이론적으로 몇 마디 하는 것보다 훨씬 더 깊은 영향력을 발휘한다. 애닝(Anning, 1988)은 여섯 명의 교사를 연구한 결과 유아들의 학습에 대해 교사가 가지고 있는 신념이 이전에 학생으로서 자신이 경험했던 것에 기초한다는 결과를 찾아냈다.

예비교사들이 가지고 들어오는 사전 지식이 각 교사 교육 프로그램에서 시도하는 교육 방법과 일치하지 않을 때, 교육의 효과를 반감시키기도 한다(Holt-Reynolds, 1992; Korthagen, 1988). 예를 들어 아무리 직전 교육을 통하여 교사들에게 구성주의 시각을 가지고 교수-학습 과정을 준비시키려고 해도 교수-학습은 근본적으로 교사가 학습자에게 지식을 전달해 주는 것이라고 보는 예비교사들은 그 생각을 바꾸기가 매우 어렵다. 이처럼 예비교사들의 사전 경험은 학교에서 가르쳐지는 내용이 실제 교실에서 적용될 수 있을 것인가를 판단하는 기준이 되어 수업의 내용을 받아들이고 거부하는 렌즈의 역할을 하게 된다.

(3) 직전 교육

교사가 잘 가르치기 위해서는 다양한 영역의 지식을 가지고 있어야 한다. 기본적으로 교과 내용에 관한 지식, 교수 방법에 관한 지식, 교육학에 관한 지식, 이들을 모두 합한 교과 교육에 관한 지식, 그리고 이에 덧붙여 교양 및 학습자에 관한 지식 등을 모두 갖추어야 한다. 이와 같은 기본적인 지식 가운데 어떠한 지식이 교사가 되는 데 얼마만큼의 역할을 할 것인가에 대한 논의는 수없이 이루어져 왔다. 이들 논의의 쟁점은 근본적으로 가르칠 내용에 대한 지식을 많이 가지고 있는 교사와 내용뿐만 아니라 이를 가르치는 방법에 대한 지식을 많이 가지고 있는 교사 가운데 누가 더 우수한 교사가 될 수 있느냐의 문제이다. 유아교육에서는 전통적으로 가르칠 내용에 대한 지식(교과 내용 지식)보다는 가르치는 방법에 대한 지식(교과교육학 지식)에 중점을 두어 교사를 양성하는 경향이 있다. 예를 들어 과학 교육 시간에 식물이나 꽃에 대해 배울 때 그 생물학적 특성에 대해 배우기보다는 꽃을 주제로 한 다양한 활동에 초점을 맞추기 때문에 실제로 교사가 되어 수업을 할 때는 봄에 피는 꽃과 여름에 피는 꽃의 특성을 다시 공부해야 하는 문제가 생기기도 한다.

많은 유아교사들이 유아들을 좋아하는 마음을 가지고 있기 때문에 이 직업을 선택한다. 그러나 이와 같은 성향은 예비교사들로 하여금 모든 유아들을 하나의 집단으로 보아서 집단 안에 있는 개인차는 무시하고 모든 유아들이 다 같을 것이라는 환상을 가지게 한다. 예비교사들의 교직에 대한 단순한 믿음은 비현실적으로 교직에 대하여 낙관하는 자세를 가지게 하고, 심지어 직전 교육에서 배울 것은 실습을 제외하고는 별로 없다는 생각마저도 가지게 만든다. 그러나 실제 실습을 하게 되면 이러한 낙관적인 환상은 깨어지고 지금까지 이론적으로 배워 왔던 것은 이론에 불과하고 실제는 그와 다르다는 극단적인 비관론을 가지게 될 수도 있다. 유아교사들이 직전 교육 기간 동안 가지고 있던 지나친 낙관론이나 지나친 비관론은 실제 교사가 되었을 때 교사 개인의 철학과 자신이 속한 공동체의 특성에 따라 그 방향을 정하게 된다.

3) 유아교사의 교육 신념

이론과 실제에 대하여 한 사람이 가지고 있는 관계에 대한 이미지는 그 사람의 학습 과정에 매우 지대한 영향을 미친다. 최근에는 이러한 이미지를 통해 교사의 신념이나 사고 과정을 연구하는 방법이 도입되고 있는데 그 중의 하나가 은유법을 활용하는 것이다. 사람의 모든 아이디어와 행동은 어떤 형태로든 은유적으로 나타나게 마련이며, 겉으로 드러난 은유는 그 사람의 행동과 생각에서 다시 반영된다(Carter, 1990, 재인용). 이처럼 은유는 다른 방식으로는 표현하기 어려운 실체에 대한 이미지를 한 단어나 문장으로 나타내는 것이다. 모든 언어는 은유적이며, 은유의 본질은 하나의 사건이나 사물을 다른 것의 관점에서 보고 이해하며 경험하는 것이다(Lakoff & Johnson, 1980). 이는 바로 교사들이 편견을 줄이는 데 가장 필요한 것이 타인의 관점에서 그 사람을 이해하는 것이라는 것과 일맥상통한다.

신념 체계는 교사의 사고와 행위, 그리고 궁극적으로는 유아의 행동에 영향을 주지만 내재적인 것이어서 알아내기가 어렵고 대부분의 신념은 은유나 이미지로 저장되어 있기 때문에 은유법의 활용은 교사들의 신념 체계를 알아볼 수 있는 가장 좋은 방법이다(Marshall, 1990). 어떤 사람은 교사를 교향악단의 지휘자로 보기도 하고, 스포츠 경기의 감독에 비유하기도 하며, 서커스에서 줄타기를 배우는 사람에 비유하기도 한다. 이러한 비유는 각자가 가르친다는 것과 배운다는 것에 대해 가지고 있는 신념이나 가정들을 함축적으로 나타내 준다. 은유는 교사가 알리고자 하는 내용의 지식적인 측면뿐만 아니라 그에 포함되는 감정도 전달하는 것이 가능하게 하기 때문에 토빈(Tobin, 1990)은 은유법을 적절히 활용하여 교사의 신념을 바꿀 수도 있음을 보여주었다. 교실 상황은 어떤 일정한 규칙으로 설명되어질 수 있는 것이 아니며 명제적인 지식보다는 과정적인 지식을 통하여 설명되어지는 특성을 지니기 때문에 다른 방식으로는 표현하기 어려운 내용을 은유를 통하여 함축적으로 드러낼 수 있다. 뿐만 아니라 은유를 만든 사람은 그 안에 개인의 의미와 해석을 넣어서 만들기 때문에 자신만의 독특한 신념을 겉으로 드러나게 만드는 좋은 도구가 된다. 다음의 예를 보면 이 두 사람의 교사가 교사의 역할에 대하여 어떠한 생각을 가지고 있는지를 잘 알 수 있다.

> 유치원 교사란 조각가와 같다. 작품을 만들기 위해 준비된 나무나 돌 등이 처음에는 각자의 생긴 모양대로 길쭉하거나 네모나거나 울퉁불퉁한 것들을 조각가가 다듬고 다듬어서 하나의 작품으로 만들어 내는 것이 유치원 교사와 매우 흡사하다. 망치가 필요할 때 망치로, 끌이 필요할 땐 끌로, 대패가 필요할 땐 대패로, 때로는 샌드페이퍼로 … 정으로 … 쪼고 … 밀고 … 문지르고 … 다듬어서 작품을 만들어 내는 과정처럼, 유치원 교사가 아이들을 처음 맞았을 때는 각각의 개성이 강한 아이들을 가르치고 타이르며 교사가 보기에 바람직한 아이들로 만들어 가는 것이다.

> 유치원 교사는 시냇물과 같다. 그 이유는 강물 속에 수많은 종류의 고기가 자유롭게 살듯이 유치원 교사는 다양한 부류의 유아들을 그대로 받아 주어야 하기 때문이다. 시냇물은 소리 없이 스며들고, 소리 없이 빠져나와 저만치 서 있고, 기다렸다가 다시 돌고, 돌고 나서 흘러간다.

03 유아교사의 자서전 쓰기

자신이 살아온 생애를 기록하는 생애사는 교사들이 가지고 있는 신념이나 지식을 드러내고, 구성하고, 재해석하는 연구의 방법으로 활용될 수도 있지만 같은 목적을 가진 교수 방법의 하나로 사용될 수도 있다. 개인의 경험이라는 것은 그것이 가족사이건 학교에서의 생활이건 교사가 가지게 되는 신념에 결정적인 영향을 미친다.

예비교사들이 초 · 중 · 고등학생으로 생활한 시간은 교사가 되기 위해 준비한 시간보다 훨씬 길기 때문에 교사의 역할이나 신념에 대해 훨씬 더 강력한 영향력을 미친다. 따라서 교사 교육자들은 한편으로는 예비교사들이 가지고 오는 암묵적 신념들을 겉으로 드러내어 분석할 수 있는 기회를 주어야 하고, 다른 한편으로는 예비교사들이 학습자로서 경험하는 것들이 긍정적이고 구성적인 것이 될 수 있도록 교수 방법을 획기적으로 개선하고 실천해야 한다. 예비교사들이 학습자로서 긍정적인 경험을 하면 그것을 그대로 자신의 학급에서 사용할 것이기 때문이다. 최근 교사 교육에서는 교사의 신념 발달에 영향을 미쳤다고 생각하는 경험, 그리고 교사가 된다는 것의 의미에 대하여 생각해 볼 수 있도록 자서전을 쓰게 하는 경우가 늘고 있다.

1) 자서전 쓰기의 가치

교사 혹은 예비교사들이 자서전을 쓰는 것은 다음과 같은 가치가 있다 (Knowles & Holt-Reynolds, 1991).

- 자서전은 그것을 쓰는 교사들로 하여금 자신의 교육, 학습, 교사의 역할에 대한 관점을 기록하도록 도와준다. 이것은 교사가 되기 이전에 학급에서 수많은 시간을 보내며 관찰했던 교육의 현장이 현재의 자신에 어떠한 영향을 미치는지 비추어 반추해 보게 하는 역할을 한다.
- 자서전 쓰기는 그것이 하나의 글로 남겨질 때 교사들의 요구나 관점을 보는 창문이 되어 다른 사람과 대화를 이루어 갈 수 있는 상호작용의 도구가 되어

준다. 자서전은 한 개인이 세상을 바라보는 관점을 형성해 온 과정을 설명하는 일인칭에서, 이를 함께 놓고 논의할 수 있는 이인칭, 즉 대화의 장으로 변해 가면서 반성적으로 분석해 볼 수 있는 여지가 더 많아진다.
- 교사들은 자서전을 쓰면서 자신의 학습과 경험을 학습자들의 그것과 연결하는 동시에 전문가로서의 성장과 발달에 대한 인식을 하게 된다. 자서전 쓰기를 통하여 교사들은 특정한 맥락 속에 한정되어 있는 자신의 실천 행위에 대해 연구할 수 있도록 도와준다.

교사들의 자서전 쓰기는 또한 다음과 같은 특성을 가지고 있다고 하였다(Traver, 1987).

- 자서전 쓰기는 인지적이고, 윤리적이고, 정서적인 교사들의 삶을 그려낸다. 자서전은 역사적이고, 사회적이고, 심리적이고, 철학적이고, 정신적이다.
- 자서전은 교사들이 가지고 있는 교직에 대한 인식을 듣는 것이다.
- 자서전은 많은 교사들이 가지고 있는 개인적인 경험들이 가르치는 일과 어떤 상호 관계에 있는지를 이해할 수 있도록 해준다.

카터와 도일(Carter & Doyle, 1996)은 자서전 쓰기를 통하여 첫째, 교사들이 자신의 정체성의 근원을 찾아보고, 둘째, 학생으로부터 교사로 변화해 가는 과정을 이해할 수 있고, 셋째, 교사로서 가지게 되는 관점과 주변의 풍토와의 적응 과정을 살필 수 있고, 마지막으로 교실에서의 활동에서 자신의 견해를 어떻게 피력해야 하는지를 알 수 있도록 해 준다고 하였다.

이상의 내용을 정리해 보면 자서전 쓰기의 주된 가치는 교사로서 자기 자신의 뿌리를 찾고 이것이 가르치는 일에 어떻게 적용되는지를 알아보는 것에 있다고 볼 수 있다.

2) 자서전 쓰기의 과정

자서전 쓰기는 문학 작품과 같이 특정한 형식을 띠는 것이 아니기 때문에 여러 가지 방식으로 이루어질 수 있다. 자서전은 먼저 가르치는 일과 관련된 교사의 경험으로부터 시작하는데, 이는 자신이 기억하는 인지, 정서, 윤리적인 측면이 될 수도 있고 역사적, 사회적, 심리적, 철학적 관점을 기록할 수도 있다. 자서전을 쓰는 과정은 다음과 같다.

(1) 경험의 범위 결정하기

자서전에 포함되는 경험의 범위는 학교나 가정 등으로 좁혀질 수도 있지만 사회, 정치, 경제적인 사건으로 더 넓어질 수도 있으며, 사람이나 사건만이 아닌 인상 깊게 읽었던 책, 영화, 사진, 물건 등도 모두 포함될 수 있다. 일반적으로 갑자기 과거를 기억해 내라고 했을 때 개인에게 의미 있는 내용을 금방 찾아내기는 쉽지 않다. 이때 가장 기억에 남는 물건, 교실에서 사용하는 물건, 사진, 졸업앨범 등의 자료들은 기억을 되살리는 데 도움이 된다(Mitchell & Weber, 1999).

하나의 자서전에는 다음에 제시한 모든 내용이 포함될 수도 있고 복합적으로 기록될 수도 있다.

- 자신에게 일어난 일을 순서대로 기록한다.
- 자신에게 일어난 일들 가운데 중요한 사건을 중심으로 기록한다.
- 자신에게 영향을 주었던 사람을 중심으로 기록한다.
- 자신에게 영향을 주었던 사물을 중심으로 기록한다. 사물은 사진, 책, 영화 등 다양한 범주를 포함한다.
- 논의하고자 하는 교육적 주제와 관련된 사건을 중심으로 기록한다.
- 기타 자신에게 의미 있다고 생각되는 것을 기록한다.

(2) 생애선 그리기

자서전은 처음부터 끝까지 서술적으로 기록될 수도 있지만 자신의 삶을 하나의 선으로 나타내는 생애선(life line) 그리기는 자신에게 영향을 준 것을 시각적으로 보게 해주는 효과가 있다. 생애선을 그리는 방법은 다음과 같다.

- 크고 작은 산봉우리가 연결된 산과 산 위에 떠 있는 구름을 그린다. 이때 산은 봉우리만 그리지 말고 반드시 기초선이 포함되도록 한다. 산의 기초선은 자신의 일상생활 가운데 가장 기초가 되는 것을 의미하며 산 위에 그려진 구름은 자신의 장래 희망을 나타낸다.
- 위의 그림이 자신이 지금까지 살아온 삶이라고 가정해 본다.
- 살아오면서 가장 높은 산봉우리에 해당하는 사건은 무엇이며, 좀 더 낮은 산봉우리에 해당하는 사건은 무엇이었는지를 기록한다.
- 산의 기초선이 의미하는 것과 구름이 상징하는 것을 기록한다.

사례 ••• Life Line의 예

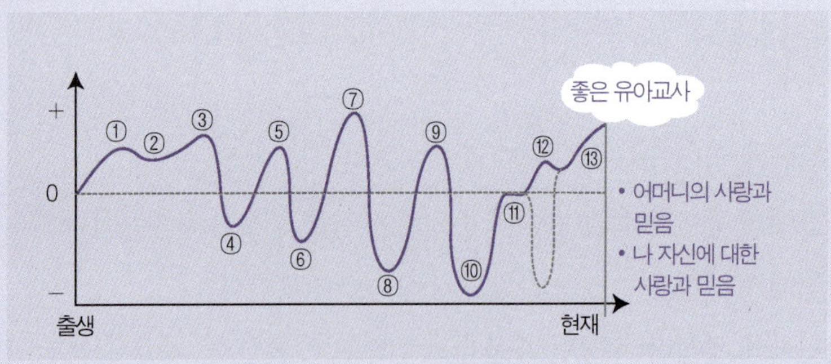

① 유치원 : 아무것도 부족한 것 없이 평화로웠던 시절

② 초등학교 저학년 : 평화롭지만 조금은 지루한 시절

③ 초등학교 말 : 학교에서 신문 기자로 활동하며 자신만만. 가능성이 충만했던 시기

④ 초등학교 말~중학교 1학년 : 집안의 어려움과 낙후한 중학교 환경이 조금은 우울하게 함.

⑤ 중학교 3학년 : 존경스러운 선생님과 좋은 친구들로 행복함.
⑥ 고등학교 1학년 : 이상이 다른 담임선생님과 재미없는 학교생활
⑦ 고등학교 3학년 : 열심히 공부하고 놈. 후회 없이 살아서 행복함.
⑧ 대학교 1학년 : 이게 아닌데… 난 생기를 잃음.
⑨ 대학교 3학년 : 열심히 공부하고 친구들과 좋은 기억
⑩ 대학교 4학년~직장 1년차 : 취업과 미래에 대한 고민. 나 자신에 대한 무력감. 실망스러운 업무… 하루하루가 너무 괴로움.
⑪ 직장 2년차 : 그냥 그렇게 안주할 수도 있고 안정적이었음(부서 이동).
⑫ 직장 3년차 : 일 자체와 동료 간의 즐거움, 그 반면의 스트레스
⑬ 직장을 그만두고~현재 : 뒤돌아 보면 행복했던 시절이라고 말할 수 있음. 유아교육의 길을 걷게 되다.

〈구름이 상징하는 미래상〉

아이들을 이해하고 사랑하고, 자신을 표현하고 사랑하고 남도 존중하는 유아가 되도록 그들의 전인적 발달과 성장, 잠재력을 펼치는 것을 돕고 싶다. 그래서 사회에 모범이 되는 유아교사가 되고 싶고, 이후에는 아동 복지를 위해 봉사하는 삶을 살고 싶다. 나의 손을 거쳐 간 아이들이 이 세상을 밝고 아름답게 만들 거라 믿으며 언제나 밝고 건강한 몸과 마음으로 끊임없이 배우며 노력하고 싶다. 아이들 앞에 떳떳하고 자랑스럽고 사랑받는 선생님, 존경받는 선생님으로 있고 싶다.

(3) 해석하기

❶ 개인적인 삶과 유아교사로서의 삶의 관계 해석하기

교사 개인의 삶이 사실적으로 기술된 후에는 이를 교사의 관점에서 해석할 필요가 있다. 노울즈와 홀트-레이놀즈(Knowles & Holt-Reynolds, 1991)는 교직은 다른 전문직과 달리 자신이 전문직에 들어서기 이전부터 이미 그 직업에 대한 관찰을 할 수 있으며 그 과정을 경험할 수 있기 때문에 '도제식 관찰'이 특징이라고 지적하였다. 예비교사들은 교사교육 프로그램에 들어오기 훨씬 이전부터 학습자로서 이미 가르치는 일과 배우는 일에 참여해 왔기 때문에 가르치는 일이 어떤 것인지를 이미 알고 있다. 그뿐만 아니라 자신이 생각하는 바람직한 교사상

도 이미 가지고 있고 이러한 이미지가 교사 교육 프로그램에 들어왔을 때 자신이 학습하게 되는 많은 내용들을 걸러내는 일종의 렌즈 노릇을 하게 된다. 결론적으로 교사의 사전 경험들은 그들이 교실에서 일어나는 상황을 이해하고, 학습자와 교육 정책에 미치는 여러 가지 요소들을 이해하는 데 영향을 미친다. 따라서 사실에 근거한 자서전을 쓰고 나면 자신에게 일어났던 일들이 특히 유아교사가 되려는 자신에게 어떤 의미를 가지는지 다음의 항목에 초점을 맞추어 해석해 보는 것이 필요하다.

- 유아교사가 되기로 결정한 이유
- 유아교사의 역할 및 기능
- 유아 교수 - 학습의 관계
- 유아교사와 학습자의 역할 및 관계
- 유아교사에 대한 이미지
- 유아를 가르치는 일에 대한 자신의 생각
- 유아교사가 가지고 있는 편견의 근원
- 유아교사의 정체성
- 유아교육의 의미
- 유아교육기관의 의미
- 기타 유아교육과 관련된 의미

❷ 사회 구조적인 측면과 유아교사로서의 삶의 관계 해석하기

자서전은 교육이란 개인적이고 사회적인 이야기를 구성하고 재구성하는 과정이라는 가정 아래서 쓰여진다. 자서전 쓰기는 교실에서 일어나는 상황에 대한 개인적인 반응(정서적, 도덕적, 심미적)을 시작으로 그 근원이 무엇인지를 찾아감으로써 교실에서 일어난 상황에 개인적인 의미를 부여하는 것이다. 자서전을 강조하는 학자들은 현재 교사가 가지고 있는 도덕성과 가치관, 그리고 교사가 교육적인 문제점이나 상황을 해석하는 방식에 영향을 준 사회적, 역사적 맥락을 찾는 것을 중요시한다. 따라서 자서전 쓰기의 최종 단계는 개인, 기관, 사회, 문화적 가치, 정치적 사건 등이 어떠한 상호작용을 거쳐 교사의 정체성, 가치, 그리고 이데올로기에 영향을 미치는지를 분석하는 것이어야 한다.

• 자서전

내가 태어난 곳은 인천이라고 하는 곳이지만, 첫울음을 터트렸을 뿐, 나의 살던 고향은 충북 청주이며, 지금도 이곳을 주 무대로 살아가고 있다. 기억 아주 깊은 곳에 있는 어린 시절은 풍성하지는 않았지만, 그렇다고 모자라지도 않았던 것 같다. 트럭운전을 하시는 아버지와 집안일을 하시는 어머니, 다섯 살, 두 살 터울의 오빠와 함께 다섯 식구가 옹알옹알 모여 살았다.

7살에 유치원을 처음 다녔던 기억이 있다. 어렴풋이 항상 미소 지으시던 선생님 얼굴도 기억나고, 포클레인을 그린 기억도 함께 있다. 특별수업으로 피아노를 배웠는데, 선생님이 너무 무서워서 많이 울었던 기억이 난다. 그래서 학원에 가지 않겠다고 아침마다 떼를 쓰던 시끄러운 하루를 보내기도 했던 것 같다. 결국엔 피아노를 배우지 않았고, 유치원 생활은 너무 행복했다.

8살 초등학교 입학식 날은 지금도 기억난다. 작은 키에 몸집만 한 빨강색 가방을 메고 엄마 손을 잡고 커다란 학교 운동장을 들어선 그날의 그 설렘과 두근거림은 항상 나를 미소 짓게 한다. 키가 작아서 맨 앞자리에 앉았지만, 번호는 항상 뒷 번호였다. 번호는 가나다순이었기 때문이다. 1학년 4반 OOO 선생님. 차분하시고 은은하신 선생님 목소리, 생글생글한 그 표정과 모습이 나로 하여금 선생님께 사랑받고 싶은 사람으로 만들었던 것 같다. 또박또박 글씨를 정성껏 써서 숙제장을 채웠던 즐거운 기억이 내 머릿속에 웃고 있다. 고학년이 되면서(4, 5, 6학년) 또래를 단단하게 형성하게 되었다. 6학년 HR시간에 모의재판을 했었는데, 어린 나이이긴 했지만 이성적인 판단과 객관적인 관점에서 생각해 보는 새로운 시각을 열어 준 좋은 계기가 되었다. 6학년 4반 졸업식을 앞둔 겨울방학에 선생님과 함께 몇몇 친구들이 모여서 우리들의 솜씨를 담은 책자를 만들었다. 예쁜 컷 자료를 구해서 그려 넣기도 하고, 좋은 글귀를 담아 놓기도 했다. 추운 겨울 교실에 모여서 OOO 선생님과 함께 난로에 라면을 끓여 먹고, 떡을 구워 먹던 뜨거운 추억과 기억이 초등학교 시절 나의 존재를 더욱 뜨겁게 한다.

중학교는 집에서 멀리 있는 곳으로 다니게 되었다. 1회 입학생이고, 또한 1회 졸업생이 되었다. 첫 1학년은 반쪽만 세워진 건물의 중학교를 다녔다. 7시 10분이면 버스를 타기 위해 친구와 함께 뛰었던 힘들었던 아침. 하지만 체력은 날로 좋아졌으리라 믿는다. 중학교 2학년. 음악선생님의 부탁으로 점심시간에 방송부로 활동했었다. 음악을 선곡하고, 사춘기 소녀의 두근거리는 심장을 나눈다는 설렘이 매일 매일에 생기를 넣어 주었다. 사춘기라면 누구에게나 있을 짝사랑은 그냥 지나치지 않았다. 윤리선생님을 좋아하는 부끄러운 마음에 꽃병에 꽃을 담아 선생님 책상에 올려놓는 사춘기 소녀의 분홍빛 마음. 졸업식 날 노래 테이프를 선물로 주신 선생님. 따뜻한 햇살이 비추는 교실에서 소설 한 귀퉁이를 읽어주시던 선생님 목소리가 들려온다.

나는 선생님이 되고 싶었다. 나의 여고시절은 화려하고 밝았다. 아침 일찍 교무실에서 선생님 책상을 닦으며 아침을 여는 것이 매일의 즐거움이 되었고, 자판기 앞에서의 선생님과의 커피 한 잔은 나의 어깨를 으쓱하게 했던 것 같다. 친구들과 라디오에 사연을 보내어 라디오에 올망졸망 모여 추억 만들기도 나누었던 즐거운 기억들이 가득하다. 학교에 남아 공부한다는 핑계로 늦은 하교를 하고, 친구와 달리기를 하던 그 길목을 나는 잊지 못한다. 이렇게 즐거운 나의 여고시절은 보물 상자와 같았다.

졸업하고 나는 OO대학교 경영학부에 입학하게 되었다. 그러나 한 학기를 다니면서 많은 생각을 하게 되었다. 그러던 중에 교통사고로 인해서 1년의 휴학을 하게 되었다. 다리를 다쳐서 걸을 수 없어서 많이 답답하고, 힘들었다. 무엇보다 동기 친구들보다 일 년이 늦었다는 생각에 더욱 스스로가 비참했던 것 같다. 하지만 그 시간은 내게 기회로 다가왔다. 스스로를 생각하게 되었고, 감사의 조건들을 찾을 수 있게 되었다. 5개월의 입원 후 퇴원하게 되었다. 나는 열심히 걸었고, 열심히 배웠고 또한 열심히 생활했다. 복학을 하고, 학교생활을 하면서 계속해서 근로 아르바이트를 했다. 용돈을 모았고, 2019년에는 중국 문화 탐방으로 8박 9일의 중국여행도 다녀왔다. 이것을 계기로 만난 친구들과 선배들과는 지금까지 삶을 나누는 좋은 친구로 지내고 있다.

나는 2019년 겨울에 자퇴를 하고, 나의 목적을 위해서 더욱 열심히 공부했다. 교사라는 목표가 있고, 꿈이 있었기에 더욱 빛이 났던 시간이었다. 부모님의 반대를 무릅쓰고 OO대학교 유아교육과를 지원하게 되었다. 지금은 나의 가장 든든한 후원자가 되어 주시는 분이 바로 부모님이시다. 주변의 많은 사람들의 걱정과 염려 속에 입학식을 치른 날이 엊그제 같은데, 벌써 교육실습을 하고 졸업을 앞두게 되었다.

나는 현재를 살아가고 있지만, 미래를 바라본다. 미래는 바로 어린이가 만들어 가는 세상이다. 그런 아이들과 함께하는 교사야말로 선택받은 사람이라고 생각한다. 미래의 꿈나무라고 하는 아이들을 향한 마음을 품고, 유아교육이라는 어렵고 힘든 길, 하지만 무한한 가능성을 품고 있는 이 귀한 길을 선택했다. 어린아이들이 살고 있는 나라야말로 천국인 것을 알고 열심히 뛰어 왔다. 지식을 가르치는 교사보다는 마음을 느낄 수 있는 교사가 되고 싶다. '행복'을 느낄 수 있는 사람으로 교육하고자 하는 것이 나의 교육철학이다.

토의문제

1. 유아교사의 신념에 영향을 주는 요소는 여러 가지가 있다. 본문에서 언급된 개인적인 요소 이외에 유아교사의 신념 형성에 미치는 사회적인 요소에는 어떤 것이 있는지 이야기해 보자.
2. 유아교사로서 바람직하지 않은 신념과 편견을 가지고 있다는 것을 발견한 경험이 있는가? 있다면 발견 전과 발견 후의 변화는 무엇인지 이야기해 보자. 만일 없다면 자신은 어떤 편견을 가질 가능성이 있는지 이야기해 보자.
3. 유아교사로서의 바람직한 정체성 확립을 위해 어떠한 노력이 이루어지고 있는지 개인, 대학, 현장의 측면에서 이야기해 보자.

Chapter

04

유아교사 되기 위한 준비

학습목표

- 유아교사에게 필요한 지식의 종류를 구별하여 이해한다.
- 유아교사 양성 기관의 교육과정을 구성하고 있는 교육과정 영역의 특성에 대해 알아본다.
- 유아교사 양성 기관 교육과정과 관련된 문제점에 대해 알아본다.

학습내용

- 좋은 유아교사 되기
- 유아교사에게 필요한 지식
- 유아교사 양성 교육과정
- 예비유아교사의 학습

핵심용어

- 교과 내용 지식(content knowledge)
- 교육학 지식(pedagogical knowledge)
- 교과교육학적 지식(pedagogical content knowledge)
- 명제 지식
- 사례 지식
- 절차 지식

CHAPTER

Early Childhood Teacher Education

04 유아교사 되기 위한 준비

01 좋은 유아교사 되기

유아교사 양성 교육과정의 궁극적인 목표는 좋은 교사를 양성하는 것이다. 그렇다면 어떤 교사가 좋은 교사인가? 김병찬(2005)은 현대의 이상적인 교사상으로 인간적으로 대우해 주는 선생님, 박식하고 수업을 잘 이끌어 주는 선생님, 사랑이 있는 선생님, 철학이나 신념이 있는 선생님, 지도력이 있는 선생님, 정의감 있고 공평한 선생님을 꼽았다. 이를 크게 보면 인격과 전문성을 갖추고 미래사회가 요구하는 역량을 갖춘 교사라고 볼 수 있는데, 김희용(2007)은 이를 다음의 〈표 4-1〉과 같이 정의하였다.

표 4-1 좋은 교사의 자질

범 주	개 념	내 용	특 성
인격을 갖춘 교사	학생들과 강한 유대와 신뢰를 형성하고 있는 교사	• 교사와 학생의 지속적인 상호관계 형성	돌봄
전문성을 갖춘 교사	잘 가르치는 교사	• 교과의 성격이나 목적에 맞게 가르침 • 학습자의 학습 성공 가능성을 최대화함	배움

미래 사회가 요구하는 역량을 갖춘 교사	지도적인 교사	• 수업 능력 개발 • 학생들의 다양한 관심과 능력을 심화시키기 위해 자신의 재능과 역량을 충분히 발휘할 수 있어야 함	공동체적 활동에 참여

그렇다면 좋은 유아교사는 어떠한 지식과 자질을 갖추어야 하는 것인가? 이경민과 엄은나(2005)는 유치원 1급 정교사 자격연수에 참여한 교사들에게 유아교사가 갖추어야 하는 자질에 대하여 질문을 하였고 다음의 〈표 4-2〉와 같은 결과를 얻었다.

표 4-2 경력 교사가 인식한 유치원 교사의 자질

구 분	범 주	내 용
개인적 자질	인성	유아에 대한 사랑과 이해, 인간에 대한 사랑, 성실성, 봉사정신, 사려성, 자발성, 도덕적으로 건전한 품성, 원만한 인간관계, 인내심, 공평성
	건강	신체적 건강, 정신적 건강, 긍정적 자아 개념, 호감을 주는 단정한 외모, 유창한 언어기술
전문적 자질	지식	일반교양지식, 유치원 교육과정에 대한 지식, 교수 방법 및 평가에 대한 지식, 유아에 대한 전문적 지식
	교수기술	교육과정 구성기술, 프로그램 실천 및 평가기술, 의사소통 기술, 창의성, 융통성, 부모나 전문가로부터의 교육적 지원 및 참여를 유도하는 능력, 교구 제작 및 활용기술, 생활 지도 능력
	교육관	유아교사직에 대한 긍지와 신념, 올바른 교직 윤리관, 전문성 함양을 위한 꾸준한 노력
	행정 능력	행정 실무 능력

대학의 교육과정은 좋은 교사에게 필요한 개인적인 자질과 전문적인 자질을 길러 주기 위한 과정이다.

유아교사에게 필요한 지식 02

1) 개념의 정의

유아교육 현장에서 교사의 역할과 직무를 성공적으로 수행하는 교사를 유능한 교사라고 부른다. 교사라면 누구나 유능하고 좋은 교사가 되는 것을 비전으로 삼아야 한다. 좋은 교사가 되기 위해서는 상당한 수준의 지식, 기능, 태도가 필요하다.

교사에게 필요한 지식은 같은 내용이라도 여러 가지의 형태로 존재할 수 있는데 슐만(Shulman, 1987)은 이를 명제 지식(propositional knowledge), 사례 지식(case knowledge), 그리고 절차 지식(procedural knowledge)으로 구분하였다. 명제 지식이란 시간과 공간을 초월하여 모든 상황에 적용될 수 있는 규칙이나 원리를 의미한다. 사례 지식은 하나의 원리가 실제 상황에 다양하게 적용된 예를 의미하며, 절차 지식은 명제 지식이 실제 상황에 적용되기 위해 필요한 과정을 의미한다.

예를 들어 흥미 영역을 구성할 때 건조한 영역과 물이 있는 영역을 구분하고 시끄러운 영역과 조용한 영역을 구분해야 한다는 흥미 영역의 구성 원리는 보편적인 명제 지식이다. 이러한 구성 원리에 기초하여 실제로 자신의 교실을 준비하기 위해서는 의자, 책상, 교구장 등을 움직여 영역을 구성해 가는 과정이 필요한데 이것이 바로 절차 지식에 해당된다. 한 교사가 일 년에 4~5회 교실 구성을 바꾸었다면 이 교사에게는 흥미 영역에 대한 5가지 사례 지식이 생긴 것이다. 슐만(Shulman)은 교사들이 명제적인 지식의 습득에만 그치지 않고 교실이라는 상황과 연결하여 실제 교수 과정에 적응할 수 있는 사례 지식과 절차 지식을 습득할 수 있도록 교사 양성 교육과정이 구성되어야 한다고 주장한다.

2) 유아교사에게 필요한 역량

(1) 유아교사에게 필요한 지식의 기초

유아교사가 알고 있어야 하는 지식의 범위는 거의 무한대에 이른다. 이는 가르치는 일이 매우 복합적인 일이기 때문이다. 유아교육은 대상 연령, 교육과정, 교육 기간이 다양하기 때문에 유아교사에게 필요한 지식의 범위를 결정하는 것이 결코 만만치 않다. 유아교육은 다른 각급 학교와 달리 가르치는 일에 덧붙여 돌보는 일까지도 해야 하기 때문에 교사가 알아야 하는 지식의 범위는 더 넓어진다. 슐만(Shulman, 1987)은 교사에게 필요한 지식을 교과 내용에 관한 지식, 교육학에 관한 지식, 교육과정에 관한 지식, 학습자에 관한 지식, 교육 환경에 관한 지식, 교육의 목표 및 가치에 관한 지식의 6가지로 구분하였다. 이를 기초로 유아교사에게 필요한 지식을 정의한 학자들의 연구를 살펴보면 다음과 같다.

표 4-3 유아교사에게 필요한 지식

학자명	범 주	내 용
이미화와 그의 동료들 (2007)	• 태도 및 가치	– 교직 인성 – 전문성 신장 – 법 제도 이해
	• 지식	– 유아에 대한 이해 – 영유아 교육과정에 대한 이해 – 교과 내용 지식
	• 기술	– 영유아 교수방법 – 의사소통 기술 – 가족 · 동료 · 지역사회와의 협력 관계 구축 – 테크놀로지 활용 능력 – 사무처리
양옥승과 그의 동료들 (1997)	• 유아에 대한 이해 • 교육과정에 대한 이해 • 교육 및 사회 현상에 대한 이해	

<table>
<tr><td></td><td colspan="2">• 유아교육 현장에 대한 이해와 적용
• 유아교사의 전문성에 대한 이해
• 의사소통의 기술
• 연구 능력</td></tr>
<tr><td>로웨와
그의 동료들
(Rowe, Early, &
Loubier, 1999)</td><td colspan="2">• 유아에 대한 존중
• 가족에 대한 존중
• 정상아와 특수아의 발달에 대한 지식
• 건강, 안전 영양에 대한 지식
• 개인적 자질
• 인간관계 기술</td></tr>
<tr><td rowspan="5">전미유아교육협회
(Hyson, 2003)</td><td>• 유아의 발달과 학습 지원하기</td><td>– 유아의 특성과 요구 이해하기
– 유아의 발달과 학습에 영향을 미치는 다양한 요인 이해하기
– 건강하고, 신뢰롭고, 지적이며 도전적인 환경 제공하기</td></tr>
<tr><td>• 가족 및 지역사회와의 협력 관계 구축하기</td><td>– 가족 및 지역사회의 중요성과 복잡한 특성에 대해 이해하고 가치 부여하기
– 신뢰롭고 상호협력적인 관계 형성을 통해 가족과 지역사회를 지지하고 힘을 갖추기
– 가족과 지역사회가 유아의 발달과 학습에 참여할 수 있도록 하기</td></tr>
<tr><td>• 유아와 가족을 지원하기 위하여 관찰, 기록, 평가하기</td><td>– 평가의 목표, 가치와 사용 방법에 대해 이해하기
– 체계적 관찰 및 효과적인 다른 평가도구를 사용하되, 책임감을 가지고 가족 및 다른 전문가들과의 협력을 통해 하기</td></tr>
<tr><td>• 교육과정 이해하기</td><td>– 유아 및 가족과 관계 맺기
– 발달에 적합한 교수 실제 적용하기
– 유아교육에 필요한 내용 지식 이해하기
– 의미 있는 교육과정 이해하고 실천하기</td></tr>
<tr><td>• 전문성 갖추기</td><td>– 유아 교사로서의 정체성 확립하기
– 교사로서의 윤리강령 및 전문 직업인으로의 규범 알고 지키기
– 유아교육에 관한 지식과 비판적인 관점을 가지고 협력적인 학습과정에 지속적으로 참여하기
– 유아를 위한 사회적 운동과 정책에 참여하기</td></tr>
</table>

(2) 유아교사에게 필요한 핵심 역량

교사에게 필요한 지식의 기초가 이론적이고 인지적인 것에 머무른다는 비판과 함께 실제 교사에게 필요한 역량을 찾아내어 이를 갖출 수 있도록 교육해야 한다는 주장이 점차 늘고 있다. 우리나라에서는 2010년 교육과학기술부가 운영한 『유치원 교원 양성 및 임용 체제 개선』 T/F를 통해 유치원 교원을 위한 핵심 역량(안)이 마련된 바 있으며 그 내용은 다음의 〈표 4-4〉와 같다.

표 4-4 우리나라 유치원 교원 핵심 역량(안)

핵심 역량	요 소	내 용
교직 인성 및 전문성 개발	교직에 대한 열정	• 좋은 교육을 위한 헌신 • 교육 개선을 위한 지속적 탐구
	창의성	• 다양한 상황과 조건 수용 • 새로운 가치와 아이디어 창출
	반성적 자기 개발	• 반성적 사고 개발 • 전문적 발달을 위한 노력
	교직윤리	• 유치원 교사 윤리강령 실천 • 유치원 교사로서 바른 근무자세 유지
학습자에 대한 이해	유아의 보편적 발달 특성 이해	• 유아 발달의 개념 및 발달이론 이해 • 유아의 신체, 언어, 인지, 사회, 정서 영역의 발달 특성 이해
	유아의 개인적, 사회문화적 발달 특성 이해	• 유아의 발달에 관련된 개인적, 사회문화적 용인 이해 • 유아의 개별적 발달 특성 이해
교육과정 운영	유아교육과정에 대한 이해 및 실행	• 유아교육과정에 대한 이론 이해 • 유아 핵심 역량에 대한 이해 • 국가수준 유치원 교육과정에 대한 이해
	교과 내용 지식 이해	• 언어, 수학, 과학, 사회, 예술, 체육 교과 내용 지식 이해 • 건강 및 안전 교과 내용 지식 이해 • 놀이 교과 내용 지식 이해

	다학문적 지식 이해 및 활용	• 인문학, 과학기술, 사회학, 예술 등의 폭넓은 교양지식 이해 및 탐구 • 다학문 지식의 교육과정 적용
	교수·학습과정에 대한 이해 및 실행	• 유아 교수·학습방법에 대한 지식 • 개별화 교수·학습방법의 적용 • 효율적 교수·학습을 위한 환경 구성 • 적합한 교수 자료의 발굴, 개발 및 활용
	평가의 이해 및 실행	• 유아의 개인적 특성에 대한 평가방법 이해 및 실행 • 교육과정 평가 이해 및 실행 • 평가 결과의 활용
대인관계 및 의사소통	공동체 의식 및 태도 형성	• 교육 공동체 필요성 이해 • 교육 공동체 존중
	공동체 형성 및 지원	• 부모와의 협력 • 동료교사와의 협력 • 지역사회와의 협력 • 유아와 가족의 교육 복지 지원을 위한 정책 이해 및 전달
	의사소통 기술 형성	• 대상에 따른 의사소통 기술에 대한 관심 • 언어적/비언어적 의사소통 기술 형성
정보화 소양	정보화 기술 이해	• 새로운 정보화 기술에 대한 관심 • 교육, 행정, 재정 업무 처리를 위한 정보화 기술 이해
	정보화 기술 활용	• 폭넓은 정보 교류 • 유용한 정보의 조직 및 활용 • 교수매체로써 정보화 기술의 비판적 활용
학급운영	교실문화 조성	• 유아와 긍정적인 관계 형성 • 교실 운영과 관리 • 유아 행동지도
	문서작성 및 관리	• 학급운영 관련 문서작성 및 관리 • 대외 관련 공문서 작성 및 관리

출처: 박은혜 외(2010). 유아교육선진화 기반조성사업 5. 유아교원 양성 및 임용 체제 개선 방안. 부산광역시교육청, 광주광역시교육청, 육아정책연구소.

활동 나의 지식 수준 평가하기

1 다음의 체크리스트는 유아교사에게 요구되는 지식을 어느 정도 가지고 있는지를 평가하기 위한 것이다. 각 문항을 읽고 해당되는 이해의 수준에 ✔표시를 해보자.

① 거의 이해하지 못하고 있음 ② 보통 ③ 충분히 이해하고 있음

1 전문적인 지식

❶ 유아에 대한 이해

내 용	①	②	③
• 각 발달 영역(신체, 정서, 사회, 인지, 언어)에 대한 지식			
• 0-5세의 연령에 따른 발달 특성에 대한 지식			
• 특수아의 발달 특성에 대한 지식			
• 유아 평가 방법에 대한 지식과 활용			
• 사회 문화적 상황(지역, 사회경제적 수준, 성, 가족 형태)에 따른 아동에 대한 이해			

❷ 교육과정에 대한 이해

내 용	①	②	③
• 국가 수준 교육과정에 대한 이해			
• 새로운 이론 및 활동의 적용			
• 유아 및 가족을 위한 복지적 서비스의 계획 및 수행			
• 교육과정의 특수성에 대한 이해			
• 학습 환경(물리적, 인적 환경)에 대한 이해			
• 교육목표, 개별 유아, 가족, 지역사회의 특성에 적합한 교육계획 수립			
• 각 교과 영역(언어, 수, 사회, 과학, 음악, 미술, 영양, 건강, 안전 등)의 내용에 대한 이해			
• 각 교과 영역의 통합적 적용			
• 연령별/능력별, 개별/소집단/대집단 구성 방법에 대한 이해			
• 유아-교사 간의 상호작용 유형 및 방법에 대한 이해			
• 교재 · 교구의 제작 및 활용 기술			
• 학급 운영 및 관리에 대한 이해			
• 교육과정의 평가 내용 및 방법에 대한 이해와 적용			
• 놀이에 대한 전반적 이해			

❸ 가족 및 지역사회와 사회 현상에 대한 이해

내 용	①	②	③
• 사회적 맥락 및 지역적 특성에 대한 이해			
• 가족의 다양한 구조, 역동성, 역할 및 관계에 대한 지식의 적용			
• 역사에 대한 이해			
• 철학에 대한 이해			
• 미래 지향적 사고 형성을 위한 기초 지식			
• 인간과 문화에 대한 이해			
• 전통 및 민족의식에 대한 지식과 이해			

❹ 평가와 사정

내 용	①	②	③
• 유아의 발달과 학습의 관찰, 기록, 평가에 대한 이해			
• 유아의 각 발달 영역에 대한 개별적/비형식적 평가 전략 적용			
• 유아, 가족, 지역사회를 위한 전체 환경의 포괄적 질 향상을 위한 형성/총괄 평가 기준의 개발 및 적용			

❺ 현장에 대한 이해

내 용	①	②	③
• 다양한 연령을 대상으로 하는 기관 특성에 대한 이해			
• 유치원 및 어린이집의 다양한 유형에 대한 이해			
• 질적 수준이 다양한 유치원의 특성에 대한 이해			
• 이론과 실습의 관계에 대한 이해			
• 건강, 영양, 안전과 관련된 지식에 대한 이해			
• 행정업무에 대한 이해			

❻ 전문성

내 용	①	②	③
• 유아교육학의 기초 지식에 대한 이해			
• 유아교육에 대한 사명감			
• 교사의 역할에 대한 이해			
• 윤리강령의 필요성에 대한 이해			
• 유아교사의 전문성, 전문화에 대한 이해			

내 용	①	②	③
• 유아의 가족에 영향을 미치는 정책에 대한 이해			
• 반성적 사고 및 실천적 지식의 정도			

❼ 의사소통 기술

내 용	①	②	③
• 유아와의 의사소통 기술			
• 부모와의 원만한 인간관계 형성 기술			
• 동료 및 상급자와의 효율적인 의사소통 기술			
• 지역사회 인적자원과의 의사소통 기술			

03 유아교사 양성 교육과정

유아교사에게 필요한 지식의 기초가 규명되고 나면 유아교사 교육자들은 지식의 내용을 선택하고 이를 일정한 틀 안에 포함시켜 교과목이라는 모습으로 제시하여야 한다. 이 과정에서 어떤 과목에 어떤 내용이 어느 정도의 비중으로 들어갈 것인가의 문제가 필수적으로 논의된다. 즉, 유아의 발달에 대한 과목은 몇 학점의 비중을 가지고 있어야 하는지, 유아 평가에 대한 내용이 하나의 과목으로 독립될 정도의 비중을 가져야 하는 것인지 아니면 유아교육과정의 일부로 포함되어야 하는지, 유아 관찰 과목을 필수로 지정하여야 하는지 아니면 선택 과목으로 두는 것이 옳은지 등의 많은 의사결정이 필요하다. 이러한 결정은 크게 유아교사 양성 프로그램이 가지고 있는 특성과 유아교사에게 필요한 지식의 정도에 따라 달라질 수밖에 없다.

유아교육을 현장에서 직접 수행하는 유아교사는 전문가로서 의사결정자의 역할을 담당할 수 있는 인성 및 전문적 자질을 갖추고 있어야 한다. 그런데 이 두 가지 자질 중 개인적인 자질은 교사의 선발 기준은 될 수 있으나 교사 양성 교육과정을 통해 가르치거나 길러지기 어려운 부분이다. 이에 비해 전문적인 자질은 교사 양성 교육과정을 통해 개발할 수 있으며 또한 개발되어야 하는 자질이다.

유치원 교사를 양성하기 위한 교육과정과 보육교사를 양성하기 위한 교육과정은 차이가 있다. 유치원 교사 양성 교육과정은 초·중등 교사 양성 교육과정과 동일하고 보육교사의 경우 소속 학과에 상관없이 자격증 취득에 필요한 51학점을 취득하면 된다.

교육인적자원부에서는 2006년 11월 "학교 교육력 제고를 위한 교원양성체제 개선방안"에서 교사 교육과정의 편성기준을 강화하고, 교사자격 취득 조건을 강화하며 임용체제를 개선하는 등의 방안을 제시한 바 있다. 그 가운데 "신규교사의 자질과 능력에 관한 일반 기준"은 교사들이 갖추어야 하는 기본적인 능력을 제시하고 있다.

표 4-5 신규 교사의 자질과 능력에 관한 일반 기준

기 준	내 용
1. 교사는 학생과 학생의 학습과 발달을 이해한다.	• 교사는 학생의 선행학습, 학습방식, 학습요구를 이해한다. • 교사는 학생의 인지, 사회성, 정서, 신체 발달을 이해한다. • 교사는 학생의 개인적 특성과 가정, 사회, 경제, 문화적 환경을 이해한다.
2. 교사는 교과에 대한 전문 지식을 갖는다.	• 교사는 가르치는 교과의 내용을 깊이 이해한다. • 교사는 교과의 기반이 되는 학문의 핵심 개념, 개념들의 관계, 탐구방식을 이해한다. • 교사는 교과와 기반 학문의 최신 지식을 지속적으로 탐구한다.
3. 교사는 교과, 학생, 교육 상황에 적절한 교육과정을 개발 운영한다.	• 교사는 국가 수준의 교육과정을 이해한다. • 교사는 국가교육과정을 학생과 교육 상황에 적합하게 재구성한다. • 교사는 교육과정 자료 연구 및 개발에 노력을 기울인다.

4. 교사는 수업을 효과적으로 계획 운영한다.	• 교사는 교육목표, 교과, 학생에게 적합한 수업을 계획한다. • 교사는 다양한 수업방법, 활동, 자료, 매체를 활용하여 수업을 효과적으로 운영한다. • 교사는 교과에 대한 학생의 학습요구를 진단하고 적절한 지원을 제공한다.
5. 교사는 학생의 학습을 모니터하고 평가한다.	• 교사는 평가 목적과 내용에 적절한 다양한 평가 방법을 활용한다. • 교사는 평가 결과에 대한 타당한 분석을 하고 효과적으로 의사소통한다. • 교사는 평가 결과를 학생의 학습 지원과 수업 개선에 활용한다.
6. 교사는 학습을 지원하는 환경과 문화를 조성한다.	• 교사는 학생의 자율적 문제 해결과 의사결정을 지원한다. • 교사는 민주적으로 학급을 관리 운영한다. • 교사는 서로 존중하고 신뢰하는 학교문화를 조성한다.
7. 교사는 교육 공동체 구성원들과 협력 관계를 구축한다.	• 교사는 교육의 사회, 문화, 정치, 경제적 맥락을 이해한다. • 교사는 교육공동체 구성원들과 효과적으로 의사소통한다. • 교사는 교육공동체 구성원들의 참여와 협력을 유도하고 유지한다.
8. 교사는 전문성 개발을 위해 끊임없이 노력한다.	• 교사는 자신의 교육실천을 연구하고 향상시킨다. • 교사는 교내·외 연수 프로그램과 활동에 적극 참여한다. • 교사는 현실에 안주하지 않고 평생 학습하고 노력한다.

출처: 교육인적자원부(2006). pp. 5-7.

현재 교원자격검정령 시행규칙 제12조 관련 별표 3에 의하면 교사 자격증을 취득하기 위해서는 교과교육 8학점을 포함한 전공 50학점, 그리고 교육실습 4학점을 포함한 교직이론 22학점(7과목)을 이수하여야 한다. 무시험 자격 검정을 위한 이수 교과목 규정은 다음의 〈표 4-6〉과 같다.

표 4-6 유치원 교사 무시험 자격 검정을 위한 이수 교과목

구 분	2009~2012학년도 입학생 (2010~2013학년도 교직과정이수 예정자 선발생)	2013학년도 이후 입학생 (2014학년도 이후 교직과정이수 예정자 선발생)	2016학년도 이후 입학생	교과목	비 고
전공과목	50학점 이상(전공기초 교과목 제외)				기본 이수 과목에 유아 안전교육 추가 (2016학년도 이후)
	① 기본 이수과목(또는 분야) 21학점(7과목) 이상 포함			유아교육론, 유아교육과정, 영유아발달과 교육, 유아언어교육, 유아사회교육, 유아과학교육, 유아수학교육, 유아미술교육, 유아음악교육, 유아교사론, 유아동작교육, 유아놀이지도, 유아교육기관	

			운영관리, 아동복지, 유아건강, 유아관찰 및 실습, 부모교육, 유아안전교육	
	② 교과교육 영역 8학점(3과목) 이상 포함		교과교육론, 교과교재연구 및 지도법, 논리 및 논술에 관한 교육, 기타 교과교육 영역	
교직 과목	22학점(11과목) 이상			
	① 교직이론 14학점 이상 (7과목 이상)	① 교직이론 12학점 이상 (6과목 이상)	교육학개론, 교육철학 및 교육사, 교육과정, 교육평가, 교육방법 및 교육공학, 교육심리, 교육사회, 교육행정 및 교육경영, 생활지도 및 상담, 그 밖의 교직이론에 관한 교육	
	② 교직소양 4학점 이상	② 교직소양 6학점 이상	– 특수교육학개론(2학점 이상) – 교직실무(2학점 이상) – 학교폭력의 예방 및 대책: 학교폭력의 이해, 학교폭력의 예방, 학교폭력의 대처 방안 등 학교 현장에서 활용 가능한 실제적인 내용을 중심으로 운영	교직소양 교과목 중 학교폭력의 예방 및 대책이 학교폭력 예방 및 학생의 이해로 변경됨 (2017학년도부터 적용)
	③ 교육실습 4학점 이상	③ 교육실습 4학점 이상	– 학교현장실습(2학점 이상) – 교육봉사활동(2학점 이내 포함 가능)	
성적 제한	졸업 전체 평균 성적 75/100점 (1.85/4.3점) 이상	전공과목 평균성적 75/100점 이상 교직과목 평균성적 80/100점 이상		기준 개정: 전공과 교직 과목으로 분리하여 각각의 평균 성적 기준 적용
교직 적성 인성 검사	적격판정 1회 이상(2013년 2월 졸업자 제외) ※ 2008년 이전 입학생도 2013년 3월 현재 재학 중인 학생은 모두 적격 판정 1회 이상을 취득하여야 함	적격판정 2회 이상		변동 없음
응급 처치 및 심폐 소생술	2회 이상(단, 2016. 3. 1. 시행일 당시 교원양성과정을 이수할 때까지 2학기의 교원양성과정이 남은 사람은 1회 실시하며, 2학기 미만이 남은 사람은 제외)	2회 이상		기준 신설 및 기존 재학생 적용

출처: 교육부(2019). 교원자격검정실무편람.

보육교사 자격 취득을 위한 교과목은 「영유아보육법 시행규칙」 제12조 제1항 〈별표 5〉에 제시되어 있으며, 이수하여야 할 교과목 및 학점은 다음의 〈표 4-7〉, 〈표 4-8〉과 같다.

표 4-7 보육교사 자격 취득을 위한 교과목 및 학점

영 역	교과목	이수과목(학점)
보육필수	아동복지(론), 보육학개론, 영아발달, 유아발달, 보육과정, 보육교사론	6과목(18학점) 필수
발달 및 지도	인간행동과 사회환경, 아동관찰 및 행동연구, 아동생활지도, 아동상담(론), 특수아동이해, 장애아지도	1과목(3학점) 이상 선택
영유아교육	놀이지도, 언어지도, 아동문학, 아동음악, 아동동작, 아동미술, 아동수학지도, 아동과학지도, 영유아 프로그램 개발과 평가, 영유아교수방법(론)	6과목(18학점) 이상 선택
건강 · 영양 및 안전	아동건강교육, 아동간호학, 아동안전관리, 아동영양학, 정신건강(론)	2과목(6학점) 이상 선택
가족 및 지역사회 협력 등	부모교육(론), 가족복지(론), 가족관계(론), 지역사회복지(론), 보육정책(론), 어린이집 운영과 관리	1과목(3학점) 이상 선택
보육실습	보육실습	1과목(3학점) 필수
전체	17과목(51학점) 이상	

출처: 한국보육진흥원(2012.11). 보육교직원 자격기준 변경사항 안내.

표 4-8 보육교사 자격 취득을 위한 교과목 및 학점(2017학번 이후)

영 역	교과목	이수과목(학점)
교사인성	보육교사(인성)론, 아동권리와 복지	2과목(6학점) 필수
보육지식과 기술	보육학개론, 보육과정, 영유아발달, 영유아교수방법론, 놀이지도, 언어지도, 아동음악(또는 아동동작, 아동미술), 아동수학지도(또는 아동과학지도), 아동안전관리(또는 아동생활지도)	9과목(27학점) 필수

	아동건강교육, 영유아 사회정서지도, 아동문학교육, 아동상담론, 장애아 지도, 특수아동 이해, 어린이집 운영관리, 영유아 보육프로그램 개발과 평가, 보육정책론, 정신건강론, 인간행동과 사회환경, 아동간호학, 아동영양학, 부모교육론, 가족복지론, 가족관계론, 지역사회복지론	4과목(12학점) 이상 선택
보육실무	아동관찰 및 행동연구, 보육실습	2과목(6학점) 필수
	※ 보육실습은 6주, 240시간을 이수해야 하며, 평가점수는 80점 이상 되어야 함(2017년 이전 학번이더라도 2017년에 보육실습 이수할 경우 6주, 240시간 이수해야 함)	

출처: 보건복지부(2020). 보육사업안내.

1) 교양 영역

우리나라 대학 교육과정에 일반 교양 과목이 들어가게 된 것은 해방 이후 미군정하에서이다. 법제적, 정치적, 중앙집권적 대학 통제 정책에 따라 달라진 대학의 교육과정은 교양 과목의 학점 비율을 30%로 정해 놓은 1950년 이래 현재에 이르기까지 비교적 일관되게 지켜 오다가 국책 과목이 폐지된 이후 학교별로 다양하게 운영하고 있다. 각 대학에서 운영하고 있는 교양 과목의 종류는 대학에 따라 조금씩 차이가 있으나 필수로 이수하여야 하는 교양 필수와 자유로이 선택할 수 있는 교양 선택으로 구분될 수 있다.

교사들에게 필요한 교양 과목의 의미와 본질의 문제를 두고 학자들은 상당한 논란을 거듭해 왔다. 논란의 핵심은 교사가 되려는 학생만을 위한 교양 과목이 독자적으로 존재하여야 하는가이다. 이돈희(1989: 1)는 대학 교육에서 교양 과정을 두는 목적을 "진리를 탐구하고 가치를 창조하는 젊은이들이 인격을 도야하고 진리를 탐구하는 상황에서 이성 혹은 마음을 자유롭게 활용할 수 있도록 심적 · 학문적 바탕을 형성하는 것"으로 본다. 그의 관점에서 보면 교양이란 말 그대로 모든 사람에게 보편적으로 필요한 학문이어야 한다. 이병기(1997) 역시 교양 교육은 전문 교육을 위한 기초가 아니라 그 자체로 전인 형성을 목적으로 하는 교육이 되어야 한다는 점을 강조한다. 특히 그는 직업 관련 교직 교양과 같은 교과목을 편성함으로써 교양 교육의 본질적 성격이 위축되어서는 안 된다고 주장한다.

반면에 박아청(1997)은 교사를 위한 교양 과목은 다음의 세 가지 원리를 충족시켜야 한다고 주장한다. 첫째, 교양 교육 본래의 성격에 부합하여야 한다. 둘째, 교육 활동과 연관이 있어야 한다. 셋째, 전인적인 인간 형성에 부합되어야 한다. 이는 결국 교사 양성 교육과정의 교양 과목이란 교양 과목이 갖는 본래의 정신을 구현하는 일반성과 교사라는 전문인을 양성하는 교사 양성 교육과정의 특수성을 동시에 만족시켜야 한다는 것을 의미한다.

유아교사를 양성하는 교육과정에서 교양 과정을 설치하고 이를 이수하게 하는 이유는 일반 대학과 크게 다르지 않다. 그러나 교사에게만 필요한 교양보다는 다양한 사고를 넓혀 주는 폭넓은 교양 과목의 강화가 필요하다는 주장이 더 설득력을 얻고 있다. 이는 유아교육이 특정한 학문의 개념 습득이 아니라 전인적인 인간을 키우는 것에 목표를 두는 것과 연관이 있다. 특히 유아교사는 유아들에게 일상생활 속에서 다양한 지식과 경험을 전달하는 역할을 하기 때문에 교양 과목을 통해 여러 분야에 대해 정확하고 해박한 지식을 갖는다는 것은 매우 중요한 일이다. 예비교사들이 교양 과정을 이수함으로써 얻게 되는 능력을 정리해 보면 다음과 같다(Quisenberry & Patridge, 1993).

- 책, 신문, 잡지 등 다양한 출판물을 읽고, 분석하고, 종합하며, 평가할 수 있는 능력
- 여러 계층의 사람들과 의사소통을 할 수 있는 능력
- 자신의 경험이나 새롭게 배운 정보에 대하여 반성적인 사고를 할 수 있는 능력
- 문학 작품을 이해하고 감상할 수 있는 능력
- 건강의 중요성을 인식하고 건강한 생활을 영위할 수 있는 능력
- 수학적 기술을 바르게 사용하고 논리 수학적으로 사고할 수 있는 능력

• 생물, 물리, 및 지구 과학을 바르게 이해하는 능력
• 인간 생활에 영향을 미치는 사회 · 정치적 힘을 바르게 파악하고 이해하는 능력
• 세계 여러 나라의 다양한 문화와 독특한 풍습을 이해하고 존중하는 능력
• 다양한 장르의 예술 작품을 이해하고 감상할 수 있는 능력
• 첨단의 기술이나 도구, 매체 등을 이해하고 바르게 사용할 수 있는 능력

이상 예비교사들이 교양 과목을 통해 얻을 수 있는 능력을 충분히 습득하기 위해서는 그 운영에 있어서 다음과 같은 것들이 고려될 필요가 있다(박아청, 1997; 정미라, 1994). 첫째, 교양 과목의 70% 이상이 국어, 영어, 제2외국어와 같은 도구 과목들에 집중되는 경향이 있는데 사고력을 키울 수 있는 과목들이 폭넓게 제공되어야 한다. 둘째, 교양 과목은 시간강사에의 의존율이 매우 높다. 현재 교양 과목이 본래의 설치 의도대로 균형 있게 운영되기 위해서는 신진 교수나 교수 지망생을 위한 수련 과목 정도로 운영되기보다는 학문에 연륜이 있는 전임 교수들이 담당하는 것이 바람직하다. 셋째, 교양 과목은 운영비를 줄이기 위하여 한 학급당 인원수가 100명이 넘는 경우가 많이 있다. 교양 과목에서의 토론이나 발표 등을 통하여 학문하는 기본 태도를 익힐 수 있도록 배려하는 것이 필요하다.

2) 교직 영역

교직 과목은 예비 유치원 교사들에게 교육 현상에 대한 이론적인 이해와 교사로서 갖추어야 하는 실무 능력을 배양하기 위한 과목이다(조연순 외, 1997). 교직 영역은 유치원 교사와 보육교사를 구분 짓는 영역이다.

교직 과목의 성격과 그 비중에 대한 논의는 교직 과목 가운데 이론적 성격이 강한 과목과 실제적 성격이 강한 과목 중 어디에 더 비중을 두어야 하는가에 초

점이 맞추어져 있다. 이론적 과목의 중요성을 주장하는 학자들(김안중, 1997; 임현식, 1997)은 교직 과목을 통해 교육에 대한 폭넓은 안목을 형성하는 것을 강조하고, 실제적 과목이 중시되어야 한다는 입장에서는 교직 과목은 교사로서의 직무 수행에 필요한 능력을 길러 주는 데 기여할 필요가 있음을 강조한다(박승재 외, 1997). 전자를 주장하는 사람들은 교육학도 다른 학문과 마찬가지로 개념과 이론으로 구성된 본질적으로 추상적인 내용으로 구성되어 있다고 본다. 즉 교육학의 대상이 교육 현상이기는 하나 학문으로 존재하는 한 그 정도만큼이나 실제와는 거리가 있을 수밖에 없다고 본다. 이에 비해 후자를 주장하는 사람들은 각 교과를 가르칠 때 교육학과 교과 내용을 따로 배우고 난 후에 교사 개인이 알아서 합치도록 할 것이 아니라 직전 교육에서부터 실제에 초점을 맞추어 가르쳐야 한다고 본다.

> 수소와 산소를 결합하면 물이 된다. 물은 수소와 다르며 산소와도 다른 성질을 지닌다. 수소와 산소가 결합하지 않고 혼합되어 있는 것을 물이라 하지 않는다. 물리학과 교육학의 혼합이 아니라 결합으로써 물리교육학을 형성하는 것은 그 나름의 특성이 있고 그로부터 고유한 역할이 있는 것이다.
>
> 박승재(1997), p.67

유아교육은 그 대상 연령이 어리기는 하지만 사회에서 요구하는 이상적인 인간상을 추구하고 있는 교육의 일부분이라는 점에서 볼 때 교육학의 맥락 속에서 이해될 필요가 있다. 같은 맥락에서 현재 교직 과목으로 분리되어 있는 교육학의 기초 과목들을 전공 영역으로 통합하여 전공의 특성과 연결시켜 교육시킬 필요가 있다는 지적은 꾸준히 제기되어 왔다(정미라, 1994).

3) 전공 영역

전공 과목은 각 학문의 영역을 다루는 교과 내용과 이를 학습자의 특성에 맞게 교육할 수 있는 방법을 배우는 교과 교육으로 구성된다. 초·중등의 경우에는 교과 내용에 비해 전공별로 교과 교육을 전공한 교수가 절대 부족하여 교원 양성 교육과정의 내용이 교과 내용 중심으로 구성되어 있다. 따라서 사범대학의 교과 과정을 살펴보면 인문대학이나 사회대학 혹은 자연대학과 별다른 차이가 없다는 비판을 받는다. 그에 비해 유아교육은 교수-학습방법을 다루는 교과 교육이 매우 발달되어 있어 거의 모든 과목에서 교과 교육을 다루고 있다. 예를 들어 유아교육 전공 교재를 살펴보면 앞부분에는 간단한 이론이 설명되어 있고 후반부에는 교과별 활동이 제시된다. 그런데 유아교육에서 활용하는 교수-학습 방법의 기초가 각 영역별 통합이기 때문에 언어 교재에 나와 있는 활동이 수학 교재에 등장하기도 하고 수학 교재에 나오는 활동이 사회 교재에 등장하는 문제점도 함께 가지고 있다. 이에 따라 학생들은 수업을 들으면 들을수록 내용이 중복된다는 느낌을 지울 수 없게 된다. 이와 같은 문제점은 유아교육은 초·중등과는 반대로 교과 교육은 잘 이루어지고 있으나 교과 내용에 대한 교육은 부실하기 때문이다. 유아교육에서 유아들이 알아야 하는 교과 내용의 범위가 초·중등에 비해 훨씬 적은 것은 사실이지만 그렇다고 해서 유아교사들도 유아 수준의 내용을 알아야 한다는 의미는 아니다. 유아교사들이 각 학문 영역에 대한 내용 지식이 충분할 때 유아들의 지식을 좀 더 적절하게 확장할 수 있기 때문에 앞으로 이 부분에 대한 심도 있는 논의가 필요하다.

(1) 유아 발달 및 학습에 관한 영역

유아교사 양성 과정에서 발달에 관한 내용이 포함되어야 하는 이유는 다음과 같다. ① 다양한 연령의 유아 발달을 이해할 수 있다. ② 발달은 여러 가지 원인에 의해 다양한 양상으로, 개인차를 가지고 일어날 수 있음을 이해해야 한다. ③ 발달 과정의 변화를 이해해야 한다. ④ 발달에 영향을 끼치는 환경의 영향을 이해해야 한다. ⑤ 발달의 여러 측면들이 서로 상호작용하며 발달한다는 사실을 이해해야 한다(Peters & Klinzing, 1990).

유아들의 행동을 이해하기 위해서는 한 가지의 이론만으로는 가능하지 않다. 유아교사들이 유아 발달을 학습하는 궁극적인 이유는 자신들이 가르치게 될 각 유아의 발달적 특징을 충분히 이해하고 그에 맞는 적절한 교육 활동을 계획하기 위해서이다. 피터스와 클린징(Peters & Klinzing, 1990)은 이와 같은 목적을 위해 구체적으로 인간 성장 발달의 전반을 다루는 과목, 시기별 유아의 특징을 구체적으로 다루는 과목, 발달적으로 장애를 가진 아동에 대한 과목이 교원 양성 교육과정에 포함되어야 하며 각 과목은 강의와 함께 실제 현장과 연결하여 구체적인 사례를 많이 접할 수 있게 하여야 한다고 주장한다.

유아들의 발달과 학습에 관한 지식을 습득할 수 있는 교과목인 '유아 발달'은 대부분의 대학에 개설되어 있다. 대학에 따라 '사회 · 정서 발달'이나 '인지 발달'과 같이 좀 더 구체적인 영역을 독립된 과목으로 개설되기도 하고, '영유아 발달'이나 '아동 · 청소년 발달'과 같이 시기별로 유아의 특징을 구분한 과목이 개설되기도 하고, 태아기의 발달을 포함하여 '태 · 영아 발달'이라는 과목이 개설되어 있기도 하다.

(2) 유아교육과정 운영 및 교수-학습 과정에 관한 영역

유아교사들은 유아교육과정의 운영, 유아를 위한 각 교과 영역의 지도와 같은 과목들을 통하여 유아들을 위한 교육 활동을 계획하고 효과적인 지도 방법을 선택하는 데 필요한 지식과 기술 및 태도를 학습하게 된다. 유능한 교사에 관한 연구들은 대학에서 학습한 내용을 유아교육 현장에서 적용하여 사용할 수 있는 실천적 지식의 형성이 중요하다는 것을 강조하고 있다. 따라서 이 영역의 과목들은 유아교사로서의 역할을 수행하는 데 필요한 기본 이론과 원리를 토대로 현장에서 필요로 하는 실천적 지식을 형성해 낼 수 있는 능력을 길러 주는 방향으로 운영될 필요가 있다.

유아교육은 정규 학교 체제 안에 포함되지 않고 유아들의 특성상 결과보다는 과정을 중요시한다. 또한 유아들의 발달에 비추어 볼 때 교과의 내용이 특별히 강조되지도 않는다. 이러한 유아교육의 특징으로 인하여 교사 교육에서도 교과 내용 그 자체보다는 이를 어떻게 가르칠 것인가의 문제를 더 강조하는 경향이 있다. 과목마다 일부 차이가 있지만 유아들을 가르치는 데 있어서 가장 기본적인 교수 원리는 유사하다. 전공을 배우는 학생들의 입장에서는 교과 교육 과목의 내용 범위가 모호하거나 충분히 다루어지지 않는 반면 그 방법적인 측면에서는 지나치게 중복되는 경향이 있다.

거의 모든 대학에서 유아교육과정의 기본적인 이론을 다루는 '유아교육과정'과 교수-학습의 핵심이 되는 '놀이 이론'을 개설하고 있으며, 언어, 문학, 수학, 사회, 과학, 음악, 미술 등의 교과에 관련되는 과목은 대학의 특성에 따라 독립된 과목으로 운영되거나 수·과학, 음율, 언어와 문학 등과 같이 두 과목씩 통합하여 개설되기도 한다.

(3) 유아교육의 역사, 철학 및 사회 기초에 관한 영역

유아의 학습과 발달은 자신이 속한 사회·문화적 맥락과 밀접한 관계가 있다는 최근 사회 구성주의 이론에 비추어 볼 때 유아교사들의 교육과 사회 현상에 대한 이해는 강조되어야 한다. 교사 양성 교육과정은 사회, 국가 및 세계의 변화에 유기적으로 대처해 나가야 하기 때문에 교사들은 현재의 사회적 현상이 나타나게 된 역사적 배경을 검토할 뿐만 아니라 현재 혹은 가까운 미래에 발생할 다양한 사회적인 변화를 읽을 수 있는 능력도 필요하다. 대체적으로 이러한 지식은 '유아교육개론'이나 '유아교육사상' 등에서 다루어질 수 있는데, 모든 대학에서 '유아교육개론'은 개설하고 있으며 많은 경우에 필수로 지정하기도 하는 등 그 중요성을 인정하고 있다. 반면 '유아교육사상'은 일부의 대학에서만 개설되고 있다. 아주 드물게는 '유아교육사회학'이나 '아동교육과 문화', '유아교육의 역사와 미래' 같은 과목이 개설되기도 하지만 교사나 교사 교육자 모두 교육의 현상 및 역사·철학을 교과에 포함시키는 것에 대해서는 소극적이다(배소연, 2001).

(4) 유아교사의 전문성과 관련된 영역

유아교사가 되기 위해서는 '유아교사로서의 사명감 및 전문성에 대한 이해'가 매우 필요하다. 유아교사로서의 전문성은 전문성 자체를 이해하는 것과 교사 자신이나, 유아, 그리고 교육과정을 평가할 수 있는 능력, 그리고 다양한 집단과 의사소통할 수 있는 능력 등을 포함한다. 유아교사로서의 전문성에 대한 이해는 대개 '유아교사론'에서 많이 다루고 있고, 평가나 연구 관련 능력은 '유아 평가', '유아 연구 방법' 등의 과목에서 다루어지지만 실제로 개설되는 빈도는 그리 높지 않다.

유아교사의 의사소통은 유아, 부모, 동료 교사와의 관계에서 매우 핵심적인 능력임에도 불구하고 독립적으로 이를 다루는 과목은 아직 없다. 다만 유아와의 의사소통 기술은 '유아 생활 지도'에서, 부모와의 의사소통은 '부모교육'에서, 그리고 동료와의 의사소통은 '유아교사론'에서 부분적으로만 다루어지고 있다(배소연, 2001). 동료 및 상급자와의 관계는 기관의 풍토, 교사의 직무만족도 및 이직률에 많은 영향을 미친다. 또한 초임 교사의 경우 기관에의 적응을 위하여 사회적인 지지 체계가 필요하다. 이 체계를 형성, 유지하기 위해서는 인간관계의 기술 및 의사소통 기술이 중요 요인이라 볼 때 직전 교육에서 이를 교육과정의 내용에 반영하는 것이 필요하다고 본다.

예비유아교사의 학습 04

예비유아교사는 양성과정에서 교사가 되었을 때 학급의 상황이나 대상 연령에 따라 적합한 목표를 설정하고 가장 효과적인 교수 방법을 통해 유아의 발달과 학습 성취가 일어나도록 훈련받는다. 이러한 훈련 과정에는 이론적 지식과 기술을 배우고, 실제에 적용하며, 교수 경험을 종합적으로 분석하고, 평가하여 최선의 대안을 찾아나가는 일련의 모든 과정이 포함된다. 예비유아교사들이 전공과목을 수강하는 동안 경험하게 되는 대표적인 학습 방법에는 강의 듣기 이외에도 관찰하기, 교육계획안 작성하기, 모의수업하기, 저널 쓰기, 수업사례 연구하기, 포트폴리오 작성하기 등이 있다.

1) 관찰하기

예비유아교사들은 다양한 교육 현장을 관찰, 기록, 해석, 평가하는 과정을 통해서 교사에게 요구되는 교수 학습 운영에 대한 안목을 기르게 된다. 대부분 관찰이 끝나면 "재미있었어요.", "아이들이 귀여웠어요.", "선생님이 대단해 보였어요." 등의 단순한 소감만을 말하는 경우가 많다. 이는 관찰의 목적을 분명히 하지 않았거나, 구체적인 관찰의 기준이 없고, 체계적인 정리 방법을 알지 못해 나타나는 현상이다(김희진 · 박은혜 · 이지현, 2000). 유능한 유아교사가 되기 위해서는 교육 환경, 자유 놀이 시간과 집단 활동 시의 교사 역할, 유아의 행동을 관찰할 수 있는 기회를 충분히 가져야 한다.

(1) 유아 행동 관찰하기

예비유아교사들은 유아에 대해 다양한 측면에서 관찰할 수 있다. 유아의 발달적 특성에 초점을 맞출 수도 있고, 학습의 결과를 관찰할 수도 있으며, 유아-유아, 유아 - 교사, 유아 - 교구 및 환경과의 상호작용에 대해 관찰을 할 수도 있다. 목적에 따라 여러 가지 관찰 방법을 선택적으로 활용할 수 있다. 관찰의 방법에는 관찰 대상의 말과 행동을 자세히 객관적으로 일어난 순서에 따라 기록하는 표본식 기술, 한 가지 행동이나 상황에 초점을 맞춰 기록하는 일화기록, 자주 일어나는 행동을 정해진 시간 간격에 따라 기록하는 시간표집법, 관찰하고자 하는 행동만을 관찰하는 사건표집법, 관찰된 행동의 질적인 차이를 평가하는 평정척도법, 어느 한 시점에서 특정한 기술이나 행동의 출현에 대해 단순히 '예', '아니요'의 형태로 기록하는 행동목록법 등이 있다. 관찰자는 관찰하기 전 무엇을 관찰할 것인지 관찰할 내용을 계획하고 적절한 방법을 선택하여 관찰을 수행해야 원하는 정보를 수집할 수 있다.

(2) 교사 행동 관찰하기

예비유아교사들은 자유 놀이 시간이나 집단 활동에서 일어나는 교사의 교수 학습 관련 활동을 관찰할 수 있다. 유아교사의 교수 학습과 관련된 말과 행동을 관찰함으로써 이론을 통해 습득했던 유아교사의 역할 및 교수 행동에 대한 지식을 좀 더 깊이 있게 이해할 수 있게 된다. 유아교사를 관찰할 때에는 교사의 어떤 행동을 어디서부터 관찰할 것인지 미리 계획하고, 적절한 관찰 기록 양식을 준비하여 기록하면 교사 행동에 대한 자세한 정보를 얻을 수 있다.

(3) 교실 환경 관찰하기

예비유아교사들은 유아를 위한 교육 환경을 이해하기 위해 유치원이나 어린이집의 흥미 영역 배치, 교재 · 교구 등을 관찰할 기회를 갖는다. 교실 환경은 기관의 교육 철학, 기관 유형, 교육 과정, 생활 주제, 대상 연령, 활동 유형 등에 따라 달라진다. 예비유아교사는 관찰을 통해 이들 간의 관련성을 이해하고 강의 시간을 통해 습득한 지식을 실제 현장에서 확인해 볼 수 있다.

2) 교육계획안 작성하기

유아교사는 유아의 흥미와 관심, 발달 수준을 고려하여 유아 스스로 지식을 구성해 나갈 수 있도록 비계설정자로서의 역할을 수행한다. 2019년 개정 누리과정 이전에는 사전에 진행되고 있는 생활 주제에 맞추어 일일계획안을 작성하고, 일일계획안에 구성된 활동계획안을 자세히 작성하는 것이 강조되었다. 그러나 2019 개정 누리과정에서는 유아의 놀이를 관찰한 후 예상되는 유아들의 반응을 고려하며 어떻게 놀이를 지원할 것인지를 강조한다. 또한 교사는 가정과의 연계 활동도 고려하여, 유아의 놀이를 지원할 수 있도록 계획하고 평가를 실행한다. 교육계획안은 일정한 양식이 있는 것이 아니므로, 각 학급에서 놀이의 유형, 유아의 흥미, 공간과 시간 및 제공하는 자료, 연령 등을 고려하여 자유롭게 작성할 수 있다.

3) 모의수업하기

예비유아교사들은 전공 관련 교과목 수업에서 교수 학습에 대한 이론을 습득한 후, 실제 수업의 경험을 갖기 위해 모의수업을 한다. 모의수업은 유아를 대상으로 한 일련의 교육 활동을 계획하고 준비한 후, 같이 수업을 듣는 학생들을 대상으로 진행하기도 하고 실제 현장을 섭외하여 유아들을 대상으로 진행하기도 한다. 모의수업은 담당 교수와의 사전 협의, 자료 수집, 계획안 작성, 준비 및 연습, 실행, 평가 등의 과정을 거치게 되는데 이를 자세히 살펴보면 다음과 같다.

(1) 1차 사전협의

모의수업을 하기 최소 2~3주 전, 모의수업을 하는 개인·집단별로 담당 교수와 협의하여 생활 주제, 활동 유형, 대상 연령 등을 정한다. 예비유아교사들은 관련 자료를 참고하여 가능한 활동을 3~4가지 정도 수집한 다음, 각 활동마다 간략한 계획안을 작성한다. 예를 들어 음악 활동에 관한 모의수업의 경우, 1차 계획안에 생활 주제, 활동명, 활동 목표, 활동 대상, 활동 자료, 활동 방법 등을 작성하되, 각 음악 활동에 사용할 음악의 제목과 출처, 악보 등을 함께 첨부한다.

(2) 2차 사전협의

모의수업을 하기 2주 전, 예비유아교사들은 모의수업을 위해 1차로 선정한 3~4가지 활동을 가지고 담당 교수와 협의하여 가장 적절한 활동 1가지를 최종적으로 선정한다. 선정된 활동으로 자세한 교육계획안을 작성하되, 대상 연령에 따라 총 활동 시간을 고려하여 작성한다. 특히 활동 방법은 주의 집중을 비롯해 도입·전개·마무리 순으로 교사의 질문이나 자료제시와 같은 교수 행동도 기술하고, 이에 예상되는 유아의 반응도 함께 기술한다. 또한 제작하는 활동 자료는 유아에게 적절하고 창의적인 것으로 선정하여 제작하는 방법과 제작할 자료의 그림을 따로 작성해 둔다. 예비유아교사들은 준비된 자세한 교육계획안 및 자료제작 계획안을 가지고 담당 교수와 2차 협의를 하여 계획안 및 제작할 자료를 검토하고 수정한다.

(3) 준비 및 연습

모의수업을 하기 1주 전, 예비유아교사들은 완성된 교육계획안과 사용할 자료를 가지고 연습할 시간을 갖는다. 교육계획안에 작성된 대로 활동 진행 순서를 정확히 암기한 후, 활용할 자료를 실제로 조작하며 연습을 한다. 활동을 시작하는 순간부터 마무리하여 전이하기까지 관련된 기자재 활용, 실험, 노래, 동화 구연, 동작, 시범 등 모든 과정을 빠뜨림 없이 연습한다. 또한 분명한 발음, 정확한 문장, 적절한 크기의 목소리, 밝은 표정을 갖고 실제 수업에 임하는 자세로 연습을 충분히 한다.

(4) 모의수업 발표 및 평가

모의수업을 하는 당일에는 실제 활동이 진행될 수 있도록 교사의 자리, 유아의 자리, 기자재 및 자료 설치 등을 완벽하게 준비해 둔다. 융판 등에 자료를 부착해 두었을 경우 융판을 돌리거나 천으로 가려 놓으며, 작은 자료들은 바구니에 담아 보자기로 덮어 둔다. 발표자는 실제 교사와 같이 단정한 차림으로 발표를 준비하며, 담당 교수에게 최종 교육계획안을 제출하되 제작한 자료의 그림이나 사진 자료를 함께 첨부하는 것이 좋다. 모의수업을 하고 나면 참관한 학생, 담당 교수와 함께 평가의 시간을 갖는다. 발표자가 자기 분석을 통해 스스로 평가할 시간을 가지며, 이후 참관한 동료나 담당 교사의 피드백을 통해 발전적인 평가시간이 되도록 한다. 평가의 시간이 끝나면 사용한 자료를 안전하고 깨끗하게 정리하여 폴리백이나 종이봉투에 담아 보관한다. 또한 자료를 담당 교수에게 제출할 경우 활동명, 제출일, 제출자명을 정확히 기록하고 밀봉하여 제출하도록 한다.

4) 포트폴리오 작성하기

포트폴리오는 개인의 수행 결과를 모아 둔 자료집을 의미하는데, 특히 예비유아교사들의 포트폴리오는 대학을 다니는 동안 습득한 교수 기술 및 지식, 결과물 등을 체계적으로 수집하여 구성한 모음집이다. 예비유아교사들은 취업 시 자신의 다양한 능력을 보여주는 참고자료로 활용할 수 있다. 예비유아교사의 포트폴리오에는 개인 배경, 전공 과정 이수 시 제출했던 교수 계획·실행·평가 및 결과물, 교육실습 시 경험한 교수 학습·유아지도·학급 운영·실습 평가 등이 포함되고, 기타 개인을 나타낼 수 있는 자격증·성적증명서·수상 경력·유아교육 관련 취미 및 봉사활동 등이 포함된다. 수집된 자료들은 정해진 기준에 따라 조직적으로 정리되어야 한다. 각 항목에 따라 모아진 자료를 날짜순으로 정리하고 자료의 배경, 과정, 평가 등을 함께 기록하여 둔다. 또한 지속적으로 정보를 편집하고 요약하는 과정을 통해 보다 완성도 있게 포트폴리오를 다듬어 간다. 예비유아교사의 포트폴리오에 포함될 수 있는 구체적인 항목 및 내용을 소개하면 다음과 같다.

(1) 개인 배경

이력서, 자기소개서, 자서전, 교육 철학 저널 쓰기 등을 통해 자신에 대한 소개를 한다.

(2) 전공 과정에 대한 자료

대학에서 이수했던 전공 교과목을 소개하며, 자신이 학습한 내용과 결과물을 소개한다. 주제 발표한 자료나 보고서, 모의수업의 교수 계획·실행·평가와 제작한 자료, 개발한 활동, 부모교육 자료 등을 포함한다.

(3) 교육실습에 대한 자료

자신이 경험한 실습 내용과 결과물을 소개한다. 수업 관찰 및 유아 관찰, 참여한 수업의 교수 계획 · 실행 · 평가 내용 및 결과물, 유아지도, 학급 환경 구성 및 운영, 실습 과정에 대한 자기반성 및 평가 · 지도교사 · 지도교수의 평가 등을 포함한다.

(4) 자신에 대한 기타 자료

이외에도 자신을 나타낼 수 있는 자료를 소개한다. 유아교육과 관련하여 이수한 자격증이나 취미, 동아리활동, 봉사활동(사회복지관 · 지역 공부방 등) 등을 포트폴리오에 포함할 수 있다.

5) 저널 쓰기

저널 쓰기는 유아교사들이 수업에 대해 개인적인 관점을 가지고 기록하는 다양한 형태의 글쓰기를 의미하며 학습의 기록, 개인의 경험 재구성, 다른 활동의 기초 자료 제공, 그리고 대화의 수단 등의 목적으로 사용할 수 있다. 저널 쓰기는 자신의 개인적인 생각을 기록한다는 점에서 일기와 비슷하지만 일기가 전적으로 개인의 사생활에 관한 것이라면 저널은 개인적인 차원이 아닌 전문성을 지닌 교사로서의 의견을 기록하는 것이다.

(1) 저널 쓰기의 의의

교사 교육에서 저널 쓰기는 예비교사들의 반성적 사고를 촉진하고, 미래에 발생할 문제들에 대한 해결책을 고안하며 자신과 대화를 나눔으로써 각 개인의 이론을 구축하도록 돕는다. 저널 쓰기는 자신의 생각에 기초하여 기록하는 것이기 때문에 그동안 배웠던 이론, 상황, 다른 사람의 의견 등을 수동적으로 수용하지 않고, 교사 자신의 주관을 가지고 검토하고 비판적으로 받아들이게 한다. 이런 과정에서 예비교사들은 교육의 전체를 보다 객관적으로 분석하고 평가할 수 있는 비판적 사고능력을 기르게 된다.

글을 쓰는 것은 실제로 행위를 하는 것이 아니므로 실패에 대한 두려움이 없는 상태에서 다양한 방법을 시도해 볼 수 있다. 교사가 특정한 문제 상황에 대해 실제로 어떤 행동을 취하기 전에 가능한 모든 해결책을 시도해 볼 수 있다는 것은 특히 새로운 경험을 통해 의미를 구성해 가는 과정에서 매우 가치 있는 도구이다.

(2) 저널 쓰기의 방법

저널 쓰기에 보다 많은 것을 얻기 위해서는 단순하고 객관적인 일과기록이 아니라 사건이나 문제, 또는 자신에게 관련된 내용을 기록해야 하고 좌절과 기쁨과 같은 감정을 표현해야 한다. 교사들은 저널을 쓰는 과정에서 자신의 교육 신념에 대한 인식, 교육 활동이나 이론에 대해 질문하기, 이전에 써 놓은 저널에 반응하기, 문제 상황을 자신의 관점에서 재정의하기, 직면한 문제에 대한 다양한 해결책 모색하기, 자신의 감정 드러내기 등과 같은 다양한 방식으로 자신의 이야기를 전개해 갈 수 있다.

저널을 쓸 때는 특별한 형식이나 주제 없이 자연스럽게 쓸 수도 있고 형식이나 주제를 정하여 줄 수도 있다. 형식을 정해 주는 경우에는 단순한 기술, 경험에 대한 의미와 분석, 취해야 할 행동과 행동에 대한 결과를 쓰도록 할 수 있다. 주제를 정해 주는 경우에는 교수법, 동료와의 관계, 유아들이 문제를 극복하는 방법이나 특수한 유아의 요구와 같이 유아에 대한 주제, 유아와 관련된 사회경제적 이슈, 교사의 역할, 교사로서의 준비 등을 제시할 수 있다.

6) 수업사례 활용하기

수업사례는 이론으로는 설명하지 못하는 교실의 다양함과 복합성을 사례를 통하여 분석하고 그에 따라 문제를 해결하거나 의사를 결정하도록 연습함으로써 문제 상황에 대한 간접 경험을 제공한다. 또한 예비교사나 초임 교사들이 실제 교실 현장에서 과거에 일어났던 문제나 현재 일어나고 있는 문제, 혹은 앞으로 일어날 수 있는 문제를 가지고 실패에 대한 걱정 없이 문제를 해석하고, 정의해 보고, 가능한 대안을 생각해 보고, 그 많은 대안들 가운데서 가장 적절한 것을 찾아봄으로써 유사한 문제가 발생했을 때 사용할 수 있는 전략을 학습할 수 있게 도와준다. 즉, 수업사례를 활용한 활동은 예비교사나 초임 교사들로 하여금 "유능한 교사와 같이 생각하는" 연습을 시켜 준다.

(1) 수업사례의 개념

수업사례는 허구로 만들어 낸 것이 아니라 교수 상황에서 실제로 일어난 사건에 기초하기 때문에 일반적인 설명이 아니라 지엽적이며 상황적인 특성을 가진다. 수업사례는 또한 겉으로 드러나는 문제 뒤에 숨어 있는 근본적인 원리들을 반성적으로 사고해 볼 수 있도록 구성되며, 개인적인 이야기에서 그치는 것이 아니라 이론적으로 논의될 수 있는 내용을 포함한다. 수업사례에는 일반적으로 사건이 벌어진 장소 및 지역사회에 대한 일반적인 배경 서술, 등장인물, 대화 등이 포함되고 실제 있었던 사건을 교사의 입장에서 다시 한 번 이야기하면서 교사들이 겪게 되는 여러 가지 행위, 동기, 욕구, 좌절, 실패 등을 드러낸다.

(2) 수업사례 쓰기

❶ 주제 정하기

- 유아의 성장과 발달(예 : 새로 들어온 유아, 상호작용하기 어려운 유아, 교사 - 유아 간의 갈등 상황, 유아 - 유아 간의 갈등 상황, 가정에 문제가 있는 유아의 경우, 개인차를 다루기 어려운 경우 등)

- 교육 과정 개발 및 실행(예 : 하루나 학기를 시작하는 날, 새로운 수업 내용, 새 학급을 가르치는 경우, 어려운 내용을 가르친 경험, 다양한 집단 구성 등)
- 가족 및 지역사회와의 연계, 건강 · 안전 · 영양과 관련된 문제(예 : 교사들 간의 협동이나 갈등, 지역사회와의 협동이나 갈등, 학부모와의 갈등, 편식 지도 등)
- 전문성

❷ 원자료의 수집 및 조직

- 수업사례는 분명하고 생생하게 써야 하기 때문에 자신이나 다른 교사에게 의미 있었던 경험을 기초로 해야 한다.
- 원자료의 수집(저널, 수업 계획서, 유아 관찰 기록, 교육과정, 기타 교사들이 정기적으로 사용하는 교재, 영화, 학부모 면담 자료, 동료와의 대화 등을 활용한다.)

❸ 형식에 맞추어 쓰기

- 사례에 배경이 되는 사회 · 문화적 맥락과 등장인물의 특성을 기술한다.
- 사례에 등장하는 주요 인물의 성격과 관계를 기술한다.
- 수업사례에서 일어나고 있는 사건의 성격, 발생 이유, 사건 발생의 맥락 등과 같이 초반 토론을 이끌어 낼 수 있는 주제로 시작한다.
- 깊은 차원에서 논의할 수 있는 갈등이나 딜레마를 제시한다.
  - 사건의 진전 상황, 교사의 반응, 사건에 영향을 준 심리적, 물적, 교육적, 역사적 요인에 대한 설명 등을 포함시킬 수 있다.
- 수업사례에 등장하고 있는 각 인물의 느낌, 동기, 목적, 기대 등을 자세하게 서술하고 대화는 직접 화법으로 기록하는 것이 좋다.
- 수업사례에 등장하고 있는 교사가 사건을 보는 관점, 느낌, 반응, 의사결정의 기준, 선택의 결과가 미치는 영향 및 이에 대한 지각 등을 포함시켜 논의의 수준을 높일 수 있다.
- 수업사례를 활용할 수 있는 방안이나 토론의 기초가 될 수 있는 질문을 포함시킬 수 있다.

(3) 수업사례 토론하기

❶ 기본적인 배경 분석하기

사건이 발생한 시간, 장소, 관련된 인물의 수와 특성 등

❷ 수업사례에 포함된 문제 찾아내기

가장 핵심이 되는 이슈, 교수 - 학습이 일어나고 있는 교실의 상황, 교수활동의 목표, 집단 구성, 유아들의 특성 등

❸ 수업사례에 포함된 모든 사람들의 관점에서 생각해 보기

❹ 수업사례에 제시된 상황에 전문적인 지식 적용시켜 보기

❺ 교사의 입장에서 문제를 해결해 보기

수업사례에 나타난 상황을 보는 교사의 관점, 교사가 취한 행동과 결과, 교사가 고려하지 못한 요인 등에 대해 생각해 본다.

❻ 사례를 읽는 사람의 관점에서 새로운 대안을 찾아 분석하기

각각의 대안을 충분히 평가해 보고 평가한 대안 중에서 가장 적절한 방법 찾은 후, 결정 내린 사항을 반성적으로 평가해 본다.

(4) 수업사례 활용의 예

❶ 배경

임승욱이라는 남자아이를 처음 본 것은 내가 교사 경력 4년째 되던 해이다. 승욱이는 4세 때 처음으로 내가 있던 유치원에 들어왔는데, 친구와 심지어는 선생님까지도 사정없이 때리는 것으로 유명해졌다. 내가 있었던 유치원은 스포츠센터와 연결되어 있으며, 승욱이의 집은 경제적으로 부유한 편이었다. 안 해 본 고생이 없다는 호랑이 같으신 승욱이의 할머니께서는 집안의 기둥이시며 경제권을 가지고 있기 때문에 승욱이의 어머니는 거의 할머니에게 아무 말도 할 수 없는 입장이다. 승욱이는 위로 딸만 둘이 있는 집의 막내아들이라 할머니가 매

우 애지중지하신다.

❷ 이야기 전개

승욱이를 처음 보았던 해가 지나고, 그 다음 해 1월에 나는 결혼을 했다. 결혼 후 바뀐 환경 때문인지 유치원 생활과 결혼 생활을 병행하기가 약간은 힘이 들었었다. 유치원에서는 4세 반에서 5세 반을 맡게 되었는데, 내가 맡게 된 별님반 원서를 펴든 순간 승욱이의 이름이 눈에 띄었다. 항상 뒤꼬리 머리를 내려뜨리고 있는 승욱이 사진, 그 사진을 본 순간 나는 작년의 승욱이 모습이 떠오르며 '앞으로의 1년이 힘들겠구나'라는 생각이 들었다.

3월 초 승욱이는 별문제를 일으키지 않고 유치원 생활을 잘하였다. 그러나 얼마 지나지 않아 승욱이 주변에서 크고 작은 일들이 항상 발생하기 시작하였다. 이야기 나누기 시간에는 삐딱하게 앉아서 일부러 옆의 친구에게 말을 시켰고, 친구를 밀고 때리기가 예사였다. 나는 승욱이가 왜 그런 행동을 하는지를 알고자 우선 승욱이의 이야기를 들어 보았으며, 그 후 승욱이에게 좀 더 나은 해결 방법이 있음을 알려 주거나 타이르기도 하였다. 그 이외에도 동화를 통해 승욱이가 하는 행동에 대해 간접적으로 제시한 후 여러 유아들과 함께 이야기를 나누거나, 귀가 바로 전 하루를 평가하는 시간을 통해 승욱이의 행동에 대해 여러 유아들과 이야기를 나누어 보기도 하였다. 때론 승욱이를 칭찬하거나 무시하기도 하였으며, 자주 문제가 발생하는 영역에 가지 못하도록 하거나, 조금 서 있도록 하기도 했지만 승욱이는 나아지지 않았다. 승욱이는 정말 나에게 숙제와도 같은 존재였다. '어쩌면 그렇게 자기중심적일까?', '아무리 얘기해도 왜 느끼지 못하는 걸까?'라는 생각이 참 많이 들었다. 여러 가지 방법으로 지도해 보았지만 그다지 나아지지 않았기 때문에 승욱이 어머니에게 전화로 도움을 요청하여 보았지만 별 효과가 없었다.

하루는 간식을 먹고 정리를 도와주고 있는데 조작 영역에서 우는 소리가 들려서 가서 보니 한 아이가 코피를 흘리고 있었다. 승욱이가 친구를 발로 찬 것이다. 나는 마음속에서 뭔가 부글부글 끓어오르는 것을 참으며 일단 코피 나는 아이를 닦아 주었다. 그 후 '더는 참을 수 없다'는 생각이 들면서 승욱이를 큰 소리로 야단쳤다. 그동안 너무 속상했던 것이 폭발한 것이다. 그리고는 문 쪽으로 가서 서 있으라고 하였다. 승욱이는 눈동자를 하얗게 만들어 눈을 흘기고 야단맞는 것이 분하다는 표정을 짓고 있었다.

그런데 사건은 그 이후에 일어났다. 승욱이가 야단맞는 것을 안 할머니가 유치원에 전화를 걸어 전화를 받았던 교사와 원장 선생님께 평생 들어보지도 못한 욕지거리를 한 것이다. 그리고는 기획실 이사님께 전화해서 스포츠센터의 회원을 탈퇴하겠다고 협박하였다. 이 사건으로 온 회사(스포츠센터)는 야단법석이 되었다. 다음 날 할머니는 유치원으로 달려와서 승욱이 담임을 가만 안 놔두겠다고 원장 선생님을 협박하였다. 그날은 그렇게 지났고 다음 날이 되었는데 승욱이는 오지 않았다. 그러자 원장님이 "전화를 한번 해 보는 게 좋을 것 같은데…"라고 하셨고, 나 또한 할머니를 생각하면 그러고 싶지 않았지만, 교사로서 책임감을 느끼고 승욱이네 집에 전화를 걸었다. 나는 앞으로는 절대 그런 일이 없을 것이라고 사과하고 할머니를 진정시켜야 했다. 승욱이 일은 교사 생활 중 가장 힘든 사건이었고, 나를 항상 움츠러들게 하는 기억이다. 지금도 가끔 '승욱이는 초등학교에서 어떻게 지낼까?'라는 생각이 든다.

❸ 수업사례 토론

• 기본적인 배경 분석하기
  - 승욱이에 대한 특성을 할머니도 알고 있는지?
  - 승욱이 엄마는 승욱이의 행동을 수정하기 위해 어떤 노력을 하는지?

• 사례에 포함된 문제 찾아내기
  - 승욱이의 지도에 대한 교사와 승욱이 가족의 연계 및 협조가 잘 이루어지지 않는 것에 대한 해결 방법은 무엇인가?

- 승욱이 엄마와 할머니의 양육 태도에 대해 교사가 할 수 있는 상담 및 지도 방법은 무엇인가?
- 거칠고 막무가내인, 공격적인 유아의 행동은 어떻게 지도해야 하는가?
- 승욱이의 행동에 대한 지도 방법으로 문 앞에 세워 두는 것이 적절한 방법이었는가?
- 교사의 권위를 인정해 주지 않는 학부모를 어떻게 대해야 하는가?

• 사례에 포함된 사람들의 관점에서 생각해내기

- 승욱 : 모든 사람이 나를 떠받들고 위해 주는데, 특히나 할머니는 더욱 그런 편이다. 얼마 전에 선생님이 나에게 갑자기 화를 벌컥 내는 건 좀 이상하고 받아들이기 어려웠다. 나는 평소의 행동대로 했는데, 한 번도 감정적으로 대하지 않았던 선생님이 갑자기 화를 내는 모습에 정말 놀랐고, 동시에 분한 마음도 들었다.
- 교사
  - 1년간 승욱이로 인해 4세 반 선생님이 힘들어하는 모습만 보다가 막상 우리 반에 그 아이가 들어오니 난감하고 앞이 캄캄했다.
  - 승욱이가 다른 유아를 때리는 것으로 인해 다른 부모님들이 불만을 말씀하셨을 때 매우 난처했다. 한 유아로 인해 다른 유아가 피해를 본다는 소리는 곧 교사가 능력이 없어서 유아 하나도 제대로 다루지 못한다는 소리로 들릴 수도 있기 때문이다. 자책감이 들기도 하였다.
  - 다른 유아를 때려서 코피가 흐르게 하고 교사가 야단쳤을 때 눈을 흘기더니 나가버렸을 때는 당돌하고 어이가 없었다.
  - 유치원으로 상스럽게 욕을 하는 전화가 왔을 때 유치원 교사가 된 일이 후회스럽기도 하였다. 다른 교육기관과는 달리 유독 유치원 교사의 사회적 지위가 낮음을 다시 한 번 느꼈고 속이 많이 상했다.
  - 스포츠센터 부장의 전화를 받고 교사로서의 자존심 때문에 갈등을 했다.

- 승욱이 엄마
  - 할머니 때문에 승욱이가 점점 제멋대로 되는 것 같다. 승욱이의 문제 행동은 할머니가 아무 때나 잘 받아 주는 것에 원인이 있는 것 같다.
- 승욱이 할머니
  - 승욱이가 잘못하는 것은 교사가 잘 가르치지 못하기 때문이다.
  - 이렇게 유치원에 전화를 걸어 협박이라도 하지 않는다면 또다시 우리 귀한 손자를 그 교사가 다시 별일도 아닌 일에 야단을 칠 것이므로 이번에 눈물이 쏙 나오도록 수선을 한 번 피워야겠다.

• 교사의 입장에서 문제 해결해 보기

- 다른 유아를 코피가 나도록 만든 승욱이에게 화가 난 것은 당연하다. 왜냐하면 이는 안전과 관련된 문제로써 다른 유아에게 피해를 주기 때문이다. 또한 교사는 언제나 논리적이며, 분별력 있고, 이성적이어야 하지만 교사도 신체적 · 정신적 피로에 지친 상태이므로 화를 낼 수밖에 없었을 것이다. 대부분의 막무가내 유아들은 타이르고 무시하고 칭찬하는 미온적인 태도보다 교사의 감정 노출에 의해 태도가 바뀌기도 한다.
- 스포츠센터에서 교사에게 계속 무리한 요구를 했을 때 원장님이 어느 정도 교사를 방어하는 역할을 했어야 한다.

• 새로운 대안을 찾아보기

- 우선 승욱이의 행동에 대해 자세히 관찰한 후, 관찰한 자료를 바탕으로 문제 행동의 원인을 파악하고, 학부모와 상담을 한다. 승욱이의 경우에는 할머니께는 교사가 직접 자세한 이야기를 해 드리고 협조를 부탁드린다.
- 원장 선생님께 도움을 요청하고, 함께 해결하도록 노력해 본다.
- 승욱이를 지도했던 그동안의 방법을 검토해 보고, 지도 방법의 효율성을 점검해 본다.

토의문제

1. 유아교사가 되기 위해서는 많은 지식을 가지고 있어야 한다. 유아교사에게 필요한 지식 가운데 가장 중요한 것은 무엇이며 그 이유는 무엇인지 이야기해 보자.
2. 대학 교육과정 가운데 교양 영역과 관련하여 가장 도움이 되는 것과 부족한 부분은 무엇인지 이야기해 보자.
3. 대학 교육과정 가운데 교직 영역과 관련하여 가장 도움이 되는 것과 부족한 부분은 무엇인지 이야기해 보자.
4. 대학 교육과정 가운데 전공 영역과 관련하여 가장 도움이 되는 것과 부족한 부분은 무엇인지 이야기해 보자.

Chapter 05

유아교사직 경험해 보기

학습목표

- 교육실습의 개념을 이해한다.
- 교육실습의 과정 및 내용을 이해하고 예비교사로서 갖추어야 하는 태도를 안다.
- 실습생의 발달 단계를 이해한다.
- 성공적인 교육실습을 위해 필요한 요소를 안다.

학습내용

- 실습의 개념 및 의의
- 실습을 위한 준비와 태도
- 실습의 과정 및 내용
- 성공적인 실습

핵심용어

- 교육실습
- 정규실습
- 관찰실습
- 부분수업
- 사전실습
- 사후실습
- 참여실습

CHAPTER

Early Childhood Teacher Education

05 유아교사직 경험해 보기

01 실습의 개념 및 의의

1) 실습의 개념

실습은 대학에서 배운 교양, 교직, 교과 등에 관련된 지식을 통합하여 교육 현장에 직접 적용해 보는 기회를 제공하는 과목으로, 유치원 교사나 보육교사 자격증을 취득하기 위해 필수로 이수해야 하는 과목이다. 유치원 교사 자격증 취득을 위해서는 4학점의 교육실습 과목을 필수로 이수해야 하고, 보육교사 자격증 취득을 위해서는 2학점의 보육실습을 필수로 이수해야 한다. 실습은 대학에서 강의를 듣는 것이 아니라 유아교육 현장에서 교사의 역할을 실제로 수행하는 교과이다. 실습이 대학이 아닌 유아교육기관에서 이루어지고 성적 산출에 있어서도 지도교사의 영향이 크기 때문에 많은 실습생들이 실습은 대학과는 아무런 상관이 없는 활동이라고 생각하는 경향이 있다. 그러나 실습은 교사 자격증이 수여되기 전에 최종적으로 이수하여야 할 필수 과목이다.

실습을 통해 예비교사들은 유아교육 전반에 관한 이해도를 높이고 교사에게 필요한 기술을 습득한다. 또한 교사에게 필요한 태도를 길러 성공적인 교사의 역할을 수행할 수 있는 바탕을 마련한다. 이러한 실습은 다음과 같은 의의를 가지고 있다.

2) 실습의 의의

(1) 실천적 지식의 기초 제공

유능한 교사에 대한 정의는 시대와 관점에 따라서 다르지만 많은 학자들이 교실에서 직면하게 되는 문제 상황을 최선의 방향으로 해결할 수 있는 실천적 지식을 가진 교사로 정의한다. 실천적 지식이란 제삼자에게서 배울 수 있는 것이 아니라 교사가 현장에서 문제를 해결하거나 결정을 내려야 하는 경우 그 상황에 맞도록 교사 스스로가 창조한 전문가적인 지혜를 의미한다. 실천적 지식은 강의나 교과서 등을 통하여 얻은 지식만으로는 형성할 수 없으며 반드시 현장의 경험이 필요하다. 가르치는 일은 교사 혼자만의 행동이 아니라 교실이라는 현장에서 교사와 유아가 동시에 존재해야만 가능하기 때문이다. 따라서 실제 현장에서 직접 학생들을 가르치게 되는 실습은 예비교사들에게 나름대로의 실천적 지식을 형성하고 시험해 보는 중요한 기회를 제공해 준다.

(2) 전문적인 지식의 심화

교육 목표를 설정하고 목표 달성을 위한 내용을 선정하고 조직하기 위해서는 많은 지식이 필요하며 특히 변화하고 생동하는 교실 상황에서 여러 가지 내용을 지도할 수 있는 방법적인 기술이 필요하다. 실습은 대학 강의에서 습득한 지식을 적용하고 검증하여 심화시키는 구실을 할 뿐만 아니라 교육 현장에 필요한 기술을 함양시킨다. 이는 교육의 목적을 정확히 이해하고 유아의 발달 단계에 맞는 교육 내용을 선택하고 조직하며, 행동의 변화를 적극적으로 돕는 능력을 가지고 있어야 한다는 것을 의미한다. 실습생들은 실습 기간 동안 교사에게 필요한 새로운 교수 원리나 교수 방법, 또는 교사로서 갖추어야 하는 태도, 대인 관계의 기술, 생활 지도 등을 직접 경험하고 이에 필요한 전문적 지식을 습득한다.

(3) 의사결정의 기회 제공

가르친다는 일은 단 하나만의 정답이 있는 것도 아니고 상황에 따라 언제나 적용할 수 있는 원리가 정해져 있는 것도 아니다. 가르친다는 것은 오히려 늘 불확실하고 많은 대안 가운데서 하나의 최선책을 선정하는 과정이다. 따라서 가르친다는 것은 끊임없는 의사결정의 과정을 요구한다. 실습은 가르치는 과정에서 생길 수 있는 많은 의사결정의 과정을 연습해 볼 수 있는 기회를 제공한다.

(4) 지식과 기술 통합의 기회 제공

교사가 되려는 사람들은 대학에서 학습자에 대한 지식, 교육 원리에 대한 지식, 교과목에 대한 지식, 교수-학습 방법에 대한 지식, 학급 운영에 대한 지식 등을 각각 분리하여 단편적으로 학습한다. 그러나 가르치는 일은 이 모든 것에 대한 지식이 총체적으로 통합되어 일어나는 활동이다. 특히 유아교육은 모든 것이 통합적으로 이루어지는 특징을 가지고 있다. 실습은 유아교사에게 필요한 지식을 통합적으로 제공한다.

(5) 이론과 실제를 연결하는 기회 제공

교사가 되려는 사람들은 대학에서 교육과 관련된 여러 분야의 이론을 강의를 통하여 습득한다. 실습은 이렇게 습득한 이론적 지식을 교육 실제에 적용하여 보고 이론과 실제의 차이점을 발견하는 데 기여한다. 실습은 이론으로 학습한 교육 현상을 직접 관찰하고 체험하는 경험을 제공한다. 이론과 실제의 괴리는 이론상의 오류보다는 이론을 도출해 낸 상황과 이를 적용하게 되는 교육 현장의 제반 조건이 다르기 때문에 생겨나는 경우가 많다. 유능한 교사는 대학에서 배운 이론을 교실 상황의 변화에 따라 분석하고 재구성하는 능력이 있어야 한다. 실습은 이러한 능력을 기르는 기초 단계이다.

(6) 교사의 정체성 확인

예비교사들은 대학에 들어오기 전부터 교직을 희망하는 경우도 있고 그렇지 않은 경우도 있다. 교직에 대한 적성이 있다고 생각한 사람이 실습을 하면서 교사로서의 적성이나 자질이 없음을 발견하는 경우도 있고, 또는 그 반대로 교직에 대한 관심이 별로 없다가 실습을 통하여 교직이 자신의 길임을 발견하게 되는 경우도 있다. 특히 어린이집에서의 경험은 교사의 역할에 대한 재인식을 하는 계기로 작용한다. 영아보육이나 장시간의 보육을 하는 경우 안전과 청결, 식사 지도, 낮잠 지도와 같이 기본 생활 지도 부분에 많은 시간을 보내게 된다. 가르치는 교사만 생각하던 실습생의 경우 이러한 경험을 통해 교사의 역할에 갈등과 혼돈이 생기기도 한다.

가장 바람직한 경우로는 실습을 통하여 평소에 가지고 있던 교직에 대한 매력이 더욱 강화될 수도 있다. 이처럼 실습은 이론으로만 알고 막연하게 생각했던 교사의 역할을 직접 경험해 봄으로써 자신의 적성을 확인 혹은 재발견하는 기회를 제공해 주는 기간이다.

> 전 처음엔 보육교사가 될 생각은 없었어요. 워낙 편견도 있었고, 그쪽에 재주도 없고, 가족복지과에 보육과목이 포함된다는 것도 몰랐어요. 그런데 이번 실습을 통해 제가 아이들을 좋아한다는 것을 깨달았어요. 한 아이와 같이 시간을 보내고 그 아이에게 가르쳐 주고, 일이 있으면 잘못을 지적도 해 주고, 사랑을 준다는 것이, 그러면서 그 아이가 커가는 모습을 지켜볼 수 있다는 것이 굉장한 일인 것 같아요. … 아무튼 전엔 생각조차 하지 않았다가 실습 후엔 그래도 가능성은 많이 발견하게 되었어요.
>
> 남명자(2008), p.19.

(7) 교육관과 사명감 확인

실습은 각 실습생들이 가지고 있는 교사로서의 모든 능력과 지식, 그리고 태도를 여러 사람 앞에서 보여주는 과정이다. 이 과정에서 예비교사들의 교수 능력뿐만 아니라 교직관도 드러나게 된다. 실습생들은 교사로서의 올바른 교육관과 사명감을 확인하는 기회를 갖게 되는 것이다. 실습생들은 또한 대학의 강의 시간이나 책을 통하여 배운 교육 이론을 교육 현장에 적용해 보는 것에서 그치는 것이 아니라 그 과정에서 여러 가지 문제점을 발견하기도 한다. 실습을 통해 교사로서의 사명감을 확인한 예비교사들은 이러한 문제점을 시정할 수 있는 새로운 교육 이론을 탐구하는 계기를 가지게 된다.

(8) 행정적 역할 경험

예비교사들은 학급을 직접 경영하여 봄으로써 올바른 학급 경영의 방법을 체득하고 학급 지도자로서의 자질을 갖추는 기회를 가지게 된다. 뿐만 아니라 유아들의 생활 지도, 부모교육, 연구활동 및 기타 교사들과 관계있는 활동을 통하여 가르치는 일 이외에 교사에게 요구되는 역할에 대하여 실습을 하게 된다.

02 실습을 위한 준비와 태도

1) 실습을 위한 준비

실습은 대학, 실습생, 그리고 실습 기관의 3자가 참여하는 과정이며 실습의 각 과정에서 다음과 같은 역할을 수행한다.

(1) 대학

대학에서는 실습을 위한 준비로 실습 시기를 결정하고 실습 기관을 선정한다. 대학에서 실습의 준비 과정 중 가장 신경을 많이 쓰는 것은 실습 기관의 선정이다. 실습이 교사 교육 과정에서 차지하는 비중을 고려해 볼 때 실습 기관과 실습 지도교사의 선정은 매우 중요하다. 실습 기관으로의 배정이 끝나면 대학에서는 정식으로 실습 기관에 공문을 발송하고 실습을 위한 사전 교육을 실시하여 실습생들을 실습에 대비시킨다.

(2) 실습 기관

실습 기관은 해당 대학에 실습을 요청하는 공문을 보내고 실습생 배정을 확인한 뒤 실습생을 위한 사전 교육을 실시한다. 실습생을 위한 사전 교육의 내용은 실습 기관마다 차이가 있으며, 일반적으로 기관에 대한 소개, 교사 소개, 교육과정의 특징, 실습이 진행되는 과정, 기관에서 실습생에게 기대하는 내용, 실습생이 지켜야 하는 수칙 등이 중심이 된다.

(3) 실습생

실습 기관이 정해지고 나면 실습지를 사전에 방문하여 실습생으로서의 기본자세를 점검하고 실습생의 근무 지침을 미리 숙지한다. 자신이 담당하게 될 유아들에 관한 정보를 사전에 숙지하는 것도 필요하다.

❶ 실습 기관 사전 방문하기

누구든지 새로운 사람과 관계를 맺으려면 첫인상이 가장 중요하다. 실습지가 결정되면 대개 인사를 가게 되는데 미리 기관에 연락을 하여도 막상 교무실 문을 열고 들어가 인사하기가 쉬운 것은 아니다. 특히 교사들이 바쁘게 일하는 모습을 보면 인사를 건네기가 민망하다. 다음의 활동을 통하여 효과적으로 자신을 소개할 수 있는 방법을 생각해 보도록 하자.

활동 기관 방문 역할극

1 다음 상황을 상상해 보자.
- 실습생이 실습 기관에 갔다. 교무실에 들어가려고 문을 여니 교사들이 바쁘게 일하고 있다.

2 다음의 순서에 따라 역할놀이를 해 보자.
- 상황 인식
- 배역 선정(한 사람은 실습생, 다른 한 사람은 지도교사)
- 역할 실시(인사하기)
- 배역을 서로 바꾸어 역할극 실시

역할놀이 후 역할을 맡은 사람들의 느낌을 토론해 보고, 효과적인 인사 방법에 대해서 논의해 본다.

❷ 자기 소개서 준비하기

실습생의 배경을 지도교사가 알 수 있도록 자기 소개서를 가지고 가는 것도 적절한 사전 준비 과정의 하나이다.

활동 실습생 자기 소개서의 예

실습생 배경			
이 름		생년월일	
소속 대학			
주 소			
가족 사항			
전화번호			
이 메 일			
어린이들과의 경험			
대학에서 실습 관련 경험			

실습 기관에서 배우고 싶은 것	
관심 분야	
특기, 취미	
장래 희망	

출처: Machado & Meyer-Botnarescue(2001).

❸ 교사로서의 용모 점검해 보기

일반적으로 특정한 일을 하는 사람에게는 직업에 적절한 말과 태도 그리고 복장을 기대한다. 특히 유아교사는 하루 종일 몸을 움직이며 지내야 하기 때문에 단정하면서도 편안한 복장이 필요하다. 일반적으로 실습을 나가는 학생들은 교사보다는 학생의 역할에 익숙해져 있기 때문에 자신의 복장에 크게 신경을 쓰지 않을 수도 있다. 그러나 실습생은 학생의 역할보다는 교사의 역할을 수행한다고 보아야 하기 때문에 그에 적절한 용모를 갖추는 것이 필요하다. 다음의 체크리스트를 활용하여 본인의 용모를 확인하고 문제점이 무엇인지 동료들과 토의해 보자.

활동 실습생의 용모

다음의 예를 보고 실습 교사의 용모가 유아들을 교육하는 데 어떤 영향을 미치는가에 대해 생각하고 동료들과 토의해 보자.

이렇게 하면…	이런 영향을 미칠 것 같아요
긴 머리를 묶지 않고 활동을 하면…	
앞머리를 길게 하면…	
향수를 지나치게 사용하면…	
손톱을 기르면…	

윗면으로 많이 돌출된 반지를 끼면…	
몸에 딱 붙는 옷을 입으면…	
너무 짧은 반바지나 스커트를 입으면…	
지나치게 노출이 심한 스커트를 입으면…	
속옷을 잘 갖추어 입지 않으면…	
뾰족하고 높은 굽의 신을 신으면…	

출처: 교육인적자원부(2001). 유치원 교사 교육 프로그램.

활동 용모에 대한 체크리스트

1 다음 각 문항에서 자신의 평소 모습과 가장 가까운 곳에 표시하시오.
① 그렇게 하지 않는다. ② 보통 그렇게 한다. ③ 항상 그렇게 한다.

내 용		①	②	③
머 리	머리를 자주 빗어 단정하게 한다.			
	너무 요란한 파마를 하지 않는다.			
	원색적인 염색이나 여러 가지 색의 염색은 피한다.			
	앞머리를 길게 하여 눈을 가리지 않도록 한다.			
얼 굴	입 냄새가 나지 않게 주의한다.			
	가능한 자연색을 선택하여 엷은 화장을 한다.			
	진한 향이 나는 화장품이나 향수는 사용하지 않는다.			
손 · 팔	손톱을 짧고 깨끗하게 관리한다.			
	원색의 매니큐어를 바르지 않는다.			
	손이나 팔에 너무 많은 장신구를 부착하지 않는다.			
몸	몸에서 나쁜 냄새가 나지 않도록 한다.			
	사치스러운 장신구를 부착하지 않는다.			
	가슴이 많이 파인 옷은 피한다.			
	무릎 위로 올라가는 짧은 치마는 피한다.			
	단정하고 깨끗한 옷을 입는다.			

내 용		①	②	③
몸	속이 훤히 비치는 옷은 피한다.			
	속옷을 잘 갖추어 입는다.			
	계절, 목적, 장소에 적절한 옷을 입는다.			
팔 · 다리	발톱을 짧고 깨끗하게 관리한다.			
	맨발로 다니지 않도록 한다.			
	스타킹은 커피색과 살색을 기본으로 한다.			
	반스타킹을 신었을 때 맨살이 보이지 않도록 주의한다.			
	굽이 너무 높고 뾰족한 신발을 신지 않는다.			
	구두는 자주 닦아 청결을 유지한다.			

출처: 교육인적자원부(2001). 유치원 교사 교육 프로그램.

2) 실습생 유의사항

실습생들은 실습 기관의 교직원에게는 배우는 자로서의 예의를 지키고 유아들에게는 가르치는 자로서의 책임을 다하면서 특히 다음의 사항에 유의해야 한다.

- 출 · 퇴근 시간을 지키며 가능한 한 교사보다 먼저 출근하고 나중에 퇴근한다는 자세를 가진다.
- 출근을 하면 실습생 출근부에 날인을 한다.
- 모든 회의와 활동에 시간을 엄수한다.
- 무단결석, 지각, 조퇴, 혹은 근무시간 중의 외출을 삼간다. 부득이한 사정이 있을 때는 사전에 승인을 받는다.
- 실습 기간 중에는 실습 기관의 지시 사항에 따른다.
- 실습 기간 중에 문제가 생기면 실습 기관과 대학에 즉시 알리고 조치를 취한다.

- 실습 기관의 운영 방침을 이해하고 적극적으로 협력하는 태도를 가지며 규칙을 엄수한다.
- 각 기관의 교직원 대상 내부규정이나 근무규정을 확인하여 준수한다.
- 아무리 작은 일이라도 자기가 맡은 일에 충실히 한다.
- 기관이 요청하는 업무는 긍정적으로 수용하고 최선을 다해 실행한다.
- 실습 기관의 공적인 서류나 장부를 참고할 때는 지도교사의 사전 승인을 얻으며, 참고 후에는 바로 반환하고 외부로 가지고 나오지 않도록 한다.
- 시설물이나 자료를 아껴 쓰고 반드시 제자리에 정돈해 놓는다.
- 복장은 정장을 원칙으로 하며 짙은 화장이나 염색, 매니큐어, 가발, 요란한 액세서리, 미니스커트나 지나치게 유행을 따르는 복장 등은 삼간다.
- 실습생 상호 간에도 반드시 예의를 지켜 존칭어를 사용하며 대학에서 생활하는 것과 같은 말투나 행동을 삼간다.
- 실습을 하면서 알게 된 유아들의 특성, 가정 배경, 교사나 학부모의 일신상의 문제, 기타 기관의 문제를 외부에 나와 이야기하지 않는다.
- 원장 선생님이나 지도교사에게 자신의 의견을 피력하고자 할 때는 때와 장소를 고려하고 의사소통의 절차와 계통을 지킨다.
- 실습 기관의 교직원 누구에게나 예절을 갖추도록 한다.
- 휴식 및 수업 참관이 없는 시간에는 교재 연구에 임한다.
- 실습 일지를 성의 있게 기록한다.
- 유아나 실습기관의 환경을 동의 없이 촬영하거나 SNS에 올리지 않는다.

03 실습의 과정 및 내용

1) 실습의 과정

실습은 보통 사전실습, 정규실습(본실습), 그리고 사후실습의 3단계로 진행된다.

(1) 사전실습

사전실습은 정규실습 이전에 1회 또는 여러 차례에 걸쳐 단기간이나 일시적으로 현장 경험을 하게 되는 실습 과정을 의미한다. 사전실습 기간 동안 실습생들은 유아교육기관의 하루 일과 관찰, 보조교사의 역할 수행, 주교사의 교수 활동에 필요한 교재 제작, 영 · 유아가 활동할 교구 제작, 유아교육기관의 환경 구성, 자유 놀이 시간의 놀이 지도, 소집단 활동의 진행 등의 다양한 활동을 경험한다. 이 과정을 통하여 실습생들은 자신이 실습하게 될 유아교육기관의 분위기나 교육 현장의 하루 일과, 영 · 유아의 발달 상태 등을 대략적으로 경험하고 이해하게 된다.

(2) 정규실습

정규실습은 교사 자격 획득을 위해 '교육실습'이라는 교과목을 통해 4주 동안 지속된다. 이 기간 동안 실습생들은 지도교수와 지도교사의 지도 아래 유아교육 현장에서 교사로서의 직무 수행을 전체적으로 경험한다. 정규실습 기간 동안 실습생들은 교사로서의 역할을 모두 수행해 볼 수 있도록 관찰에서부터 참가, 그리고 실제 지도에 이르기까지 교사로서의 경험을 점진적으로 증가시켜 마지막에는 혼자의 힘으로 교사의 모든 임무를 수행해 보는 기회까지 가지게 된다. 사전실습을 통해 유아교육에 대한 전반적인 개요를 파악한다면 정규실습을 통해서는 교사의 세부적인 책임까지 경험하게 된다.

(3) 사후실습

사후실습은 정규실습 이후에 갖게 되는 현장 경험을 의미한다. 정기적으로 현장에 나가 보조교사의 역할을 수행하거나 부분적으로 수업을 진행해 보면서 정규실습 과정을 심화시키거나 내용을 추가하는 보완적인 성격을 갖는다.

2) 실습의 내용

실습 기간 동안 실습생들은 가르치는 일과 관련된 역할도 경험을 하지만 가르치는 일 이외에 교사로서 담당해야 할 여러 가지의 업무를 처리하는 역할도 경험하게 된다. 이를 좀 더 구체적으로 살펴보면 다음과 같다.

(1) 관찰실습

관찰실습은 실습 기관의 인적, 물리적 환경에 대한 실태와 구조 파악, 유아교육기관에서 추구하는 철학 및 영·유아의 이해 등을 위해 참관만을 하는 과정이다. 이 과정에서 실습생들은 수업을 직접 하지는 않으나 교사로서의 역할에 필요한 기초 지식을 습득하고 유아교육 현장의 전반적인 특징을 이해하게 된다. 관찰의 대상 및 내용은 다음과 같다.

❶ 유아

- 유아의 발달 및 행동적 특징
- 학습 태도 및 능력
- 유아들 사이의 상호작용의 양과 질

❷ 교사의 역할

- 수업 계획
- 교수 활동의 수행
- 학급 운영
- 영·유아의 관찰 및 평가
- 영·유아와의 상호작용 방법 및 내용
- 간식 및 급식의 운영
- 기본 생활 습관 지도
- 교재·교구 및 자료 준비와 관리
- 비품 관리

❸ 물리적 환경

- 환경 구성
- 교재·교구의 활용 방법

(2) 참여실습

참여실습은 실습생이 실제로 수업 활동을 계획하고 수행해 보는 과정을 의미하는데, 실습생이 스스로 계획하고 수행하는 정도에 따라 부분수업, 연결수업, 종일수업으로 진행된다. 부분수업은 하루 일과 중 한 가지 활동만을 실습생이 스스로 계획하고 준비해서 수행해 보는 과정이다. 연결수업은 교사가 계획한 하루 일과 중 계속해서 진행되는 두 가지의 활동을 실습생이 준비하여 수행해 보는 과정이다. 연결수업을 통해 활동과 활동 사이를 매끄럽게 이어 주는 전이 활동을 경험할 수 있다. 종일수업은 하루 일과의 시작부터 끝까지를 실습생이 모두 책임지고 계획하고, 준비하고, 수행해 보는 과정이다.

실습 지도교사가 실습생을 위한 참여수업을 계획할 때는 다음과 같은 사항을 고려하는 것이 필요하다. 첫째, 유아들이 집중하기 쉽고 비교적 진행 시간이 짧은 동화와 같이 실습생이 지도하기 용이하다고 판단되는 활동부터 지도하게 한다. 둘째, 실습생이 모든 집단 활동(계획하기, 노래, 율동, 동화, 동극, 동시, 게임, 이야기 나누기, 작업, 실험, 귀가 지도 등)을 적어도 1~2번씩 할 수 있도록 한다. 셋째, 실습생이 지도하기에 비교적 부담이 적은 활동(예: 동화)과 부담이 큰 활동(예: 창작 율동)을 하루씩 번갈아 계획하여 실습생의 부담을 줄여 준다. 넷째, 하루 일과를 계획하는 원칙(예: 동적인 활동과 정적인 활동의 안배)을 지키도록 한다.

실제 수업은 계획과 실행, 그리고 평가의 과정으로 이루어지며, 각 단계에서 실습생들이 경험하는 주요 실습 내용은 다음과 같다.

❶ 교육계획안 작성

수업을 위한 가장 첫 번째 단계는 수업의 계획을 수립하고 이를 위한 수업 계획안을 작성하는 것이다. 수업의 계획 단계에서 고려되어야 할 주요 사항은 다음과 같다.

- 주제와 관련된 교육과정 분석
- 교재 연구
- 유아들의 선행 학습 수준 파악
- 실습 기관의 시설 및 교구 확보 상태 파악

교사의 수업은 교육계획안의 작성을 통해 구체화된다. 교육계획안은 반드시 통일된 양식을 따라야 하는 것은 아니지만 보다 짜임새 있는 수업을 위한 기본 설계도로서 학습 목표, 내용, 진행 과정, 준비물, 유의사항, 그리고 평가가 반영될 수 있도록 하여야 한다.

❷ 교수 매체의 준비 및 제작

교육계획안이 작성된 이후에는 필요한 교수 매체를 준비해야 한다. 교수 매체는 실습 기관에 이미 비치되어 있는 것을 선별하여 활용할 수도 있고 경우에 따라서는 실습생이 직접 제작하여 사용하기도 한다. 교수 매체의 준비 및 제작은 효과적인 수업의 운영을 위해 매우 중요한 과제가 되기 때문에 이 과정에서 실습생은 동료 교생이나 지도교사와의 협의를 통해 보다 효과적인 자료를 다양하게 준비할 필요가 있다. 일반적으로 실습을 하는 동안 실습생들은 상당한 양의 교재 및 교수 매체를 제작하게 되는데, 교재 제작에 지나치게 시간을 빼앗기다 보면 정작 매체의 활용을 위한 준비는 충분하게 되지 못하여 수업을 적절하게 진행하지 못하는 경우가 생긴다. 매체는 수업의 내용을 전달하기 위한 수단이어야지 그 자체가 목적이 되어서는 안 된다.

❸ 수업의 실행

수업은 기본적으로는 사전에 작성된 교육계획안에 따라 이루어지는 것이 바람직하겠지만, 실제 수업을 할 때는 사전에 예측하지 못한 여러 가지 상황이 발생할 수도 있다. 이때 당황하지 않기 위해서는 미리 대처할 수 있는 방안을 가지고 있는 것이 필요하다. 수업을 하기 전에 계획안에 예정된 모든 활동을 가상으로 리허설을 해 보는 것도 성공적인 수업을 하기 위한 방법의 하나가 될 수 있다.

❹ 수업 평가

수업을 하고 난 후에는 유아들의 이해 정도에 대한 평가가 이루어져야 한다. 유아교육기관에서의 수업이란 자유 놀이 시간의 놀이 지도, 소집단 활동, 대집단 활동을 모두 포함하며 유아들의 특성상 표준화된 검사보다는 관찰에 의한 평가를 하는 것이 적절하다. 일반적으로 유아교사들은 수업을 마치고 난 후 자신의 교수 - 학습 방법의 적절성에만 초점을 맞추어 평가하는 경향이 있으나 유아들을 관찰함으로써 계획했던 학습 목표가 달성되었는지의 여부를 평가하는 것은 매우 중요한 수업 과정의 하나이다. 수업을 평가할 때 일반적으로 고려되어야 할 기준은 다음과 같다.

- 도달해야 할 학습 목표를 성취하였는가?
- 유아들의 선행 학습 내용 및 다음 주제와의 연계가 고려되었는가?
- 유아들의 학습 동기를 유발하고 능동적인 참여를 유도하였는가?
- 교수 매체는 적절하게 사용되었는가?
- 질문은 적절하였는가?
- 유아의 능력, 개인차, 흥미의 정도가 잘 고려되었는가?
- 상황에 따라 수업의 과정을 융통성 있게 운영하였는가?
- 학습 목표의 달성 여부 확인을 위해 적절하게 평가하였는가?
- 유아 평가와 함께, 교사의 수업 활동에 대한 평가도 실시하였는가?

(3) 실무 실습

유아교사의 학급 경영은 초 · 중등학교와 그 형태는 다르지만 기본적으로 담임교사가 하는 역할과 크게 다르지 않다. 학급 경영은 그 영역이 넓고, 학급에서의 규칙 정하기와 같이 이미 학기 초에 실시되었거나, 학부모 개인 면담을 위한 자료 수집과 같이 장기적인 계획을 요구하는 경우가 있기 때문에 짧은 실습 기간 동안에 모든 영역을 경험하기는 어렵다. 따라서 실습생은 지도교사나 주임교사 등의 지도를 받아 필요하다고 판단되는 영역에 한해서만 제한적으로 실습할 수밖에 없다. 유아교육기관에서 학급 경영과 관련된 주요 실습 내용을 제시하면 다음과 같다.

- 매일의 출석부 정리 및 귀가 지도
- 환경 정리 및 청소
- 당번 지도(간식, 급식, 학급에서 키우는 동식물 관리 등)

- 준비물 점검
- 학급의 사무 처리
- 유아들과 관련된 제반 서류 및 평가 자료의 정리
- 유아의 가정환경 파악하기
- 학급의 물리적 환경 조성하기
- 관찰기록부 정리하여 보존하기
- 공문서 처리하기
- 교구 및 비품 관리
- 부모 상담
- 행사 진행

3) 실습 평가

실습 평가란 실습 활동을 종합적으로 평가하는 것으로써 실습의 전 기간을 통해 이루어지는 수시 평가와 실습 기간 종료 시에 이루어지는 최종 평가 및 실습 종료 후 대학에 돌아와서 실시되는 학과별 평가로 구분해 볼 수 있다.

(1) 수업 후의 평가

실습생이 수업을 마친 후 지도교사를 중심으로 같은 연령을 담당하고 있는 교사, 원감, 원장, 실습생 등이 함께 참석한 가운데 수업에 대한 평가와 지도를 받는다. 실습생들 지도를 받기 이전에 같은 평가 기준을 가지고 자기 평가를 하면 지도교사의 평가 관점과 비교를 해 볼 수도 있다.

(2) 종합 평가

실습이 끝날 무렵 실습 기관 주최로 실습 기관의 관계 교직원, 실습생 전원이 참석한 가운데 실습 전반에 대한 종합 평가를 받는다. 다음의 〈표 5-1〉은 종합 평가의 예이다.

표 5-1 실습생에 대한 종합 평가의 예

<table>
<tr><th>평정척도 체크 요령</th><th colspan="8">❶ 아주 나쁘다 ❷ 나쁘다 ❸ 보통이다 ❹ 좋다 ❺ 대단히 좋다</th></tr>
<tr><th rowspan="2">영 역</th><th rowspan="2">평 점 관 점</th><th colspan="5">평 정 치</th><th rowspan="2">소계</th><th rowspan="2">의견 및 비고</th></tr>
<tr><th>①</th><th>②</th><th>③</th><th>④</th><th>⑤</th></tr>
<tr><td>근무 태도</td><td>1. 출근하여야 할 날
2. 지각, 조퇴, 외출
3. 결 근
- 결근 1회 2점 감점
- 지각, 조퇴 외출 각 1회에 1점 감점</td><td colspan="5">(　　)일
(　　)일
(　　)일</td><td>/10%</td><td></td></tr>
<tr><td>일반 자질</td><td>1. 직무에 대한 책임감과 열의
• 직무에 대한 책임감이 강하며, 매사에 성실한가?
• 동료 교사와 유아로부터 신망을 받고 있는가?
• 교직 생활에 취미를 느끼고, 열성적으로 임하는가?</td><td></td><td></td><td></td><td></td><td></td><td></td><td></td></tr>
<tr><td rowspan="2">학습 지도 능력</td><td>1. 지도 계획
• 수업에 필요한 교재 연구는 잘 되어 있는가?
• 수업에 필요한 자료는 충분히 준비되었는가?
• 수업 계획안의 내용이 충실하고 조리 있게 기술되어 있는가?</td><td></td><td></td><td></td><td></td><td></td><td rowspan="2"></td><td></td></tr>
<tr><td>2. 지도 기술
• 자신감을 가지고 수업을 진행하는가?
• 유아의 심리 상태를 잘 파악하여, 교사-유아 상호 간의 협력적인 수업을 전개하는가?
• 수업에서 사용하는 언어는 유아들의 수준에 적절한가?
• 자료를 적절하게 제시하는가?
• 유아가 학습에 몰입할 수 있도록 적절히 동기를 부여하는가?</td><td></td><td></td><td></td><td></td><td></td><td></td></tr>
</table>

학습 지도 능력	3. 학습 평가 • 유아 평가 방법은 적절한가? • 유아 평가의 내용을 다음 수업에 반영하는가?						/50%	
연구 조사 활동	1. 연구 능력 • 제반 업무에 창의성을 발휘하는가? • 제반 사항을 면밀히 관찰하고 비판적으로 해석하는가?							
	2. 연구적 태도 • 교직에 대한 제반 사항을 자진하여 알려고 노력하는가? • 교육실습에 관한 제반 사항을 면밀히 기록하며 반성적인 검토를 하는가?							
	3. 교육 이론의 적용 • 교직에 대한 이론적인 기반이 갖추어져 있는가? • 알고 있는 이론을 적용하려고 노력하며, 교육 현장에서 경험하는 것에 대하여 이론적인 검토를 하고 있는가?						/15%	
학급 경영 및 사무 처리 능력	1. 학급 운영 • 학급의 환경을 창의적으로 구성하는가? • 학급 경영안의 작성 요령 및 경영 방침 등을 잘 습득하였는가?							
	2. 유아 관리 및 지도력 • 유아의 개성을 잘 파악하여 개성에 알맞은 지도를 하는가? • 생활지도를 잘하여 바람직한 학급 분위기를 조성하고 있는가?							
	3. 사무 처리 • 제반 지시 사항을 기한 내에 수행하는가? • 지도교사 및 기타 교직원에게 협조적인가?						/100%	
총계							/100%	

출처: 류진희(2000).

(3) 학과별 평가

실습을 마친 후, 대학에 돌아와서 학과별 좌담회 등의 교육실습 평가회를 갖는다. 평가는 일차적으로는 지도교사와 지도교수에 의해 이루어지지만, 이외에도 학생이나 동료 교생에 의한 평가 및 자기 자신에 의한 자체 평가를 실시할 수도 있다.

성공적인 실습 04

1) 실습생과 각 주체들과의 관계

(1) 실습생과 지도교사의 관계

실습생들은 실습 기간 동안 자신을 지도하는 지도교사 및 그 기관에 재직하고 있는 다른 교사들과도 직·간접적으로 관계를 맺게 된다. 이들의 역할과 실습생의 마음가짐을 구체적으로 살펴보면 다음과 같다. 실습 지도교사는 수업 내용과 방법을 직접적으로 지도하고 실제 수업의 범위와 시간을 정해 주는 사람이다. 지도교사는 실습생들이 실습 기간 동안 경험할 내용을 결정하고 교사로서 갖추어야 하는 교수 기술이나 능력, 태도, 대인 관계에 대한 시범을 보여준다. 지도교사는 이를 위하여 실습생들이 작성한 수업 계획안을 검토하여 필요한 제안을 해 주고, 실습생들이 수업을 진행할 때 적절한 도움을 주며, 실습이 진행되는 동안 실습생들의 행동이나 태도를 관찰하고 평가한다. 실습을 하는 동안 지도교사는 전혀 의도하지 않았지만 자연스럽게 배우게 되는 내용도 있고, 지도교사는 가르치려고 애를 썼지만 실습생이 전혀 배우지 못한 경우도 생긴다. 그러나 가장 바람직한 것은 지도교사와 실습생이 의도적으로 가르치고 배우는 관계이다. 이 관계가 자연스럽게 이루어지기 위해서는 실습의 과정에서 목표를 분명하게 세우고 의사소통이 원활하게 이루어지는 것이 가장 중요하다.

유아교육기관에서는 교사가 유아들의 모든 생활을 책임지게 된다. 실습생들은 지도교사와 달리 유아들의 생활을 전적으로 책임지는 것이 아니기 때문에 비교적 자유롭게 유아들을 대하게 된다. 그 결과 실습생이 온 후에 기존 학급의 질서가 무너지고 통솔이 되지 않는 경우가 종종 발생한다. 실습생들은 가능하면 매일의 일정을 미리 상의하고 지도교사의 학급 경영 방침을 최대한으로 존중하고 따르는 태도를 보이는 것이 중요하다. 특히 학급에서 문제가 발생하면 언제든지 지도교사를 찾아가 의논하고 해결책을 구하며 모든 일에 협조적으로 임하고 특히 불필요한 불평을 삼가는 태도가 필요하다.

실습생과 지도교사는 일방적인 관계로는 신뢰성을 형성할 수 없으며 상호관계 형성을 위해 노력해야 한다. 조운주(2003)는 이를 다음의 〈표 5-2〉와 같이 정리하였다.

표 5-2 지도교사와 실습생의 관계 형성을 위한 노력

실습생의 노력	지도교사의 노력
• 자신의 한계를 인정하고, 지도교사의 비판을 긍정적으로 수용한다. • 모든 일에 책임을 다하고 능동적인 자세를 갖는다. • 협조적이고 긍정적인 태도를 갖는다. • 지도교사의 입장에서 생각한다. • 자부심을 갖고, 현재에 머무르지 말고 발전적으로 노력한다. • 의사소통 방법을 배운다. • 유아교육기관, 지도교사 등의 문제 및 단점에 대해서 비밀을 지킨다.	• 마음을 열고 실습생의 고민을 들어 준다. • 솔직함은 권위를 훼손하기보다 좋은 관계를 형성하므로, 실수를 했을 경우 솔직하게 시인한다. • 실습생을 존중한다. • 실습생의 입장에서 이해한다. • 친절하고 따뜻하게 대한다. • 편견이나 선입견을 갖지 않는다. • 다른 실습생과 비교하지 않는다. • 실습생의 문제나 단점에 대해서 비밀을 지킨다.

교육은 모든 상황을 초월하여 보편적인 원리로 가르쳐질 수 없으며 상황과 맥락에 따라서 달라져야 하고 또한 매순간마다 상황에 대한 이해를 기초로 의사결정을 내리게 된다. 따라서 실습생들은 지도교사의 수업을 참관할 때 그들의 수업 방식을 그대로 모방하거나 전적으로 부정하기보다는 교사의 행동의 바탕에 깔려 있는 상황을 이해하고 건설적인 비판을 하도록 할 필요가 있다. 이러한 태도는 후일 자신이 교사가 되었을 때 필요한 것을 자신의 스타일로 융통성 있게 소화하는 데 도움이 된다.

(2) 실습생과 실습생의 관계

실습은 대학의 정규 과목 중의 하나이기 때문에 학점이 부여된다. 실습의 결과에 따라 취업으로 연결되는 경우가 많기 때문에 실습생들은 모든 측면에서 다른 실습생보다 낫게 보이려고 노력하게 된다. 이 과정에서 실습생들끼리 지나친 경쟁의식을 가지고 갈등을 겪는 경우가 종종 발생한다. 실습 기간 중에는 모두가 피곤하고 긴장되어 있기 때문에 사소한 일에도 오해가 생기고 갈등이 생기기 쉽다. 이렇게 힘들고 어려운 과정에서는 같은 입장에 있는 동료들과 경쟁을 하기보다는 같은 기관에 배정된 실습생들끼리 모든 일에 협조하는 태도를 가지는 것이 중요하다.

실습생들이 대학을 졸업하고 정식으로 교사가 되면 자신의 수업과 학급에 관한 한 모든 것을 혼자서 결정하게 되는 교직의 길에 들어서게 된다. 교직의 첫해는 생존기라는 이름이 붙을 정도로 매우 어렵고 힘든 시기이다. 교직을 성공적으로 지속해 가기 위해서는 각자의 상황을 잘 이해해 줄 수 있는 지지 체제가 필요하며 실습생들끼리의 관계는 바로 교사가 되었을 때 가지게 되는 지지 체제의 기초가 된다는 것을 인지할 필요가 있다.

(3) 실습생과 유아들의 관계

실습생들은 실습 전에 나름대로 유아에 대한 이미지를 형성하고 실습에 임하게 된다. 실습생들은 일반인과 마찬가지로 순수하고, 착하고, 성인의 도움이 필요한 이미지를 가진 어린이들을 생각하고 실습에 임한다. 그러나 실제 현장에서 유아들과 관계를 맺으면 이론으로만 알고 있던 유아의 이미지와 상당히 다른 이해를 재구성하게 된다.

> 실습 나가기 전에는 유아가 순수하고, 맑고, 말도 잘 들을 것 같았지만 실제로 겪어 본 결과 아이들 나름대로의 생각이 있고 제가 이야기한 것과 생각이 다를 때는 저의 말에 전혀 호응하지 않는 것을 보았어요.
> 내성적인 아이, 공격적인 아이 등 다루기 힘든 아이들은 많았다. 처음에는 힘이 들었지만 그대로 관심을 보이고 챙겨 주고, 웃어 주고, 이야기를 많이 들어 줬는데 그때 진심이 통했는지 담임선생님보다 나를 더 많이 챙겨 주고 찾을 때 굉장히 기분이 뿌듯하고 좋았다.
> – 실습생 일지의 일부

유아들은 실습생과 함께 유아교육기관에서 생활하는 당사자이다. 유아들은 교육에 있어서 가장 핵심이 되는 집단이며 이들의 협조 없이는 하루의 일과가 원활하게 이루어지기 어렵다. 실습은 실습생의 입장에서는 교사가 되기 위해 필요한 내용을 연습하는 기간이지만 유아들의 입장에서는 교사의 지도와 다를 바 없는 교육 활동이 그대로 이루어진다. 따라서 실습생들이 모든 것을 교사의 관점에서 책임감을 가지고 수행하지 않을 경우 유아들은 그만큼의 희생을 강요당한다고 볼 수 있다. 실습의 기간이 짧다고 해서 부실한 태도나 비윤리적인 행위가 용납되는 것은 아니므로 실습을 나가기 전에 교사로서의 마음가짐과 태도를 다시 한 번 다져 보는 것이 필요하다.

2) 실습생이 경험하는 실습의 단계

실습 기간을 통하여 실습생들은 유아, 부모, 실습 지도교사, 동료 교사와의 복잡한 상호작용을 통하여 관심사가 변화하게 되며 이에 따라 교육의 목표, 교육의 방법, 유아, 교사의 역할 등에 변화가 있게 마련이다. 학자들의 연구(Caruso, 2000; Cohn & Gellman, 1988; Piland, 1993)를 종합하여 보면 실습생들은 대략 다음과 같은 단계를 거친다.

(1) 기대와 걱정

실습을 앞두고 실습 과정에 대한 불확실성으로 인해 기대와 두려움을 동시에 느끼는 단계이다. 실습생들은 지금까지 자신들이 이론으로만 알아오던 내용을 실제로 적용해 보는 것에 대해서 기대를 가지기도 하지만 다른 한편으로는 자신이 교사의 역할을 잘 해낼 수 있을 것인지에 대해서 많은 걱정을 하게 된다. 새로운 관계를 형성하는 것에 대한 두려움과 수업 중 실수할 것에 대한 두려움은 자아 존중감을 지나치게 낮추기도 한다.

(2) 학생에서 교사로 역할 전환

실습생들은 한편으로는 대학의 학생이고 다른 한편으로는 교사의 역할을 수행해야 한다. 실습생들은 학생에서 교사로 전환하는 데서 오는 변화의 어려움에 대처하고 교실에서 자신의 입지를 구축하는 데 관심을 가진다. 이러한 이중적인 역할과 학생에서 교사로의 역할 변화에 대해 적극적으로 대처하는 실습생들은 성공적으로 실습을 마칠 수 있으나 그렇지 못한 경우에는 교사의 역할에 대해 혼돈을 느끼게 된다. 남명자(2008)는 교사로서의 정체성과 학생으로서의 정체성을 넘나드는 이러한 경험이 성공적으로 이루어졌을 때 실습생들이 '어른'이 된 느낌을 가지게 된다고 보고하고 있다.

항상 제가 수업을 받던 입장에서, 수업을 듣는 사람들의 수준에 맞추어서 수업 내용을 연구하고 계획하는 것이 굉장히 어렵기도 하면서 뿌듯하기도 했어요. 그 아이들에게는 어쨌든 제가 선생님이고 어른이잖아요.

남명자(2008)

(3) 교사 역할 부분적으로 맛보기

실습이 진행되면서 실습생들은 부분적으로 교사의 역할을 분담하여 수행하게 된다. 이 단계에서 실습생들은 교사의 역할을 처음으로 수행해 보면서 교사로의 사회화가 이루어지기 시작한다. 이때 맡은 역할을 성공적으로 수행하게 되면 교사로서 유능감을 가지게 되고 그 역할을 잘 해내지 못하면 자신의 능력에 의심을 가지게 된다. 실습생들이 경험하는 어려움을 분석한 연구들은 교사들이 이 단계부터 수업 준비와 부과되는 과제물로 인하여 시간이 매우 부족함을 느낀다고 보고하고 있다. 또한 동료나 지도교사로부터의 격려가 매우 중요한 이 단계에서 지도교사나 교직원과의 관계에서 오는 어려움이 더해지면 실습이 매우 힘들어질 수도 있다.

(4) 교사로 홀로서기

실습생들이 부분적인 역할을 성공적으로 수행하게 되면 지도교사들은 실습기간 중의 일부 동안 전적으로 학급을 운영할 수 있도록 교사로서의 책임을 이양해 준다. 이 기간 동안에는 교사의 역할을 온전히 혼자서 감당하게 된다. 이 단계에 있는 실습생들은 가르치는 방법에 관심을 가지기 시작하며 자신의 수업을 분석하고 일반화하는 데 관심을 갖는다. 기관에 따라 다르기는 하지만 전적으로 한 학급을 책임지는 기간은 대개 하루에서 일주일 정도이다. 이렇게 짧은 기간이기는 하지만 이 시기에 학급의 책임자로서의 역할을 성공적으로 수행하는지의 여부는 교사로서의 정체성과 교직에의 적성을 판가름하는 아주 중요한 갈림길이 된다.

(5) 동료 교사로 인정받기

실습생들이 이전 단계를 성공적으로 마치게 되면 교사로서의 정체성을 확인하게 된다. 지도교사들은 실습생을 더 이상 학생이 아닌 새로운 동료 교사로 인정하게 된다. 이러한 인정을 통해 실습생들은 교직에 대한 새로운 확신을 가지게 된다.

3) 성공적으로 실습 마치기

(1) 실습 기간 중에 경험하는 갈등

실습을 나가는 학생들은 짧은 기간 동안 너무나 많은 것을 경험하고 돌아오기 때문에 교생 실습이 아닌 고생 실습이라고 할 만큼 일의 강도가 고된 기간이기도 하다. 실습이 시작되면 누구나 좋은 결과를 가지고 실습을 마치기를 원하지만 경우에 따라 실습을 마치고 가르치는 일에 자신을 잃어버리기도 한다. 실습생들이 실습 기간 중에 경험하는 많은 갈등은 이러한 자신감 상실에 영향을 준다. 윤희경(2007)의 연구에 기초하여 실습생들이 경험하는 갈등을 제시하면 다음과 같다.

❶ 자신과의 갈등

- 수업 준비 부족으로 인한 심적 부담
- 이론과 실제의 차이로 인한 어려움
- 업무 수행에 있어서의 자신감 부족

❷ 지도교사와의 갈등

- 구체적 지도를 위한 협의 시간 부족
- 수업 준비를 위한 자료 제공 및 교육계획안에 대한 지도 부족
- 지도교사의 수업 모델링 부족

❸ 유아와의 갈등

• 문제아 지도의 어려움

• 유아들의 통제에 대한 능력 부족

• 훈육과 자율의 균형 유지 어려움

• 실습생의 권위에 대한 유아들의 불인정

담임교사가 유아를 향해 문제점을 이야기하면 유아는 교사의 말을 듣고 자신의 잘못을 반성하는 경우를 본다. 하지만 실습생이 유아의 잘못된 행동을 바로잡아 주기 위해 유아에게 문제 행동을 이야기할 때면 유아들은 "왜요?"라는 질문을 많이 하거나 교사를 보지 않거나 못 듣는 척, 무시하는 모습을 보인다.

❹ 기관과의 갈등

• 수업 외 기관의 요구에 의한 교재 · 교구 제작 및 이로 인한 경제적 부담

• 자신과 기관의 교육관 상치

• 실습 지침과 기관 운영 방침에 대한 안내 부족

❺ 실습생 업무에 대한 갈등

• 행사 잡무로 인한 교육적 실습의 부족

• 시간 외 혹은 공휴일 근무

• 실습생에게 교사 업무 이행 요구

❻ 동료 실습생과의 갈등

• 업무 분담과 협조 부족

• 평가에 대한 지나친 인식

(2) 성공적인 실습을 위한 요소

실습은 예비교사들이라면 누구나 거치는 과정이다. 많은 예비교사들이 학교에서 배운 것보다 더 많은 것을 배웠다고 회상하기도 하며 실습 때 배웠던 것이

평생 자신의 교수 전략의 전부가 되기도 한다. 실습 기간 중의 모든 갈등을 극복하고 나중에 교사가 되었을 때 의미가 있는 경험이 될 수 있도록 성공적으로 실습을 마치기 위해서는 다음과 같은 요소들이 필요하다.

❶ 지도력

흔히 지도력이라고 하면 많은 사람들을 앞에서 이끌어 가거나 다른 사람 위에 군림하여 부리는 능력이라고 생각한다. 그러나 지도력은 자신이 속한 집단의 문화를 이해하고 가장 협조적으로 생활하는 능력을 의미한다. 실습생들이 실습 기간 동안 관계를 가지게 되는 사람들은 유아, 지도교사, 원장, 원감, 그리고 기관에 근무하는 직원이 있다. 실습생들은 이들이 가지고 있는 독특한 문화를 이해하고 협조 체제를 유지하는 것이 필요하다. 이를 위해서는 구성원들의 개인적인 배경, 심리적인 특성뿐만 아니라 이들이 공통적으로 소유하고 있는 의사소통의 방법, 집단의 역사와 규범 등에 대한 이해가 선행되어야 한다. 기관의 규범에는 출근 시간은 언제인지, 퇴근은 언제부터 가능한지, 전화는 주로 누가 받는지, 자료실에 있는 자료를 쓰려면 어떤 과정을 거쳐야 하는지, 가장 중요시하는 생활규범은 무엇인지 등이 포함된다. 특히 한 기관의 규범은 시간과 공간, 그리고 행동을 규제하기 때문에 실습 기관에서의 규범을 빨리 익힐수록 공동체의 일원으로 생활하는 것이 가능해진다.

❷ 자신의 가치관에 대한 인식

교사가 교실에서 행하는 모든 행위는 교사의 교육 철학에 의하여 결정된다. 교사가 가지고 있는 가치관은 도덕적 수준으로 연결되며, 이는 아동관, 학습에 대한 가치, 유아교육기관의 역할 등으로 연결된다. 교사들의 가치관 형성에 영향을 주는 요소에는 여러 가지가 있는데 자라온 가정 배경, 종교, 교육받은 배경, 가장 영향을 미친 교사, 동료로부터 받은 영향, 교사 교육과정에서 받아온 교육, 감명 깊게 읽었던 책 등이 그 예가 될 수 있다. 이렇게 하여 형성된 가치관은 교사가 교육을 보는 눈을 형성해 주며, 좋은 의미에서건 나쁜 의미에서건 유아들을 바라보는 편견으로 작용한다. 모든 교사들이 이러한 편견으로부터 벗어난다는 것은 불가능한 일이지만 자신이 어떤 면에서 무엇에 대하여 왜 그러한 태도를 가지게 되었는가를 인식하는 것은 매우 중요하다. 실습생들은 종종 자신의 가치관과 실습중인 기관에서 요구하는 사항이 상반되는 경우에 갈등을 겪게 된다. 이럴 때는 직접적으로 불평을 토로하기보다는 그 기관에 재직중인 선배 교사와 의논하는 것이 바람직하다.

❸ 신뢰도

실습 기간을 성공적으로 보내기 위해서는 학교에서 배운 것, 지도교사, 자신, 그리고 유아에 대한 믿음을 가지는 것이 중요하다. 실습을 하는 기간 동안 실습생들은 지금까지와는 다른 종류의 역할을 요구받는다. 이러한 요구가 너무 크고 또한 한꺼번에 이루어지기 때문에 자신들이 과연 교사가 되기 위해 충분한 훈련을 받았는지에 대해 자신이 없어진다. 모의수업은 여러 번 하였지만 실제로 유아들 앞에서 가르쳐 본 경험이 부족하기 때문에 실수를 자주하게 되고 이러한 실수는 자신의 능력에 대한 의심으로까지 연결되기도 한다. 실습생들은 자신이 교사가 되기 위하여 충분한 훈련을 받았으며 이를 바탕으로 잘 해낼 수 있을 것이란 믿음을 가지는 것이 필요하다. 지도교사에 대해서도 실습생을 평가하는 사람으로 인식하기보다는 자신에게 도움을 주는 존재로 생각하는 것이 중요하다. 또한 유아들도 교생들을 골탕 먹이거나 애를 먹이는 존재로 생각한다거나 실습생의 설명을 이해하지 못할 것이라고 걱정하기보다는 수업을 이끌어 가는 협력자로 생각하고 이들의 협조에 대한 믿음을 가지는 것이 필요하다.

❹ 변화에 대한 적응

실습 기간은 학생에서 교사로 역할의 변화가 있는 시기이다. 그러나 이 시기는 매우 짧고, 정식으로 교사 발령을 받은 것도 아니며, 자신이 책임져야 하는 학급이 있는 것도 아니다. 게다가 아직까지 대학에 적을 두고 있는 학생이기 때문에 많은 실습생들이 학생도 교사도 아닌 어정쩡한 마음가짐으로 실습에 임하는 경우를 볼 수 있다. 교사와 학생은 책임의 범위나 수업에 대한 입장, 기관의 구성원 간의 관계 등에 있어서 매우 다른 위치에 서게 된다. 따라서 실습생은 대학생으로서의 기분을 내기보다는 교사로서의 자신의 역할을 정확하게 인식할 때 성공적으로 실습을 해낼 수 있다.

❺ 적극적인 태도

실습 현장에서는 자신의 위치와 생소한 환경 때문에 위축되어 수동적이고 소극적인 태도를 취하기 쉽다. 그러나 주어진 과제에만 머무르지 말고 적극적이고 솔선수범하는 태도를 보이며 자신은 배우러 왔다는 자세를 잃지 말고 늘 겸손하고 공손한 태도를 보이는 것이 중요하다.

❻ 건강

실습은 짧은 시간에 많은 자료를 준비하고 가르쳐야 하기 때문에 상당한 체력을 필요로 하므로 건강관리에도 각별한 신경을 쓸 필요가 있다. 처음으로 유아들과 오랜 시간을 지내게 되면 육체적으로 힘이 들고, 실습 기간 동안에는 상당한 양의 교재·교구를 제작하면서 잠이 부족하기도 하다. 실습 기간 동안 실습생들은 대학과는 다른 환경과 역할로 인하여 정신적으로 상당한 스트레스를 받게 된다. 또한 자신이 교사로서의 역할을 잘 해낼 수 있을지에 대하여 자신이 없어지기도 한다. 동료 실습생들이 함께 있는 경우에는 서로에게 의지하며 좀 더 수월하게 이를 극복해 나갈 수 있으나 혼자서 실습을 하는 경우에는 적절하게 스트레스를 해소하기가 어렵다. 실습 기간 동안 이처럼 육체적, 정신적으로 힘든 시간을 보내기 때문에 실습생들은 자신의 건강을 유지하기 위하여 노력하는 것이 필요하다.

토의문제

1. 교육실습의 가장 중요한 의의가 무엇인지 이야기해 보자.
2. 교육실습을 성공적으로 마치기 위해 실습생, 대학, 기관에서 노력해야 하는 사항은 무엇인지 이야기해 보자.

Chapter

06 유아교사 되기

학습목표

- 유아교사 임용의 개념 및 절차를 이해한다.
- 임용을 위한 면접에 필요한 서류의 종류를 안다.
- 임용 후 보수 및 복지에 대해 이해한다.

학습내용

- 자격 취득하기
- 임용의 개념 및 절차
- 신규 임용 준비
- 임용 후 보수와 복지

핵심용어

- 임용
- 호봉획정
- 보수
- 수당

CHAPTER

Early Childhood Teacher Education

06 유아교사 되기

자격 취득하기 01

유치원이나 어린이집에서 근무하기 위해서는 자격증을 소지하고 있어야 한다. 자격은 일정한 신분이나 지위를 가지거나 일정한 일을 하는 데 필요한 조건이나 능력을 말하며, 자격증은 일정한 자격을 인정하여 주는 증서이다. 유치원 교사나 보육교사 자격증을 취득하기 위한 과정은 다음과 같다.

1) 유치원 교사의 자격

(1) 법적 자격 기준

「유아교육법」 제22조에 명시된 바에 따르면 유치원 교원이라 함은 원장, 원감 및 교사를 의미한다. 동 법 제2항에 명시된 유치원이나 교사의 자격 기준은 다음의 〈표 6-1〉과 같고 원장과 원감의 자격 기준은 〈표 6-2〉와 같다.

이 중 수석교사는 평교사가 교감이나 교장 등의 관리직으로 승진하지 않고도 일정한 대우를 받고 교육에 전념하도록 하기 위해 2011년에 신설된 자격이며, 수석교사는 교사의 교수 및 연구활동을 지원하며 학생을 교육하는 임무를 가진다.

수석교사에 대해서는 수업시수를 50% 감면하고 연구활동비가 지급된다.

표 6-1 유치원 교사 자격 기준

급별	자격 기준
수석교사	수석교사는 제2항의 자격증을 소지한 사람으로서 15년 이상의 교육경력(「교육공무원법」 제2조 제1항 제2호 및 제3호에 따른 교육전문직원으로 근무한 경력을 포함한다)을 가지고 교수·연구에 우수한 자질과 능력을 가진 사람 중에서 대통령령으로 정하는 바에 따라 교육부장관이 정하는 연수 이수 결과를 바탕으로 검정·수여하는 자격증을 받은 사람이어야 한다.
정교사 1급	1. 유치원 정교사(2급) 자격증을 가진 자로서 3년 이상의 교육경력을 가지고 소정의 재교육을 받은 자
	2. 유치원 정교사(2급) 자격증을 가지고 교육대학원 또는 교육부장관이 지정하는 대학원의 교육과에서 유치원 교육과정을 전공하여 석사학위를 받은 자로 1년 이상의 교육경력이 있는 자
정교사 2급	1. 대학에 설치하는 유아교육과 졸업자 2. 대학(전문대학 및 이와 동등 이상의 각종 학교와 「평생교육법」 제31조 제4항에 따른 전문대학 학력인정 평생교육시설을 포함한다) 졸업자로서 재학 중 소정의 보육과 교직 학점을 취득한 자 3. 교육대학원 또는 교육부장관이 지정하는 대학원의 교육과에서 유치원 교육과정을 전공하고 석사학위를 받은 자 4. 유치원 준교사 자격증을 가진 자로 2년 이상의 교육경력을 가지고 소정의 재교육을 받은 자
준교사	유치원 준교사 자격 검정에 합격한 자
비고	1. 원장·원감, 「초·중등교육법」의 규정에 의한 교장·교감, 교육장·장학관·장학사·교육연구관·교육연구사의 경력연수는 교육경력연수로 볼 수 있다. 2. 이 표 중 전문대학에는 종전의 초급대학·전문학교 및 실업고등전문학교를 포함한다.

출처: 교육부(2019). 2019년도 교원자격검정 실무편람.

표 6-2 원장 및 원감 자격 기준

급별	자격 기준
원장	1. 유치원 원감 자격증을 가지고 3년 이상의 교육경력과 소정의 재교육을 받은 자 2. 학식·덕망이 높은 자로서 대통령령이 정하는 기준에 해당한다고 교육부장관의 인정을 받은 자
원감	1. 유치원 정교사(1급) 자격증을 가지고 3년 이상의 교육경력과 소정의 재교육을 받은 자 2. 유치원 정교사(2급) 자격증을 가지고 6년 이상의 교육경력과 소정의 재교육을 받은 자

비고	1. 원장 · 원감, 「초 · 중등교육법」의 규정에 의한 교장 · 교감, 교육장 · 장학관 · 장학사 · 교육연구관 · 교육연구사의 경력 연수는 교육경력 연수로 볼 수 있다.

출처: 교육부(2019). 2019년도 교원자격검정 실무편람.

(2) 자격증 취득 절차

유치원 정교사 2급 자격증을 취득할 수 있는 방법은 대학에 설치된 유아교육과 졸업, 대학(전문대학 및 이와 동등 이상의 각종학교 포함) 졸업자로서 재학 중 소정의 교직학점을 취득한 경우, 교육대학원 또는 교육부장관이 지정하는 대학원의 교육과에서 유치원 교육과정을 전공하고 석사학위를 받는 경우, 그리고 유치원 준교사 자격증 소지자로 2년 이상의 교육경력을 가지고 소정의 재교육을 받는 것이다. 유치원 교사 자격증 취득은 무시험검정으로 이루어진다.

「교원자격검정령」에 따르면 교육부장관은 자격검정에 합격한 자에 대하여 교육부령이 정하는 교원자격증(이하 "자격증"이라 한다)을 수여하도록 되어 있으며, 그 합격의 기준은 전공과목 50학점 이상, 교직과목 22학점 이상을 취득하고 졸업평점 환산점수가 전공과목은 75/100점 이상, 교직과목은 80/100점 이상인 경우이다.

2) 보육교사의 자격

(1) 법적 자격 기준

보육교사는 영유아의 보육, 건강관리 및 보호자와의 상담 그 밖에 어린이집의 관리 · 운영 등의 업무를 담당한다(「영유아보육법」 제2조 제5항). 「영유아보육법 시행령」 제21조에 명시되어 있는 보육교사의 등급별 자격 기준은 아래 〈표 6-3〉과 같다.

표 6-3 보육교사 등급별 자격 기준

등 급	자격 기준
보육교사 1급	가. 보육교사 2급 자격을 취득한 후 3년 이상의 보육업무 경력이 있는 사람으로서 보건복지부장관이 정하는 승급교육을 받은 사람 나. 보육교사 2급 자격을 취득한 후 보육 관련 대학원에서 석사학위 이상을 취득하고 1년 이상의 보육업무 경력이 있는 사람으로서 보건복지부장관이 정하는 승급교육을 받은 사람
보육교사 2급	가. 전문대학 또는 이와 같은 수준 이상의 학교에서 보건복지부령으로 정하는 보육 관련 교과목 및 학점을 이수하고 졸업한 사람 나. 보육교사 3급 자격을 취득한 후 2년 이상의 보육업무 경력이 있는 사람으로서 보건복지부장관이 정하는 승급교육을 받은 사람
보육교사 3급	고등학교 또는 이와 같은 수준 이상의 학교를 졸업한 사람으로서 보건복지부령으로 정하는 교육훈련시설에서 정해진 교육과정을 수료한 사람

출처: 한국보육진흥원(2020). 보육교직원 자격기준.

어린이집의 원장은 어린이집을 총괄하고 보육교사와 그 밖의 직원을 지도·감독하며 영유아를 보육한다(「영유아보육법」 제18조). 「영유아보육법 시행령」 제21조 〈별표 1〉에 명시된 어린이집 원장의 자격 기준은 일반 기준을 공통으로 하며, 가정, 영아전담, 장애아전담의 4가지 시설유형별로 자격 기준이 다르다. 이 중 어느 하나에 해당하는 사람은 보건복지부령으로 정하는 사전직무교육을 받아야 한다. 이러한 어린이집 원장의 자격 종류 및 자격 기준은 다음의 〈표 6-4〉와 같다.

표 6-4 어린이집 원장의 자격기준

자격 종류	자격 기준
일반기준	일반기준: 300인 이하 어린이집 1) 보육교사 1급 자격을 취득한 후 3년 이상의 보육 등 아동복지 업무 경력이 있는 사람 2) 「유아교육법」에 따른 유치원 정교사 1급 자격을 취득한 후 3년 이상의 보육 등 아동복지업무 경력이 있는 사람 3) 유치원 원장의 자격을 가진 사람

일반기준	4) 「초 · 중등교육법」에 따른 초등학교 정교사 자격을 취득한 후 5년 이상의 보육 등 아동복지업무 경력이 있는 사람 5) 「사회복지사업법」에 따른 사회복지사 1급 자격을 취득한 후 5년 이상의 보육 등 아동복지업무 경력이 있는 사람 6) 「의료법」에 따른 간호사 면허를 취득한 후 7년 이상의 보육 등 아동복지업무 경력이 있는 사람 7) 국가 또는 지방자치단체에서 7급 이상의 공무원으로 보육 등 아동복지업무에 5년 이상 근무한 경력이 있는 사람
가정 어린이집	가정 어린이집: 상시 5인 이상 20인 이하 어린이집 1) 일반기준에서 정한 자격을 갖춘 사람 2) 보육교사 1급 이상의 자격을 취득한 후 1년 이상의 보육업무 경력이 있는 사람
영아전담 어린이집	영아전담 어린이집: 만 3세 미만의 영아만을 20명 이상 보육하는 어린이집 1) 일반기준에서 정한 자격을 갖춘 사람 2) 간호사 면허를 취득한 후 5년 이상의 아동간호업무 경력이 있는 사람
장애아전담 어린이집	장애아전담 어린이집: 「장애인복지법」 제32조에 따라 장애인으로 등록된 영유아만을 12명 이상 보육하는 어린이집 – 일반기준에서 정한 자격을 갖춘 사람으로서 다음의 어느 하나에 해당하는 사람 1) 대학(전문대학을 포함한다)에서 장애인복지 및 재활 관련 학과를 전공한 사람 2) 「장애아동복지지원법」 제32조에 따른 장애 영유아 어린이집에서 2년 이상의 보육업무 경력이 있는 사람
「고등교육법」에 따른 대학(전문대학을 포함) 또는 법 제21조 제2항 제2호에 따른 교육훈련시설이 운영(위탁 또는 부설 운영을 말한다)하는 어린이집	1) 일반기준에서 정한 자격을 갖춘 사람 2) 어린이집을 운영하는 대학의 조교수 또는 교육훈련시설의 전임교수 이상으로서 보육 관련 교과목에 대하여 3년 이상의 교육 경력이 있는 사람

출처: 한국보육진흥원(2020). 보육교직원 자격기준.

(2) 자격증 취득 절차

보육교사 자격증은 「영유아보육법 시행령」 제21조 〈별표 1〉에 해당하는 기준을 만족시키는 경우 보건복지부장관이 검정 · 수여하는 국가자격증을 발급받을 수 있다. 2005년 4월부터는 보육자격관리사무국에서 위탁 발급하였으며, 보건복지부 산하 공공기관인 「(재)한국보육진흥원 교직원지원국」에서 위탁 발급하고 있다.

02 임용의 개념 및 절차

임용이란 개인에게는 신분을 설정하는 행위를 의미하고 기관이나 조직에서는 업무 수행을 위한 충원을 의미한다. 일정한 자격 요건을 갖춘 사람 가운데서 기관의 업무 수행에 필요한 인원을 선발하여 일정한 일을 하도록 하는 행위는 모두 임용에 해당된다. 「교육공무원법」 제2조 제5항의 규정에 의하면 교원의 임용에는 신규채용, 승진, 승급, 전직, 전보, 겸임, 파견, 강임, 휴직, 직위 해제, 정직, 복직, 면직, 해임 및 파면 등이 포함된다.

1) 국 · 공립 유치원

국 · 공립 유치원 교사는 교육공무원의 일종으로 국가 공무원의 특례로서 규정된 「교육공무원법」의 적용을 받는다. 국 · 공립 유치원 교사의 신규채용 과정은 크게 모집, 선발, 임용의 절차로 이루어진다.

• 교육공무원법

① 교육공무원의 임용은 그 자격, 재교육 성적, 근무 성적, 그 밖에 실제 증명되는 능력에 의하여 한다(제10조 제1항).
② 교육공무원의 임용은 교원으로서의 자격을 갖추고 임용을 원하는 모든 사람에게 능력에 따른 균등한 임용의 기회가 보장되어야 한다(제10조 제2항).

(1) 모집

일반적으로 모집이란 유능한 후보자가 어떤 조직의 구성원으로 지원하도록 유치하는 과정이다. 모집에서 가장 중요한 단계는 유능한 후보자를 적극적으로 유치하는 과정이다. 모집이 성공적으로 이루어지려면 보수, 근로조건, 직종에 대한 사회적 평가를 높이려는 노력과 공개경쟁 시험의 정기적 실시, 시험 방법의 개선, 지원 절차의 간소화와 같은 모집 방법의 개선 등 다각적인 노력이 필요하다.

(2) 선발

선발이란 모집을 통해 모여든 후보자들 가운데 적임자를 선택하는 과정으로 자격이나 성적에 기초하여 적격자를 선발한다. 일반적으로 선발 과정은 시험과 면접으로 구성된다. 국·공립 교육기관에서의 교사 선발은 「교육공무원법」 제11조에 근거하여 공개 전형 방법에 의한다. 공개 전형의 방법을 규정한 「교육공무원임용령」 제11조에 따르면 공개 전형은 필기시험, 실기시험 및 면접시험 등의 방법에 의한다.

(3) 임명

임명은 모집과 선발 과정을 통해 확보된 인재를 직무에 맞추어 적재적소에 배치하는 행위로, 임용권자나 임용제청권자가 시험 실시 기관에 임용 후보자의 추천을 요구하면 시험 실시 기관은 임용후보자 명부에 근거하여 후보자를 추천하며, 임용후보자는 시보 기간을 거쳐 정규 직원으로 임명되는 절차를 거친다.

2) 사립 유치원

사립 유치원 교사는 「사립학교법」의 적용을 받는다. 이 중 교사로서의 자격 취득은 국·공립 유치원 교사와 동일 규정(제52조)의 적용을 받지만 임면에 있어서는 학교 법인 또는 사립학교 경영자에 의해 임면된다.

• 학교장이 아닌 교원의 임면

① 법인체 사립 유치원 : 원장의 제청으로 이사회 의결을 거쳐 결정한다.
② 사립 유치원 : 원장의 제청에 의하여야 한다(「사립학교법」 제53조의2).

각급 학교의 교원의 임명권자가 교원을 임면(각급 학교의 장으로서 임기 만료로 해임된 경우는 제외한다)한 때에는 임면한 날부터 7일 이내에 관할청에 보고하여야 한다.

국·공립 유치원 교사의 신규 채용이 공개 경쟁 시험에 근거하는 반면, 사립 유치원의 경우에는 사학의 자율성을 보장하는 측면에서 교원 임용의 권한이 교육기관의 경영자에게 위임되어 있다. 사립의 경우에 대외적으로 명시된 일정한 선발의 기준이나 도구가 있는 경우는 드물고 각 기관에서 나름대로의 선발 도구 및 기준을 가지고 선발하고 있다.

사립 유치원에서 신임 교사를 선발하고 채용하는 절차와 내용을 알아본 연구(박은혜 외, 2003)에 따르면 사립 유치원에서는 현직 교사들의 요구 조사, 지원자 모집, 서류 심사, 면접, 최종 결정의 단계를 거쳐 교사를 선발하는 것으로 나타났다. 요구 조사의 경우에는 사립 유치원의 특성상 원아 모집이 끝난 후 그 정도에 따라 다음 연도의 운영 계획을 결정하는 것과 맥을 같이한다. 지원자를 모집하는 방법은 공립 유치원이 교육청을 통한 외부 공개 방식을 택하는 데 비해 사립 유치원은 교사 양성 기관, 다른 유치원 원장, 본 기관 실습생 등과 같은 내부 조직을 이용하는 경향이 있다. 이러한 비공개적인 지원자 모집은 원장 개인의 사적인 연결망에 의존하게 될 가능성이 높기 때문에 교사 채용을 위한 범위가 매우 제한될 가능성이 있다.

사립 유치원에서는 교사를 선발하기 위하여 평균 3.89가지의 방법을 사용하는데 서류 심사, 면접, 수업 시연이 가장 기본적으로 사용된다. 신임 교사 선발 과정에서 대부분의 유치원이 면접을 실시하며 채용의 결정적인 변수로 작용한다. 사립 유치원 면접에서 가장 중요시하는 기준은 교사로서의 사명감이다. 사명감과 같은 교사들의 인성은 전문적인 지식과 같이 대학의 교육을 통해서만 이루어지는 것이 아니라 개인의 자질과 전 생애의 영향을 받는다. 따라서 예비교사들은 대학에 재학하는 동안 다양한 교양 교육과 교과 외 활동을 통해 인성을 개발하는 노력을 할 필요가 있다.

3) 어린이집

「영유아보육법(제19조)」에 따르면 어린이집의 원장은 보건복지부령으로 정하는 바에 따라 보육교직원의 임면에 관한 사항을 특별자치도지사 · 시장 · 군수 · 구청장에게 보고하도록 되어 있다. 특별자치도지사 · 시장 · 군수 · 구청장은 보육교직원의 권익 보장과 근로여건 개선을 위하여 보육교직원의 임면과 경력 등에 관한 사항을 관리하여야 한다.

보육교직원의 채용은 공개 경쟁을 원칙으로 한다. 보육교직원 채용 시 임금, 근로시간 및 그 밖의 근로조건을 명시한 근로계약을 체결하되, 이 경우 근로계약과 관련하여 부당한 내용(결혼, 출산, 육아휴직 등으로 인한 퇴직 요구 등)이 포함되어서는 아니 되며, 관할 행정기관은 이를 적극 지도 · 감독하여야 한다.

03 신규 임용 준비

1) 서류 준비

(1) 유치원 교사

유치원 교사가 교육청에 임용 보고를 할 때는 다음과 같은 구비 서류가 필요하다.

- 설립자가 날인한 임용보고 공문 1부
- 교육공무원 인사기록카드(직인날인)
- 교원자격증 사본(원본 지참)
- 임명장 사본 1부
- 임용제청서 사본 1부
- 경력증명서 각 1부(해당자만)
- 채용신체검사서 사본 1부
- 성범죄경력 및 아동학대 관련 범죄전력 조회 회신서 사본 1부
- 결격사유 조회 회보서 사본 1부
- 이사회 회의록 사본 1부(법인)

출처: 서울특별시교육청(2019). 사립유치원 교원 인사실무매뉴얼.

(2) 보육교사

보육교사는 다음의 서류가 필요하다.

❶ 임용서류

- 인사기록카드(시스템을 통하지 않고 직접 임면 보고하는 경우에만 해당)
- 자격증 사본(시스템 통해 조회 가능한 경우는 제외)
- 채용신체검사서 사본(공무원채용신체검사서 준용 가능)
- 성범죄경력 및 아동학대 관련 범죄전력 조회 회신서
- 보수교육수료증(해당자, 보육통합정보시스템으로 조회 가능한 경우 제외)
- 개인정보 및 고유식별정보 처리 동의 시스템

출처: 보건복지부(2020). 2020년도 보육사업안내.

❷ 종전 법령에 의한 보육교사

2005. 1. 29 이전 보육교사 자격취득자, 2005. 1. 29 당시 전문대학 또는 이와 동등 이상의 학교에서 유아교육 또는 아동복지 관련 학과를 전공 중이거나, 교육훈련시설(보육교사교육원)에서 소정의 과정을 이수 중인 자를 의미하며 다음과 같은 서류가 필요하다.

- 필요적 첨부 서류 : 보육교사 자격증 사본
- 자격증을 발급받지 아니한 경우
  - 대학(전문대학 포함) 이상 졸업자 : 졸업증명서, 성적증명서, 보육실습확인서 (1998년 3월 이후 졸업자), 유사교과목 확인서(해당자에 한함)
  - 보육교사 2급 : 최종학교졸업증명서, 수료증 또는 수료증명서
- 기타 임용에 필요한 서류

❸ 현행 법령에 의한 보육교사(2005. 1. 30 이후 보육교사 자격 취득자)

• 필요적 첨부 서류 : 보육교사 자격증 사본

• 자격증을 발급받지 아니한 경우

- 대학 졸업자 : 졸업증명서, 성적증명서, 경력증명서, 유사과목확인서(해당자에 한함), 보육실습 확인서

- 양성교육과정 수료자 : 최종학교졸업증명서, 수료증 사본

• 기타 보육교사의 자격을 증명할 수 있는 서류 일체

2) 시험 준비

현재 사립 유치원도 시험을 치르기는 하지만 개별 기관 차원에서 머무르고 있어 시험과 관련된 부분은 국 · 공립 유치원 교사 임용후보자 경쟁시험(임용고사)에만 초점을 두고자 한다.

(1) 경쟁률

유치원 교사의 임용은 사립의 경우에는 단위 유치원별로 이루어지고, 공립의 경우에는 시 · 도 교육청이 주관한다. 1991년부터 시작된 임용시험의 경쟁률은 초기에는 그리 높지 않았으나 사립 유치원 교사와 비교할 때 국 · 공립 유치원 교사의 신분, 보수, 사회적 인식, 복지 등의 차이가 많아 점차 경쟁률이 높아지기 시작하였다. 2013년 이후 경쟁률을 살펴보면 다음의 〈표 6-5〉와 같다.

표 6-5 임용고사 경쟁률

시·도별	2020년도			2019년도			2018년도			2017년도			2016년도		
	모집	응시	경쟁률	모집	응시	경쟁률	모집	응시	경쟁률	모집	응시	경쟁률	모집	응시	경쟁률
서울	96	1,776	18.50:1	55	2,209	40.16:1	252	1,767	7.01:1	34	579	17.03:1	28	480	17.14:1
경기	377	4,342	11.25:1	149	3,409	22.88:1	371	2,152	5.80:1	191	1714	8.97:1	249	1701	6.83:1
인천	13	288	22.15:1	32	632	19.70:1	87	442	5.08:1	21	228	10.86:1	29	266	9.17:1
강원	54	502	9.30:1	25	442	17.68:1	21	221	10.25:1	21	252	12.00:1	24	193	8.04:1
대전	20	400	20.00:1	16	636	39.8:1	54	377	7.81:1	13	150	11.54:1	29	219	7.55:1
세종	7	201	16.75:1	-	-	-	102	731	7.17:1	37	421	11.38:1	34	251	7.38:1
충북	75	656	8.74:1	25	549	21.98:1	55	325	5.91:1	20	213	10.65:1	28	219	7.82:1
충남	61	647	10.61:1	16	444	27.75:1	33	222	6.73:1	53	382	7.21:1	44	330	7.50:1
대구	21	396	18.86:1	25	518	20.72:1	63	377	5.98:1	52	448	8.62:1	28	228	8.14:1
부산	62	737	11.89:1	25	946	37.84:1	65	482	7.42:1	27	311	11.52:1	38	350	9.21:1
경북	40	538	13.45:1	45	698	15.51:1	68	330	4.85:1	25	216	8.64:1	35	273	7.80:1
경남	118	1,041	8.82:1	-	-	-	41	306	7.46:1	22	236	10.73:1	16	151	9.44:1
울산	27	288	10.67:1	21	448	21.33:1	67	347	5.18:1	13	119	9.15:1	6	48	8.00:1
광주	34	404	11.90:1	11	500	45.50:1	27	270	10.00:1	12	213	17.75:1	8	99	12.38:1
전북	74	780	10.54:1	22	680	30.90:1	19	223	11.74:1	34	338	9.94:1	12	137	11.42:1
전남	63	531	8.43:1	5	187	37.40:1	31	270	8.71:1	17	223	13.12:1	80	559	6.99:1
제주	12	201	16.75:1	10	207	20.70:1	9	105	11.67:1	4	90	22.50:1	8	93	11.63:1
계	1,154	13,551	11.74:1	482	12,505	25.90:1	1,365	8,992	6.58:1	596	6,133	10.29:1	696	5,597	8.04:1

출처: 각 시도 교육청 홈페이지.

(2) 필기 시험

2013년부터는 교육공무원 임용후보자 선정경쟁시험규칙 일부개정령(2019. 9. 17)에 의거하여 다음 〈표 6-6〉과 같이 실시된다. 전공 시험은 1차 기입형 · 서술형 및 논술형 필기시험으로, 제2차 시험은 교직적성 심층면접과 수업 능력(실기 · 실험을 포함한다) 평가로 한다. 1차 시험에서는 교육학과 전공(교과내용학과 교과교육학)에 대한 종합적 이해와 교직수행 능력을 평가하여 모집 인원의 1.5배수 이상을 선발한다. 이때 한국사 과목의 시험은 한국사 능력 검정으로 대체한다. 2차 시험은 교직적성 심층면접과 수업 능력(실기 · 실험을 포함한다) 평가로 한다. 최종 합격자는 제1차 시험과 제2차 시험의 성적을 각각 100점 만점으로 환산하여 합산한 시험 성적이 높은 사람부터 차례로 결정한다.

표 6-6 임용고사 제도

차 수	내 용	배 점	범 위	비 고
1차 시험	교직논술	20	유치원 교직·교양 전 영역	논술형 (원고지 1,200자 이내)
	교육과정	80	유치원 교육과정 전 영역	기입형, 서술형
	한국사	한국사 능력 검정시험으로 대체		
2차 시험	심층면접	각 시·도별 40~60	교사로서의 적성, 교직관, 인격 및 소양	구술형
	교수 · 학습 과정안 작성	각 시·도별 10~40	교과과정의 일정 주제에 대한 교수·학습과정안 작성	서술형
	수업 실연	각 시·도별 40~55	교사로서의 학습지도 능력과 의사소통 능력	구술형

출처: 2020년 각 시도 교육청 시행 공고.

(3) 수업 능력 평가

수업 능력은 주로 교수-학습 지도안을 작성하게 하거나 자신이 작성한 지도안에 따라 5~10분 정도 시연하는 것에 근거하여 평가한다. 수업 시연 이외에 각 시·도 교육청별로 추가 평가하는 항목에는 차이가 있다.

표 6-7 2020년도 각 시·도 교육청별 수업 능력 평가 현황

선발 분야	시험과목	배점	출제 범위	문항 수	시간(분)	비고
서울	교직적성 심층면접	40	교사로서의 적성, 교직관, 인격 및 소양	-	-	구술형
	교수·학습 과정작성안	15	교과과정의 일정 주제에 대한 교수·학습과정안 작성	1	60	서술형
	수업 실연	45	교사로서의 학습지도 능력과 의사소통 능력	-	15	구술형
경기	교직적성 심층면접 (집단 토의 및 개별 면접)	50	교사로서의 적성, 교직관, 인격 및 소양	집단 토의(1)	42	구술형
				개별 면접(5)	10	구술형

경기	수업능력 평가 (수업 실연 및 수업 나눔)	50	교사로서의 학습지도 능력과 의사소통 능력	수업 실연 (1)	15	구술형
				수업 나눔 (3)	10	구술형
인천	교직적성 심층면접	50	교사로서의 적성, 교직관, 인격 및 소양 등	-	20	구술형
	교수·학습 과정안 작성	10	유치원 교육과정 생활주제에 따른 교수·학습과정안 작성	-	60	서술형
	수업 실연	40	교사로서의 학습지도 능력과 의사소통 능력	-	15	구술형
강원	교직적성 심층면접	60	교사로서의 적성, 교직관, 인격 및 소양	5문항 내외	15	구술형
	수업 실연	40	교사로서의 학습지도 능력과 의사소통 능력	1	15	구술형
대전	교직적성 심층면접	40	교사로서의 적성, 교직관, 인격 및 소양	3	10	구술형
	교수·학습 과정안 작성	15	교과과정의 일정 주제에 대한 교수·학습과정안 작성	1	60	서술형
	수업 실연	45	교사로서의 학습지도 능력과 의사소통 능력	1	15	구술형
충북	교직적성 심층면접	50	교사로서의 적성, 교직관, 인격 및 소양	3	10	구술형
	수업 실연	50	교사로서의 학습지도 능력과 의사소통 능력	1	15	구술형
충남	교직적성 심층면접	50	교사로서의 적성, 교직관, 인격 및 소양	3	10	구술형
	수업 실연	50	교사로서의 학습지도 능력과 의사소통 능력	1	15	구술형

세종	교직적성 심층면접	50	교사로서의 적성, 교직관, 인격 및 소양	4문항 내외	15	구술형
	수업 실연 (수업설계발표 포함)	50	교사로서의 학습지도 능력과 의사소통 능력	1	20	구술형
대구	교직적성 심층면접	20	교사로서의 적성, 교직관, 인격 및 소양	-	10	구술형 자체 출제
	인문정신 소양평가	25	교사로서 갖추어야 할 인문정신 소양 및 활용 능력	-	10	
	수업 실연 (수업설계 포함)	55	수업설계를 통한 학습지도 능력과 의사소통 능력	-	25	
부산	교직적성 심층면접	40	교사로서의 적성, 교직관, 인격 및 소양	3	10	구술형
	교수·학습 과정안 작성	20	교과과정의 일정 주제에 대한 교수·학습과정안 작성	1	60	서술형
	수업 실연	40	교사로서의 학습지도 능력과 의사소통 능력	1	15	구술형
경북	교직적성 심층면접	40	교사로서의 적성, 교직관, 인격 및 소양	3	10	구술형
	교수·학습 과정안 작성	20	교과과정의 일정 주제에 대한 교수·학습과정안 작성	1	60	서술형
	수업 실연	40	교사로서의 학습지도 능력과 의사소통 능력	1	15	구술형
경남	교직적성 심층면접	40	교사로서의 적성, 교직관, 인격 및 소양	3	10	구술형
	교수·학습 과정안 작성	20	교과과정의 일정 주제에 대한 교수·학습과정안 작성	1	60	서술형
	수업 실연	40	교사로서의 학습지도 능력과 의사소통 능력	1	15	구술형
울산	교직적성 심층면접	50	교사로서의 적성, 교직관, 인격 및 소양	3	10	구술형
	교수·학습 과정안 작성	10	교과과정의 일정 주제에 대한 교수·학습과정안 작성	1	60	서술형
	수업 실연	40	교사로서의 학습지도 능력과 의사소통 능력	1	15	구술형

광주	교직적성 심층면접	40	교사로서의 적성, 교직관, 인격 및 소양	3문항 내외	10	구술형
	수업 실연	30	교사로서의 학습지도 능력과 의사소통 능력	1	20	구술형
	수업 면접	30		4문항 내외	10	구술형
전북	교직적성 심층면접	40	교직적성, 교직관, 인격 및 소양	3	15분	구술형
	수업 실연	60	교사로서의 학습지도 능력과 의사소통 능력	1	15분	구술형
전남	교직적성 심층면접	60	교사로서의 적성, 교직관, 인격 및 소양	3	10	구술형
	수업 실연	40	교사로서의 학습지도 능력과 의사소통 능력	1	15	구술형
제주	교직적성 심층면접	40	교사로서의 적성, 교직관, 인격 및 소양	3	10	구술형
	교수·학습 과정안 작성	20	교과과정의 일정 주제에 대한 교수·학습과정안 작성	1	60	서술형
	수업 실연	40	교사로서의 학습지도 능력과 의사소통 능력	1	15	구술형

출처: 2020학년도 각 시도 교육청 공립 유치원·초등학교·특수학교(유치원·초등) 교사 임용후보자 선정경쟁시험 시행계획 공고문 참고.

(4) 면접

면접관이 임용시험 지원자를 직접 대면하여 질문을 하고, 그에 대한 응시자의 대답을 통해 인지적인 능력뿐만 아니라 적성, 교직관, 교원으로서의 자질 및 인성 등 정의적인 측면도 평가한다. 대부분 개인면접으로 이루어지며, 배점은 시·도별로 차이가 있다.

(5) 가산점

기존에는 취업보호(지원) 대상자, 정보처리, 언어능력, 지역 가산점 등의 가산점이 부여되었으나, 2013년부터는 전국이 동일하게 취업지원대상자에 한해서만 가산점이 부여되고 있다.

3) 면접 준비

일단 시험을 통과하면 성적에 관계없이 최종 임용에 가장 영향을 미치는 것이 면접이다. 면접을 잘하기 위해서는 준비물과 예절바른 태도가 필요하다. 성공적인 면접을 위한 준비물과 예절을 살펴보면 다음과 같다.

(1) 면접 시 필요한 준비물

❶ 이력서

가. 인적 사항

- 주소는 거리명주소로 정확히 기재한다.

나. 학력 및 경력 사항

- 일반적으로 고등학교 때부터 기재한다.
- 졸업날짜는 정확히 기재하도록 한다.

다. 특기사항

- 국가 공인자격증, 면허증 발급 사항을 취득일과 발령 기관명을 포함하여 기록한다.
- 유아교육 전공 관련 과정 이수나 자격증도 기재한다.
- 학부시절 교내·외 행사나 대회 수상 경력을 기재한다.
- 면접자 자신을 잘 나타낼 수 있는 과외 활동을 기재한다.

이 력 서

사 진	성 명	김 현 주	860209 - 20xxxxx
	생년월일	1995년 2월 9일	
주 소	서울특별시 ○○구 ○○○대로 ○○아파트 5동 603호 (010-9973-0000)		

년	월	일	학 력 및 경 력 사 항	비 고
2011	3	2	◇◇여자고등학교 입학	
2014	2	20	◇◇여자고등학교 졸업	
2014	3	2	○○대학교 사범대학 유아교육과 입학	
2018	2		○○대학교 사범대학 유아교육과 졸업 예정	
			※ 특 기 사 항	
2015 ~2016	3 2	2 28	어학연수	
2017 ~2017	9 12	1 31	아동미술치료과정 이수	○○대학교 평생교육원
2018 ~2018	3 6	1 30	방송 아카데미 구성작가 과정 수료	
			위 내용은 사실과 같습니다.	
			김 현 주 (인)	

자기 소개서의 예

22살의 태피스트리(tapestry: 여러 가지 색실로 짠 장식용 직물)

저는 ○○대학교 유아교육과 졸업을 앞두고 ○○유치원 신입교사 채용에 지원하게 된 ○○○입니다. 저를 소개하기 위해 저는 지금까지 22년을 살면서 중요하게 여겨 왔던 네 가지의 가치들을 알려드리고 싶습니다. 이 네 가지의 가치들은 현재의 제 모습을 만들어 왔으며, 앞으로 좋은 유치원 교사가 되고 싶은 제 자신의 모습을 가장 잘 표현해 줄 것으로 생각합니다.

이 네 가지의 가치들은 신실한 믿음, 가족 간의 사랑, 배움에 대한 열정, 비전을 향한 의지입니다. 이 네 가지의 가치들은 갖가지 색깔을 가진 실이 되어 서로 뒤얽히며 현재 22살 저의 태피스트리를 만들었으며, 앞으로도 저의 삶의 여정에 따라 독특하며 아름다운 완성품이 되어갈 것이라고 생각합니다.

저는 하나님에 대한 사랑과 신뢰의 믿음을 바탕으로 신실하고 행복한 가정을 이루신 부모님의 장녀로 태어나 밝고 건강하게 자랐으며, ○○여자고등학교를 거쳐 현재 ○○대학에 입학하였습니다. 부모님으로부터 늘 충분한 사랑을 받으며 자랐기에 주변 사람들과 잘 어울리며, 받은 사랑을 늘 제가 만나는 사람들과 나누려고 노력하고 있습니다. 또한 ○○대학에 진학하여 유아교육학과를 다니고, ○○유치원에서 교육실습을 하면서 저는 유치원 교사로서 갖추어야 할 많은 지식, 기술, 태도, 자질 등을 배웠으며, 이 시간들은 무엇보다 유아교육이론에 대한 교육과정의 실제와 실질적인 교수 지식을 습득할 수 있었던 중요한 시간이었습니다. 대학을 다니는 동안 친구들과 함께 그룹과제도 하고, 세미나 발표도 하면서 서로 경쟁하고, 협력하면서 배움에 대한 열의를 가질 수 있었습니다. 또한 피아노, 인형극 등의 동아리 활동을 통해 관련된 특기를 준비하였고, 특히 유아교육 방송 프로그램에 관심이 많아 ○○방송아카데미의 구성작가 과정을 수료하면서 'TV는 내 친구'라는 어린이 교양 프로그램을 작성해 보기도 하였습니다. 이 과정들은 때로 힘이 들고 어려웠지만 좋은 유치원 교사가 되고 싶다는 비전 때문에 인내하고 노력할 수 있었습니다.

지금까지의 배움을 활용할 기회가 주어진다면 유치원 현장에서 꼭 필요한 교사, 노력하고 발전하는 교사가 되고 싶습니다. 그래서 저에게는 교사의 날들이 아름다운 태피스트리로 만들어지길 바라고, 제가 가르칠 유아들에게는 좋은 선생님으로 기억되길 소망합니다.

라. 마무리

- 성명란에 이름을 정확히 기재한 후, 도장이나 친필로 정확하게 서명 날인한다.
- 이력서, 자기 소개서, 졸업증명서, 성적증명서 순으로 정리한 다음, 클리어 파일이나 대봉투에 넣어 제출한다.

❷ 자기 소개서

가. 내용 구성

- 면접자 이해를 위한 성장 과정이나 지원 동기 등을 기록한다.
- 어떤 경험을 통해 무엇을 배웠는지, 교사로서의 성장과 발전에 도움이 되었던 점은 무엇인지 구체적으로 기록한다.

나. 표현 방법

- 간결하고 정확한 문체로 표현한다.

(예) '저는'이나 '나는' 등의 불필요한 주어, 과도한 접속사 사용, 같은 내용의 반복 등을 피한다. 과다한 수사법이나 추상적인 표현을 피한다.

- 호칭, 존칭어, 종결형 어미 등을 통일하여 내용 전체를 일관성 있게 표현한다.
- 솔직하면서도 발전적인 내용으로 표현한다.

다. 마무리

- 초고 작성 후 문장, 문단이 매끄럽게 표현되었는지, 오타는 없는지 검토하며 수정한다.
- 글자 모양, 글자 크기, 좌우 여백 등을 보기에 적절하고 정돈된 형태로 편집하여 마무리한다.

❸ 포트폴리오

가. 전공 수업 결과물을 포함하여 구성한다.

- 제작한 교구의 사진이나, 자료(그림책, CD 등) 및 보고서를 포함한다.

나. 교육실습 결과물을 포함하여 구성한다.

- 일일 교육계획안의 예, 환경 구성 사진, 제작한 교재 및 교구 사진, 교사 자

체 평가 자료 등을 포함한다.

다. 이력서, 수상경력, 자격증, 성적증명서 등을 포함한다.

라. 기타 자신을 나타낼 수 있는 자료를 포함한다.

(2) 면접하기

❶ 면접을 위한 전화예절

- 먼저 인사를 한 후, 전화를 건 면접자의 이름과 전화를 건 이유와 목적을 밝힌다.

안녕하세요? 저는 ○○대학 유아교육과 졸업예정인 ○○○입니다. 면접 약속 때문에 전화 드렸는데 원장 선생님 계신가요? 감사합니다.

- 상대방의 말을 끝까지 듣고 난 후 들을 내용에 대해 공손한 반응을 보이고, 만약 궁금한 사항이 있으면 정확하고 조리 있게 묻는다.

잘 알겠습니다. 그럼 ○월 ○일에 ○○ 여부를 유치원으로 전화해 알려드릴까요?

- 상대방과의 통화 내용을 메모한다.

선생님께서 말씀해 주신 내용을 메모하겠습니다. 잠시 기다려 주시겠어요?

- 마지막 인사를 한 후, 상대방이 끊었는지 확인하고 수화기를 내려놓는다.

네. 알겠습니다. ○월 ○일 오후 ○시에 ○○로 찾아뵙겠습니다. 안녕히 계세요.

❷ 면접을 위한 옷차림 및 용모

- 긴 머리는 단정하게 묶거나 큰 핀으로 고정하여, 얼굴 · 귀 · 눈 · 표정이 가리지 않도록 한다.
- 원색적인 염색이나 요란한 파마를 하지 않는다.
- 엷은 화장을 한다.
- 손톱을 짧고 깨끗하게 관리하며, 원색의 매니큐어를 바르지 않는다.
- 손, 팔, 귀에 너무 많이 그리고 유아에게 상처 줄 만한 장신구는 하지 않는다.

- 가슴이 많이 파인 옷, 어깨 끈이 밖으로 여러 개 노출된 옷, 상의가 짧은 옷, 길이가 너무 짧거나 긴 치마, 몸에 딱 붙는 청바지 등은 피한다.
- 맨발로 가지 않도록 한다.

❸ 면접 시 태도

- 면접 장소에 5~10분 전에 미리 도착한다.
- 유치원의 위치나 교통편은 스스로 알아본다.
- 사전에 홈페이지를 통해 해당 기관에 대한 정보(기관 철학, 학급 구성 등)를 수집한다.
- 면접을 시작할 때나 면접이 끝난 후에도 바르게 인사를 한다.
- 질문에 자신 있고 겸손한 어투로 분명하게 대답한다.
- 밝은 표정을 하며, 반듯한 자세로 면접에 임한다.
- 궁금한 점이 있을 때는 공손한 태도로 질문하되, 연봉이나 직무 조건에 대한 것은 소개받는 과정에서 미리 알아보도록 한다.

임용 후 보수와 복지 04

1) 보수

(1) 보수의 개념

❶ 보수

보수라 함은 개인의 정신 · 육체적 노력 또는 봉사에 대한 반대급부로서 취득하는 보상으로서 봉급과 기타 각종 수당을 합산한 금액을 의미한다(임재택, 1999).

❷ 봉급

봉급은 직무의 곤란성 및 책임의 정도와 재직 기간 등에 따라 직종별, 호봉별로 지급되는 기본 급여를 말한다.

❸ 수당

수당은 직무 여건 및 생활 여건 등에 따라 지급되는 부가 급여를 의미한다.

❹ 최종 수령액

국·공립 유치원 교사는 호봉에 따른 본봉 액수를 정하는 '공무원 보수 규정'과 각종 수당의 액수를 결정하는 '공무원 수당 규정'에 따라서 보수가 결정되지만 실제 수령액은 교사들이 받아야 하는 보수 내역에서 소득세, 건강보험료, 연금공단에 내는 기여금(공립: 공무원 연금, 사립: 국민연금) 등을 공제한 금액이 된다. 사립 유치원 교사의 보수는 「교원 지위 향상을 위한 특별법」 제3조에 의거하여 국·공립 유치원 교사의 보수 수준과 같은 수준으로 유지하여야 한다.

• 교원 지위 향상을 위한 특별법

제3조 (교원보수의 우대)

① 국가와 지방자치단체는 교원의 보수를 특별히 우대하여야 한다.

② 「사립학교법」 제2조에 따른 학교법인과 사립학교 경영자는 그가 설치·경영하는 학교 교원의 보수를 국공립학교 교원의 보수 수준으로 유지하여야 한다.

(2) 호봉

❶ 호봉의 개념

호봉은 보수를 받을 때에 기준이 되는 금액을 의미한다. 호봉이 올라가는 것을 승급이라 하며, 승급은 ① 근무한 개월 수가 12개월이 넘어섰을 경우, ② 자격이 변하였을 경우(예: 2급 정교사가 1급 정교사가 되었을 경우), ③ 새로운 경력을 근무 경력에 포함시켰을 경우에 올라간다. 호봉 간의 승급에 필요한 기간은 1년으로 하며 매월 1일자로 정기 승급한다.

❷ 호봉 획정

초임 교사의 호봉은 다음과 같은 공식에 의하여 산정된다.

호봉 = (학령1 − 16) + 기산호봉 + 경력

가. 학령

초등학교 1학년부터 시작하여 학교기관에서 교육받은 연수를 의미한다. 따라서 2년제 전문대학 학령은 14년, 3년제 전문대학 학령은 15년, 4년제 대학 학령은 16년이 된다.

나. 기산호봉(공무원보수규정 별표 25)

자 격 별	기산호봉	비 고
1급 정교사	9	원장, 원감, 교육장, 장학관, 교육연구관, 장학사 및 교육연구사에 대하여는 1급 정교사의 호봉을 적용한다.
2급 정교사	8	
준 교 사	5	

2020년 공립 유치원 교사들의 기본 호봉을 살펴보면 다음 〈표 6-8〉과 같다.

표 6-8 2020년 유·초·중·고등학교 교원 봉급표

호봉	봉급액	호봉	봉급액	호봉	봉급액	호봉	봉급액
1	1,573,100	11	2,062,300	21	2,998,100	31	4,139,400
2	1,620,700	12	2,116,400	22	3,108,800	32	4,259,300
3	1,669,100	13	2,212,800	23	3,218,600	33	4,381,100
4	1,717,200	14	2,309,600	24	3,328,500	34	4,502,600
5	1,765,800	15	2,406,200	25	3,438,500	35	4,624,300
6	1,814,300	16	2,503,100	26	3,548,800	36	4,745,400
7	1,862,100	17	2,598,900	27	3,663,900	37	4,850,900
8	1,909,900	18	2,699,100	28	3,778,700	38	4,956,500
9	1,958,400	19	2,798,500	29	3,893,800	39	5,062,300
10	2,011,500	20	2,898,500	30	4,019,300	40	5,176,400

출처: 인사혁신처 공무원 보수규정.

(3) 공립 유치원 교사의 각종 수당

유치원의 교사들이 받을 수 있는 수당의 종류에는 다음과 같은 것이 있다.

표 6-9 수당의 종류

<table>
<tr><th colspan="13">2017년도 봉급 및 수당 내용</th><th rowspan="2">비고</th></tr>
<tr><th colspan="2">구분</th><th colspan="11">선정 기준</th></tr>
<tr><td colspan="2">봉급</td><td colspan="11">2017년도 유치원 초 · 중 · 고등학교 교원의 호봉별 봉급표에 의함</td><td></td></tr>
<tr><td rowspan="7">상여 수당</td><td rowspan="3">정근 수당</td><td colspan="11">근무 연수별 월 봉급액 기준 지급률 적용</td><td rowspan="3">1, 7월 지급 (연 2회)</td></tr>
<tr><td>근무 연수</td><td>1년 미만</td><td>2년 미만</td><td>3년 미만</td><td>4년 미만</td><td>5년 미만</td><td>6년 미만</td><td>7년 미만</td><td>8년 미만</td><td>9년 미만</td><td>10년 미만</td><td>10년 이상</td></tr>
<tr><td>지급률</td><td>0%</td><td>5%</td><td>10%</td><td>15%</td><td>20%</td><td>25%</td><td>30%</td><td>35%</td><td>40%</td><td>45%</td><td>50%</td></tr>
<tr><td rowspan="4">정근 수당 가산금</td><td colspan="11">월 지급액</td><td rowspan="4">매월 지급</td></tr>
<tr><td rowspan="2">구분</td><td colspan="2" rowspan="2">5년 이상 10년 미만</td><td colspan="2" rowspan="2">10년 이상 15년 미만</td><td colspan="2" rowspan="2">15년 이상 20년 미만</td><td colspan="2" rowspan="2">20년 이상</td><td colspan="2">추가 가산금</td></tr>
<tr><td>20년 이상 25년 미만</td><td>25년 이상</td></tr>
<tr><td>금액</td><td colspan="2">50,000</td><td colspan="2">60,000</td><td colspan="2">80,000</td><td colspan="2">100,000</td><td>10,000</td><td>30,000</td></tr>
<tr><td rowspan="3">가계 보전 수당</td><td>가족 수당</td><td colspan="11">• 배우자: 월 40,000원
• 기타 부양가족: 4명까지 월 20,000원(셋째 자녀부터 8만 원 가산급 지급. 11년 12월 31일 이전 출생한 셋째 자녀는 3만 원)
• 부양가족 범위(지급대상): 배우자, 본인 및 배우자의 만 60세 이상의 직계 존속, 만 20세 미만의 직계 비속, 직계 존속 혹은 직계 비속 중 장애의 정도가 심한 사람</td><td>매월 지급</td></tr>
<tr><td>자녀 학비 보조 수당</td><td colspan="11">• 고등학생 자녀의 학비, 분기별 지급
• 해당 직원의 자녀가 취학한 학교에서 발행한 공납금 납입영수증 또는 공납금 납입고지서에 적힌 학비 전액(서울특별시에 있는 국립 또는 공립학교의 평균지급액을 초과할 수 없음)</td><td>2, 5, 8, 11월 지급</td></tr>
<tr><td>육아 휴직 수당</td><td colspan="11">• 월 봉급액의 40%(상한 100만 원~하한 50만 원)
- 육아휴직기간 중: 위 지급액의 85%에 해당하는 금액 매월 제공
- 육아휴직 복직 후: (복직 후 6개월 경과 후) 남은 지급액인 15%를 일시불로 모두 지급함</td><td></td></tr>
<tr><td colspan="2">교원 보전수당</td><td colspan="11">5년 미만: 18,000원(도서 · 벽지 지역), 15,000원(도서 · 벽지 외)
교장: 70,000원, 교감: 10,000원</td><td>매월 지급</td></tr>
</table>

정액급식비	월 130,000원	※ 사립유치원 교원의 경우 지방교육청별로 처우개선비(정액급식비, 교직수당, 담임수당)가 상이함	매월 지급
교직수당	월 250,000원		매월 지급
담임수당	월 130,000원(교육청에서 지원)		매월 지급
특수학급담당 교원수당	월 70,000원		매월 지급
명절휴가비	설날, 추석이 속하는 월의 월봉급액 X 60% (연 120%)		연 2회 지급
특수업무수당	유치원, 초등학교, 특수학교의 등하교 통학버스에 월 10회 이상 동승하는 자(운전만을 하는 사람은 제외): 월 30,000원		매월 지급
관리업무수당	월 봉급액의 7.8%(원장)		매월 지급
직책급 업무추진비	250,000원(원장)		매월 지급
직급보조비	원장: 월 400,000원, 원감: 월 250,000원		매월 지급

출처: 국가법령정보센터. 공무원 수당 등에 관한 규정.; 2020년도 서울특별시교육비 특별회계 예산편성 기본지침.

한 연구(정성숙, 2010)에 의하면 국공립 유치원은 시간 외 근무 및 초과 근무 수당을 60.7%가 지급하고 있는 반면, 사립 유치원은 7.9%가 지급되고 있는 실태를 보이고 있다. 휴가의 경우 국공립 유치원은 76%가 휴가(보상 휴가, 연차 유급휴가, 생리 휴가, 육아 휴직)를 사용하고 있는 반면, 사립 유치원은 7.9%가 휴가를 사용하고 있다.

이상 교사의 호봉에 따른 기본 봉급에 각종 수당을 더하여 교사들이 받는 급여의 수준을 살펴보면 다음의 〈표 6-10〉과 같다.

표 6-10 유치원 교사 복지 실태(2011)

구분(시설수)	전체(2240)	설립유형		거주지역		
		국공립 (1326)	사 립 (914)	대도시 (655)	중소도시 (878)	읍면지역 (707)
월급여	231.3(만 원)	276.9	165.2	188.2	234.0	268.0

출처: 김은영·도남희·조은경·조혜주(2011). 육아지원서비스 질 제고를 위한 인력 운영 개선 방안. 육아정책연구소.

표 6-11 공립 유치원 교사 복지 실태(2012)

구분(시설수)	전체(500)	거주지역			설립유형	
		대도시 (71)	중소도시 (150)	읍면지역 (279)	병 설 (484)	단 설 (16)
1일 평균업무시간(시간)	7.77	6.42	8.02	7.97	7.80	16
실제 휴가 일수(일)	19.27	23.27	20.49	17.60	19.17	22.31

출처: 최은영·황성온·황우상(2012). 공립 유치원 설치 운영 현황 분석 및 개선 방안 연구. 육아정책연구소.

(4) 어린이집

국·공립, 법인 등 정부 인건비 지원 시설의 종사자는 경력인정 기준에 근거하여 획정된 호봉별 인건비 지급 기준에 따라 보수를 지급받는다. 민간이나 가정 등 정부 인건비 미지원 시설 종사자는 대부분 시설을 설치·운영하는 자와 근로계약을 체결하여 책정된 보수를 지급받는다. 다만 정부의 「기본보육료」를 지원받는 시설은 시·도지사가 정하는 최저 수준 이상의 임금을 보육교사에게 지급하여야 하고, 「근로기준법」의 관련 규정을 준수하여야 한다. 직장 어린이집의 경우에는 상당수 시설이 호봉별 인건비 지급 기준을 준수하고 있다.

표 6-12 2020년도 보육교사 인건비 지급 기준

(단위: 원)

호봉	월지급액	호봉	월지급액	호봉	월지급액
1	1,911,700	11	2,401,700	21	3,048,400
2	1,952,500	12	2,473,000	22	3,104,800
3	1,993,300	13	2,535,200	23	3,154,400
4	2,034,200	14	2,590,700	24	3,210,700
5	2,075,000	15	2,646,100	25	3,262,300
6	2,136,400	16	2,724,700	26	3,313,800
7	2,187,400	17	2,782,200	27	3,358,500
8	2,224,700	18	2,839,700	28	3,407,700
9	2,270,000	19	2,897,100	29	3,461,300
10	2,322,900	20	2,954,600	30	3,508,000

출처: 각 시도 육아종합지원센터.

표 6-13 보육교사 복지 실태(2011)

(단위: %)

<table>
<tr><th>구 분
(시설 수)</th><th colspan="2">전 체
(289)</th><th>국공립
(73)</th><th>법 인
(73)</th><th>민 간
(72)</th><th>가 정
(71)</th></tr>
<tr><td>1일 평균 업무시간</td><td colspan="2">9.4</td><td>9.3</td><td>9.7</td><td>9.4</td><td>9.4</td></tr>
<tr><td>초과근무수당 지급</td><td colspan="2">38</td><td>47.3</td><td>52.9</td><td>24.7</td><td>35.3</td></tr>
<tr><td rowspan="4">급여 수준</td><td>100만 원 미만</td><td>6.1</td><td colspan="2">1.4</td><td colspan="2">11.3</td></tr>
<tr><td>100만~150만 원 미만</td><td>40.2</td><td colspan="2">14.3</td><td colspan="2">69.4</td></tr>
<tr><td>150만~200만 원 미만</td><td>35.6</td><td colspan="2">52.9</td><td colspan="2">16.1</td></tr>
<tr><td>200만~300만 원 미만</td><td>18.2</td><td colspan="2">31.4</td><td colspan="2">3.2</td></tr>
<tr><td>월 기본급</td><td colspan="2">106만 원</td><td>123만 원</td><td>121만 원</td><td>89만 원</td><td>74만 원</td></tr>
<tr><td rowspan="6">휴 가</td><td>없음</td><td>11.7</td><td colspan="2">4.4</td><td colspan="2">12.9</td></tr>
<tr><td>1~3일</td><td>12.8</td><td colspan="2">7.4</td><td colspan="2">14.5</td></tr>
<tr><td>4~5일</td><td>20.2</td><td colspan="2">17.6</td><td colspan="2">27.4</td></tr>
<tr><td>6~10일</td><td>38.5</td><td colspan="2">47.1</td><td colspan="2">33.9</td></tr>
<tr><td>11~20일</td><td>14.8</td><td colspan="2">22.1</td><td colspan="2">8.1</td></tr>
<tr><td>20일 이상</td><td>1.9</td><td colspan="2">1.5</td><td colspan="2">3.2</td></tr>
</table>

출처: 최윤경 · 김재원(2011). 보육교직원 보수체계 개선방안 연구. 육아정책연구소.

2) 복지

(1) 건강보험

공무원과 사립학교 교직원의 경우 공무원 및 사립학교 의료보험 관리공단에서 관리하던 의료보험이 2000년 이후 통합되어, 교사는 매월 급여총액(봉급+상여금)의 1.5%를 국민건강보험공단에 납부함으로써 건강보험 혜택을 받을 수 있다.

(2) 국민연금

국민연금은 「국민연금법」과 「근로기준법」에 의거하여 시행되는 것이며 '상시 5명 이상의 근로자를 사용하는 모든 사업 또는 사업장에 적용된다.'(「근로기준법」 제11조). 국민연금의 연금보험료의 구성 및 납부 의무자를 살펴보면 연금보험료는 급여 총액(기본급+상여금)의 9%이며, 그 구성은 기여금(본인 부담) 4.5%, 부담금(사용자 부담) 4.5%이고, 1998년부터는 3%를 퇴직금 준비금에서 연금보험료로 전환하여 납부해야 하고, 국민연금 사업장 가입자는 가입 기간 동안 기여금, 부담금과 함께 매월 국민연금관리공단에 납부해야 한다. 이를 위반하여 퇴직금 전환금을 근로자의 보수에서 원천 공제하는 경우에는 「근로기준법」 제36조의 위반에 따라 3년 이하의 징역 또는 2천만 원 이하의 벌금에 처하도록 되어 있다.

(3) 퇴직금

퇴직 적립금은 「근로자퇴직급여보장법」 제8조의 규정에 의하여 근로자의 퇴직 시 지급해야 하는 퇴직금을 사전에 적립해 두는 금액을 말한다. 퇴직 적립금은 매년 총급여액(기본급+제수당)의 1/12이다. 퇴직금의 지급 대상은 유치원에 1년 이상 근무하고 퇴직하는 자이다. 이 규정에 의하면, 사용자는 계속근로연수 1년에 대하여 30일분 이상의 평균 임금을 퇴직하는 근로자에게 퇴직금으로 지급할 수 있는 제도를 설정하여야 한다. 퇴직금의 산정 방법은 '퇴직금 = (평균 임금 × 총 근무 일수) / 365일 − 퇴직 전환금 부담액'과 같다.

• **근로자퇴직급여보장법**

제8조 (퇴직금제도의 설정)

① 퇴직금제도를 설정하려는 사용자는 계속근로기간 1년에 대하여 30일분 이상의 평균임금을 퇴직금으로 퇴직 근로자에게 지급할 수 있는 제도를 설정하여야 한다.

제4조 (퇴직급여제도의 설정)

① 사용자는 퇴직하는 근로자에게 급여를 지급하기 위하여 퇴직급여제도 중 하나 이상의 제도를 설정하여야 한다. 다만, 계속근로기간이 1년 미만인 근로자, 4주간을 평균하여 1주간의 소정근로시간이 15시간 미만인 근로자에 대하여는 그러하지 아니하다.

공립 유치원 교사: 공무원 연금공단을 통하여 퇴직일시금으로 목돈을 받거나 다달이 연금으로 받게 된다. 연금을 받을 수 있는 재직연수기간은 20년 이상이다(「공무원연금법」 제46조).

사립 유치원 교사: 전적으로 유치원 운영자의 부담으로 지불된다. 지급사유가 발생한 때(사표수리일)로부터 14일 이내에 지급되어야 하며(「근로자퇴직급여보장법」 제9조), 다만 당사자 간의 합의에 따라 지급 기일을 연장할 수 있다.

3) 교원의 휴가 및 휴직제도

교원의 휴가와 휴직은 인사 관련 분야로 복무 관리와 임용에 해당하는 사항이다. 다양한 상황으로 근무가 어렵게 된 경우 교원이 사용할 수 있는 휴가와 휴직제도에 대해 알고 있는 것은 교사 개인의 복지 차원뿐만 아니라 안정적인 유치원 운영에도 도움이 된다.

(1) 교원의 휴가

교원의 휴가는 연가, 병가, 공가, 특별휴가로 구분된다. 학생들을 지도하는 교직의 특성상 휴가는 원칙적으로 수업에 지장이 없는 범위에서 사용해야 한다. 각 휴가의 사용 조건이 다르므로 경우에 따라 확인하는 것이 중요하다.

표 6-14 재직기간별 연가일수(국가공무원 복무규정 제15조)

재직기간	연가일수	재직기간	연가일수
1개월 이상 1년 미만	11일	4년 이상 5년 미만	17일
1년 이상 2년 미만	12일	5년 이상 6년 미만	20일
2년 이상 3년 미만	14일	6년 이상	21일
3년 이상 4년 미만	15일	-	-

표 6-15 특별휴가의 종류별 사유와 휴가 기간

종 류	사 유	휴가 기간	비 고
경조사휴가	가족 친척의 경조사	경조사별 휴가일수 참조	
출산휴가	임신 또는 출산	출산 전후 90일	• 출산 후 45일 이상 확보
		한 번에 둘 이상의 자녀는 120일	• 출산 후 60일 이상 확보
유산·사산휴가	임신 중 유산 또는 사산	10일, 30일 60일, 90일	• 임신기간에 따름 (인공임신중절수술 제외)
배우자 유산·사산휴가	배우자가 유산하거나 사산한 경우	3일	• 배우자 유산·사산휴가 기간 내에 사용, 1회에 한하여 분할 사용 가능
난임치료 시술휴가	인공수정 또는 체외수정 등 난임·불임치료 시술을 받는 교원	1일	• 시술 당일, 단, 체외수정 1일 추가(여성의 경우)
여성보건휴가	여자교원의 생리기	월 1회 1일	• 분리하여 사용 불가, 무급처리
모성보호시간	임신 중인 여성 교원	1일 2시간	• 증빙서류(진단서, 임신확인서, 산모수첩 등) 제출 • 육아시간과 중복 사용 불가
육아시간	만 5세 이하(생후 72개월 이전까지)의 자녀를 가진 교원	1일 최대 2시간	• 24개월 범위(수업 등 학생지도에 지장이 없는 범위 내)
수업휴가	방통대에 출석수업에 참석하기 위한 연가일수를 초과하는 출석수업 기간	출석수업 기간	• 법정 연가를 먼저 사용한 후 부족한 일수에 한하여 인정됨
재해구호휴가	재해·재난으로 피해를 입은 교원과 그 지역에 자원 봉사활동을 하고자 하는 교원	5일 이내	• 재해·재난의 피해 정도, 자원봉사활동의 필요성, 수업 지장 유무 등을 판단하여 신중하게 허가

포상휴가	탁월한 성과와 공로가 인정되는 경우	10일 이내	• 포상휴가제의 취지를 감안, 이를 신중하게 허가
자녀돌봄휴가	자녀가 있는 교원(「민법」 제4조의 성년 미만의 자녀)	연간 2일(16시간) 범위	• 자녀가 둘 이상일 경우에는 연 1일(8시간) 가산
임신검진휴가	여성교원의 임신검진	임신기간 동안 10일의 범위 내	• 최초 신청 시 임신확인서 등 제출 • 반일 또는 하루 단위로 신청 가능
교육활동 보호를 위한 특별휴가	「교원의 지위 향상 및 교육활동 보호를 위한 특별법」에 따른 교육활동 침해의 피해	5일의 범위 내	• 「교원의 지위 향상 및 교육활동 보호를 위한 특별법」 제14조의3

출처: 서울특별시교육청(2019). 교육공무원 인사실무매뉴얼.

표 6-16 경조사별 휴가일수

구 분	대 상	일 수
결 혼	본인	5
	자녀	1
출 산	배우자	10
사 망	배우자, 본인 및 배우자의 부모	5
	본인 및 배우자의 조부모 · 외조부모	3
	자녀와 그 자녀의 배우자	3
	본인 및 배우자의 형제 · 자매	1
입 양	본인	20

(2) 교원의 휴직

교원의 휴직은 임용권자가 직권으로 시행할 수 있는 직권휴직과 본인의 청원에 의한 청원휴직으로 나뉜다. 시대 변화와 사회의 요구를 반영하여 새로운 휴직 종류가 만들어지기도 하고 내용이 변하기도 한다. 모든 휴직은 학생의 학습권 보호와 안정적인 학교운영 및 각 학교의 특수성을 고려하여 허용 여부, 기간 등이 결정된다. 휴직의 종류와 요건, 특성은 다음과 같다.

표 6-17 직권휴직(교육공무원법 제44조 제1항, 제45조 제1항, 공무원보수규정 제28조 제1항)

종류	근거	요건	기간	경력 인정	결원보충	봉급	수당	기타
질병 휴직 (222쪽)	제1호	신체·정신상의 장애로 장기요양이 필요할 때	• 1년 이내 (부득이한 경우 1년 범위 내 연장 가능) • 「공무원 재해보상법」에 따른 공무상 부상 또는 질병의 경우는 3년 이내	• 경력평정 미산입 (단, 공무상 질병인 경우 산입) • 승급 제한 (단, 공무상 질병인 경우 포함)	6월 이상 휴직 시 결원보충	• 1년 이하: 70퍼센트 • 1년 초과 2년 이하: 50퍼센트 • 공무상 질병은 전액 지급	수당 규정에 의하여 지급	의사 진단서 첨부
병역 휴직 (230쪽)	제2호	병역의 복무를 위하여 징집·소집된 경우	복무 기간	• 경력평정 산입 • 승급 인정	6월 이상 휴직 시 결원보충	지급 안함	지급 안함	
생사 불명 휴직 (235쪽)	제3호	천재지변·전시·사변, 그 밖의 사유로 생사 소재가 불명한 경우	3개월 이내	• 경력평정 미산입 • 승급 제한	결원보충 불가	지급 안함	지급 안함	
법정 의무 수행 휴직 (238쪽)	제4호	기타 법률상 의무수행을 위해 직무를 이탈하게 된 경우	복무 기간	• 경력평정 산입 • 승급 인정	6월 이상 휴직 시 결원보충	지급 안함	지급 안함	
노조 전임자 휴직 (292쪽)	제11호	교원노동조합 전임자로 종사하게 된 경우	전임 기간	• 경력평정 산입 • 승급 인정	6월 이상 휴직 시 결원보충	지급 안함	지급 안함	

※ 질병휴직 기간 연장 및 봉급 지급 비율 개정사항은 2014. 2. 7.부터 적용(이전까지는 종전 규정 적용)

표 6-18 청원휴직(교육공무원법 제44조 제1항, 제45조 제1항, 공무원보수규정 제28조 제1항)

종류	근거	요건	기간	경력 인정	결원 보충	봉급	수당	기타
유학 휴직 (241쪽)	제5호	학위취득을 목적으로 해외유학을 하거나 외국에서 1년 이상 연구·연수하게 된 경우	3년 이내 (학위취득의 경우 3년 범위 내 연장 가능)	• 경력평정 50퍼센트 산입 • 승급 인정	6월 이상 휴직 시 결원보충	50 퍼센트 지급	수당 규정에 의하여 지급	
고용 휴직 (251쪽)	제6호	국제기구, 외국기관, 국내외의 대학·연구기관, 다른 국가기관, 재외교육기관 또는 대통령령으로 정하는 민간단체에 임시로 고용되는 경우	고용기간	• 경력평정 산입 (비상근의 경우 50퍼센트 산입) • 승급 인정 (비상근의 경우 50퍼센트 인정)	6월 이상 휴직 시 결원보충	지급 안함	지급 안함	
육아 휴직 (258쪽)	제7호	만 8세 이하 또는 초등학교 2학년 이하의 자녀를 양육하기 위하여 필요하거나, 여성교육공무원이 임신 또는 출산하게 된 경우	자녀 1명에 대하여 3년 이내 (분할 사용 가능)	• 경력평정 산입 • 승급 인정 1년 이내 (셋째자녀 이후 전 기간 인정)	6월 이상 휴직 시 (출산휴가 연계 시 3월) 결원보충	지급 안함	*별도 안내	출산 휴가 별도 신청 가능
입양 휴직 (269쪽)	제7호의2	만 19세 미만 아동을 입양하는 경우(제7호에 따른 육아휴직 대상이 되는 아동 제외)	입양자녀 1명에 대하여 6개월 이내	• 경력평정 산입 • 승급 인정	6월 이상 휴직 시 결원보충	지급 안함	지급 안함	
불임·난임 휴직 (272쪽)	제7호의3	불임·난임으로 인하여 장기간의 치료가 필요한 경우	1년 이내 (부득이한 경우 1년 범위 내 연장 가능)	• 경력평정 미산입 • 승급 제한	6월 이상 휴직 시 결원보충	제1호와 동일	수당 규정에 의하여 지급	모자보건법에 의한 진단서 첨부
국내 연수 휴직 (276쪽)	제8호	교육부장관 또는 교육감이 지정하는 국내 연구기관이나 교육기관 등에서 연수하게 된 경우	3년 이내	• 경력평정 50퍼센트 산입 • 승급 제한(학위취득 시 인정)	6월 이상 휴직 시 결원보충	지급 안함	지급 안함	
가사 휴직 (281쪽)	제9호	조부모, 부모(배우자 부모), 배우자, 자녀, 손자녀의 간호를 위하여 필요한 경우	1년 이내 (재직기간 중 총 3년 초과 불가)	• 경력평정 미산입 • 승급 제한	6월 이상 휴직 시 결원보충	지급 안함	지급 안함	
동반 휴직 (286쪽)	제10호	배우자가 국외근무를 하거나 제5호에 해당하게 된 경우	3년 이내 (3년 범위 내 연장 가능)	• 경력평정 미산입 • 승급 제한	6월 이상 휴직 시 결원보충	지급 안함	지급 안함	
자율 연수 휴직 (295쪽)	제12호	「공무원연금법」 제25조에 따른 재직기간이 10년 이상인 교원이 자기개발의 학습, 연구 등을 하게 된 경우	1년 이내 (재직기간 중 1회, 학기단위 허가)	• 경력평정 미산입 • 승급 제한	6월 이상 휴직 시 결원보충	지급 안함	지급 안함	

토의문제

1. 국 · 공립 유치원 교사와 사립 유치원 교사로 근무하는 것의 장단점을 이야기해 보자.
2. 자신이 원장이라고 가정하고 새로 교사를 채용할 때 가장 비중을 두는 것이 무엇인지 이야기해 보자.
3. 자신이 초임 교사가 되었을 때 받게 되는 봉급을 산정하여 보자.

Chapter

07 유아교사로 일하기

학습목표

- 유아교사의 직무 영역을 이해한다.
- 유아교사의 역할을 이해한다.
- 초임 교사가 교직에 적응하는 단계를 이해한다.

학습내용

- 유아교사의 직무 및 일과
- 유아교사의 역할
- 초임 교사 일하기

핵심용어

- 유아교사의 직무
- 역할 기대
- 역할 지각
- 역할 행동
- 역할 갈등

CHAPTER

Early Childhood Teacher Education

07 유아교사로 일하기

유아교사의 직무 및 일과 01

1) 유아교사의 직무

대학을 졸업하고 처음 자신의 학급을 맡은 교사는 흥분된 마음과 두려운 마음을 동시에 가지게 된다. 자신만의 학급이 생긴다는 흥분과 함께 교사에게 두려움이 생기는 것은 교사가 하는 일이 생각보다 많기 때문이다. 수업이 시작되면 수업계획안을 작성하고, 자료를 준비하고, 실제로 유아들과 함께 생활하고, 교실을 정리하고, 일과를 평가하는 등 하루가 어떻게 지나가는지 알 수 없게 정신이 없다. 실제로 교사가 하는 일은 겉으로 드러난 것보다 훨씬 더 많은데, 김은영과 박은혜(2007)는 유아교사가 수행하는 모든 직무를 분석하여 10개의 영역으로 구분하였다. 각각의 직무는 담임하는 연령, 기관의 특성, 운영 시간, 교사의 직위 등에 따라 달라질 수 있다.

표 7-1 유치원 교사의 직무 영역 및 구체적인 직무

직무 영역	직무 구분
교수 학습 준비	교육 계획, 교재 · 교구 준비, 환경 구성, 수업 준비, 수업 협의
교수 학습 실제	등 · 하원 지도, 놀이지도, 생활지도, 상호작용, 활동 운영, 현장학습 지도
교수 학습 평가	유아 평가, 수업(교사) 평가, 프로그램 평가
전문성 신장	연수 참여, 참관, 연구 관련 활동, 장학, 전문가로서 활동
유아보호 관련 업무	건강, 청결, 안전
학부모 관련 업무	부모와의 연계, 부모 상담, 부모교육, 가족지원
행사 관련 업무	행사 준비, 행사 진행, 행사 마무리
사무 관련 업무	문서작성, 문서관리, 사무관리, 물품관리, 운영관리
시설설비 관련 업무	안전관리, 기자재 관리
대인관계 및 사회적인 업무	대인관계, 지역사회와의 관계

출처: 김은영 · 박은혜(2007).

2) 유아교사의 일과

(1) 하루 일과와 교사의 직무

유아교사의 하루는 출근하여 전날 준비한 수업의 내용과 준비물을 검토하고, 유아를 맞이하기에 적절하게 교실환경을 준비하면서 하루를 시작하는데, 유아들이 등원을 하게 되면 일반적으로 실내 자유 놀이, 정리정돈, 이야기 나누기, 간식 및 점심, 대 · 소집단 활동, 실외 자유 놀이, 평가 및 귀가 등으로 진행된다. 유아들이 하원을 하고 나면, 유아교사는 수업 시 활용했던 자료 · 교구와 교실을 정리정돈하며 남은 일과를 시작한다. 유아교사의 하루 일과를 직무내용과 함께 살펴보면 실제 유아교사가 어떤 일을 수행하는지 구체적으로 알 수 있다. 유치원 교사와 영아교사의 하루 일과의 예를 10개의 직무 영역과 비교하면 각각 다음의 〈표 7-2〉, 〈표 7-3〉과 같다.

표 7-2 유치원 교사의 하루 일과 및 직무 영역

시 간	활동 내용	직무 영역
8:00 -	• 유아 맞이 준비	• 교수 학습 준비 • 시설설비 관련 업무 • 대인관계 및 사회적인 업무
9:00 -	• 등원 및 하루 일과 시작하기 • 실내 자유 놀이	• 교수 학습 실제 • 유아보호 관련 업무
10:20 -	• 간식	
10:40 -	• 대 · 중 · 소집단 활동 (동화 · 동극 · 음률 · 게임 · 실험 · 조사 · 요리 등)	
11:10 -	• 바깥놀이	
12:10 -	• 점심식사	
13:00 -	• 실내 자유 놀이	
14:00 -	• 평가 및 귀가 지도	
14:30 -	• 활동실 및 교재 · 교구 정리	• 시설설비 관련 업무 • 유아보호 관련 업무
15:00 -	• 휴식 및 교사의 수업 평가/유아관찰 및 평가 기록	• 교수 학습 평가 • 대인 관계 및 사회적 업무
16:00 -	• 다음 날 수업 준비	• 교수 학습 준비
17:00 -	• 행사 준비 및 기타 사무관리	• 행사 관련 업무 • 사무 관련 업무
18:00 -	• 정리 및 퇴근	

표 7-3 영아교사의 하루 일과 및 직무 영역

시 간	활동 내용	직무 영역
7:30~9:00	등원 및 맞이하기	교수·학습 실제 시설설비 관련 업무 영유아 보호 관련 업무
9:00~10:00	오전 실내 자유 놀이	
10:00~10:20	기저귀 갈이 및 손 씻기	교수·학습 실제 영유아 보호 관련 업무
10:20~10:50	오전 간식	
10:50~11:40	오전 실외 놀이 및 손 씻기	
11:40~12:40	점심식사 및 이 닦기	
12:40~14:40	낮잠 준비 및 낮잠	
14:40~15:20	기저귀 갈이 및 손 씻기	
15:20~16:00	오후 간식	
16:00~17:20	오후 실내 자유 놀이	
17:20~19:40	귀가 및 통합보육	

출처: 보건복지부(2013). 만 1세 보육프로그램.

(2) 하루 일과와 교사의 역할

❶ 유아 맞이 준비

교사의 하루는 출근하여 기관에 들어서면서부터 시작된다. 교사는 출근하여 하루 일과를 검토한 후, 활동실에 들어가 전날 준비해 둔 수업 자료나 교구를 다시 한 번 점검한다. 교사는 등원하는 유아를 맞이하기 전에 창문을 열어 환기를 시키고, 편안한 음악을 틀어놓거나, 조명의 밝기 등을 조절하여 쾌적한 교실 환경을 준비한다. 이때 각 학급의 보조교사나 교육실습생이 있다면 함께 일일계획안을 놓고 유아와 지내는 시간 동안 각자의 역할을 점검해 볼 수 있다.

❷ 등원하기

유아가 기관에 오면, 교사는 실제적으로 교수 활동을 시작하며 유아를 교육하고 돌보는 일을 하게 된다. 유아가 등원하면 각 학급의 담임교사는 활동실에서 유아를 맞이한다. 교사는 등원하는 유아의 이름을 불러 주면서 개별적인 관심을 보이며 반갑게 인사를 나눈다. 이때 교사는 각 유아의 건강 및 심리 상태를 점검하고 유아의 상태가 문제가 있을 시에는 이에 적절한 조치를 취하여 유아들이 하루를 즐겁게 시작할 수 있도록 돕는다.

❸ 하루 일과 시작하기

하루 일과 시작하기는 하루의 일과가 어떻게 진행되는지 유아와 교사가 함께 검토하는 시간으로 특별한 사항이 없을 때는 이 시간을 가지지 않고 유아들이 바로 놀이를 시작할 수 있다. 유아가 등원할 때 개별적으로 소개하기도 하고 대부분의 유아들이 등원했을 때 모여 앉아 집단으로 소개하기도 한다. 집단으로 모여 계획하기를 할 때는 각 반 유아의 출 · 결석 상황을 함께 알아보며, 결석했던 유아가 있을 때에는 이유를 묻고 함께 반겨 주기도 하고, 새로 시작되는 놀이나 자료, 각 반 친구나 기관의 새 소식, 일과 중 결정할 사항 등에 대해 이야기해 볼 수 있다.

❹ 실내 자유 놀이

실내 자유 놀이는 유아가 개인의 흥미와 관심에 따라 스스로 놀이하고 싶은 영역을 선택하여 놀이를 할 수 있는 시간이다. 실내 자유 놀이 시간에 유아들이 선택한 놀이가 원활하게 진행될 수 있도록 교사는 환경이나 자료를 지원하기도 하고, 놀이에 직접 참여하기도 하며, 유아의 놀이를 통해 학습 · 발달 상황 등을 관찰하고 평가한다.

❺ 대 · 소집단 활동

교사는 하루 일과를 진행하면서 약 2회 이상의 대 · 소집단 활동을 갖는데, 놀이의 진행 상황, 집단 활동 시 집단의 크기, 활동 진행 시간, 활동 횟수 등은 유아의 연령이나 흥미, 집중 정도, 시기 등에 따라 달라진다. 대 · 소집단 활동에는 동화, 동극, 음률, 게임, 실험, 조사, 요리 등이 포함되며 최근에는 안전이나 위생 등과 같은 내용이 중점적으로 다루어지기도 한다.

⑥ 바깥놀이

바깥놀이 시간은 유아가 바깥에 나가 넓은 공간에서 마음껏 뛰어놀기도 하고, 동식물을 관찰하며, 여러 가지 놀이 기구를 이용해 놀이할 수 있는 시간이다. 교사는 유아들의 놀이를 지원하기도 하지만, 유아가 미세먼지, 강한 자외선, 폭염, 추위 등에 노출되지 않거나, 해충에 물리지 않고, 다치지 않도록 유아의 안전에 신경을 써야 한다.

⑦ 간식 및 점심

간식 및 점심시간은 유아가 즐겁게 식사하도록 도우면서 유아에게 필요한 식습관을 지도하는 시간이다. 교사는 유아가 충분한 영양공급을 통해 건강을 유지할 수 있도록 지원해야 한다. 편식 및 과식을 하지 않고 적당량을 먹을 수 있도록 지도하며, 간식 및 점심시간을 통해 유아에게 요구되는 식탁 예절이나 기본 생활 습관을 기를 수 있도록 돕는다.

⑧ 평가 및 귀가 지도

평가 및 귀가 지도 시간은 하루 일과를 끝내고 집에 돌아가기 전에 모여 앉아 하루 중 즐거웠던 일이나 속상했던 일을 이야기하며 문제를 나누고 해결하는 경험을 갖는 시간이다. 귀가 시 챙겨야 할 소지품이나 귀가 안전, 다음 날 일과 및 전달사항을 안내받기도 한다. 교사는 유아가 차량을 타고 귀가하는 경우, 안전하게 차량까지 인도하고 차량 지도교사에게 정확히 인계하여 유아가 안전하게 귀가할 수 있도록 돕는다. 바로 귀가하지 않고 방과후과정에 유아를 인계해야 하는 경우 방과 후 지도교사에게 유아를 정확히 인계하도록 하며, 방과 후 지도교사에게 전달해야 하는 내용을 확인하여 전달사항이 누락되지 않도록 유의한다.

⑨ 활동실 및 교재 · 교구 정리

교사는 유아들이 귀가하고 나면 활동실의 교구와 교재를 정리한다. 이때 교사는 보충하거나, 보수 및 교체해야 할 것이 없는지 점검한다. 교사는 점검을 통해 보충해야 할 교구나 교재, 보수하거나 바꿔 주어야 할 교구 및 놀잇감 등의 목록을 작성하여 보충한다. 특히 하루 일과 동안 사용했던 수업 자료를 온전한 상태로 정리하여, 각 반 자료실이나 원내의 자료실에 보관한다.

⑩ 휴식 및 평가 시간

교사는 활동실이 정리되고 나면, 교사실로 돌아와 휴식을 취하며 하루 일과를 돌아보는 시간을 갖는다. 준비했던 수업이 설정한 목표에 맞게 잘 진행되었는지 점검하며 교사 개인의 자체 수업 평가 시간을 갖고 평가한 내용을 문서에 기록하여 다음 날 수업 준비나 계획에 반영할 수 있도록 한다. 또한 하루 일과 동안 유아의 행동이나 학습 · 발달 상황에 대해 관찰하고 평가한 것이 있으면 함께 기록해 두기도 한다.

⑪ 수업 준비

교사는 유아의 놀이를 바탕으로 다음 날 수업을 준비한다. 주간계획과 하루 일과를 평가한 내용을 토대로 다음 날의 일일계획안을 작성한다. 이때 같은 연령별로 협의회를 가질 수 있다. 교사는 유아의 놀이를 지원하는 계획안에 맞게 필요한 교재와 교구를 준비하되, 자료실에 있던 자료를 활용하기도 하고, 필요한 것은 제작하기도 하여 유아의 흥미와 요구, 발달을 지원할 수 있는 교육 내용이 되도록 준비하는 시간을 갖는다.

⑫ 행사 준비 및 기타 사무 관리

교사는 다음 날의 수업 준비가 되면, 행사를 준비하기도 하고 기타 사무 일이나 기자재 및 시설 등을 관리하기도 하며, 상황에 따라 부모와 상담을 하기도 한다. 전체 교사가 모여 연간행사 계획에 따라 미리 행사 준비를 위한 협의 시간도 갖고, 행사 전까지 체계적으로 준비하는 시간을 갖기도 한다.

⑬ 정리 및 퇴근

교사는 그날 하루 업무를 마치게 되면 하던 일을 정리하고 퇴근할 준비를 한다. 교사는 자신이 활용하는 책상이나 책꽂이 등을 깔끔하게 정리한 뒤, 퇴근하기 전에 활동실을 한 번 돌아보며 문제는 없는지 확인하고 점검한다.

02 유아교사의 역할

교사들의 직무를 살펴보면 각 영역에 따라 교사에게 기대하는 역할이 있음을 보게 된다. 다음 절에서는 유아교육 현장에서 교사에게 기대하는 역할이 무엇인지 살펴보고자 한다.

1) 역할의 개념

역할이란 사회에서 특정한 지위에 있는 사람들이 의식적으로 수행하고 다른 사람들에 의해서도 인정을 받고 있는 포괄적인 행동 양식을 의미한다(곽영우 외, 1997). 특정한 지위나 직책에 있는 사람이 그에 합당한 역할을 한다는 것은 그 지위나 직책에 맞는 생각과 행동을 하고 그에 어울리는 태도를 가짐으로써 자신에게 요구되는 책임을 다하는 것이라고 할 수 있다. 즉, 역할이란 한 제도 내의 특정한 지위를 가진 사람이 그 지위에 요구하는 규범적인 권리와 의무를 수행하는 것이다(Getzels, et. al., 1968). 그렇다면 유아교사의 역할은 유아교육기관에서 교사라는 지위를 가진 사람에게 요구되는 생각과 행동 및 태도를 의미하는 것이다.

2) 역할의 특성

(1) 역할은 맥락에 따라 다르다.

이는 사회마다 특정한 지위에 대하여 기대하는 행동 양식이 다르다는 것을 의미한다. 유아교사에게 기대되는 역할은 나라마다 다를 수 있고, 같은 나라라 하더라도 지역마다 다를 수 있으며, 같은 지역이라 하더라도 기관에 따라 다를 수 있다. 역할은 사회의 구성원들이 합의하는 것이기 때문에 사회의 구성원들이 가지고 있는 요구, 가치관, 아동관, 교육관 등이 바뀌면 달라질 수 있고 또 당연히 달라져야 한다.

유아교사의 역할에 관한 관점은 시대에 따라 조금씩 변화해 왔다. 초기의 학자들은 유아교사의 역할이 어머니의 역할과 크게 다르지 않다고 보았기 때문에 유아들의 건강과 안전을 돌보아 주는 역할이 유아교사의 주된 역할인 것으로 생각하였다. 시간이 지나면서 가르치는 교사로서의 역할을 강조하기 시작하여 교육과정을 계획하고 실행하며 평가하는 자로서의 역할이 첨가되었다. 1980년대 이후에는 교직 전문성의 조건 가운데 하나인 자율성이 강조되면서 의사결정자로서의 교사 역할이 강조되기 시작하였다. 2000년 이후 요구되는 유아교사의 모습은 적극적으로 학습의 과정에 참여하여 스스로 지식을 구성해 가는 능동적인 학습자의 모습이다. 능동적인 교사란 능동적으로 지식을 구성하고 교실이라는 공간에서 자신만의 독특한 문화를 형성하는 주체가 되며, 다양한 시각과 열린 자세를 가진 공동 학습자를 의미한다(오문자, 2001).

초기 유아교사의 역할이 어머니의 역할과 크게 다르지 않았다면 1980년대와 1990년대에는 가르치는 자로서의 역할이 더 부각되었다. 그러나 최근에 들어서는 일하는 여성들의 증가, 돌봄에 대한 사회적 요구 증대로 유치원 방과후과정이나 어린이집에서 지내는 유아들이 늘어남에 따라 보호의 역할이 다시 강조되는 것을 볼 수 있다.

(2) 역할은 지위에 따라 다르다.

유아교사의 역할은 유아교사라는 사회적 지위를 가진 사람에게 요구되는 것으로 사회 속에서 차지하는 상대적인 위치에 따라 달라진다. 유아교사는 유아뿐만 아니라 부모, 동료 교사, 원감이나 원장, 부엌일이나 청소를 도와주는 사람, 사무원, 간호사 등과의 만남 속에서 자신의 역할을 수행해야 한다. 교사가 유아와의 관계에서 수행하는 역할과 부모나 행정가들과의 관계에서 수행하는 역할은 다르다. 유아교사는 보조교사인지 주교사인지에 따라서도 그 역할이 달라질 수 있으며, 자신이 담당하는 유아들의 연령에 따라서도 그 역할이 달라질 수 있다.

3) 유아교사의 역할

(1) 직무로 보는 교사의 역할

❶ 유아교사의 역할

유아교사들이 수행하는 직무는 가르치는 일에 한정되지 않는다. 학자들은 이러한 교사의 역할에 대해 다양한 정의를 내려 왔는데 이를 종합해 보면 교육과정 계획 및 운영자, 관찰 및 평가자, 부모와 유아의 상담 및 조언자, 학급 관리자, 의사결정자, 그리고 연구자 등으로 요약할 수 있다. 학자들의 정의를 자세히 살펴보면 다음의 〈표 7-4〉와 같다.

표 7-4 유아교사의 역할

학자	역할 유형	의미
Katz (1970)	• 모친 유형 • 치료 유형 • 교수 유형	유아교사의 역할을 처음으로 규정함
Spodek (1985)	• 양육 역할 • 교수 역할 • 관련적 역할	유아와의 관계에서 부모, 지역사회와의 관계로 확장
이은화 (1985)	• 환경 제공자 • 관찰자 • 프로그램 계획자 • 연구자 • 부모교육 담당자 • 평가자	양육의 개념보다 가르치는 역할에 초점
Schickedanz et al. (1990)	• 교육과정 설계자 • 계획자 · 조직자 · 평가자 • 훈육자 • 의사결정자	의사결정자의 역할 포함
Saracho (1997)	• 교육과정 설계자 • 일과계획 및 수행자 • 상담자 및 조언자 • 연구자 • 행정 업무 및 관리자	연구자의 역할 포함
오문자 (2001)	• 능동적 지식 구성자 • 문화 형성의 주체 • 유능한 의사결정자 • 연구자 • 공동 학습자	교사의 학습공동체 강조
2019 개정 누리과정 놀이 실행자료	• 놀이지원자 • 동료와의 협력자 • 가정과의 협력자 • 지역사회와의 협력자	놀이지원, 구성원과의 협력의 역할을 강조

출처: 이은화 · 배소연 · 조부경(2001), 재구성.; 교육과학기술부(2009). 유아교육 선진화 추진계획, 재구성.; 교육부(2019). 개정누리과정 놀이실행자료, 재구성.

〈표 7-4〉를 보면 유아교사에게 기대하는 역할은 시대마다 조금씩 달라져 왔다는 것을 알 수 있다. 유아교사가 하는 역할은 초기에 보호의 역할에서 가르치는 역할로 그리고 일방적으로 전달하는 역할이 아니라 유아와 함께 교육과정을 개발하고 실천하는 전문가로 변하고 있다. 교육과정 개발자로서의 교사는 일방적인 개발자가 아니라 유아와 함께 개발의 주체가 된다. 이 과정을 통해 유아는 평생학습자의 자세를 배울 수 있다. 특별히 2019 개정 누리과정에서는 유아의 놀이를 관찰하고 이에 기반하여 유아들의 놀이를 지원하는 놀이지원자로서의 역할 또한 강조된다.

사례 ••• 교육과정 운영자로서의 교사

한 집단의 유아들이 교실에 들어오면서, 뼈가 들어 있는 조그만 가방에 대해 관심을 보이며 흥분하였다. 교사는 유아들 모두가 볼 수 있게 뼈가 든 가방을 펼쳐 놓았다.

한동안 많은 유아들이 뼈를 보기 위해 그 책상으로 모여들었으며 몇 명의 유아들은 확대경을 사용하여 관찰하였다. 책상 위에는 뼈가 어디에서 나온 것인지에 대해 유아들의 예측을 적을 수 있는 차트도 준비되어 있었다. 책상 위 한쪽에는 잎사귀들이 가득 놓여 있었는데 그것은 유아들이 부모님들과 함께 할 일종의 게임 자료들이다.

한 주가 끝날 무렵 동물 및 인간의 뼈에 대한 책과 함께 뼈와 관련된 전시 활동이 점차 확장되었다. 교사는 유아들과 함께 책을 읽고 궁금한 점을 해결할 수 있도록 계획을 하였다. 교사는 수의사와 지역 박물관에 편지를 보내 유아들이 뼈에 대해 궁금해하는 것에 대해 질문하였다. 유아들이 뼈와 관련하여 더 많은 흥미를 충족할 수 있도록 교실을 재배치하여 넓은 공간도 마련하였다.

수업이 진행되는 동안 직업이 수의사와 치과의사인 부모들이 교실을 방문하였다. 그들은 뼈의 사진을 찍고 부모가 기증한 엑스레이 사진 옆에 그것들을 진열했다. 한 유아가 엑스레이를 나타내기 위해 검은 종이 위의 흰 페인트를 생각하자, 유아들은 모든 종류의 뼈에 관하여 엑스레이를 만들게 되었다.

유아들은 공룡들의 뼈를 보기 위해 박물관에 견학을 갔으며 곧 어떻게 그리고 왜 사물들이 죽는가에 대한 의문을 품게 되었다. 이러한 의문을 가지고 논의 탐구하는 과정과 함께 유아들은 도서관과 공동묘지를 견학하게 되었다.

사례 ••• 평생학습자로서의 교사

지금 생각해 보면 우리 반 아이들은 진짜 호기심이 많았다. 그래서 그런지 매일 매일 내게 끊임없이 물었다. 처음에는 아이들이 묻는 말에 대답을 해 주어야 된다고 생각했다. 그래서 내가 아는 지식과 상식을 다 동원해서 답을 주었다. 그런데 어느 날 가만히 생각하니 이건 아닌 것 같았다. 현명한 부모는 생선을 잡아 주는 것이 아니라 생선을 잡는 법을 가르쳐 준다고 했던가. 그래서 그때부터는 교실에 백과사전을 마련하고 아이들이 궁금해 하는 것을 같이 찾아갔다. 백과사전을 찾는 법을 가르쳐 주다 보니 자연스럽게 글자에 흥미를 가지고 글자 모양을 변별하기도 했다. 이런 과정에서 나도 많이 배우게 되었고 아이들이 배워 가는 과정을 보고 있자니 참 대단하다는 생각이 들기도 했다.

출처: 김은주 · 권미량(2008), p. 196.

❷ 영아교사의 역할

만 2세 미만의 영아들은 발달 특성상 성인의 보호와 돌봄이 절대적으로 필요하다는 측면에서 유아교사와는 그 역할이 구분된다. 초임 교사들이 영아반 교사의 역할에 적응하는 것은 쉽지 않으며, 특히 돌봄의 문제에 대하여 많은 갈등을 겪는다. 영아교사들의 역할과 관련하여 예비교사들 역시 일반적으로 부정적인 이미지와 태도를 가진다. 그러나 갈등의 시간이 지나면 영아교사의 독특한 역할을 이해하고 적응하게 된다(최혜정, 2007). 보육실습을 마친 예비교사들이 영아교사로 적응해 가면서 영아들의 삶을 이해하고, 따뜻하고 안정감 있는 환경을 제공하는 것의 중요성을 인식하게 된다. 영아들의 성장을 위해 수용적이고 민감하게 반응할 뿐만 아니라 영아교사의 역할이 가르치는 역할이 아니라 함께하는 역할이라는 것을 알게 된다.

영아기의 경험이 이후 발달에 결정적인 영향을 미친다는 점을 고려해 보면 영아교사의 역할이 단순히 돌봄의 차원에서만 그쳐서는 안 된다. 영아교사는 영아들의 기본적인 욕구를 충족시킬 뿐 아니라 그들의 발달을 최대한으로 지원해 줄 수 있어야 한다. 유아기와 달리 영아기 교사에게 요구되는 역할을 정리해 보면 다음과 같다.

표 7-5 영아교사의 역할

학 자	역할 유형
Keenan (1998)	• 각 영아와 애착 형성하기 • 비언어적 의사소통하기 • 부모들과 매일 의사소통하기 • 영아 개개인의 요구에 기초한 일과 구성하기 • 세심하게 관찰하기
Liberman (2000)	• 물리적으로 안정된 환경 제공하기 • 영아가 자신과 환경을 조절해 가도록 지원하기
이영석 외 (1997)	• 영아의 요구에 신속히 대처하고 반응하기 • 따뜻한 신체 접촉하기 • 개별적으로 상호작용하기
임주희 (2004)	• 영아들과 신뢰 쌓아 가기 • 비언어적으로 의사소통하기 • 적극적인 상호작용과 개입하기 • 기본 생활 습관 지도하기 • 사회적 기술 형성 돕기 • 부모와 상호작용하기
이경하 · 임영심 (2006)	• 양육자의 역할 담당하기 • 환경 제공하기 • 놀이 제공하기 • 감독하기 • 언어 발달 촉진하기

사례 ••• 영아교사와 유아교사의 역할에 대한 어느 교사의 생각

0~2세반 교사 하기

물론 학기 초에 어떤 연령을 맡더라도 교사들이 힘든 게 당연한 일이겠지만, 영아반 교사들의 경우에는 학기 초에 더욱 힘든 것 같아요. 시설을 처음 경험하는 영아들이 대부분이고 아직 나이가 어리기 때문에 대부분의 영아가 부모님과 떨어질 때 많이 울기도 하고 적응하는 것도 힘들어하거든요. 그래서 여러 명의 영아들이 한꺼번에 울기도 하고 대 · 소변 실수도 많고, 놀이 하는 동안 갈등 상황도 잦은 편이라 이런 일들을 한꺼번에 다 처리하다 보면 정말 정신이 하나도 없더라고요. 그리고 영아들의 경우 한동안 적응을 잘 하는 것 같다가도 며칠이나 몇 주가 지나서 다시 적응 초기로 돌아가는 경우가 많아서 또다시 울기 시작하거나 전에는 보이지 않았던 새로운 행동을 보이기도 해요. 아무래도 오랜 적응기간이 필요하다 보니까 그만큼 힘든 점이 많았던 것 같아요.

그리고 3~5세반에 비해 교사의 체력적 소모가 더 많아서 힘들었어요. 영아들의 경우 화장실을 갈 때도 매번 함께 가 줘야 하고 손 씻기, 신발 신기 같은 간단한 기본 생활 습관도 하나하나 세심하게 지도하고 함께 행동해야 할 때가 많아서 아이들이 가고 난 오후에는 정말 힘들다고 느낀 때가 많았어요.

0~2세반의 경우 학부모 관리가 더 중요하더라고요. 사실 경험이 처음인 영아들이 대부분이라서 학부모님들께서도 원이나 영아에 대해 관심이나 요구사항이 많으신 편이에요. 세세한 부분까지도 많이 궁금해 하시고 예민하게 받아들이시는 경우가 많아서 영아들 학부모 관리의 경우 더 많은 시간과 노력이 필요했어요.

또 영아들은 아직 신체 조절 능력이 많이 발달되지 않았고 위험한 행동에 대한 인식이 부족하기 때문에 안전사고에 더 주의를 기울여야 하고 현장학습을 갈 때도 신경을 더 많이 써야 했어요.

3~5세반 교사 하기

3~5세반의 경우에는 일단 일과 중 활동이나 수업이 많은 편이라 수업 준비나 수업 활동에 대한 부담이 컸어요. 수업 준비도 그만큼 많이 해야 되고 시간도 많이 걸리니까 항상 수업 준비 때문에 바쁘고 힘들었어요. 특히 프로젝트 활동이나 문학적 접근 등을 할 때면 교사가 더 민감하게 반응하고 활동에 대한 고민이나 생각도 많이 해야 돼서 부담이 많이 되는 편이에요. 그리고 학부모님들의 학습에 대한 기대감이 큰 편이라서 학부모 참여 수업이나 프로젝트 전시회 등의 학부모 참여 행사가 있을 때는 더 힘들었던 것 같아요.

그리고 유아들의 발달 특성상 행동이 크고 과격한 경우가 많아 이에 대한 지도가 항상 힘들었어요. 위험하거나 다칠 수도 있는데 유아들의 경우 이런 행동을 좋아하니까 지도한다고 해도 쉽게 개선되지가 않더라고요. 이럴 때 교사로서 상호작용하는 부분이나 지도하는 부분에서 고민도 많이 되고 적절하게 지도했는지 제 자신을 반성하면서 회의감도 많이 들고 스트레스도 많이 받았던 것 같아요.

또한 한 학급당 유아들의 인원이 많고 언어적 표현 등이 활발하게 이루어지기 때문에 교실 소음이 엄청난 편이에요. 이런 소음에 하루 종일 노출된다는 것이 유아들도 그렇고 교사들에게도 좋은 영향을 주지는 않을 것 같아요. 물론 매일 생활하다 보면 적응이 되지만 그래도 유아 · 유치반 교사들의 경우 소음에 대한 스트레스가 많은 편이에요.

마지막으로 학급 인원이 많으니까 그만큼 처리해야 할 서류가 많아요. 일화기록이나 면담일지 등과 같은 개인 서류나 이 외의 서류를 작성할 때 분량이 많고, 연령 특성에 따라 일지를 써도 더욱 심화되고 세부적으로 작성해야 하니까 영아반보다는 이런 부분이 더 힘들게 느껴졌어요. (K 어린이집 P 교사 면담)

출처: 염지숙 외(2008), pp. 66-67.

(2) 이미지로 보는 교사의 역할

역할은 한 개인이 특정한 지위나 직책에 있을 때 그에 합당한 생각과 행동을 하고, 그에 어울리는 태도를 지니는 것을 의미한다. 역할은 본인이 인식을 하고 있어야 하고 사회의 구성원들이 인정해 주어야 한다. 그런 의미에서 유아교사들에게 사회가 어떤 역할을 기대하는지를 살펴보는 것도 의미 있는 일이다. 이러한 사회의 기대는 일반적으로 유아교사에 대한 이미지를 살펴보면 찾아낼 수 있다. 이미지는 같은 시대를 살아가고 있는 사람들이 공유하고 있는 생각의 총합이므로 유아교사에 대한 이미지는 그 사회가 생각하는 유아교사의 역할에 대한 기대라고 볼 수 있다. 유아교사의 이미지에 대한 연구가 많지는 않지만 연구의 결과들은 대체로 유아교사의 이미지가 외모와 인성에 초점이 맞추어져 있다는 데 동의한다.

❶ 이금란(2000)의 연구

이금란은 30대 중반에서 40대 중반의 학부모 20명을 대상으로 유치원 교사의 이미지를 조사하였다. 부모들이 교사에게 기대하는 이미지는 다음과 같다.

사례 ••• 부모가 기대하는 교사

- 꿈과 희망을 주는 사람 : 엄마들은 자기 아이가 이것도 잘하는 것 같고 저것도 잘하는 것 같고 근거 없이 판단을 하는데 선생님은 판단을 하지 않으니까 아이들에게 꿈과 희망을 줄 수 있을 거라고 생각해요.
- 농부와 같은 사람 : 어릴 때는 뿌리는 대로 받아들이는 시기인 것 같아요. 유아기는 아이들에게 여러 가지 소양을 골고루 심어 줄 수 있는 시기라고 생각해요. 유치원 선생님들은 아이들에게 여러 가지 씨앗을 뿌려 주었으면 좋겠어요.
- 양육하는 사람 : 요즘 아이들은 아침을 잘 안 먹고 유치원에 가잖아요. 그러니까 저녁 먹을 때까지 한 끼밖에 안 먹는 것인데. 선생님이 신경을 써 주셨으면 좋겠어요. 그리고 집에서 잘 안 먹는 것도 선생님이 얘기하시면 잘 먹거든요. 점심이라도 잘 먹고 오면 얼마나 좋은데요.

- 유아를 사랑하는 사람 : 일단은 유아를 사랑하는 마음이 있어야 되는데, 구체적으로 겉으로만 사랑하는 것이 아니라 진정으로 사랑하는 선생님이면 좋겠어요. 아이들이 표현 못하고 가만히 있을 때 가까이 가서 그 아이 심정을 알려고 노력해 보는 선생님이요.
- 에너지가 충분한 사람 : 일단 선생님 스스로 에너지가 충분한 분이 좋더라고요. 한참 산만한 아이들을 다룬다는 일은 육체적으로 힘든 일이고 지치다 보면 유아들에게 개인적인 관심을 주지 못할 것 같아요.
- 친절한 사람 : 말투는 부드럽고 목소리가 아기 같고, 밝은 분위기와 편안한 분위기를 내는 선생님이 좋은 것 같아요.

❷ 이현숙(2005)의 연구

이현숙은 TV 드라마에 나타난 유아교사의 이미지를 연구하였는데 다음과 같다.

사례 ••• TV에 나타난 유아교사의 이미지는

- 인성적 특성 : 유아를 사랑하는 사람, 온정적인 사람, 밝은 사람, 이타적인 사람, 순수한 사람, 여린 사람, 도덕적인 사람, 검소한 사람, 가정적인 사람
- 외형적 특성 : 여성스럽고 청순함
- 전문적 자질과 역할 : 교육 전문가와 부모
- 직업적 위상 : 직업의식이 확고한 직업, 힘든 일을 하는 직업, 퇴근 시간이 늦지 않은 직업, 기본적인 보수를 받는 직업, 자격 기준이 높지 않은 직업, 사회적 지위가 높지 않은 직업

❸ 이영애 외(2001)

이영애와 그의 동료들은 교사와 유아의 상호작용에 초점을 맞추어 교사들의 역할을 은유적으로 표현하였다.

사례 ••• 교사들의 역할

- 관찰자로서의 교사
  - 유아 발달을 연구하는 현장 연구자
  - 유아 놀이의 세부적인 내용을 이해하는 사람

- 소품 관리자로서의 교사
  - 자료 준비를 통해 놀이 가능성을 제공하는 사람
  - 새로 제공한 소품에 따른 놀이 각본 예측하기
- 코치로서의 교사
  - 유아를 훈련시킬 수 있는 힘을 인식하고 기회 제공하기
  - 지원적인 위치에서 위기관리 능력 격려하기
- 기록자로서의 교사
  - 말해진 단어들을 받아 적을 수 있고 읽을 수 있는 모델 제공하기
  - 유아의 놀이와 언어를 문자와 그림 등의 표상으로 만들기
- 중재자로서의 교사
  - 유아가 자신의 요구와 느낌을 말할 수 있는 안정적인 분위기 창조하기
  - 갈등을 사회적 기술을 배우는 기회로 보기
- 건축가로서의 교사
  - 유아의 시선에 기초하여 공간 평가하기
  - 유아의 놀이 요구와 흥미에 맞도록 공간 적용하기
- 방송인으로서의 교사
  - 교실에서 관찰한 놀이 행동에 관한 소식을 널리 알리기
  - 유아의 활동과 창작품의 예를 수집하고 전시하기

지금까지 언급한 유아교사의 역할은 학습의 과정과 연계된 것이 많이 있었다. 다음에 제시된 활동은 전통적인 교사의 역할에서 벗어나 새로운 관점에서 교사의 역할을 생각해 볼 수 있는 것이다.

활동 실외놀이에서의 새로운 교사의 역할

1 교사의 전통적인 역할에 이름 붙이기

교사가 실외놀이에서 가장 일반적으로 하는 것은 놀이 감독자의 역할이다. 그러나 실외놀이에서 교사의 역할은 순찰병, 심판원, 그리고 보결 선수 등으로도 묘사될 수 있다. 이 밖에 교사의 역할에 적합한 다른 단어나 직업을 찾아보자.

2 교사의 새로운 역할 창조하기

- 놀이터에서 교사의 새로운 역할을 창조하기 위하여 탐정, 환경주의자, 건축가, 일기 예보자, 외계인, 정원사, 발명가, 기술자, 파일럿 등과 같은 단어들을 만들어 낼 수 있다.

• 차트 위에 세 개의 칸을 만든 뒤 새로운 역할을 왼쪽 칸에 쓰고 옆의 두 칸에 이 새로운 역할에 맞는 행동과 활동을 써넣어 보자.

교사 역할	교사 행동	준비물
(예) 탐정	쐐기벌레가 온 곳을 조사하기 위해 유아들을 데리고 가기	확대경과 벌레 잡는 방충망
건축가		
외계인		
파일럿		
·		
·		
·		

4) 유아교사의 역할 갈등

(1) 역할 갈등의 개념

역할은 그것을 맡은 사람이 스스로 인식하고 있어야 하고 사회의 구성원들이 인정해 주어야 한다. 특정한 지위를 가진 사람에게 사회적으로 다른 사람들이 인정하고 기대하는 것을 역할 기대라 하고, 자신이 수행해야 하는 행동 양식을 인식하는 것을 역할 지각이라고 한다. 또한 실제로 역할을 수행하는 것을 역할 행동이라 한다(이상욱, 2006). 역할이론에 의하면 역할 기대는 역할 지각에 영향을 미치며 궁극적으로 역할을 수행하는 데 영향을 미친다. 역할 지각과 역할 기대, 그리고 역할 행동이 불일치하면 역할 갈등이 발생한다.

(2) 역할 갈등의 원인

유아교사들은 유아교사의 역할 자체가 갖는 성격 때문에 갈등을 경험하기도 하고, 하나의 역할에 대해 여러 사람이 서로 상충되는 기대를 하기 때문에 갈등을 경험하기도 한다. 현재 유아교사에게 단순히 아이들을 보호하는 역할을 기대하는 집단도 있고, 초등학교 교사와 같은 역할을 기대하기도 한다. 특히 유아교사들은 부모와 같은 양육자가 하는 일과 혼동되어 전문성을 인정받지 못하는 경우가 많이 있다. 이상욱(2006)은 역할 갈등이 발생하는 원인을 다양한 측면에서 비교하였는데, 이를 기초로 역할 갈등에 대한 원인과 상황을 살펴보면 다음과 같다.

표 7-6 역할 갈등의 원인과 상황

갈등 발생 원인	내 용	상 황	교사가 느끼는 정서
역할 기대 ≠ 역할 지각	교사에게 기대하는 역할을 교사가 인식하지 못하거나 부정하는 경우	0~2세반 보육교사에게 주어지는 양육의 역할을 인식하지 못하는 경우	혼돈
역할 기대 ≠ 역할 행동	교사에게 기대하는 역할을 수행하지 못하거나 지위에 맞지 않는 역할을 기대하는 경우	한 학급으로 구성된 공립 병설유치원의 경우 초임 교사임에도 불구하고 원감의 역할까지 해야 하는 경우	부담
역할 기대 〉 역할 지각	교사가 인식하는 것보다 훨씬 더 많은 역할을 기대하여 희생을 요구하는 경우	저출산 문제로 보육에 대한 사회의 요구가 크지만 실제 사회적 경제적 보상은 매우 미약한 경우	불만
역할 지각 〉 역할 행동	교사가 자신이 해야 하는 역할을 인식하였으나 행동이 그에 미치지 못하는 경우	유아를 공평하게 대해야 한다고 인식하지만 실제로는 편애하는 경우	자괴감 실망

앞에서 언급한 바와 같이 자신의 역할을 스스로 인지하는 것을 역할 지각이라 하고 다른 사람들의 인정이나 기대를 역할 기대라고 부른다. 예비교사나 교사들은 가능한 정확하게 자신의 역할을 지각하고 사회에서 기대하는 역할을 이해함으로써 역할 갈등을 최소화 하려는 노력을 할 필요가 있다.

(3) 역할 갈등 해결

역할에 대한 갈등이나 문제가 발생했을 때 이를 해결하는 방식은 교사마다 다양하다. 정현숙(2002)은 교사들이 문제를 해결하는 유형을 반성적 태도형, 환경순응형, 거부형으로 구분하였는데, 이를 자세히 살펴보면 다음의 〈표 7-7〉과 같다.

표 7-7 유아교사의 문제 해결 유형

유 형	특 성	정 의
반성적 태도형	• 자신의 문제를 인식함 • 문제의 원인을 찾아냄 • 문제의 해결 방법을 연구함	이 유형의 교사는 미래 지향적이며 문제를 해결하고 자신의 부정적 이미지를 극복하기 위해 보다 적극적으로 노력함
환경 순응형	• 문제에 순응함 • 자신보다 외부에 관심이 있음 • 문제를 극복하려는 의지가 약함 • 주변 사람들과의 마찰이나 불만에 반응하지 않음	이 유형의 교사는 문제를 그대로 받아들이고 노력하여 바람직한 교사가 되겠다고 하는 마음은 있지만 문제의 원인을 자신의 외부에서 찾으며 그를 해결하기보다 순응함
거부형	• 교사답지 못한 역할 수행에 불만을 나타냄 • 교사로서 인정받지 못하는 것에 불만을 강하게 나타냄 • 자신이 관심 있는 것 외에는 모두 무관심함 • 모든 문제의 원인을 주변의 환경 탓으로 돌림 • 문제를 알고 있지만 해결 의지가 없음	이 유형의 교사는 모든 문제의 근원이 자신보다는 외부의 잘못에 있으며 그 환경에 자신이 적응하기를 거부함

5) 교사의 역할과 어머니의 역할

유아들의 연령이 어릴수록 그리고 기관에서 보내는 시간이 길수록 옷을 입히고, 손을 씻기고, 밥을 먹이는 등의 보호를 하게 된다. 이와 같이 일상적으로 가정에서 하는 일과 유사한 과업으로 인하여 유아교사와 부모가 거의 같은 역할을 한다고 보는 사람들도 있다. 유아교육이 근본적으로는 유아들의 전인 발달을 그 교육의 목적으로 삼고 기본 생활 습관 등도 책임지기 때문에 많은 부분에 있어서 교사와 부모의 역할이 유사하기는 하나, 캐츠(Katz, 1989)는 근본적으로 다음과 같은 면에서 부모와 교사의 차이점이 존재한다고 보았다.

❶ 기능의 영역

부모들은 자신의 자녀에 대하여 24시간 거의 모든 영역에 있어 무한대의 책임을 지며 한순간도 그 책임에서 벗어날 수 없다. 자녀를 먹이고, 입히고, 건강에 대하여 생각하고, 발달에 대하여 생각하며 아이의 장래를 위하여 정신적, 물질적 수고를 아끼지 않는다. 유아들의 연령이 어릴수록 성인이 책임져야 할 영역이 넓어지기 때문에 유아교사의 경우 부모의 역할과 중복되는 경우가 많이 있다. 그러나 교사는 유아가 자신의 학급에 있는 동안에만 그 책임을 다하게 되므로 부모에 비해 책임의 시간이나 영역에 제한이 있다고 할 수 있다.

❷ 애정의 강도

부모의 자녀에 대한 애정은 무조건적이라고 할 수 있다. 유아교사들은 물론 자신이 맡은 유아들을 매우 사랑하지만 그 강도에 있어서 거의 본능적인 부모들과는 다르다. 일반적으로 부모들은 교사보다 더 자주 그리고 더 강렬한 애정을 자녀들에게 표시한다.

❸ 애착

애착은 유아들이 자신을 돌보는 성인들에게 보이는 강한 정서적인 유대관계를 뜻한다. 애착이 적절하게 형성되면 정상적인 발달에 도움이 되지만 불안정한 애착은 발달에 장애 요인이 되기도 한다. 이론적으로는 대개 유아의 성인에 대한 애착만을 다루고 있지만 역으로 성인의 유아에 대한 애착도 있을 수 있다. 부모의 경우 적절한 애착은 부모의 유아에 대한 애착을 설명할 수 있는 양극단의 상태인 무관심과 숨 막히는 사랑 사이에서 가장 적절한 지점을 찾기 위한 노력이라고 볼 수 있다. 부모들은 자신의 자녀들과 정서적인 유대관계를 가지는 것이 바람직하지만, 교사가 특정한 유아와 지나친 애착을 형성하는 것은 편애로 비추어질 수도 있으므로 주의하여야 한다. 또한 자신이 맡고 있는 모든 아이들과 지나친 애착을 형성하면 그 관계를 유지하기 위해 많은 에너지를 쓰게 되므로 쉽게 지쳐버리게 된다. 따라서 교사는 유아들과 이상적인 거리를 두고 정서적인 유대를 맺는 것이 필요하다.

❹ 합리성

고슴도치도 제 자식은 귀여워한다는 말이 있다. 자녀에 대한 부모의 사랑은 무조건적이어서 자식의 행동이 객관적으로 보이지 않는다는 말이다. 그러나 부모들의 이러한 주관성을 긍정적으로 해석하면 자녀들은 자신이 어떤 짓을 하더라도 우리 부모만큼은 내 편이 되어 줄 것이라는 믿음을 가지게 되는 것이다. 근본적인 가치 판단이 흔들릴 정도의 비합리성이라면 문제가 되겠지만 적절한 정도에서 부모의 자아가 자녀와의 관계에 개입되는 것이 적절하다는 의미가 된다. 반면에 교사는 자신의 과업을 수행함에 있어서 자신이 하는 행동이나 태도, 의사결정의 과정 등에 있어 합리적으로 그 이유를 댈 수 있어야 한다. 특히 교사의 합리적인 행동이 적절한 교육을 통한 지식의 기반 위에서 이루어질 때 부모와는 다른 유아교육 전문가로서의 입지를 확보할 수 있다.

❺ 자연 발생성

아무리 훌륭한 교육자도 자기 자식을 가르치기는 어렵다는 말이 있다. 이는 앞에서 언급한 애착, 주관적 관점, 무조건적인 사랑, 혹은 본능 등으로 인하여 이성적으로 계획된 교육이 가능하지 않다는 의미일 것이다. 부모들은 가정에서 자연 발생적이고, 우연적인 기회를 통해 자녀를 교육하지만 교사는 미리 계획을 세우고 가르칠 수 있는 순간을 만들어서 의도적으로 유아의 학습을 이끌어 간다. 교사들이 가르치는 행동은 부모들의 양육과 비교해 볼 때 더 의도적이고 가시적이며 형식적이라고 할 수 있다.

❻ 편애

앞에서 언급한 바와 같이 부모들은 자녀와 매우 강렬한 정서적인 유대관계를 가지고 있기 때문에 아무리 많은 아이들이 함께 있어도 부모들의 눈에는 일단 자신의 자녀가 가장 먼저 눈에 띈다. 부모들은 할 수만 있다면 자신의 자녀들에게 이 세상에서 가장 좋은 것만을 주고 싶어 한다. 부모들이 자신의 자녀만을 위하여 일방적인 사랑을 베푼다면 교사들은 모든 아이들에게 공정하게 대해야 하는 보편애를 추구한다. 교사도 물론 인간이기 때문에 특별히 정이 더 가거나 덜 가는 아이가 있게 마련이지만, 그러한 감정을 드러내지 않고 모든 유아를 동등하게 대하는 것이 교사의 전문성이다.

❼ 책임의 영역

부모들은 자신의 자녀에 대해서만 책임을 지는 대신 그 책임의 정도와 영역은 거의 무한대이다. 반면에 교사는 자신이 맡은 집단의 아이들에 대한 책임을 지지만 그 책임의 범위는 유아들이 기관에 머무는 동안에만 유한적으로 요구된다.

03 초임 교사로 일하기

누구나 교사가 되는 첫 해에는 상당한 기대를 가지고 시작한다. 그러나 곧 이어 가르치는 일이 생각만큼 쉬운 것이 아니라는 것을 깨닫게 되고 많은 갈등과 혼돈의 과정을 거치게 된다(조은주 · 최일선, 2004). 한 학기 혹은 한 해를 마무리하고 반성과 회복이 일어나면 교직에 계속해서 종사하지만 그렇지 못한 경우에는 이직을 하게 된다. 초임 교사가 교직의 첫해 동안 지나가는 단계는 다음과 같다.

1) 가르치는 일에 대한 기대의 단계

교사로서 가장 자아개념이 높을 때는 실습을 마치고 취직을 해서 학급을 맡기

직전까지이다. 교사들은 학교에서 배운 모든 내용을 종합하고 이상적으로 좋은 교사가 될 수 있을 것으로 기대한다.

2) 하루살이와 같은 "생존" 단계

교사가 하는 일은 경력과 관계없이 누구에게나 동일하다. 교사가 되어 처음으로 학급을 맡으며 교사가 해야 하는 기본적인 일들로 다음과 같은 것들이 있다.

- 유아를 지도하기 위해 계획하고, 조직하고, 준비하고, 수업하고, 평가하기
- 학급 환경을 구성하기
- 등 · 하원, 급 · 간식, 낮잠, 휴식, 버스 타기에 대한 안전 지도 등의 수업지원 업무 이행하기
- 새로운 동료들과 함께 공동체 형성하기
- 학부모나 행정가들과 의사소통하기
- 문서를 기록하고 보관하고 관리하기

3) 좌절 및 갈등의 단계

교사로서 자아개념은 가르치기 시작한 지 1~2개월이 지났을 때 가장 낮아진다. 교사가 되기 이전에 가졌던 이상은 어느덧 사라지고, 이론으로 배웠던 내용들이 실제에 적용되지 않는 현실을 보며 이론과 실제의 괴리를 느끼게 된다. 이 시기는 교사로서 감당해야 할 과제가 자신이 준비할 시간과 에너지에 비해 지나치게 많다고 느껴지며 한 주일을 새로 시작한다는 것이 두렵기까지 하다. 자신이 과연 교사로 적절한 사람인가에 대한 회의가 오기 시작한다. 모든 교사들이 학급을 운영하며 일반적인 어려움을 경험하지만 특히 초임 교사들은 다음과 같

은 측면에서 더욱 어려움을 겪는다.

- 유아들의 개인차에 대처하기
- 유아들에게 동기 부여하기
- 학부모와 좋은 관계 형성하기
- 학급 업무 조직하기
- 생활지도하기
- 과중한 수업 부담 및 불충분한 준비 시간으로 인한 부담감 가지기
- 동료들과 좋은 관계 유지하기
- 기관의 정책과 규칙에 민감하기

영아반 초임 교사의 경우 유아반 초임 교사들이 경험하는 어려움에 덧붙여 다음과 같은 어려움을 겪게 된다(조혜진, 2007).

- 보살핌 위주의 교사 역할에 대한 갈등
- 영아보육에 대한 지식 및 적용 능력의 부족
- 안전사고에 대한 불안
- 열악한 보육 환경

4) 반성 및 회복의 단계

정신없이 한 학기가 지나가고 방학이 되면 교사는 잠깐 휴식을 하며 자신을 되돌아볼 수 있는 기회가 생긴다. 이 기간 동안 현직연수에 참여하고 다음 학기를 계획하고 동료들의 지원을 받는다면 다음 학기를 위한 에너지가 재충전된다. 그러나 이 기간 동안 전문적으로, 인간적으로, 사회적으로 지원을 받지 못한다면 그 다음 학기 역시 생존과 좌절의 시간을 보내다가 교직을 떠날 가능성이 높다.

초임 교사들이 이직을 하게 되는 동기는 크게 4가지로 구분할 수 있다(임승렬·권혜진, 2005).

- 인간관계에서의 어려움과 갈등
- 부적절한 조직 풍토
  - 초임 교사의 고립감
  - 겉과 속이 다른 동료
  - 열악한 교사 복지 후생
  - 업무 횡포의 조작 분위기
  - 부적절한 업무 배분
- 교수 방법에 대한 어려움
  - 수업 준비 부족
  - 수업에서의 실패로 인한 좌절감
  - 시범 수업 및 보이기식 행사로 인한 파행 수업
- 사회적 인식
  - 낮은 보수
  - 스스로 사회적으로 낮은 위치에 있다고 여기는 자아 만족감

초임 교사들의 교직 적응을 위해서 가장 중요한 것은 심리적인 지원 체계와 교사로서의 역할을 지도해 주는 장학이나 멘토링 체제의 정립이다. 교사 개인적으로는 교직 첫해의 어려움이 누구나 다 경험하는 단계라는 것을 인정하고 자신의 감정을 조절하며 실천적 지식을 형성할 수 있도록 열린 마음을 가질 필요가 있다.

토의문제

1. 유아교사가 해야 하는 일 가운데 자신이 생각하기에 가장 어려운 일 혹은 자신이 없는 일은 무엇인지 이야기해 보자.
2. 유아교사에게 요구되는 역할과 관련된 이미지 가운데 가장 동의하는 것과 동의하지 않는 것은 무엇인지 이야기해 보자.
3. 유아교사가 되었을 때 가장 역할 갈등을 느끼게 될 부분은 무엇인지 이야기해 보자.

Chapter

08 유아교사의 관계 맺기

학습목표

- 유아교사가 학습자, 부모, 동료, 지역사회와 맺게 되는 관계를 이해한다.
- 유아교사가 학습자, 부모, 동료, 지역사회와 가지게 되는 의사소통의 특성을 이해한다.
- 유아교사가 학습자, 부모, 동료, 지역사회와 가지게 되는 갈등의 유형 및 해결 방법을 이해한다.

학습내용

- 유아교사와 인간관계
- 유아교사와 의사소통
- 갈등 해결하기

핵심용어

- 성공적인 인간관계
- 의사소통 수준
- 비음성적 의사소통
- 교사 방문

CHAPTER

Early Childhood Teacher Education

08 유아교사의 관계 맺기

유아교사와 인간관계 01

인간관계는 사람 사이의 상호작용을 말한다. 사람이 살아가면서 가장 어려운 것 가운데 한 가지는 인간관계이다. 대부분의 인간관계는 빈 공간에서 일어나는 것이 아니라 가정, 직장, 학교와 같은 사회적인 구조 속에서 이루어진다. 유아교사가 유아교육기관이라는 조직 속에서 관계를 맺는 사람들은 학습자, 부모, 동료, 지역사회 등으로 다양하다.

1) 학습자와의 관계

(1) 관계의 특성

❶ 인격체 간의 관계

유아는 각자 생명의 고유성을 가지고 스스로 살아가는 독자적인 인격체이다. 유아교육기관에서 유아교사와 유아는 일방적인 힘을 가진 성인과 무력하고 연약한 어린아이의 만남이 아니라 고유한 인격을 가진 인간과 인간의 만남이다. 유아교사는 유아를 존중받고 사랑받을 권리를 가진 의미 있는 개인으로, 배울 능력을 가진 학습자, 교사 및 또래와 공동체 생활을 해 나가는 중요하고 가치 있는 존재라는 믿음을 가지는 것이 필요하다.

❷ 목표가 있는 관계

유아교육기관에서 유아교사와 유아는 흥미나 취미, 경제적인 목적을 위해 만난 것이 아니다. 유아교육기관에서 유아교사와 유아의 관계는 근본적으로 학습자인 유아들의 성장과 발달을 도와주기 위한 목적으로 형성된 것이다. 유아의 발달은 주변 사람들과 맺는 관계의 질과 관련이 있다. 유아교사는 무엇보다 유아의 요구와 흥미에 대해 민감하게 반응할 수 있어야 하며, 이를 토대로 유아의 모든 발달 영역의 학습에 대한 비계를 설정할 수 있어야 한다. 유아교사와 유아가 서로 신뢰하는 특별한 관계 속에서 교사가 유아의 언어적 · 비언어적 의사소통에 반응적일 때 유아는 안정되고 긍정적인 발달을 이루어갈 수 있다.

❸ 학습의 동반자 관계

유아에게 있어 유아교사는 자신의 신체적 · 정서적 · 학습적인 요구를 들어 주고 지속적인 보호와 교육을 제공해 주는 매우 의미 있고 특별한 성인이다. 유아는 자신의 건강, 영양, 안전, 놀이, 학습 등과 관련된 모든 일과를 교사와 함께 해결해 나가며 지속적으로 특별한 관계를 만들어 간다. 유아교사는 유아와 함께 지내는 매일 매일의 관계를 통해 유아를 더 잘 알게 되며, 각 유아에게 새로운 학습이 일어날 때 민감하게 반응하고 격려할 수 있게 된다. 이 과정에서 유아는 자신의 능력을 알게 되고, 자신을 스스로 가치 있고 소중한 존재로 여기게 되어 유아와 교사의 정서적 신뢰와 유대감을 발달시키게 된다.

(2) 성공적인 교사 – 유아 관계

유아와 교사의 질 높은 상호작용은 유아의 언어 능력, 또래 간의 상호작용, 놀이 수준, 학업 성취도 등에 큰 영향을 미친다. 교사와 유아의 상호작용에는 기질이나 장애, 가정환경과 같은 유아의 개인적인 특징, 교사의 교수 전략, 유아교육기관의 맥락 등은 교사와 유아의 상호작용의 질에 영향을 주는 주요한 요소들이다. 유아교사가 성공적으로 유아와 상호작용을 하려면 다음과 같은 전략을 적용하는 것이 필요하다.

❶ 유아를 존중하는 자세와 태도

교사는 계층, 성별, 신체, 사회 · 문화적 배경 등에 관계없이 유아들에게 학습과 발달의 기회를 평등하게 제공하려고 노력해야 한다. 유아와 이야기를 나눌 때는 몸을 낮추고 유아의 눈을 바라보며 이야기를 나눈다.

❷ 부드럽고 따뜻한 상호작용

교사는 유아가 활동에 대해 흥미와 기대감을 가지고 적극적으로 참여하며, 활동에 집중할 수 있도록 돕는다. 교사는 유아에게 따뜻하고 애정이 담긴 대화 나누기, 미소 짓기, 격려하기, 인정하기 등의 언어적, 비언어적인 방법들을 활용해 상호작용을 함으로써 밝고 즐거운 교실 분위기를 만들고자 노력한다.

❸ 유아의 정서표현이나 요구 등에 민감하게 반응

교사는 유아들의 개별적인 생각과 느낌을 받아 주고 존중하며 격려함으로써 유아들이 활동에 적극적으로 참여하도록 돕는다.

❹ 유아의 성장과 발달 지원

유아가 사물이나 현상에 대해 질문하고 호기심을 보일 때 교사는 유아가 보다 깊이 있게 탐색하도록 언어적으로 상호작용할 수 있어야 한다. 일상생활과 관련된 활동을 통해 유아 스스로 생활할 수 있도록 하고 협동하기, 순서 지키기, 나누기, 양보하기 등의 친사회적 행동을 발달시킬 수 있도록 지원한다. 또한 교사는 유아가 이전의 경험과 지식을 활용하여 반성적으로 사고하고 다양한 방법으로 문제를 해결하는 기회를 가질 수 있도록 도우며, 필요한 경우 유아가 자신의 생각을 분명하게 표현할 수 있도록 언어적 표현력을 자극하고 사고 과정을 돕는다.

❺ 유아들의 개인차에 민감하게 반응

교사는 유아들의 서로 다른 요구, 흥미, 스타일, 능력 등을 세심하게 관찰하고 개별적으로 대화하는 시간을 갖는다. 특히 영아들은 자신들의 요구를 말로 표현하는 데 한계가 있기 때문에 영아반의 교사들은 영아들이 필요로 하는 것을 관찰을 통해 민감하게 알아차릴 수 있어야 한다.

❻ 영아에게 일관되고 긍정적인 반응

영아들에게 가장 중요한 것은 자신을 돌보는 주 양육자와 신뢰감에 바탕을 둔 애착을 형성하는 것이다. 따라서 영아반 교사는 가능한 변화를 줄이도록 해야 하고 상호작용할 때는 일관적인 반응을 보이는 것이 매우 중요하다.

2) 부모와의 관계

부모와 교사 간의 의사소통은 부모와 교사의 공통 관심인 유아에 대한 서로의 교육적 가치, 신념, 행위를 나눔으로써 상대방을 이해하는 과정이다(위수정, 2001). 유아교사와 부모는 유아의 긍정적인 성장과 발달이라는 공동의 목표를 공유한다. 교사와 부모의 관계는 유아가 유아교육기관에 들어오면서 시작된다. 유아교사와 부모의 관계가 서로 신뢰할 수 있고 지지적일 때 유아의 성장 및 발달에 가장 좋은 결과를 가져오게 되지만, 그 반대가 되면 유아의 교육 및 발달에 부정적 영향을 끼치게 된다. 유아교사와 가족은 서로에게 의미 있고 가치 있는 파트너로 여기며 협력할 수 있어야 하는데, 이것은 교사와 가족 간의 적극적인 의사소통을 통해 이루어진다. 교사와 가족은 교육기관에서 제공하는 다양한 의사소통의 기회를 통해 정기적이며, 쌍방향적인 의사소통의 관계를 가질 수 있어야 한다.

(1) 관계의 특성

❶ 간접적인 관계

교사와 부모는 각자의 필요에 따라 직접적으로 관계를 맺은 사이가 아니라 부모가 그 기관을 선택함으로 인하여 유아를 사이에 두고 맺은 관계이다. 교사와 부모는 개인적인 모든 부분을 공유하는 것이 아니라 유아의 교육에 관계되는 일에만 관계하는 부분적인 관계이다. 이는 교사나 부모 모두 교육을 넘어서는 사적인 관계에 대한 기대가 아닌 공적인 관계를 유지해야 한다는 것을 의미한다.

❷ 일시적인 관계

교사와 부모의 관계는 유아가 그 기관에 재원하는 동안에만 유지되는 일시적인 관계이다. 이는 한편으로 교사가 자신이 유아를 교육하는 동안에 최선을 다해 집중할 수도 있지만 다른 한편으로는 적당히 시간을 보내려는 태도에 안주할 위험성도 있음을 의미한다. 교사나 부모 모두 시간이 분명하게 정해진 일시적인 관계라 할지라도 서로에게 최선을 다하는 태도가 필요하다.

❸ 공식적인 결합 관계

유치원이나 어린이집 모두 전적으로 국가가 책임지는 무상교육 시스템에 속하지 않기 때문에 부모가 교(보)육료를 부담한다. 특히 사립 유치원이나 민간 어린이집의 경우 부담하는 비용이 결코 적다고 볼 수 없다. 따라서 부모들의 입장에서는 비용을 지불하고 얻게 되는 서비스라고 생각할 수도 있다. 그러나 유아교육기관 특히 유치원의 경우에는 교육법에 따라 관계를 맺는 합법적이고 공식적인 관계이다. 부모가 정도에 어긋나는 요구를 하거나 무례하게 행동하지 않도록 기관의 운영 방침이나 교사의 철학을 분명하게 전달할 필요가 있다.

(2) 성공적인 교사-부모 관계

권미량과 최애경(2005)은 부모들이 유아교육기관에 적응하는 유형을 더 좋은 기관을 찾아 이곳저곳 옮겨 다니는 '떠돌이형', 유아교육기관에 끊임없이 요구하는 '요구형', 평소에는 무관심하다가 하나의 사건을 통해 폭발하는 '사건형', 자녀의 교육과 보육을 전적으로 기관에 의존하는 '순종형' 부모로 구분한 바 있다. 이러한 부모의 유형들은 자녀양육에 부담과 불안감을 가지고 있는 이 시대의 부모들을 잘 대변하고 있다고 할 수 있다. 이 시대 영유아기 자녀를 둔 부모들은 다음과 같은 특징을 가지고 있다.

- 대부분의 자녀를 한 명만 낳는다. 이는 자녀 수가 많았던 과거와는 확연히 다른 것으로 부모들이 자녀에 대해 가지는 기대가 그만큼 크다는 것을 의미한다.
- 일하는 어머니들이 많아졌다. 이는 유아들이 기관에서 머무는 시간이 그만큼 길어졌다는 뜻이고, 기관에 기대하는 것이 과거와 다르다는 것을 의미한다. 즉, 과거에 유아교육기관에 기대하는 것은 조기교육의 의미가 컸지만 지금은 급·간식, 낮잠과 같은 일상생활 관리와 기본적인 생활 습관 지도도 기관에서 해 주기를 바란다는 의미이다.
- 가족의 형태가 다양해졌다. 유아들 가운데 일부는 예전과 마찬가지로 양부모 밑에서 자라나지만 일부는 한부모나, 일부는 조부모나 다른 친척들이 기르는 경우가 있다. 또한 다문화 가정이 급속도로 증가하고 있어 교사로서 이에 대한 지식과 이해, 열린 태도가 절대적으로 필요하다.

유아에게 최적의 환경을 제공하기 위해서는 부모나 교사 그 어느 누구도 일방적이 되어서는 곤란하다. 다음은 유아교사와 부모가 성공적으로 관계를 맺기 위하여 필요한 요인을 정리한 것이다.

❶ 신뢰 형성

모든 관계는 신뢰를 바탕으로 시작되어야 한다. 교사는 부모가 유아에 대해 가장 잘 아는 사람이고 누구보다 자녀가 잘 되기를 바라는 사람이라는 것을 인정해야 한다. 부모는 교사가 유아의 학습을 위해 가장 전문가라는 것을 인정하는 것에서부터 관계를 시작해야 한다. 이러한 상호 간의 역할에 대한 기대와 동의는 교사와 부모의 관계를 성공적으로 유지시킬 수 있다.

❷ 상호협력 체제 구축

부모와 교사는 유아를 사이에 두고 상호 경쟁하는 관계가 아니라 유아들의 학습에 있어 상호 책임을 가지고 있는 사람이라는 것을 인정해야 한다. 부모는 가정에서의 경험과 기관의 프로그램을 연결시켜 줄 수 있으며, 교사는 부모에게 필요한 여러 가지 자녀 양육과 관련된 지식을 제공할 수 있다. 교사와 부모가 유아의 교육에 대한 동일한 목표를 지닐 때 교육이 가장 효과적으로 이루어질 수 있다.

❸ 효과적인 의사소통

부모들에게 자녀들이 받는 교육에 대해 충분한 정보를 제공하면 부모들은 기관이나 교사의 교육 방침에 대해 더욱 적극적으로 협조할 수 있다. 교사는 통신문, 메일, 게시판, 전화, 홈페이지 등을 활용하여 양방향 의사소통이 될 수 있도록 많은 노력을 기울여야 한다. 의사소통은 매일, 매주, 매달, 그리고 매학기 이루어져야 한다. 부모들 역시 의사소통의 책임이 전적으로 기관에 있다고 맡기기보다는 좀 더 적극적이고 진솔하게 의사소통할 필요가 있다. 이러한 개방적이고 솔직한 양방향의 의사소통은 교사와 부모 사이에 발생할 수 있는 많은 갈등을 사전에 방지할 수 있다.

❹ 상호존중의 태도

교사와 부모는 서로의 지식과 기술을 존중하고 각자가 가지고 있는 어려움을 이해할 필요가 있다. 교사는 부모들이 가지고 있는 자녀 양육에 대한 두려움과 기대, 사회적인 압박에 대한 부담 등을 이해해야 하고, 부모는 교사들이 과도한 책임을 맡고 있는지를 이해하며 각자의 역할을 분명히 하고 이를 존중하는 태도를 가질 필요가 있다.

3) 동료와의 관계

유아교사들은 기관에서 위로는 원장이나 원감과 수직적인 관계를 맺고 동료 교사들과는 수평적인 관계를 맺으며 조리종사자, 영양사, 간호사, 행정직원 등과는 주변적인 관계를 맺는다. 이 가운데 동료 교사들과의 관계는 자신의 전문성 신장의 주요 원천이 된다. 유아교사들은 동료와의 관계를 통해 새로운 지식이나 정보를 얻고 교실에서 발생하는 문제를 해결하는 데 도움을 받으며 교수 능력을 향상시키기 위한 조언을 구할 수 있다.

염지숙과 그의 동료들(2008)은 이성혜(1994)를 인용하여 교사 간의 관계를 4가지로 구분하였다. 첫 번째는 '화합응집형'으로 교사들이 서로 긍정적 감정과 친밀감을 지니는 동시에 직장에 대한 소속감과 단결력이 높은 경우이다. 두 번째는 '대립분리형'으로 교사들이 서로 적대시하는 두 개 이상의 하위집단으로 분리되어 있으면서 집단 간에는 반목하나 집단 내의 응집력과 친밀감은 높은 편이다. 세 번째 유형은 '화합분산형'으로 교사들 간에는 비교적 호의적인 관계가 유지되지만 직장에 대한 응집력은 약해서 원장이나 원감의 지도력에 따라 달라지는 경우이다. 마지막은 '대리분산형'으로 교사들 간의 감정적 갈등이 심하며 직장의 인간관계에 구심점이 없는 경우이다.

(1) 관계의 특성

❶ 소집단 속의 관계

유아교육기관은 그 종사자의 수가 적으면 2명에서 많아야 20명 내외이다. 집단의 크기가 작으면 그 안에 속해 있는 구성원들 간의 사적인 관계가 발전하여 가족같이 친해질 수 있다. 이러한 친밀감은 평소에는 부담이 없지만 공적인 관계를 유지해야 할 때 어려움으로 다가올 수도 있다. 반대로 유아교육기관의 공적인 관계가 강조되어 위계질서가 중시되면 집단의 크기가 작을수록 아랫사람으로 매우 부담이 될 수도 있다.

우리 유치원은 위계질서가 세잖아요. 다른 유치원도 있겠지만 이 정도는 아니에요. 초임들도 알아서 해야 할 부분이 있는데 안 해요. 그럼 잔소리를 잘 해야 되고 사소한 일들도 담임보다 경력 교사들이 더 잘 알고…, 교사들 간 동등한 관계가 되려면 시스템을 바꾸어야 해요.

구수연 외(2006), p.116.

❷ 전문가로 동역하는 관계

유아교육기관에서 교사들은 가르치는 일을 전문적으로 하는 사람들이다. 따라서 이들 간의 관계는 기본적으로 가르치는 일을 더 잘 할 수 있는 방향으로 유지되어야 한다. 유아교육기관에서 동료 간의 관계는 각자 가지고 있는 지식과 능력에 대한 상호존중과 가치의 공유, 교수와 학습에 관한 대화들로 특징지어지는 협력관계가 유지될 필요가 있다.

❸ 공동으로 작업하는 관계

유아교육기관은 지역사회 방문, 야외 학습, 다양한 행사 등으로 공동으로 작업을 해야 하는 경우가 많다. 최근에는 각 기관의 평가까지 이어져 공동 작업은 더욱 많아졌다. 공동 작업이 많을 때 어려운 문제를 솔선하여 도와주고 자신의 고충을 들어 주고 이해하는 동료가 있을 경우에는 인간관계에 대한 만족도가 높아지지만 공동 업무에 협력하지 않는 교사가 많아지면 만족도가 낮아질 수밖에 없다.

❹ 다양한 배경을 가진 관계

유아교육기관에 종사하는 사람들은 매우 다양한 경로를 통해 입문한다. 학력도 단기 보육교사 양성기관, 학점은행제, 평생교육원, 2~3년제 대학, 4년제 대학, 대학원 등으로 그 폭이 매우 넓다. 경력의 차이도 다양해서 공립 유치원의 경우 신임교사와 원감의 경력은 20년이 넘게 차이가 난다. 이와 같이 다양한 배경을 가진 교사들은 서로의 차이를 인정하면 매우 훌륭한 보완이 되지만 그 차이를 극복하지 못하면 상당한 갈등 관계로 이어질 가능성이 높다.

(2) 성공적인 동료 교사와의 관계

유아교사들의 동료관계는 비생산적이거나 타율적이 아니라 유아교육 현장에서 발생하는 많은 문제들을 해결해 가는 민주적이고 역동적인 관계가 되어야 한다. 이를 위해서 교사들은 다음과 같은 전략을 사용할 수 있다(Yhousand & Villa, 1990; 염지숙 외 2008, 재인용).

❶ 각 교사의 기여도가 동등하게 존중되는 정기적인 모임 가지기

유아교육기관에서 교사들은 비슷한 또래와 취미를 가진 교사들이 짝을 이루어 개인적인 모임을 가질 수도 있고, 동일 연령을 담당하는 교사들끼리 매일 혹은 매주 모임을 가질 수도 있다. 여기에서 더 나아가면 지역별로 운영되는 자율 장학회에 가입하여 새로운 정보를 공유하며 지식을 넓힐 수도 있다.

❷ 긍정적으로 상호 의존하기

공동체 생활은 기본적으로 구성원들 간에 상호 의존하는 관계에 기반을 둔다. 교사들은 구성원들 각자가 가지고 있는 관점과 역할, 지식과 기술, 일하는 스타일 등을 고려하여 최대한의 목표를 성취해 낼 수 있도록 해야 한다.

❸ 대인관계 기술 적용하기

어떠한 인간관계이든 그것이 성공을 하기 위해서는 관계를 맺는 초기에 신뢰감이 형성되어야 하고 의사소통이 원활하게 이루어져야 하며 갈등이 생겼을 때 이를 원만히 처리할 수 있는 능력이 있어야 한다.

❹ 개별 구성원이 책무성 갖기

어떤 조직이든 각자에게 주어진 책임과 역할을 분명하게 하면 그 조직은 기본 이상으로 기능한다. 이에 덧붙여 교사로서 복무사항(출 · 퇴근, 외출, 출장, 조퇴, 결근 등)과 기본적인 직장 근무 예절을 잘 지킨다면 갈등이 발생할 여지를 상당히 줄일 수 있다.

4) 지역사회와의 관계

유아들은 그들이 속해 있는 지역사회가 가지고 있는 공동의 규칙이나 관습의 영향을 받는다. 지역사회와 연관된 다양한 활동을 하는 유아교육기관이나 교사들은 지역사회와의 교류가 긍정적으로 이루어질 수 있도록 노력할 필요가 있다.

(1) 관계의 특성

유아교사와 지역사회의 관계는 직접적으로 이루어지기보다는 기관을 매개로 이루어지는데, 지역사회의 활용, 협력, 인식 제고의 측면에서 고려되어야 한다.

❶ 지역사회의 활용

유아교사(유아교육기관)는 인적 자원 및 물적 자원을 활용함으로써 지역사회와 연계할 수 있다. 인적 자원의 활용은 부모들을 포함하여 의사, 간호사, 은행, 우체국, 경찰서, 소방서 등과 같은 각종 관공서의 직원과 같은 다양한 인사들을 방문하거나 활동에 참여시키는 방법으로 이루어질 수 있다. 유아교사는 또한 유아들의 놀이나 체험을 위해 지역사회 놀이터, 도서관, 지역주민센터 등의 다양한 장소를 방문하도록 계획할 수 있다.

❷ 지역사회와 협력

교사는 유아들이 지역사회의 기관을 방문하거나 공동으로 활동하기, 지역사회에서 진행되는 모금활동에 참여하기 등과 같은 방식으로 지역사회와 협력할 기회를 만들어 줄 수 있다.

❸ 지역사회의 인식 제고

지역사회는 좁은 의미에서 유아교육기관이 속해 있는 지역구일 수도 있지만 넓은 의미에서 우리나라 사회 전체일 수도 있다. 현재 저출산 문제로 인하여 보육이 사회의 커다란 관심을 받고는 있지만 아직까지 유아기가 가지고 있는 중요성을 충분히 인식하지 못하고 있는 형편이다. 또한 지나친 자녀 양육에 대한 강조는 오히려 교사에 대한 사회적 신분을 낮추는 효과를 가져오고 있다. 자신이 하는 일에 대한 사회의 인정이 없을 때 그 관계가 원만하게 이루어지기는 어렵다. 유아교육의 중요성과 유아교사의 중요성을 알리기 위한 지속적인 노력이 필요하다.

(2) 성공적인 지역사회와의 관계

유아교사가 성공적으로 지역사회와 관계를 유지하기 위해서는 무엇보다도 교사의 적극적이고 개방적인 자세가 필요하다. 다음은 염지숙과 그의 동료들(2008)이 제시한 지역사회와 성공적으로 관계를 맺을 수 있는 전략이다.

❶ 지역사회에 존재하는 다양한 자원 찾기

유아교사는 홈페이지, 지역 신문, 지역 소식지, 안면 등을 적극 활용하여 지역사회의 공공기관, 행사, 인물 등에 관한 정보를 수집한다.

❷ 발굴한 자원과 관계 맺기

일단 지역사회에 존재하는 다양한 자원을 발굴하였으면 방문, 편지, 전화, 안내문, 공문 등을 통하여 최대한 상호이익이 되는 관계를 맺는다. 이 과정에서 교사는 협력의 목적과 방법, 효과 등을 설득력 있게 제시할 수 있어야 한다.

❸ 지속적인 협력관계 유지하기

지역사회의 자원과 관계가 맺어지면 그 자원을 최대한 이용하여 활동 기회를 제공한다. 지속적으로 친밀할 관계를 유지하기 위해서 의사소통의 통로가 개방적이고 원활하게 이루어질 수 있도록 노력할 필요가 있다.

❹ 지역사회 연계, 확장 및 자원 공유하기

지역사회의 다양한 자원을 활용하여 활동을 하고 난 후에는 정확한 평가를 통해 차후의 연계를 위한 기반을 마련해야 한다.

유아교사와 의사소통 02

1) 의사소통의 특성

의사소통은 송신자와 수신자가 기호를 통하여 정보나 메시지를 전달하여 양자 간에 공통된 의미를 수렴하고 그에 따라 서로의 행동에 영향을 끼치는 과정이나 행동으로 정의할 수 있다(김은주 · 권미량, 2008). 의사소통은 언어적 형태와 비언어적 형태로 전달되고 공식적인 통로와 비공식적인 통로를 통해 전달된다. 메시지를 주고받는 사람들은 수직적인 관계에 있을 때도 있고 수평적인 관계에 있을 때도 있다. 어떤 조직이나 관계도 의사소통이 원활하지 않으면 지속적이고 효율적이며 건강한 관계를 유지하기 어렵다. 문화의 차이, 정보 과잉, 해석의 문제, 고정관념 등은 의사소통에 문제를 가져오는 원인이 되기도 한다.

2) 의사소통의 수준

사람들이 의사소통을 할 때는 상대방에 대해 가지고 있는 신뢰감의 정도에 따라 그 수준이 달라진다. 유아교사는 주변 성인들과 신뢰를 바탕으로 상호 이해하고 존중하는 관계를 맺은 후 의사소통을 할 때 유아에게 더 긍정적인 영향을 미칠 수 있다.

대부분의 사람들은 서로 대화를 할 때 5개의 의사소통 수준 안에서 대화를 하게 되는데 이를 소개하면 다음과 같다(Fritz, Brown, Lunde, & Banset, 1999).

표 8-1 의사소통의 수준

수 준	정 의	특징 및 예
1수준	피상적인 의사소통	• "안녕. 잘 지내?"처럼 단순한 반응만 한다. • 가장 신뢰가 낮은 관계에서 이루어지는 의사소통으로 무의미하거나, 진심이 없고, 방어적인 특징을 보인다. • 실제 공유하는 내용이 없으므로 협력이 이루어지지 않는다.
2수준	사실 보고	• 사람이나 상황에 대한 정보를 전달하는 수준으로 제한된다. • 판단을 제공하지 않는 단순한 사실만 말한다. • 대화자들이 아닌 다른 사람의 행동이나 사실을 보고한다.
3수준	개인적인 생각과 판단	• 개인적인 정보에 대해 상호작용한다. • 다른 사람과 공유하기 위한 생각과 판단을 제공한다. • 감정이 표현되지 않도록 적당히 거리를 두어 정중하게 의사소통한다. • 상대방의 생각을 진정으로 이해하지 못한다.
4수준	개인적인 느낌과 감정	• 자신의 생각과 판단, 신념과 함께 감정을 나눈다. • 솔직한 감정적 표현과 정서가 담긴 의사소통을 한다.
5수준	완전한 의사소통	• 완전히 개방적인 의사소통을 한다. • 가장 높은 수준의 신뢰를 바탕으로 협력적인 의사소통을 한다. • 집단 안에서 구성원들은 보다 나은 해결책을 제공하며 서로에게 고마움을 표현한다.

활동 의사소통 수준 점검하기

1 다음은 당신이 다른 사람과의 관계에서 어떤 수준의 의사소통을 하는지 알아보기 위한 활동이다.

❶ 자신이 알고 있는 사람 가운데 7~8명을 선택한다.

❷ 선택한 사람과의 친밀감의 정도를 3수준으로 구분하여 이름을 기록한다.

❸ 표에 기록된 사람들과의 의사소통 수준에 대하여 생각한 후 해당되는 곳에 기록한다.

❹ 주변의 동료와 표의 결과에 대해 토론해 본다.

❺ 표 안에서 누군가 이동시켜야 할 필요성이 있는지 그 이유는 무엇인지 토론해 본다.

수 준	정의	그냥 아는 사이	잘 알지만 사생활까지는 모르는 사이	잘 알고 사생활도 아는 사이
		예 : 조교 언니	예 : 학과동기1	예 : 어머니 남자친구
5수준	완전한 의사소통			
4수준	감정 공유			
3수준	개인적 생각 공유			
2수준	사실 보고			
1수준	피상적인 대화			

3) 의사소통의 방법

(1) 적극적인 경청하기

대부분의 사람들은 깨어 있는 시간의 70%를 의사소통을 하는 데 보내고 이 중 반 이상을 듣는 데 시간을 보낸다. 읽기가 단순하게 종이 위에 있는 단어를 시각적으로 인식하는 것이 아니라 단어를 해석하고 단어로부터 의미를 만드는 과정인 것처럼, 듣기 역시 소리의 청각적 인식 그 이상으로 소리를 해석하고 소리로부터 의미를 만드는 행위이다. 사람들이 어떤 정보를 읽을 때 필요하지 않은 부분은 뛰어넘거나 필요한 부분은 되돌아가서 다시 읽을 수 있지만, 듣기를 할 때는 말하는 사람의 속도에 따라 그 순간에 제공받는 정보에만 집중해야 되는 제한을 받게 된다. 듣기는 말하는 사람 앞에 앉아 있기만 하면 되는 것처럼 매우 수동적인 활동으로 보일 수 있으나, 적극적으로 듣기 위해서는 더 많은 에너지를 소비하게 되며, 세심하게 적극적으로 듣는 것은 상대방의 생각을 존중한다는 메시지를 전하게 된다. 적극적으로 듣는 과정은 듣기, 주의 집중하기, 이해하고 해석하기, 분석하고 평가하기, 반응하기, 기억하기의 과정을 거친다(Osborn & Osborn, 1994).

사례 ••• 잘 듣기 위한 10가지 지침

경청하기는 연습을 통해 습득할 수 있는 의사소통 방법이다. 다음의 10가지 지침은 어떠한 상황 속에서도 보다 세련되고 적절하게 듣도록 좋은 듣기 습관을 길러 줄 것이다.

❶ 말하기를 멈춰라. 말하는 사람의 메시지가 끝날 때까지 조용히 들으라.
❷ 방해물을 피하고, 줄이고, 제거하라.
❸ 집중하여 들음으로써 말하는 사람에게 더 많은 유익을 주어라.
❹ 상대방이 말하는 것을 조용히 멈추고 잘 생각해 보라.
❺ 말하는 사람의 주요한 아이디어와 중심이 되는 주제를 정의해 보라.
❻ 상대방이 말하는 방식에 대해서는 판단하지 말고 메시지의 내용을 판단하라.
❼ 인용하기, 메모하기, 질문하기와 같이 이해를 돕기 위한 방법을 적절한 때 사용하라.
❽ 무게감 있는 정서적 단어들을 적절히 해석하고, 과민하게 반응하지 말라.
❾ 도움이 되는 피드백을 주라.
❿ 상대방이 이야기한 내용을 사실뿐만 아니라 감정을 이해하며 들으라.

출처: Fritz, S., Brown, F. W., Lunde, J. P., & Banset, E. A.(1999).

(2) 비음성적 의사소통

사람들은 의사소통할 때 말이 많은 비중을 차지한다고 생각하지만, 실제적으로는 비음성적 의사소통이 차지하는 비중이 훨씬 더 크다. 사람들은 이야기를 들으며 말하는 사람을 보고 웃거나 끄덕이며, 찡그리는 등의 비음성적 의사소통을 통해 긍정적·부정적 반응을 표현한다. 이러한 신체언어는 의사소통의 질을 향상시킬 뿐만 아니라 역동적인 대화를 지속할 수 있게 한다(Osborn & Osborn, 1994).

사람들은 말을 하든지, 또는 다른 사람의 말을 듣든지 항상 비음성적인 의사소통을 한다. 비음성적인 의사소통은 다른 경로를 통해 메시지를 더 강력하게 전할 수도 있고, 반대로 모순되게 전할 수도 있는 등 비음성적 의사소통은 다양한 경로를 통해 전달된다(Fritz, Brown, Lunde, & Banset, 1999).

❶ 외모

외모는 비언어적 의사소통의 중요한 경로이다. 사람들은 어떤 사람을 보자마자 그 사람에 대한 판단을 내리는데, 이때 외모는 가장 중요한 영향을 미치는 요인이 된다. 예를 들어 취업을 위한 면접 장소에서 찢어진 청바지나 원색으로 염색한 머리를 한 사람보다는 정장 차림의 사람에게 더 긍정적인 반응을 보이는 것처럼, 외모는 비언어적인 의사소통의 수단이 된다. 단정함, 머리 스타일, 화장법과 같은 개인적인 차림새는 언어적 메시지를 보완하는 비언어적인 정보를 담는다.

❷ 표정

사람들의 얼굴을 보면 그 사람의 감정이나 태도를 알 수 있다. 행복함이나 반가움을 전할 때 웃음을 보일 수 있고, 화가 나거나 의심스러울 때 얼굴을 찡그릴 수도 있다. 표정은 의사소통의 지속성에 영향을 준다. 예를 들어 듣는 사람이 끄덕이거나 웃게 되면 말하는 뜻을 이해했거나 깊은 인상을 받았다는 뜻이 되어 의사소통이 계속되지만 종종 하품을 하는 것은 더 이상 이야기를 듣고 싶지 않다는 생각을 보이는 것이기도 하다.

❸ 눈 맞추기

눈은 얼굴 표현에 있어서 가장 중요한 부분이다. 상대방의 눈을 쳐다보는 것은 매우 강력한 의사소통 수단이다. 눈 맞춤은 의사소통 과정에서 자신이 말하는 차례를 알게 해 준다. 대화 과정에서 듣는 사람은 말하는 사람의 눈을 더 많이 바라보게 되며, 말하는 사람은 가끔 쳐다보며 눈을 맞추게 된다. 친숙한 이야기를 하거나, 이야기의 주제가 흥미 있을 때 눈을 맞추며 이야기하지만, 대화의 주제가 흥미 없거나 상대방에게 관심이 없을 때 눈 맞춤을 피하기도 한다. 따라서 대화를 할 때 눈을 맞추지 않으면 상대방을 의식하지 않거나 주제가 흥미가 없다는 메시지를 전달하게 된다.

❹ 신체언어

우리는 의사소통을 할 때 몸을 통해 많은 것을 말한다. 의사소통 과정에서 말은 생각하고 느끼는 바의 약 30%를 전달하지만, 신체언어는 약 60%를 전달해 주는 중요한 매개체가 된다. 자세, 손동작, 머리, 미소, 입, 발 등의 움직임을 통해 나타내는 신체언어는 중요한 의사소통 수단이다. 의사소통을 할 때 취하는 자세가 가지는 일반적인 의미는 다음의 〈표 8-2〉와 같다.

표 8-2 일반적인 자세와 그 의미

자 세	의 미
몸을 앞으로 움츠린 자세	저조한 기분
몸을 곧게 세운 자세	기분이 좋음, 에너지가 넘침, 자신감이 있음
앞으로 기대다	개방된, 흥미가 있음
뒤로 기대다	방어적임, 관심이 없음
팔짱을 끼다	방어적임
팔짱을 풀다	기꺼이 들으려고 함

❺ 말하는 사람과의 거리

의사소통을 하는 사람들 사이의 거리와 공간은 두 사람 간의 관계를 말해 준다. 보다 권력 있는 사람은 더 큰 공간을 차지하고, 타인의 공간을 침입하기도 하지만, 상대적으로 권력이 약한 사람은 공간을 내주기도 한다. 또한 사람들은 친근한 상대나 긍정적으로 느끼는 상대 옆에 앉거나 서 있게 되기도 한다. 이러한 공간과 의미는 문화에 따라 다른데, 미국 문화에서는 〈표 8-3〉과 같은 기준이 일반적으로 적용된다.

표 8-3 말하는 사람 간의 거리와 의미

거 리	공간의 유형	사 용
0~46cm	친밀한 공간	가족과 가까운 친구와의 상호작용
46cm~1.22m	사적 공간	대부분의 대인 상호작용
1.22m~3.66m	사회적 공간	보다 공식적인 상호작용
3.66m 이상	공적 공간	대규모 청중과의 상호작용

⑥ 기타

기타 다양한 손동작, 머리의 움직임, 입 모양 등도 비음성적으로 의사를 전달하는 수단이 된다. 비음성적으로 의사소통 할 때 그 효과를 높이기 위해서는 다음과 같은 것에 유의해야 한다.

- 의식하라. 상대방이 비음성적으로 무엇을 의사소통하는지 주의를 기울이고, 자신의 표정, 자세와 몸짓이 무엇을 전달하는지를 의식한다.
- 자신이 하는 말과 신체언어를 일치시키라. 자신이 말한 것과 반대되게 몸으로 말하는지 지켜보아라. 이중적 메시지는 듣는 사람을 혼란스럽게 할 뿐 아니라, 자신을 정직하지 않은 사람으로 보이게 할 수 있다.
- 자신의 얼굴 표정이 전하는 메시지를 인식하라. 얼굴 표정을 통해 상대방에게 태도, 감정, 정서적 상태를 알게 할 수 있다.
- 미소를 짓고 고개를 끄덕이라. 미소는 가장 강력한 비언어적 단서가 되지만, 멍한 표정은 매력, 권력, 신뢰성을 떨어뜨릴 수 있다.
- 눈을 직접적으로 마주쳐라. 직접적으로 눈을 마주치는 것이 눈길을 돌리는 것보다 더 강력할 수 있으나, 만약 불편하다면 다른 사람의 이마나 머리카락을 보아라.
- 자신의 공간을 확보하고, 이것을 위반하는 사람에게는 공간을 침범하고 있음을 분명하게 알리라.

• 문화적 차이에 주의하라. 신체 언어의 어떤 측면들은 문화에 따라 상이하게 해석되는데, 예로 미국 문화에서는 눈 마주침을 정직과 개방성의 표현으로 권장하지만, 다른 문화에서는 이러한 눈 마주침은 지배 혹은 경멸의 뜻으로 해석할 수 있다.

• 자신의 비음성적인 의사소통을 모니터하라. 거울, 비디오테이프, 혹은 사진 속에 비친 자신의 모습을 보고 주로 사용하는 비음성적인 습관을 검토해 보라. 주변 사람의 이야기를 들어 보라.

활동 손동작 만들기

1 각자 1분 안에, 생각할 수 있는 많은 손동작의 목록을 만든다.
2 목록에 적혀 있는 손동작의 의미를 기록한다.
3 대화의 상대를 찾아 자연스럽게 대화를 나누며 손동작을 한다.
4 상대방의 손동작이 어떤 의미를 전달하였는지를 이야기하도록 한다.
5 역할을 바꾸어 해본다.

4) 유아와 집단으로 의사소통하기

유아는 주변 세계 및 현상에 대해 많은 호기심을 갖고 있으며, 교사에게 궁금한 것을 많이 질문한다. 교사는 유아가 자신의 호기심을 표현하고, 탐색할 수 있도록 질문에 적절한 언어로 반응할 수 있어야 하는데, 이러한 과정에서 교사가 유아에게 질문하고 언어적으로 상호작용하는 방법에 따라 유아의 사고 수준이 질적으로 달라질 수 있다. 특히 교사가 집단 활동을 하는 중에 유아와 나누는 언어적 상호작용의 대부분은 교사의 발문으로부터 시작된다. 발문이란 교사가 학생들의 학습 활동을 위해 제기하는 물음으로, 유아가 활동에 적극적으로 참여할 수 있도록 돕는다. 유아들은 교사가 던지는 발문에 따라 자신의 학습을 평가하고 조절해 나갈 수 있다. 즉, 교사는 유아들에게 발문을 함으로써 유아와 긍정적인 태도로 상호작용할 수 있고, 유아의 학습 및 사고능력을 촉진하는 동시에 언어 · 사회성 · 정서 발달을 증진시킬 수 있게 된다.

교사가 실제 유아와의 집단 활동 시 활용하는 발문의 유형은 활동의 목적이나 내용에 따라 매우 다양하다. 동화를 들려주고 난 후 유아와 이야기를 나누면서 교사가 제시하는 발문은 과학적인 탐구 활동을 진행하는 동안 제시하는 발문과 차이가 있을 수 있다. 또한 발문의 유형은 유아의 인지적 수준이나 교사의 의도에 따라 달라질 수 있다(성은영, 2006). 즉, "얼음이 녹으면 어떻게 될까?"라는 발문은 어떤 유아에게는 이미 알고 있는 지식이나 정보를 단순하게 묻는 질문이 될 수도 있지만, 어떤 유아에게는 사물의 성질에 대한 변화를 예측하게 하는 높은 수준의 질문이 될 수도 있다. 또한 이때 교사가 "물이 된다."라는 한 가지 답만을 정답이라고 생각한다면 이 발문의 유형은 수렴적 질문이 될 수도 있고, 반대로 여러 가지 답을 다 수용한다면 확산적 질문이 될 수도 있다. 일반적으로 유아교사가 집단 활동에서 활용하는 발문의 유형을 소개하면 다음 〈표 8-4〉와 같다(이은화 · 김영옥, 1993; 중앙보육정보센터, 2007; Siegel & Saunders, 1979).

표 8-4 발문의 유형

범 주	정 의	예
이름 알기	사물의 명칭이나 사건, 대상의 위치 등을 단순하게 확인함	• 이것은 무슨 색일까? • 그 책은 어디에 있니?
나열하기	필요한 정보를 하나씩 차례로 늘어놓게 함	• 이 그림에서 무엇을 볼 수 있니? • '커다란 순무'에는 어떤 동물들이 나왔니?
분류하기	사물의 특성이나 어떤 조건, 기준에 따라 구분하여 다시 말하게 함	• 여기서 먹을 수 있는 것은 무엇이니? • 이것들 중에서 같이 묶일 수 있는 물건들은 무엇일까?
설명하기	어떤 사건이나 사물의 내용이 어떻게 되었는지 확인함	• 아이들은 콩을 어떻게 했니? • 다람쥐는 도토리를 주워서 어떻게 했니?

예측하기	결과를 예상하게 함	• 여기에 검정색을 섞으면 어떻게 될까? • 마른 미역을 물에 담그면 어떻게 될까?
비교하기	유사점과 차이점을 묘사하도록 함	• 재원이와 재은이의 신발은 어떻게 같아? • 사자와 호랑이는 어떤 점이 다를까?
추론하기	일어날 수 있는 사실에 대해 미루어 생각하게 함	• 이를 닦지 않으면 어떻게 될까? • 토끼가 왜 잠이 들었을까?
회상하기	과거에 있었던 경험을 기억하게 함	• 비행기를 타본 적이 있니? • 치과에 가본 적이 있니? 그때 치과에서 무엇을 했니?
상상하기	자신이 상상한 것을 말하게 함	• 과자나라에 가면 어떨 것 같니? • 산타할아버지가 선물로 요술봉을 주신다면 어떤 일이 생길까?
문제해결하기	문제를 해결할 수 있는 방법을 생각하게 함	• 시냇물을 건너가야 하는데 어떻게 해야 할까? • 친구가 빌려준 장난감을 잃어버렸는데 어떻게 하는 게 좋을까?
대안제시하기	다른 관점 및 방법을 찾아보게 함	• 집에서 유치원에 가는 다른 길이 있니? • 탑을 쌓는 또 다른 방법은 어떤 것이 있니?
변형하기	사물, 사람, 사건의 변화 과정을 이야기하게 함	• 그것을 돌리면 어떻게 될까? • 빨간색과 노란색을 합치면 어떻게 될까?
결합하기	공통요소를 찾거나 유목화하게 함	• 우리는 노랑, 파랑, 초록 등을 무엇이라고 부를까? • 'ㄱ'에다가 'ㅛ'를 합치면 무슨 글자가 될까?
일반화하기	이미 알고 있는 정보나 지식을 다른 상황·조건에 일반화시키도록 함	• 얼음과 눈은 태양이 비치면 녹는단다. 그러면 눈사람은 태양이 비치게 될 때 어떻게 될까? • 독수리와 까치는 하늘을 날 수 있어. 그러면 오리도 하늘을 날 수 있을까?
평가하기	어떤 대상의 수준, 정서 상태, 좋고 나쁨, 옳고 그름 등을 판단하게 함	• 너의 생각은 무엇이니? • 여기에 있는 퍼즐 중에 네가 가장 쉽게 할 수 있는 것은 무엇이니?

사례 ••• 보육실습교사가 경험한 교사-유아 의사소통

이 반에서는 남자 아이들이 너무 과격했다. 유아들이 싸움을 자주 했는데 그럴 때마다 담임선생님은 동생 반에 가서 다시 배우고 와야겠다며 유아들에게 엄하게 이야기한다. 그러면 유아들은 잘못했다고 이야기를 한다. 그래서 나도 유아들이 잘못할 때마다 "튼튼반 가자."라고 이야기하게 되었다.

지도교사는 의도적으로 "위협함으로써 유아들의 행동을 통제해야 한다."는 것을 가르치지는 않았다. 오히려 생활지도에 대한 지도를 할 때 의도적으로는 "위협함으로써 유아들의 행동을 통제하는 것은 좋지 않은 모습"이라고 가르쳤다. 그러나 결과적으로 실습생은 지도교사의 의도적인 가르침과는 반대로 "위협을 해서라도 유아들의 행동을 통제하는 것이 필요하다"는 것을 배우게 되었다. (실습생의 관찰 내용)

갈등 해결하기 03

1) 갈등 이해하기

갈등이란 인간관계 안에서 만들어지는 사회적 현상으로 한 사람이 원하는 것이 다른 한 사람이 원하는 것과 모순될 때 발생하며 계속적으로 반복된다. 갈등은 나와 상대방의 사고방식과 동기에 대한 이해가 다름을 발견했을 때 나타나며, 바로 개념화되어 행동을 결정한다. 갈등이 발생하는 원인으로 다음과 같은 것들이 있다(〈표 8-5〉).

표 8-5 갈등의 원인

범 주	내 용
모호한 권한	책임과 권한이 분명하게 정해지지 않으면 갈등이 발생할 가능성이 높다.
이해관계의 갈등	부족한 자원이나 보수에 대한 경쟁은 갈등을 일으킬 가능성이 높다.
의사소통 장애	부족한 의사소통, 오해한 용어, 마지못해 다른 사람의 말을 듣는 것 등은 갈등을 일으킬 가능성이 높다.
상대방에 대한 지나친 의존	만약 누군가가 지나치게 다른 사람의 정보나 도움을 의지한다면, 갈등이 발생할 가능성이 높다.
조직 내에서의 분화	집단 내의 분화의 정도(예: 권위의 수준, 특정 작업의 유형과 숫자)가 클수록, 갈등이 일어날 가능성이 높다.
접촉의 기회	의사결정 과정에서 비공식적으로 개인들이 상호작용을 많이 할수록, 갈등이 일어날 가능성이 높다.
합의에 대한 요구	모든 사람들이 결과에 대해 합의해야만 할 때 갈등이 일어날 가능성이 높다.
행동 규제	규칙, 규정, 공식적 정책과 같은 통제가 있을 때, 갈등이 일어날 가능성이 높다.
해결되지 않은 과거의 갈등들	과거에 해결되지 않은 갈등이 많을수록 새로운 갈등이 발생할 가능성이 높다.

2) 갈등 해결하기

갈등을 해결하기 위해서는 먼저 갈등이 무엇에 대한 것인지 정확히 알고 관련된 사람들의 행동을 객관적으로 분석해야 한다. 갈등에 대한 정보를 수집하고 면밀히 조사한 다음, 객관적인 수준을 유지하여 양쪽에게 모두 긍정적인 방향으로 해결할 수 있는 방식을 찾도록 한다. 또한 서로의 갈등에 대한 공통된 이해를 통해 타협점을 찾을 수 있도록 지원하며 서로에게 적절한 해결책을 제시하여 마지막에는 서로가 합의한 것을 명확하게 확인하며 갈등을 해결하도록 한다. 갈등을 조절하는 과정에서 활용되는 5가지 전략을 소개하면 다음과 같다(Johnson & Johnson, 1994).

(1) 회피

회피는 갈등 논제로부터 물러나거나 이를 피함으로써 자신뿐만 아니라 상대방의 관심사마저 무시하는 유형을 말한다. 문제가 매우 중요하고, 해결을 미루는 것이 갈등을 악화시킬 때 회피하는 것은 적절하지 않으나, 다음과 같은 경우에는 회피 전략을 사용할 수 있다.

- 이해관계가 그렇게 크지 않고, 잃을 것이 별로 없을 때
- 갈등을 다룰 시간이 없을 때
- 갈등에 부딪히기에 상황이 적당하지 않을 때: 시간이나 장소가 적당하지 않을 때
- 더 중요한 문제들이 있을 때
- 관심이 가지 않을 때
- 화나고 성급한 사람을 다루어야만 할 때
- 너무나 놀라거나 전혀 준비가 되지 않아, 생각하고 정보를 수집할 시간이 필요할 때
- 자신이 너무 정서적으로 깊이 관여되어 있어서, 다른 사람이 갈등을 더 성공적으로 해결할 수 있을 때

(2) 적응

적응은 순응, 동조, 회유 등과 유사한 의미를 가지며 상대편의 관심사를 만족시키기 위해 자신의 관심사를 희생하는 것이다. 즉각적으로 처리해야 중요한 문제일 때는 적응 전략을 사용할 수 없지만, 다음과 같은 때 활용할 수 있다.

- 문제가 자신보다는 타인에게 더 중요할 때
- 자신이 잘못했음을 발견할 때
- 지속된 경쟁은 해로우며, 자신이 이길 수 없음을 알 때
- 분열 없이 조화를 유지하는 것이 가장 중요한 사안일 때

(3) 경쟁

다른 사람을 희생하더라도 자신의 관심사를 추구하기 위해 경쟁을 하는 권력 지향적인 전략으로 다음과 같을 때 경쟁을 활용할 수 있다.

- 자신이 옳다는 확신이 있을 때
- 빠른 결정이 필요할 때
- 끝까지 밀고나가는 사람을 만나고, 자신이 스스로 견뎌나갈 필요가 있을 때

(4) 타협

양측이 모두 성숙하게 수용할 수 있는 상황에 이르기 위해 어떤 부분을 포기하는 것으로 자신의 관심사와 타인의 관심 모두가 중간 정도의 수준으로 만족시키는 것을 말한다. 양쪽의 요구가 너무 크고 타협한 내용을 수용할 수 있을 만큼 포기하기 어려울 때는 타협 전략이 적절하지 않으나, 다음과 같이 적응과 경쟁의 중간 정도의 상황일 때 활용할 수 있다.

- 목표는 약간 중요하나, 더 공격적인 전략을 쓸 만큼 중요하지는 않을 때
- 같은 위치의 사람들이 똑같이 헌신할 때
- 복잡한 문제에 대해 잠정적인 해결에 도달하고 싶을 때
- 중요한 문제에 대해 편리한 해결에 도달하고 싶을 때
- 경쟁이나 적응이 먹히지 않아서, 보완할 방법이 필요할 때

(5) 협동

협동은 집단 내 모두의 관심사를 만족시키는 가장 이상적인 전략이다. 집단 내에서 충분한 신뢰나 존경, 의사소통이 없다면 협동 전략은 최선의 방법이 아닐 수도 있으나, 양쪽을 만족시키는 대안을 찾는 방법으로 다음과 같은 상황일 때 활용할 수 있다.

- 타인의 삶에 영향을 미칠 때
- 자신이 모든 책임을 다 지기를 원치 않을 때
- 높은 수준의 신뢰가 있을 때
- 타인으로부터 헌신을 얻을 필요가 있을 때
- 나쁜 감정, 적의를 이겨 나갈 필요가 있을 때

사례 ••• 갈등 관리 지침

갈등은 처음부터 발생하지 않으면 가장 좋지만 일단 갈등이 생기고 나면 이를 잘 해결하는 지혜가 필요하다. 일반적으로 갈등에 대처하는 몇 가지 지침을 소개하면 다음과 같다.

- 한 번에 한 가지 문제만을 다룬다.
- 현재의 의사소통을 막는 과거의 문제를 먼저 다룬다.
- 갈등을 해결하기에 적당한 시간을 선택한다.
- 고의로 언급한 내용이 아니면 반응하지 않는다.
- 너무 빨리, 혹은 너무 쉽게 떠오르는 해결책은 피한다.
- 놀리거나 위협적인 행동은 피한다.
- 각론에서 반대 의견을 개진하려면 그 전에 일반론에 동의한다.
- 여러 해결책이 있을 수 있으므로 자신의 의견만을 고집하지 않는다.

토의문제

1. 유아교사가 관계를 맺어야 하는 다양한 유형의 사람들 가운데 가장 관계 맺기가 어려운 사람들은 누구인지 이야기해 보자.
2. 유아교사가 갖추어야 하는 의사소통의 기술 가운데 가장 중요한 기술은 무엇인지 이야기해 보자.
3. 유아교사가 되어서 가장 갈등을 겪게 될 영역은 무엇인지, 그 이유는 무엇일지 이야기해 보자.

Chapter

09 유아교육기관에서 근무하기

학습목표

- 유아교육기관이 가지고 있는 조직적 특성을 이해한다.
- 유아교사의 직무만족도와 직무 스트레스의 개념을 이해한다.
- 교사로서 시간 관리 하는 방법을 이해하고 실천한다.
- 가르침에서 정서가 가지는 역할 및 특징을 이해한다.

학습내용

- 유아교육기관의 조직문화
- 유아교사와 직무만족도와 직무 스트레스
- 유아교사의 시간 관리
- 유아교사의 정서

핵심용어

- 조직문화
- 직무만족도
- 유아교사의 정서
- 정서적 거리감
- 정서노동

CHAPTER

Early Childhood Teacher Education

09 유아교육기관에서 근무하기

01 유아교육기관의 조직문화

교사들이 근무하는 곳의 환경이나 조직의 풍토, 의사소통 방식 등은 교사들의 근무 여건에 직접적인 영향을 미치며 이러한 영향은 직무만족도와 스트레스 등에 영향을 주게 된다.

1) 유아교육기관의 조직적 특성

직장생활을 하는 사람들은 누구나 조직에 속하여 살아간다. 지금까지 유아교사들은 주로 유아들과 부모와의 관계 속에서만 그 존재가 규명되는 경향이 있었다. 그러나 유아교사들은 유아교육기관이라는 조직에 속한 구성원으로서 유아나 부모와는 또 다른 관계를 유지한다. 유아교사들이 근무하는 유아교육기관의 조직은 다음과 같은 특성을 가지고 있다(조혜선, 2008).

(1) 조직의 규모

유치원이나 어린이집은 초·중등학교와 달리 그 규모가 매우 작다. 우리나라 유치원 평균 학급 수는 공립의 경우 평균 3학급 미만이며 사립은 평균 5~6학급 정도이다(한국교육개발원 교육통계서비스, 2020). 이러한 규모의 유치원에는 원장 혹은 원감 가운데 1명만 있게 마련이어서 적으면 2명에서부터 많아야 5~6명을 넘지 않는 조직에서 일을 하게 된다. 물론 사립 유치원의 경우에 10명 이상의 교사들이 종사하는 경우도 없지는 않지만 전체적인 비율로 볼 때는 매우 드문 경우에 속한다고 할 수 있다.

조직의 규모가 작기 때문에 체계적, 과학적, 합리적으로 운영되기보다는 느슨하고, 융통성이 있으며 가족적인 특성을 가지고 있다. 반면 규모가 작기 때문에 업무 분장이나 역할 기대 측면에서 어려움이 있다. 기본적으로 하나의 기관을 운영하기 위해서는 유아를 가르쳐야 하고 그에 필요한 교재 및 교구를 제작하여야 하며 학급을 운영하고 여러 가지 행사를 해야 한다. 사무적으로 관리하여야 하는 문서들도 다른 각급 학교와 다르지 않을 것이며 재정적인 관리도 마찬가지이다. 규모가 큰 조직의 경우에는 각 과제를 분담할 수 있는 조직적인 체계를 갖추고 있다. 이러한 조직 체계는 각자의 책임을 분명히 하여 과제를 수행하는 가운데 역할 혼돈이나 갈등의 소지를 줄인다. 반면에 유아교육기관과 같이 그 규모가 작아지면 한 명의 조직원이 동시에 여러 가지 과제를 수행하기 때문에 과제 수행에 대한 부담이 클 뿐만 아니라 과제 완성에 대한 책임 소재도 불분명한 경우가 많이 발생하게 되고 그로 인하여 조직 구성원 간에 갈등이 발생할 소지가 많아진다.

(2) 조직의 기능

모든 조직은 특별한 목적을 가지고 구성된다. 유치원은 유아의 전인적인 발달을 목적으로 하는 교육기관이고 어린이집은 보육을 목적으로 하는 시설이다. 단순한 지식 전달이 아니라 발달의 기초를 마련하고 일상생활에 대한 교육도 매우 중요한 목적 가운데 하나이다. 사전에 일과를 계획하기는 하나 유아의 흥미에 따른 놀이 중심의 통합적 교육과정을 운영하므로 교육과정 운영에서 상당한 자율성과 융통성을 가진다. 유치원과 어린이집에서는 어린 연령의 유아를 대상으로 교육하므로 교사의 영향력이 매우 크고 부모의 요구 또한 매우 크고 다양하다.

(3) 조직의 구성원

유아교육기관은 거의 여성으로 구성된다. 여성의 조직은 남성 위주의 조직과 달리 의사소통 방식에서 차이가 난다. 여성의 의사소통 방식은 매우 사적이며 과제가 아닌 인간관계를 중심으로 이루어진다. 여성은 흔히 수다라 불리는 방식을 통하여 의사소통한다. 이 방식은 일단 각자의 개인적인 상황에 대한 양해와 이해를 통해 맥락을 형성하고 의사소통의 상대방과 사적인 관계를 형성한 후에 모든 공적인 일도 그러한 사적인 관계 속에서 처리하는 방식이다. 이러한 방식이 남성의 사회에서 보면 매우 불합리적이고 공과 사가 구분이 되지 않는 것처럼 여겨지는 경우도 있어 간혹 남성인 관리자와 교사 간의 갈등 원인이 되기도 한다.

(4) 조직의 유형

2019년 교육통계에 따르면 유치원의 기관 수는 공립이 55%, 사립이 45%이다. 그러나 재원 원아수로 보면 사립의 비중이 약 61%이다(한국교육개발원 교육통계서비스, 2020). 사립 유치원은 초등이나 중등과 달리 재단으로 설립된 경우가 드물다. 이것은 대부분의 유아교육기관이 이사장 혹은 설립자의 사유 재산인 경우가 많다는 의미이다. 그러다 보니 유아교육기관의 운영이 교육적인 목표를 달성하는 것에 두는 것이 아니라 영리를 추구하는 방향으로 흐르기도 하고, 교사가 설립자 혹은 이사장의 개인적인 일까지 보조해야 하는 경우가 보고되기도 한다. 어린이집도 마찬가지로 민간의 비중이 매우 높다. 유아교육은 교육뿐만 아니라 일하는 여성들의 보육에 대한 요구가 매우 높아지는 사회적인 현상을 고려해 볼 때 더 이상 민간 차원에서 해결할 것이 아니라 공적인 차원에서 적극적으로 지원해야 하는 대상임을 인식할 필요가 있다.

(5) 조직의 주기

사립 유치원이나 어린이집 교사의 교직 주기는 매우 짧다. 사립 유치원 교사들이 교직에 머무르는 시간이 공립에 비해 상대적으로 매우 짧은 것은 교사들의 근무 조건에서 그 원인을 찾을 수 있다. 사립 유치원의 경우 법적으로 규정된 보수를 제대로 받지 못하는 경우가 많고 호봉에 대한 부담 때문에 결혼을 하거나 한 기관에 오래 있으면 무언의 퇴직 압력을 받는 경우도 있다 짧은 교직 주기로 인하여 초등이나 중등에서는 아직 초임 교사로 취급받을 시기에 부장교사나 심지어 원감의 역할을 하는 경우도 발생한다. 유치원 교사들은 교사로서 충분한 능력을 신장시키기 이전에 또 다른 상위 역할을 수행하도록 기대됨으로써 역할 갈등을 느낄 소지가 더 많아지는 것이다.

2) 조직의 근무환경

현재 우리나라 유아교사의 근무환경은 시간적으로나 물리적인 측면에서 매우 열악하다. 이를 다음의 몇 가지 요인으로 구분하여 살펴보면 다음과 같다.

(1) 시간적인 측면

유치원이나 어린이집 모두 교사들의 하루 근무시간이 매우 길다. 연구에 따르면 공립 유치원 교사는 하루에 평균적으로 8시간 30분을 근무하며, 사립 유치원 교사는 평균적으로 9시간 40분을 근무한다. 한편 보육교사는 평균 11시간을 근무한다(김은영 · 장혜진 · 조혜주, 2013). 유아교사들의 근무시간은 「근로기준법」에서 허용하는 일일 법정 노동시간을 초과한다. 이는 유아들이 기관에 머무르는 시간이 길어서이기도 하지만 유아들의 등 · 하원을 위한 차량 지도까지도 고스란히 교사들의 책임이 되기 때문이다. 유아교사의 근무시간은 다른 각급 학교의 교사들의 근무시간과 그 의미가 다르다. 초 · 중등교사의 경우 수업 시간을 제외하면 학생들과 직접적으로 상호작용하는 것은 아니다. 그러나 유아교사들의 경우는 하루 일과의 70% 이상을 유아들과 직접적으로 상호작용하기 때문에 노동의 강도가 훨씬 세다. 많은 근무시간은 교사들을 쉽게 지치게 하고, 이는 교육 및 보육의 질을 떨어뜨리고 교사들의 이직률을 높이는 원인으로 작용한다.

(2) 공간적인 측면

유아교육은 언제나 유아들에게 최선의 환경을 마련해 주기 위해 노력한다. 반면에 같은 공간에서 생활하는 성인에 대한 배려는 매우 부족하다. 관련 연구(김은영 외, 2012; 이승신, 2002)에 따르면 유치원의 경우 교사를 위한 휴식 공간이 별도로 구성된 곳은 매우 드물고, 교무실이 별도로 존재하지 않거나 교사용 책상 및 개인 업무용 컴퓨터가 없는 유치원도 일부 존재한다. 화장실의 변기나 세면대의 경우에도 유아 위주로 설치되어서 교사와 유아가 함께 사용하도록 설계된 곳도 많이 있는 것으로 나타났다. 어린이집의 물리적 환경도 그다지 다르지 않아서 어린이집 내 교사의 휴식공간이 설치된 곳은 30% 미만이었으며, 교사실이 아예 없거나(59.6%) 교사용 사물함이 없는 비율(40.6%)도 높게 나타났다(유희정·이미화, 2004). 유아교육기관의 물리적 환경은 교사들의 업무 수행을 원활히 할 수 있도록 지원하는 한편 교사들의 복지 차원에서도 중요한 역할을 하기 때문에 이에 대한 배려가 필요하다.

(3) 업무적인 측면

유아교사의 주된 업무는 교육과 보육 활동이다. 그러나 대부분의 유아교사는 주 업무 이외에 교실이나 화장실 청소, 유아들의 등·하원 시 차량 지도를 한다. 게다가 기관의 규모가 작은 어린이집의 경우에는 식단 짜기, 장보기, 간식 만들기, 병원 다니기 등과 같은 보조 업무도 하는 경우가 있다. 공립 유치원의 경우 70%가 3학급 이하로 공문 처리 등의 문서업무에 대한 부담도 대단히 크다. 이 모든 부차적인 업무들이 교사에게 부과되었을 때 교육과 보육의 질적 수준을 저해하는 요인으로 작용하기 때문에 효율적인 업무 분담 방안이 마련되어야 한다.

(4) 관계적인 측면

유아교사의 관계적인 측면은 유아와의 관계와 성인의 관계로 구분할 수 있다. 우선 유아와의 관계를 생각해 보면 연령이 어릴수록 유아에 대한 교사의 역할이 지대하고, 교사의 노력으로 유아들이 성장하는 것을 보면 큰 보람을 느끼게 된다. 그러나 교사들이 성인과 지내는 시간보다 유아와 지내는 시간이 많음으로 인해서 외딴 곳에 고립된 느낌을 받을 수도 있다. 유아교사가 관계하는 성인은 학부모뿐만 아니라 영양사, 간호사, 지역사회 인사 등 매우 다양하다. 또한 행사가 많은 유아교육기관의 특성상 절대적인 대화와 협력이 요구된다.

3) 유아교육기관의 조직문화

인간과 인간이 모여서 조직을 이루는 곳에는 그 조직만이 가지고 있는 독특한 문화가 존재한다. 따라서 유아교육기관도 그 조직만이 가지고 있는 독특한 문화가 존재한다.

(1) 조직문화의 기능

조직의 문화는 그 조직에 속한 사람들의 의사결정 과정과 의사소통 과정에 영향을 주어 결과적으로 그 조직의 경쟁력에 결정적인 영향을 미친다. 박경렬(1998)은 조직문화의 기능을 다음의 4가지 측면에서 소개하고 있다.

❶ 조직원의 정체성 제공

같은 조직에 속하는 구성원들은 함께 공유하는 행동적인 특성이나 심리적인 특성을 가지고 있다. 이러한 동질성은 조직에 속한 구성원들에게 정체성을 제공하게 된다.

❷ 조직에의 헌신도 제고

조직문화는 가치관, 신념, 행동의 통일을 가져오기 때문에 조직구성원들의 집단에 대한 헌신이 가능하도록 한다.

❸ 조직 체계의 안정성 제고

어떤 조직이든 그 조직의 동질성을 유지하기 위해 규범이 존재하고 이를 벗어나려는 구성원들을 통제하는 방안들이 존재한다. 이 규범을 따르는 사람들은 조직에 머무르고 이를 견디지 못하면 조직을 떠나게 된다. 대부분의 구성원들이 그 조직의 문화가 가지고 있는 규범에 동의한다면 동질집단으로서의 그 조직은 상당한 안정성을 유지할 수 있게 된다.

❹ 조직 내의 학습 도구 기능

조직의 문화에는 가시적인 것뿐만 아니라 그 조직 내에서 소통되는 정보를 이해하고 개념화하고 의사결정하는 무형의 인지적인 과정까지 포함된다. 이러한 무형의 조직문화는 구성원들이 그 조직의 나아가고자 하는 목표를 학습하게 만든다.

(2) 조직문화의 유형

유아교육기관의 조직문화 형성에 영향을 미치는 요인들은 매우 다양하다. 가장 영향력이 큰 것은 그 기관을 운영하는 기관장의 방침과 리더십 유형이며, 특수한 교육 목적 및 활동, 물리적 환경, 구성원의 상호작용 등도 조직문화 형성에 영향을 주는 주요한 요인들이다. 조직문화는 위의 이러한 요인들의 역동적 관계에 따라 긍정적이거나 부정적인 성향을 드러낸다. 이석렬(1997)은 조직구성원들이 조직의 관행과 조건을 인식하는 특성에 따라 위계문화, 혁신문화, 합리문화로 구분하였다. 김재환(2003)은 교직문화를 핵심적 문화, 상징적 문화, 실천적 문화의 3가지로 구분하였다. 핵심적 문화는 문화가 담고 있는 내용에 초점을 두는 것으로 한 조직의 고유한 특성을 나타내며 이로 인하여 조직성원들이 공통의 의식과 패턴을 가지게 된다. 가치 및 신념, 이념, 목표 등이 핵심적 문화에 포함된다.

상징적 문화는 핵심적 문화를 전달하는 매체나 수단으로 규범, 관습 및 습관, 행동양식, 창의성, 의식, 감정, 태도, 전통 · 일화, 언어 · 유머 등을 포함한다. 문화를 실행하는 과정을 보는 실천적 문화는 가장 넓은 의미의 문화이다. 유아교육기관에서의 실천적 문화는 교육과정 운영 및 평가, 교수 능력, 학급 경영 및 연계교육, 리더십 및 의사결정, 갈등 및 통제, 인사관리 및 연수, 복지제고, 조직구조 등과 관련이 있다.

(3) 유아교육기관의 조직문화

유아교육기관은 그 설립 유형에 따라 독특한 조직의 문화를 가지고 있는데 이를 크게는 수업과 관련된 측면과 조직의 관계에 따른 측면으로 구분해 볼 수 있다. 공 · 사립 유치원의 모든 교사들은 수업에 관하여 잘 하고 싶은 욕구와 아쉬움을 가지고 있다. 교사들은 많은 노력을 기울여 수업을 잘 하고 싶지만 장학이 적절하게 이루어지지 않고, 수업 외에 처리해야 할 일이 너무 많으며, 경력이 증가함에 따라 수업에 대해 스스로 나태해지기 때문에 좋은 수업이 이루어지지 않는 것으로 이해하고 있었다(이순자, 2002; 구수연 · 곽현주 · 나성식, 2006).

조직의 측면에서 볼 때 이순자(2008)는 공립 유치원의 조직 구조 유형에 따라 조직문화를 살펴본 후 다음과 같은 특성을 찾아내었다. 첫째, 초등학교 병설 1학급 유치원에 근무하는 교사들은 경력이 쌓이면서 '나태해진다'고 하였다. 둘째, 초등학교 병설 2, 3학급 유치원 교사들은 동료 교사들로부터 배우고 서로가 의지하며 자유스러운 분위기에서 근무할 수 있어서 전공 원감이 없는 '이대로가 좋다'라고 평가하였다. 셋째, 초등학교 병설 전공 원감이 있는 유치원 교사들은 '시어머니를 모시고 사는 것과 같지만 아이들에게는 좋다'라고 평가하였다. 마지막으로 단설유치원의 교사들은 '피곤하지만 선생님들이 가장 다시 태어날 수 있는 곳이다'라고 평가하였다. 이러한 공립 유치원의 문화는 단설의 경우가 아니면 교사 성장의 정체가 발생한다는 측면에서 문제가 될 수 있다. 현재 병설 위주로 되어 있는 공립 유치원이 단설로 전환될 필요가 있음을 보여 주는 것이다.

사립 유치원의 경우 공립 유치원과는 다른 모습을 보인다. 사립 유치원 교사들이 느끼는 유치원 문화의 특질은 '문어발식 업무', '비효율성', '공적 · 사적인 관계의 혼재'이다(구수연 · 곽현주 · 나성식, 2006). 사립 유치원 교사들은 경력에 관계없이 공통적으로 교사에게 부과되는 유치원 업무가 잡다하고 과다하다고 생각한다. 이렇게 과다한 업무는 정작 교사들이 잘 하고 싶은 수업 준비를 방해하기 때문에 교사들이 자신의 역할에 대해 회의를 느끼거나 갈등을 느끼게 하는 가장 큰 요인이 된다. 사립 유치원 교사들은 또한 유치원이 필요한 업무를 수행하는 데 있어 회의시간이 지나치게 길고 여러 가지 행사에 리허설을 많이 하며 짜여진 특별활동시간으로 인해 교실조차도 제대로 활용하지 못하는 경우가 있어 상당히 비효율적인 조직이라고 느낀다. 특히 유치원은 작은 조직이고 인간관계가 한정되어 있기 때문에 공적인 일도 사적인 것처럼, 사적인 일도 위계를 갖추어서 처리해야 하는 등 공적인 관계와 사적인 관계가 혼재되어 있어 교사들에게 어려움을 준다. 많은 연구들이 초임이나 2~3년차 교사에게 멘토가 있을 때 이러한 어려움을 쉽게 극복한다고 주장한다. 유치원 자체에 이러한 제도가 없다면 교사 개인적으로라도 전문적, 심리적, 정서적으로 의지할 수 있는 멘토를 찾는 노력이 필요하다.

유아교사와 직무만족도와 직무 스트레스 02

1) 유아교사의 직무만족도

(1) 직무만족의 개념

직무만족이란 한 개인이 자신이 종사하고 있는 직무와 관련하여 가지고 있는 감성적이고 정서적인 태도로서 특히 자신의 일에 만족할 수 있도록 하는 심리적이고 생리적이며 환경적인 여건들의 결합이다(황보영란, 2002). 그동안 직무만족도가 학자들의 관심을 끈 이유는 직무만족도가 높을수록 종사하는 일의 성과가 높을 것이라는 가정 때문이었다. 그러나 아직까지 이러한 주장을 확실히 뒷받침할 수 있는 결정적인 증거가 나타나지 않았으며, 다만 직무만족도가 높을 경우 이직률은 낮아지는 것으로 보고되고 있다.

(2) 유아교사의 직무만족도

직무만족도는 동료와의 관계, 직무 자체의 특성, 보수, 승진 기회, 그리고 일반적인 근무 환경의 5가지 요소로 구분된다(Jorde-Bloom, 1989). 우리나라 유치원 교사들의 직무만족도를 조사한 연구(박미나 · 배율미, 2013; 민선우, 2004; 송유진, 1993; 정광자, 2007; 정향림, 2005)에 따르면 유치원 교사는 동료 교사와의 관계나 원장과의 관계 같이 대인관계 측면에서는 대체로 만족하지만, 직무 자체, 근무 환경, 사회적 지위를 비롯하여 특히 보수 등과 관련해서는 만족도가 낮은 것으로 나타났다. 교사의 만족도는 설립 유형과 교사의 연령, 경력, 학력에 따라 차이가 있다. 공립 유치원의 경우에는 일단 임용이 되면 특별한 사유가 없는 한 정년이 보장되어 안정적으로 직장 생활을 할 수 있고 초 · 중등 교사와 보수의 차이가 없기 때문에 보수와 직무 자체의 특성적인 측면에서는 비교적 만족도가 높은 것으로 나타났다. 하지만 인간관계 요인에서는 사립에 비해 상대적으로 만족도가 낮은 것으로 나타났다. 유치원 교사의 직무만족도는 교사의 연령과 경력, 학력에 비례하는 것으로 나타났다. 즉, 연령이 높을수록, 경력이 많을수록, 학력이 높을수록 직무만족도가 높게 나타났다.

활동 직무만족도 체크리스트

1 다음에 제시되는 문항은 교사가 현재 하고 있는 일에 어느 정도 만족하는지 알아보기 위한 것이다. 교사가 되었을 때 자신의 직무만족도를 체크하는 데 사용할 수 있다.

① 전혀 그렇지 않다 ② 그렇지 않다 ③ 그런 편이다
④ 조금 그렇다 ⑤ 매우 그렇다

내 용	①	②	③	④	⑤
동료 교사와의 관계					
• 동료 교사들은 나에게 관심이 있다.					
• 나는 동료 교사들과 잘 지낸다.					
• 동료 교사들과 나는 사적인 관심사에 대해 서로 이야기 나눈다.					
• 동료 교사들을 서로 알고 지내기가 어렵다.*					
• 동료 교사들은 나의 업무 수행에 결정적인 영향을 미친다.					
• 나는 동료 교사들에게 신뢰감을 못 느낀다.*					
• 동료 교사들은 내게 매우 비협조적이다.*					
• 나와 동료 교사들은 생각과 자료를 서로 주고받는다.					
• 동료 교사들과 나는 경쟁적이다.*					
• 동료 교사들은 나를 격려하고 지지한다.					
소 계					
원장과의 관계					
• 원장은 나의 업무를 존중한다.					
• 원장은 너무 바빠서 내가 어떻게 일을 하고 있는지 모른다.*					
• 원장은 내가 하는 일에 지나치게 관여한다.*					
• 원장은 나에게 도움이 되는 평가를 제공해 준다.					
• 원장은 나의 의견을 묻는다.					
• 원장은 직무 수행 능력이 뛰어나다.					
• 원장은 의존할 만하지 못하다.*					
• 원장은 내가 새로운 아이디어를 시도하는 것을 격려한다.					
• 원장은 내가 부적절한 사람이라고 느끼게 만든다.*					
• 원장은 예측 불가능한 사람이다.*					
소 계					

내 용	①	②	③	④	⑤
직무 자체					
• 나는 나의 업무에 대한 통제권을 갖고 있다.					
• 내가 하는 일은 도전적이고 매력적인 것이다.					
• 내가 하는 일은 학부모에게 존경받는 일이다.					
• 내가 하는 일은 잡무가 많다.					
• 내가 하는 일은 단조롭다.*					
• 내가 하는 일은 창의적이지 못하다.*					
• 나는 일을 처리하는 데 항상 시간이 부족하다.*					
• 내가 하는 일은 유아들의 삶에 중요한 영향을 미친다.					
• 내가 하는 일은 내가 받은 교육의 적용이 잘 안 이루어진다.					
• 내가 하는 일은 나에게 성취감을 준다.					
소 계					
근무 환경					
• 나는 일하는 시간을 융통적으로 조정할 수 있다.					
• 내가 근무하는 곳의 교사와 유아의 비율이 적당하다.					
• 나는 항상 내가 필요로 하는 물건이 어디에 위치하는지 안다.					
• 나는 교사라는 직업에 대해 답답함을 느낀다.*					
• 내가 일을 좀 더 잘하기 위해서는 새로운 설비와 자료가 필요하다.*					
• 내가 근무하는 곳은 실내 장식이 잘 되어 있다.					
• 내가 근무하는 곳은 매우 청결하다.					
• 내가 근무하는 곳에서는 사적인 대화를 나눌 수 있는 장소를 발견하기 어렵다.*					
• 내가 근무하는 곳은 정책과 절차는 명료하다.					
• 내가 근무하는 곳은 소란스럽다.*					
소 계					

내 용	①	②	③	④	⑤
보수와 승진 기회					
• 내가 받는 보수는 적당하다.					
• 내가 받는 보수는 경력과 능력을 고려해 볼 때 공정하다.					
• 내가 받는 보수는 동료 교사들과 비교해 볼 때 공정하다.					
• 나는 장래성이 없는 일을 하고 있다.*					
• 상여금, 건강보험, 퇴직금 보장 제도가 부적절하게 되어 있다.*					
• 나는 언제든지 해직당할 가능성이 있다.*					
• 나에게 주어지는 휴일과 방학은 충분하다.					
• 내가 받는 보수는 받아야 하는 것보다 적다.*					
• 나에게 승진, 발전의 기회가 너무 제한되어 있다.*					
• 나는 내년에 나의 보수가 인상될 것이라고 기대한다.					
소 계					
기관에 대한 본인의 느낌					
• 나는 적어도 2년 이상 근무할 생각이다.					
• 나는 종종 그만둘 생각을 한다.*					
• 나는 단지 시간을 보내고 있는 중이다.*					
• 나는 우리 원에 대해 자부심을 느낀다.					
• 나는 우리 원에서 전념해서 일하지 못한다.*					
• 나는 업무 시간 외에도 노력을 많이 기울인다.					
• 나는 우리 원을 그만둔 후에 이곳에 무슨 일이 일어나는지에 대해 신경 쓰지 않을 것이다.*					
• 나는 우리 원만큼 좋은 곳을 발견하지 못했다.					
• 나는 우리 원에서 전념해서 일한다.					
• 나는 때때로 이 직업에 발목을 잡힌 느낌이다.*					
소 계					

문항 계산 방법 : * 표시가 없는 문항은 그대로 * 표시가 있는 문항은 역으로 계산
(즉 5→1, 1→5로)

2) 유아교사의 직무 스트레스

(1) 스트레스의 개념

모든 사람들은 살아가면서 어느 정도는 스트레스를 경험한다. 스트레스란 개인과 환경이 조화가 되지 않아 불쾌하고 부정적인 정서를 경험하는 것이다. 직무 스트레스는 직무를 수행하는 과정에서 사람, 사물 혹은 사건으로 인하여 경험하는 불쾌한 정서이다. 스트레스는 감정이나 심리적인 측면에만 머무는 단순한 걱정거리와는 달리 생리적인 측면에도 영향을 미친다.

(2) 직무 스트레스의 원인

적당한 스트레스는 삶에 긴장감을 주어 활력을 가지게 하지만 지나친 스트레스는 사람을 쇠약하게 만든다. 교사들의 스트레스를 유발하는 요인은 물리적 환경 요인, 개인적 요인, 조직 풍토적 요인 등 매우 다양한데, 김정휘와 고흥화(1994)는 이를 다음의 〈표 9-1〉과 같이 정리하였다.

표 9-1 대표적 연구자들의 스트레스 유발 요인

연구자	주요 스트레스 유발 요인	세부 스트레스 유발 요인
Beer와 Gupta (1978)	환경 요인	• 직무 요건 및 과제 특성 • 역할 요건 또는 기대 • 조직의 특성 및 조건 • 조직 외적 요건 및 조건
	개인 요인	• 심리적 조건(성격 및 행동 특성) • 신체적 조건 • 생활 단계 조건 • 인구통계학적 특성
	과정 요인	• 심리적 과정 • 신체적 과정
Ivancevich와 Matteson (1980)	물리적 환경 요인	• 조명 • 소음 • 온도 • 진동 • 공기오염

Ivancevich와 Matteson (1980)	개인 수준 요인	• 역할 갈등 • 작업 과정 • 직업 발달 요인	• 역할 모호성 • 책임성
	집단 요인	• 집단 응집력 부족 • 집단 내 및 집단 간 갈등	• 부적절한 집단 지원
	조직 요인	• 조직 풍토 • 조직 영역 • 기술	• 조직 구조 • 과제 특성
	조직 외적 요인	• 가족 • 경제력	• 이사
Brief와 Schuler (1980)	조직 특성 및 과정	• 조직의 정책 • 조직의 과정	• 조직의 구조
	직무 요건 및 역할 특성	• 작업 조건 • 직무 요건	• 대인 관계 • 역할 특성
	개인 특성 및 기대	• 경력 관계	• 개인적 특성
Quick과 Quick (1984)	과업 요건	• 직업 범주 • 경력 발달 • 작업 과정	• 관리 직무 • 일상 직무 • 직무 불안정
	물리적 요건	• 온도 • 음파 및 진동	• 조명 • 사무실 설계
	역할 요건	• 역할 갈등	• 역할 모호성
	대인 관계 요건	• 지위 부조화 • 조급한 성격 • 집단 압력	• 사회적 밀도 • 지도 유형
Baron (1986)	조직 요인	• 직업 요건 • 역할 모호성 • 책임 과다 • 의사결정에의 참여 부족	• 역할 갈등 • 작업 과적 • 사회적 지원 부족 • 불공평한 업적 평가
	개인적 요인	• 생활사건	• 태도
Beech, Burns와 Scheffield (1982)	업무 부하의 문제	• 업무 과부하	• 업무 과소부하
	직무상의 욕구 좌절상의 문제	• 역할 모호성 • 고도의 전문화 • 불만스러운 의사소통	• 역할 갈등 • 불만스러운 경력 개발 제도 • 관료 사회의 문제
	직업 변화	• 과학 발달 • 재배치 • 수요, 공급 과잉	• 승진 • 조직 개편 • 은퇴

유치원 교사의 직무와 관련된 스트레스를 연구한 결과(민선우, 2004; 송유진, 1993; 정향림, 2005) 교사들이 가장 많은 스트레스를 받는 요인은 업무와 관련된 것이었다. 특히 수업에 필요한 교재의 부족, 수업 준비 시간의 부족, 많은 행사와 잡무 등은 교사들에게 상당한 스트레스 유발 요인으로 작용한다. 보육교사 역시 시간 부족에서 오는 업무 관련 요인이 가장 큰 스트레스 유발 요인인 것으로 보고되었다. 업무에 이어 교사들의 스트레스를 유발하는 요인으로 원아 관련 요인과 과밀 학급, 부적당한 급료 혹은 근무 조건 등이 있다. 직무만족도와 마찬가지로 연령이 높고, 경력이 많고, 학력이 높을수록 직무 스트레스도 낮은 경향을 보였다.

활동 직무 스트레스에 관한 질문지

1 다음은 유치원 교사의 직무 스트레스에 관한 사항이다. 다음의 문항을 읽고 자신의 상황에 해당된다고 생각하는 번호에 표시해 보자(어린이집의 경우에는 유치원을 어린이집으로 적절하게 수정하여 사용할 수 있다).

① 전혀 그렇지 않다 ② 별로 그렇지 않다 ③ 보통이다
④ 비교적 그렇다 ⑤ 매우 그렇다

내 용	①	②	③	④	⑤
1. 학습 활동에 참여하지 않으려는 아이들에게 동기를 부여하기 어렵다.					
2. 내가 맡은 학급에는 항상 문제를 일으키는 유아들이 있다.					
3. 내가 담당하고 있는 학급의 유아 수가 너무 많다.					
4. 나는 유아들을 적절히 통제하지 못한다.					
5. 부적응 아동을 어떻게 지도해야 할지 모르겠다.					
6. 수업 및 학급 운영을 위하여 준비하는 것 이외의 기타 잡무를 정해진 근무시간 내에 마치기에는 시간이 부족하다.					
7. 교육 활동에 필요한 수업 자료가 너무 부족하다.					
8. 학습 활동을 계획하고 조직하는 데 너무 광범위한 능력이 요구된다.					
9. 우리 유치원은 사무직원의 도움이 거의 없다.					
10. 나는 현재의 내 업무를 감당하기 어렵다.					
11. 수업 및 학급 운영을 위해 준비할 시간이 충분하지 않다.					

내 용	①	②	③	④	⑤
12. 필요 이상으로 행사가 너무 많다.					
13. 청소, 설거지, 차량 지도 등의 잡무가 너무 많다.					
14. 교구 제작에 대해 과다한 요구를 받고 있다.					
15. 우리 유치원은 교사들을 위한 행정적 지원이 부족하다.					
16. 유치원 운영이 교육 실제와 맞지 않는다.					
17. 나의 의견이 무가치하게 받아들여질 때가 있다.					
18. 권한에 비해 너무 많은 책임을 부여한다.					
19. 우리 유치원은 좋은 수업에 대한 인식이 부족하다.					
20. 유치원에 관련된 많은 문제에 대해 내가 어떻게 생각하는가를 허심탄회하게 말할 수 없다.					
21. 내가 맡은 학급의 일에 대해 상사의 간섭이 심하다.					
22. 우리 유치원 운영 방식은 일관성이 없다.					
23. 나는 교사들 간의 분위기가 갈등적인 유치원에서 근무한다.					
24. 교수-학습 활동을 도와줄 보조교사가 부족하다.					
25. 우리 유치원 교사들 간에는 서로 협조하는 정신보다는 경쟁이 심하다.					
26. 우리 유치원은 교사들 간의 관계가 좋지 않다.					
27. 우리 유치원에는 자기에게 부여된 업무를 적절히 수행하지 않는 교사들이 더러 있다.					
28. 우리 유치원의 교사들 간에는 파벌이 존재한다.					
29. 우리 유치원은 교사들 간에 의사소통이 잘 이루어지지 않는다.					
30. 많은 학부모들이 유치원 문제에 관해 무관심하다.					
31. 우리 유치원 학부모들은 유치원 문제에 지나치게 관여한다.					
32. 우리 유치원 학부모들은 유치원에 많은 것을 요구한다.					
33. 학부모와의 관계가 원만하지 못하다.					
34. 유아 간의 싸움이나 안전사고 등으로 유치원에 항의하는 학부모가 많다.					
35. 나의 보수는 나의 임무와 책임에 상응하지 못한다.					
36. 급여일의 변동이 잦다.					
37. 유아들을 가르치는 일에 보람을 느끼지 못한다.					
38. (미혼자의 경우) 결혼 후에도 계속 근무하고 싶지만 유치원에서 원하지 않는다. (기혼자의 경우) 결혼 후 가정생활과 직장생활을 병행하는 데 많은 어려움이 있다.					
평 균					

(3) 직무 스트레스 관리

스트레스는 적절하게만 유지된다면 삶의 활력을 유지할 수 있으나 지나치게 되면 다양한 질병을 야기하게 된다. 사람이 살면서 스트레스를 전혀 피할 수 없다면 이를 적절하게 관리하고 대처할 필요가 있다. 직장에서 생긴 스트레스는 개인적인 차원과 조직적인 차원에서 해소할 수 있다.

❶ 개인적인 차원

- 교육적 전략 : 유아에 대해 전인적 성장 기대, 실현 가능한 교육목표 설정
- 신체적 전략 : 다양한 종류의 운동이나 악기 다루기, 취미 생활하기 등
- 사회적 전략 : 동료 교사로 구성된 사회적인 지원집단 만들기, 동료와의 대화, 정확한 정보수집 등
- 정서적 전략 : 영화 감상, 음악 감상 등
- 환경적 전략 : 시간 관리, 갈등 해결 등
- 정신적 전략 : 명상이나 기도하기, 낙천적인 인생관 가지기 등

❷ 조직적 차원

- 모든 구성원을 인격적으로 존중하고 우호적으로 대하는 관계 조성
- 개방적이고 양방향으로 이루어지는 의사소통
- 지지적이고 긍정적인 조직 풍토 조성
- 교육과정 운영에서 교사의 자율성 인정
- 학습공동체 형성

이상의 스트레스 관리 전략을 원인에 맞추어 구체적으로 제시하면 다음의 〈표 9-2〉와 같다.

표 9-2 스트레스 유발 요인 및 조절 전략

<table>
<tr><th colspan="2">스트레스 원인</th><th>스트레스 조절 전략</th></tr>
<tr><td colspan="2">시간 부족 및 과다한 업무</td><td>• 모든 업무를 기록한다.
• 반드시 해야 할 업무와 아닌 업무를 분류한다.
• 업무의 우선순위를 매긴다.
• 업무의 마감 날짜를 정한다.
• 수행한 업무는 확인 표시를 한다.</td></tr>
<tr><td colspan="2">수업 계획 및 실행</td><td>• 자신이 할 수 있는 범위에서 계획을 세운다.
• 수업 계획서를 구체적으로 작성한다.
• 동기 유발 및 수업 진행 과정을 기록, 암기한다.
• 유아들의 다양한 반응을 예상한다.
• 동료 교사들과 의논한다.</td></tr>
<tr><td colspan="2">자료 부족 및 환경의 문제</td><td>• 기관에 있는 자료 중 활용 가능한 자료를 파악한다.
• 자료가 부족할 경우, 유아들의 가정에 있는 자료를 활용한다.
• 자료를 제작할 경우 제작이 용이하고 효율적인 방법으로 제작한다.</td></tr>
<tr><td rowspan="3">인간관계</td><td>선배 교사나 원감과의 관계</td><td>• 선입견을 갖지 않고 개방적인 자세를 갖는다.
• 모든 일은 일차적으로 선배 교사나 원감과 의논한다.
• 대화를 위해서 노력하고 대화시간을 많이 갖는다.</td></tr>
<tr><td>동료 교사들과의 관계</td><td>• 가장 자신 있고 서로 도울 수 있는 점에 대해서 논의한다.
• 어려운 점을 서로 의논하고 돕는다.
• 서로 협동해서 할 수 있는 일을 찾아보고 제안한다.</td></tr>
<tr><td>유아와의 관계</td><td>• 유아들과 대화할 수 있는 시간을 갖는다.
• 다양한 문제 해결 방안을 생각하고 적용해 본다.</td></tr>
<tr><td colspan="2">평가</td><td>• 동료 교사의 평가를 긍정적으로 수용한다.
• 자기 스스로 반성하고 평가하도록 노력한다.</td></tr>
</table>

출처: 박은혜 · 조운주(2006), p.140에서 재구성.

(4) 조직몰입

조직몰입이란 개인이 특정 조직과 동일시하고 공헌하는 것에 대한 상대적 강도를 의미하는 것으로 조직과의 심리적 애착을 느끼면서 조직과의 상호작용을 지속하려는 의지 때문에 개인적 요인보다 사회적 관계라는 환경 요인에 더 영향을 받는다. 즉, 자신이 속해 있는 직장에 몰입을 하게 되면 그 안에서 일을 할 때 만족도가 높아지고, 직무 스트레스가 낮아지며 그 직장을 떠나려는 시도가 줄어들게 된다. 그런데 이 조직몰입은 동료 교사나 학부모 혹은 행정 관리자로부터 정서적, 심리적으로 사회적 지지를 많이 받을 때 높게 나타난다. 교사는 유아교육기관에서 동료나 학부모, 원장이나 원감으로부터 전문성을 인정받고, 인격적으로 존중받으며, 정서적으로 친밀감이 형성되었을 때 만족감을 가지고 헌신할 가능성이 높아진다. 이러한 사회적 지지는 개인이 가지고 있는 자아효능감보다 더욱 중요한 의미를 가진다. 교사가 개인적으로 잘 가르칠 수 있다고 믿어도 조직 안에서 지속적인 지원을 받지 못하면 근무 수행 능력을 높이기 어렵다. 반면에 교사의 개인적인 능력이 부족하더라도 지속적으로 주변에서 정서적 지지와 심리적 지지, 사회적 지지가 있다면 얼마든지 조직에 머무를 수 있게 된다.

03 유아교사의 시간 관리

교직을 선택한 동기 가운데 상당히 높은 비중을 차지하는 것이 시간적 여유이다. 교직은 방학이 있기 때문에 상당히 여유가 있을 것이라고 기대한다. 그러나 유아교육기관의 실태는 교사들이 기대하는 것과 상당한 거리가 있다. 방과후과정에 대한 사회의 기대로 유치원에서는 방과후과정을 운영하고 있고, 사립 유치원의 경우에는 방학 일수가 점점 짧아지고 있다. 이는 일 년 내내 운영되는 어린이집의 경우에는 더욱 그러하다. 유아들이 기관에 머무르는 시간이 길기 때문에 교사들은 수업 계획을 세우고, 수업을 하고, 점심을 먹이고, 차량 지도까지 하면서 부모들과 의사소통을 위한 일지까지 작성하다 보면 상당한 시간의 압박을 느낀다. 1~2학급으로 구성된 공립 유치원의 경우는 상당한 양의 공문서를 처리해야 하는 부담까지 안고 있다. 이에 덧붙여 가정을 가지고 있고 자녀까지 있는 교사라면 그 만큼 시간적인 부담은 더 커진다고 볼 수 있다. 효율적인 시간 관리를 위해 실천할 수 있는 방법으로 다음과 같은 방법을 시도해 볼 수 있다(Fritz, Brown, Lunde, & Banset, 1999).

(1) 시간일지 작성하기

시간일지를 작성하는 것은 시간을 관리하는 습관을 갖게 하는 기본적인 방법으로, 하루에 일어나는 모든 활동과 행동을 기록하는 것이다. 효과적인 시간일지 작성을 위해 하루에 일어난 일을 시간별로 기록하여 5일 정도의 기록을 검토해 본다. 5일의 시간일지를 검토해 보면 자신이 어떻게 시간을 활용하고 있는지를 알 수 있다. 그중 가장 부정적인 패턴 3가지를 수정하거나 없애기 위해 노력한다. 이러한 방법을 반복함으로써 이후에 보다 효율적으로 시간을 활용할 수 있게 된다.

(2) 우선순위 정하기

하루의 업무 중 우선순위를 정하기 위해 과업과 관련된 개인적인 감정이나 흥미, 과업의 중요성이나 긴급성 등을 고려할 수 있다. 일단 오늘 해야 할 과업의 목록을 작성한다. 작성된 목록을 보며 가장 최고의 가치를 지닌 일에 A를 표시하고, 중간 가치가 있는 일에 B를, 가장 낮은 가치가 있는 일에 C를 표시한다. 목록 가운데 A가 표시된 일부터 처리한다. 같은 방식으로 흥미도/긴급성에 비중을 두어 우선순위를 선택할 수 있다.

(3) 목표 세우기

효율적인 시간 관리를 위해 장·단기적 목표, 한 달·하루의 목표, 개인·조직의 목표 등을 세운다. 목표는 현실적이며, 구체적이고, 이해할 수 있어야 하고 실행 가능해야 한다.

(4) 계획하기

좋은 계획은 이성적이고, 유동적이며, 실천에 기반을 두고, 미래를 이끌며, 사람에게 초점이 맞추어진 것을 말한다. 계획을 통해 매일 충분한 재미, 운동, 휴식 등 재미있고 새롭게 활력을 줄 수 있어야 효율적인 시간을 활용할 수 있게 된다. 해야 할 일을 계획하고 목록을 만들며 목표 달성 여부를 체크하기 위해 전자수첩과 같은 계획 수립 도구를 활용할 수 있다.

(5) 끝내야 하는 시간 정하기

스스로 해야 할 과업에 대해 끝내야 하는 시간을 정하고, 지키기 위해 노력한다면 효율적으로 시간을 활용할 수 있게 된다.

(6) 위임하기

자신의 과업을 다른 사람에게 위임함으로써 다른 사람의 전문성, 가능성, 책임감 등을 세워 주며, 자신은 스스로 다른 중요한 일을 함으로써 해야 하는 과업의 양을 늘릴 수 있다. 그러나 타인에게 위임을 할 때에는 타인의 능력을 면밀히 검토하여 긍정적으로 유용하게 활용할 수 있어야 한다.

(7) 회의를 신중하게 계획하기

효과적인 모임이 되도록 꼭 필요한 모임인지 검토한 후, 신중하게 계획하여 정확하게 모임을 시작하고 마무리하는 것이 좋다. 회의를 통해 문제를 해결하고 의사를 결정한 것을 기록한 후 역할 분담을 정확하게 하고 언제까지 끝내야 하는지 분명하게 알린다.

(8) 자료 수집을 위한 과정 개발하기

책, 사람, 잡지, 전문적인 협력, 세미나, 인터넷 등과 많은 자원으로부터 필요한 정보를 수집할 수 있다. 그러나 개인적으로 가장 적절하게 정보를 수집하고 관리하는 방법을 개발하여 시간을 효율적으로 활용할 수 있어야 한다.

(9) 효과적인 시간에 집중하기

하루 중 가장 효과적인 시간을 정해서 가장 중요한 일을 우선적으로 처리하도록 한다. 또한 방해를 받지 않고 일할 수 있는 장소를 찾아 해야 할 일을 마무리하도록 한다.

(10) 매일 개인적인 시간 가지기

하루의 일정을 보다 세분화하여 집중하도록 계획하는 것은 오히려 방해가 될 수 있다. 하루 일과 중 적어도 1시간은 스스로 안정을 찾으며 에너지를 충전할 수 있는 시간으로 계획해야 한다.

(11) 방해 요인 제거하기

완벽주의, 미루기, 우유부단과 같은 심리적 요인, 늘 어지럽고 정돈되지 않은 업무 공간 등을 정리하여 하는 일에 집중할 수 있도록 한다.

활동 나의 시간관리 I.Q. 알아보기

1 다음의 체크리스트는 자신의 시간관리 능력이 어느 정도 되는지를 평가하기 위한 것이다. 각 문장을 읽고 해당되는 번호에 표시해 보자.

① 드물게 ② 때때로 ③ 자주

내 용	①	②	③
• 다음 날의 할 일 리스트를 작성하기 위해 매일 계획한다.			
• 가장 크고 중요한 과제에 먼저 달려든다.			
• 나는 규칙적으로 그날의 할 일 리스트에 있는 모든 일을 끝낸다.			
• 나는 충분한 여유 시간을 가진 채로 마감 시한을 맞춘다.			
• 내 방과 책상은 잘 정리정돈되어 있다.			
• 오래전 치워 두었던 물건들을 빠르고 쉽게 찾을 수 있다.			
• 예기치 못한 방해물을 언제 그리고 어떻게 해결할지 알고 있다.			
• 방해를 받은 뒤에도 쉽게 일을 다시 계속할 수 있다.			
• 나는 쉽게 과제를 위임할 수 있다.			
• 나는 정기적으로 나의 시간 관리 기술을 평가한다.			
총 점			

자신의 총점이 해당하는 결과를 확인해 본다.

- 28-30 시간 관리를 잘하고 있음
- 25-27 좋은 흐름을 가지고 있으나 좀 더 일관되게 시간 절약 기술을 적용할 필요가 있음
- 19-24 향상될 여지가 있음. 자신이 약한 부분을 분석하는 것으로 시작해서 그것들을 수정해 나가면 도움이 될 것임
- 16-18 과도한 목표를 세우는 일을 피할 필요가 있음
- 16 이하 기본으로 돌아가 목표를 세우는 방법을 배우고 자신을 체계화시킬 필요가 있음

유아교사의 정서 04

1) 가르침에서 정서의 역할

(1) 정서의 개념

정서란 감정, 생각, 행동 등에 대해 느끼는 심리적인 상태를 말하는 것으로 긍정적인 것과 부정적인 것이 있다.

(2) 좋은 수업과 정서

❶ 수업과 정서

교육 현장에서 가르쳐 본 사람은 가르치는 일이 단순히 지식으로만 이루어지는 것이 아니라는 것을 잘 알고 있다. 교실에서 교사들은 유아가 이루어 낸 성과에 희열을 느끼기도 하고, 아무리 노력해도 변할 것 같지 않은 유아들 때문에 절망하기도 하며, 가정에서의 문제로 인해 상처받는 아이들을 보고 자신의 무능함을 탓하기도 한다. 교사들은 유아들의 아주 작은 행동 변화에도 감동하고, 감사의 말 한 마디에 눈물을 흘리기도 한다. 또한 교사들은 유아뿐만 아니라 학부모와 행정가, 동료 교사와의 관계에서도 수많은 긍정 또는 부정적 정서를 경험한다. 교실에서 일어나는 교수와 학습이라는 상황 속에는 항상 정서적인 차원이 존재하는 것이다(Hargreaves, 2000; Nias, 1996).

교사는 다음과 같은 경험을 할 때 긍정적인 정서를 느낀다.

- 유아들이 각 발달 영역에서 성장해 가는 것을 볼 때
- 유아로부터 사랑과 감사가 담긴 편지를 받을 때
- 놀이에 몰두해 있는 유아의 모습을 볼 때
- 교사가 준비한 활동에 유아들이 적극적으로 참여하며 흥미를 보일 때

- 오랜 시간이 지난 후 졸업생이 다시 찾아올 때
- 유아들과 개별적으로 대화하고 놀이에 참여하고 농담을 주고받을 때
- 유아들이 성장했음을 보고 부모로부터 감사의 편지를 받을 때
- 동료 교직원들과 우정을 나눌 때
- 자신의 전문성 신장을 위해 노력할 때

교사는 다음과 같은 상황에서 부정적인 정서를 경험한다.

- 준비한 활동에 유아들이 적극적으로 참여하지 않을 때
- 부모가 지나치게 수업에 참견할 때
- 수업을 방해하는 유아가 많이 있을 때
- 신체적으로 피곤할 때
- 기관 내의 다른 성인들과의 관계가 좋지 않을 때
- 전문성 신장을 위해 충분한 시간이 주어지지 않을 때

❷ 좋은 수업과 열정

실제 가르치는 일에 정서가 포함되어 있음에도 불구하고 교사 교육에서 교사의 정서에 관심을 두고 연구가 시작된 것은 극히 최근의 일이다. 데이(Day, 2007)는 지금까지 교사의 자질 가운데 지나치게 지식과 이성이 강조되고 정서나 도덕적인 측면이 매우 소홀히 다루어진 점에 대하여 반성을 촉구한 바 있다. 그는 교실 현장에서 학습자와 교사의 관계 속에서 나타나는 정서의 교류에 관심을 가질 것을 강조하면서 교사의 가르치는 행위를 지지해 주고 발달시켜 주는 원동력으로 열정을 지목한다.

데이에 따르면 열정은 인간 정신에 강하게 영향을 주거나 움직이는 정서의 일종으로 소수의 교사들만이 가지고 있는 사치나 장식품이 아니라 좋은 수업에 필수적인 요소이다. 열정을 가진 교사는 유아들에 대한 사랑과 관심을 쏟고, 자신이 가르치는 내용을 소중히 여기며, 교실에서 이루어 낸 성과에 대해 보람과 만

족감을 느낀다. 열정적인 교사는 학습자의 정신과 마음을 끌어당길 수 있는 매력을 가지고 있고, 그들의 동기를 유발시킨다. 또한 열정적인 교사는 학생들의 관심과 능력, 지적이고 정서적인 요구를 잘 경청하고 반응한다. 반면에 열정이 식어버린 교사에게 가르치는 일은 자신의 생계를 유지하는 직업에 불과하다. 만약 교사들이 가르치는 일과 유아들의 성취 및 학습에 열정을 쏟지 않는다면, 그 교사에게 배우는 유아들 역시 자신의 학습에 대해서 열정적일 수 없다.

교사라면 누구나 좋은 수업을 하고 싶어 하고, 또 당연히 해야 한다. 좋은 수업을 하는데 교사의 열정은 지식에 더해지는 추가 사항이 아니라 지식에 앞서는 기본 사항이다. 따라서 교사의 열정은 더 길러져야 하고 유지되어야 한다.

2) 정서 이해와 정서적 거리감

(1) 정서 이해

그동안 좋은 수업에 대해 다양한 관점이 공존해 왔다. 1990년대 이전에는 주로 교사가 교과 내용을 학생들에게 어떻게 효과적으로 전달하는가에 초점을 두었으나, 최근에는 구성주의적 관점에서 교사와 학습자 간의 활발한 상호작용을 강조한다. 좋은 수업에 관한 최근 연구결과를 보면, 좋은 수업이란 '이해할 수 있는 수업'(이화진, 2001), '다양한 상호작용적 수업'(조난심, 2001), '교사 - 학습자 간의 충실한 상호작용이 일어나는 수업'(김주훈, 2002; 박혜경, 2010), '학생을 이해하고 존중하는 수업'(서경혜, 2004), '유아가 재미를 느끼고, 교사가 교육적으로 의미가 있는 학습경험을 제공해 주어, 교사와 유아가 모두 만족하는 수업'(김안나, 2011)을 말한다. 좋은 수업은 학습자 입장에서 의미 있는 학습이 이루어지는 것이며, 의미 있는 학습이 이루어지려면 교사가 잘 전달해야 하고, 그러기 위해서는 관계가 매우 중요하며, 상호관계를 잘 맺기 위해서는 정서 이해가 매우 중요한 것이다.

정서 이해는 다른 사람의 경험의 장으로 들어가서 같거나 비슷한 경험을 하는 상호주관적인 과정이다(Denzin, 1984). 즉, 정서 이해는 다른 사람이 경험하는 정서를 주관적으로 해석하는 것이다. 좋은 수업은 교사와 유아가 상호주관적인 관계 속에서 서로 간의 정서적 이해를 바탕으로 의미 있는 학습이 이루어질 때 나타나는 결과인 것이다.

(2) 정서적 거리감

앞에서 말한 정서 이해가 잘 이루어지기 위해서는 관계가 오래 지속되고 친밀해야 한다(Hargreaves, 2001). 그런데 유아교사가 모든 관계에서 친밀함을 유지하는 것은 아니다. 하그리브스(Hargreaves, 2000)는 유아교사가 형성하는 정서적인 친밀감을 정서적 거리감이라고 불렀다. 즉, 교사가 상호작용하는 상대방에 대해 긍정적인 정서를 가지게 되면 이는 정서적인 거리가 가까운 것이고 부정적인 정서를 가지게 되면 정서적으로는 멀게 되는 것이다. 이러한 교사의 정서적 거리감은 사회 - 문화적, 도덕적, 전문적, 정치적, 물리적 거리감으로 구분할 수 있다. 박은혜와 고재천(2008)은 교사가 부모, 원장, 동료 교사와의 관계에서 느끼는 정서적 거리감을 연구하였는데 그 결과를 살펴보면 다음과 같다.

❶ 사회-문화적 거리감

사회 - 문화적 거리감은 문화 계층 간의 차이, 사회 - 문화적 배경에 대한 거리를 말한다. 교사들은 최근 들어 다양해진 가족 구조와 형태, 사회경제적 배경의 차이, 세대 차이 때문에 부모, 원장, 동료 교사들과 정서적으로 거리감을 느낀다. 교사들은 사회 - 문화적으로 중류층 기준에 맞춰진 척도를 가지고 유아나 부모를 바라보며 평가하는 경향이 있어서, 한부모 가정, 저소득층 가정, 맞벌이로 너무 바쁜 가정에서 유아와 상호작용하는 방식에 대해 당황감이나 이질감, 불신, 분노 등의 정서적 반응을 보인다. 유아교사들은 변화하는 유아와 가정, 지역사회의 삶과 문화에 대해 부정적인 측면만을 보고 편견을 가지지 않도록 열린 마음을 가지는 것이 필요하다.

❷ 도덕적 거리감

유아교사들은 자신의 교육적 목적과 부모, 원장, 동료 교사들이 가진 목적이 같고 다른 정도에 따라 도덕적인 거리감을 느낀다. 교사들은 자신이 가지고 있는 교육적 목적과 부모, 원장, 동료 교사의 교육적 목적이 달랐을 경우에 좌절감, 당황감, 죄책감, 불안 등을 느끼며 수업에 대한 열정이 없어지고 이직이나 퇴직을 생각하게 된다. 반면에 유아교사는 자신의 교육적 목표에 동의하거나 일치할 때나 감사의 표현을 받을 때 보람과 만족감을 가지게 된다. 특히 교사는 부모에게서 교육적인 동의와 감사의 표현을 받았을 때 더욱 성실하고 열정적으로 가르치는 일에 임하기도 한다. 원장과의 관계에서도 교육적 목적이 일치할 때 활기찬 교직생활을 하게 된다. 따라서 유아교사는 부모, 원장, 동료 교사들과 동일한 교육적 목적을 가질 수 있도록 지속적인 대화와 상호작용이 필요하다.

❸ 전문적 거리감

전문적 거리감은 사회에서 유아교사의 직업을 인정해 주는 정도와 관련이 있다. 유아교사들은 낮은 사회적 인지도, 가르침과 돌봄에 대한 편견, 학연에 의한 갈등으로 인해 분노, 좌절감, 회의감, 열등감을 느낀다. 이러한 거리감은 유아교사들의 가르침에 대한 열정에 부정적인 영향을 줄 뿐 아니라 유아교사로서의 정체성도 흔들게 된다. 유아교사로서의 전문 지식, 교수 지식, 의사결정에 대해 부모로부터 받는 의심이나 불신은 부모들과의 관계에서 부정적인 정서를 갖게 하며, 동료 교사 간의 비교의식이나 학연으로 인한 갈등은 교사들에게 스트레스가 되기도 한다. 반면에 같은 유아교사의 직업을 가진 동료 교사들과의 동질감이나 유대감은 서로를 위로하고 돕는 등, 유아교사들에게 긍정적인 정서적 경험이 된다. 유아교사들이 동료 간에 서로 협력하고 지원해 나갈 수 있는 멘토링이나 동료장학, 전문성 개발을 적극적으로 지원하는 근무 환경이 조성될 필요가 있다.

❹ 정치적 거리감

정치적 거리감은 유아교사가 관료주의적인 힘의 관계에 의해 주변 사람들과의 의사소통에 영향을 받는 것을 말한다. 유아교사들은 유아교육 정책이 관료적으로 집행되거나 의사결정권자들 사이에 힘겨루기가 있을 때 분노, 두려움, 혼란, 부담감 등을 느낀다. 유아교사들은 부모가 자신의 업무를 방해할 때 무력감을 느끼고, 업무와 관련하여 원장이 압력을 가할 때 부담감을 느낀다. 그러나 그 무엇보다 유아교사들에게 가장 어려운 것은 부모나 원장 앞에서 자신의 내면적 정서나 감정을 드러내지 않고 감추어야 하는 것이다. 이렇게 솔직하지 못한 정서 표현은 교사에게 부정적인 정서를 유발시키며 결과적으로 유아교사의 교수행동에도 영향을 준다. 교사와 부모, 원장 모두가 서로의 교육적 가치관과 특수성, 전문성을 인정하고 이해할 수 있는 기회가 많이 주어질 필요가 있다.

⑤ 물리적 거리감

물리적 거리감은 유아교사가 인간관계를 맺는 사람들과 얼마나 자주 만나고 가깝게 지내는가와 관련이 있다. 유아교사들은 부모와의 관계에서 교사로서의 인정과 권위를 존중받을 수 있는 물리적, 전문적 거리를 갖고 싶어 하지만, 서로 간의 교육적 가치관과 문화가 조화를 이루지 못한 상태에서 물리적으로 가까이 있는 것에 부담을 느끼기도 한다. 동시에 원장과 물리적으로 떨어져 있으면 심리적으로도 멀게 느껴 원활한 의사소통이 이루어지지 않는다. 유아교사들은 단순히 물리적으로 가깝게 있는 것보다 심리적으로 존중받고 인정받을 때 만족감을 느끼며 근무 의욕이 높아진다. 따라서 유아교사들은 부모, 원장, 동료 교사와 물리적으로 가깝게 지내면서 심리적으로도 파트너십을 가질 수 있는 기회를 많이 가질 필요가 있다.

3) 정서노동

유아교사에게는 사회나 부모가 기대하는 정서가 있다. 유아교사에 대한 이미지를 통해서도 보듯이 늘 즐겁고, 기쁘고, 명랑한 긍정적인 정서들이다. 그런데 실제로 교사가 수업을 하면서 언제나 긍정적인 정서만 느끼는 것은 아니다. 반복되는 문제에 지치거나 화가 나기도 하고 짜증이 나기도 한다. 그러나 교실에서 교사가 유아들에게 화를 내거나 짜증을 내지는 못한다. 교사들은 수업 중에 부정적인 정서를 느끼더라도 이를 억누르고 긍정적인 정서를 드러낸다. 실제로 느끼는 부정적인 정서를 누르는 노력을 정서노동이라고 하는데, 유아교사직은 정서노동이 심한 직업 가운데 하나이다(이진화, 2007). 교사 자신의 기질이 우울하거나 급하고 화를 잘 내는 성격을 가진 경우, 원장님이 늘 웃는 것을 강조하는 경우와 같이 정서노동의 강도에 영향을 미치는 요인들은 여러 가지가 있다.

활동 유아교사의 정서 라인 그리기

1. 아래의 그래프와 같이 시간이라고 쓰여진 곳에 하루의 일과를 순서대로 기록한다. 하루 동안 진행한 활동을 기록해도 좋고 10~20분 단위의 시간으로 기록해도 상관없다.
2. 해당 시간에 자신이 느꼈던 가장 대표적인 감정을 떠올리고 그것이 긍정적인 것이었는지 아니면 부정적인 것이었는지, 그 정도는 어느 정도였는지를 기록한다.
3. 그 당시 실제로 느꼈던 정서를 점선(..........)으로 그려 보고, 실제 느낀 것을 감추고 겉으로 드러냈던 정서를 실선(______)으로 그려 본다. 점선과 실선 사이의 불일치 정도가 심하면 정서노동을 하고 있는 것이다.

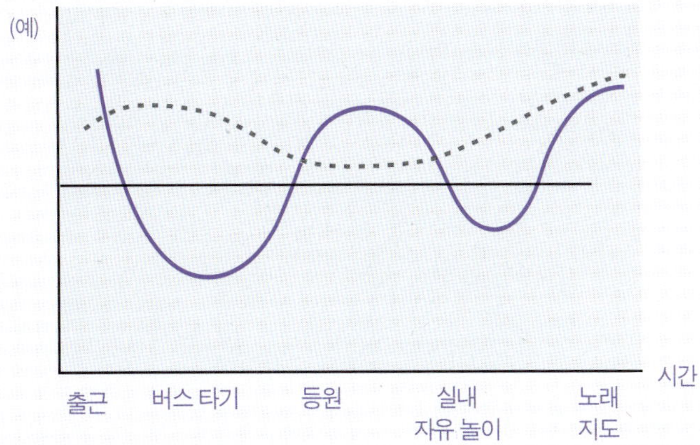

토의문제

1. 유치원이나 어린이집에 근무할 때 가장 스트레스를 받을 것으로 예상되는 부분은 무엇인지 이야기해 보자.
2. 유아교육기관의 유형에 따라 다를 것으로 예상되는 조직적 특성은 무엇인지 이야기해 보자.
3. 유아교사에게 가장 많이 요구되는 정서는 무엇이고 교사는 그것을 어떻게 표현해야 하는지 이야기해 보자.

Chapter

10 유아교육 전문가로 성장하기

학습목표

- 교사 발달에 영향을 미치는 요인을 이해한다.
- 교직 주기와 그 특성을 안다.
- 유아교사의 관심사 발달의 개념 및 특징을 이해한다.

학습내용

- 교직 주기에 따른 발달
- 유아교사의 전문성 영역별 발달
- 유아교사의 관심사 발달

핵심용어

- 교사 발달
- 교직 입문
- 생존기
- 갱신기
- 직 위
- 교직 주기
- 강화기
- 성숙기

CHAPTER

Early Childhood Teacher Education

10 유아교육 전문가로 성장하기

01 교직 주기에 따른 발달

교사의 발달이란 교직 이전 시기를 포함하여 교직을 수행하는 동안 교사의 지식, 기술, 행동 및 태도, 기대, 그리고 직업이 변화, 발전, 퇴보하는 것을 의미한다(노길영, 2000). 한 개인이 교직에 입문하고 교사로서 성장하고 발달해 가는 과정을 종합적으로 연구하기 시작한 것은 극히 최근의 일이다. 학자들의 관심 영역에 따라 교사 사회화, 교사의 관심사 발달, 교직 발달, 교직 사회화 등의 용어가 혼용되기도 한다.

1) 개념

하나의 생명이 잉태되어 자궁 속에서 10개월을 보내고 세상에 태어나 영아기, 유아기, 아동기, 청소년기, 성인기를 거쳐 인생을 마감하는 인생의 주기가 있는 것처럼, 한 명의 교사가 교사가 되기 위한 준비를 하고 교직에 입문하며 교사로서 성장하고 퇴직할 때까지의 일련의 과정을 교직 주기라고 한다. 훼슬러(Fessler, 1995)는 교사의 직업 주기를 다음과 같이 구분하였다.

표 10-1 교사의 교직 주기

교직 주기	설 명
교직 준비	대학에서 교사가 되기 위한 준비를 함
교직 입문	일반적으로 교직에서 3년차까지
능력 구축	교수 행위와 관련된 기술 증진에 관심을 가짐
열중과 성장	높은 수준의 직업만족도를 가지고 교직을 수행함
좌 절	교수 행위에 대한 좌절감과 환멸감을 느낌
안정과 침체	교사에게 기대되는 역할을 적절히 수행하고 안정적인 직위를 누림
교직 쇠퇴	퇴직 준비하기
교직 퇴직	은퇴하거나 교직에 대한 대안 찾기

교사들이 거치게 되는 교직 주기는 한 단계 다음에 반드시 다음 단계를 지나가야 한다거나 모든 단계를 거쳐야 하는 일직선적인 변화를 의미하지는 않는다. 대학을 졸업하는 모든 예비교사들이 교직에 입문하는 것은 아니며 초임 교사로 입문하자마자 좌절을 겪고 바로 퇴직하는 경우도 있다. 경력 교사라고 해서 모두 다 능력 구축과 성장을 경험하는 것도 아니고 가르치는 일에 만족하고 안정적으로 교직 생활을 하는 것도 아니다. 즉, 교직 주기라는 것은 교사들이 가르치는 일에 종사하면서 거칠 수 있는 단계를 설명한 것뿐이며 모든 교사들이 각기 다른 모습으로 교직 생활을 영위하게 된다. 어떤 교사는 초임 교사일 때는 매우 열정적이었으나 곧 좌절을 경험하기도 한다. 반면 어떤 교사는 초임 때는 교직에 대한 회의가 많았으나 본인의 노력과 주위의 도움으로 아주 열성적인 교사가 될 수도 있다. 이처럼 교직 주기의 변화에는 여러 가지 요인들이 영향을 미칠 수 있다.

(1) 교직 준비 단계

교사에게 요구되는 전문적인 기술과 능력을 갖추기 위해 교육을 받는 단계를 의미한다. 교직 준비는 초임 교사에게만 적용되는 것이 아니라 주임교사, 원감, 원장 등의 새로운 역할을 맡게 되었을 때도 이를 성공적으로 수행하기 위하여 필요하다. 일반적으로 초임 교사를 위한 준비 단계는 대학에서 일련의 과정을 통하여 이루어지고, 경력 교사를 위한 재교육은 1급 정교사, 원감, 원장의 자격 연수 혹은 직무 연수를 통하여 이루어진다.

(2) 교직 입문 및 적응의 단계

자신이 속한 체제에 부합되도록 사회화되는 단계를 의미한다. 초임 교사는 교직이라는 직업 자체에 적응하기 위하여 노력하고, 경력 교사 가운데서 가르치는 유아의 연령이 바뀌는 경우에는 그들의 특징을 이해하고 발달에 적합한 교육과정을 운영하기 위하여 노력하게 된다. 부장교사나 원감 혹은 원장이 되어 새로운 역할을 맡게 된 교사는 그 역할에서 요구되는 일들을 수행하기 위하여 노력한다. 직장을 옮기게 되면 새로운 기관의 조직 풍토에 적응하는 노력도 필요하다. 교사들의 개인적인 특성과 기관의 풍토에 따라 각자의 상황에 적응하는 데 소요되는 기간은 다양하다.

(3) 능력 구축의 단계

교사들이 수동적인 적응의 단계를 벗어나 좀 더 적극적으로 자신의 역할을 수행하기 위하여 노력하는 기간을 의미한다. 이 단계에서 교사들은 자신에게 부여된 역할과 관련하여 기술과 능력을 향상시키려고 노력한다. 새로운 아이디어를 받아들이기 위하여 각종 연수에 열심히 참여하고, 전문적인 서적을 읽기도 하며, 상급학교에 진학하기도 한다. 이러한 개인의 노력이 성공적으로 이루어지게 되면 교사들은 긍정적인 성장의 단계로 넘어가지만, 그렇지 않으면 침체 단계로 접어들게 된다.

(4) 열중과 성장의 단계

교사들은 교직을 수행하는 데 필요한 전문적인 기술과 지식을 가지고 있으며 가르치는 일을 진정으로 사랑한다. 이 단계에 있는 교사들은 자신의 직업에 매우 높은 만족도를 가지고 있으며 자신이 가지고 있는 지식을 타인과 나누고자 하는 열망도 매우 높다.

(5) 좌절의 단계

교사들은 가르치는 일에 대한 좌절감과 환멸감을 느낀다. 이러한 좌절감은 교수-학습 방법에 자신이 없어서 생기기도 하고, 학급에 지도가 어려운 유아가 있을 때 생기기도 하며, 자신이 기대했던 것과 다른 작업 조건으로 인하여 생기기도 한다. 침체의 단계에 있는 교사들은 가르치는 일의 의미를 찾기 힘들고, 자신이 과연 가르치는 일에 적절한 사람인지 의심을 하기도 한다.

(6) 안정 혹은 침체의 단계

교사들은 자신이 하는 일에 매우 익숙해져 있기 때문에 더 이상의 성장을 위해 노력하지도 않고 특별한 변화 없이 현재의 상태를 유지하려고 한다.

(7) 교직 쇠퇴 혹은 퇴직 단계

교사들은 퇴직을 위한 준비를 하게 된다. 교사의 퇴직은 가르치는 일을 아주 그만두는 경우뿐만 아니라 육아나 상급학교 진학을 위한 일시 휴직, 교사가 아닌 행정가로서의 이직, 다른 직장으로의 이직 등도 포함된다. 교사들이 가르치는 일을 그만두려고 하는 이유가 정년퇴직, 결혼, 상급학교 진학 등 매우 구체적인 경우에는 긍정적인 마음을 가지고 퇴직을 준비할 수 있다. 그러나 교직이 적성에 맞지 않는다거나 현재의 직장에 적응하지 못하여 이직을 고려하고 있다면 상당한 갈등의 시간을 보낼 수밖에 없다. 이럴 때는 가르치는 일을 그만두는 준비를 하는 데 몇 년을 보낼 수도 있다.

2) 교직 주기 발달에 영향을 주는 요인

훼슬러와 크리스튼슨(Fessler & Christensen, 1992)은 그들이 개발한 교직 발달 모형(teachers' career cycle model)을 통해 교사의 발달은 교직 경력뿐만 아니라 개인적인 영역과 조직적인 영역의 영향을 동시에 받는다고 주장하였다. 개인적 요인은 교사 개인의 가정적인 배경과 긍정적 사건, 위기적 사건, 과거의 경험, 개인적인 관심사 및 성향을 포함한다. 조직적 요인은 교사의 생활과 직접적으로 관계있는 기관의 규정, 경영 형태, 신뢰감 등을 포함한다. 기관보다 더 거시적인 차원의 사회적 기대나 교사의 전문성 신장을 도와주는 전문 단체 및 교원 노조의 역할도 크게 작용한다. 이를 정리하면 다음의 〈표 10-2〉와 같다.

표 10-2 교직 발달에 영향을 주는 요인

구 분	범 주	내 용	
인적 요인	가 정	• 가정 내 지원 체제 • 재정 상태 • 가족들의 특별한 요구	• 가정 내 역할 기대 • 가족 수
	긍정적 사건	• 결혼	• 자녀의 출생
	위기적 사건	• 사랑하는 사람의 병이나 사망 • 재정적 손실이나 법률적 문제 • 가정 내의 핍박	• 자신의 병 • 이혼 • 친구나 친척의 어려움
	개인적 경험	• 교육적 배경 • 유아교육기관 이외의 개인적인 일 • 다양한 교직 활동	• 자녀와의 경험 • 전문적 발달을 위한 활동
	개인적 관심사	• 취미 • 자원 봉사 활동 • 스포츠와 체력 관리	• 종교 활동 • 여행
	개인적 성향	• 개인의 목표와 포부 • 인생에서의 우선순위 • 지역사회에 대한 느낌	• 개인의 가치관 • 다른 사람과의 관계
조직적 요인	기관 규정	• 인사 정책 • 자격 요건 • 맡은 유아들의 연령	• 종신 임용제도 • 교육과정 운영의 자율성

조직적 요인	기관 경영 형태	• 분위기 • 교육 철학의 일치 정도 • 의사소통 방식
	신뢰감	• 후원적인 분위기 • 교사에 대한 신뢰 • 재정적인 후원
	유아교육기관에 대한 사회적 기대	• 유아교사에 대한 사회적 이미지 • 유아교육기관과 관련된 법령
	전문 단체	• 관련 학회의 방향 • 학회에서의 활동 및 참여 • 학회에서 제공하는 정보
	교원 노조	• 후원적인 분위기 • 보호 및 안정감 • 교육위원회 및 교육 행정가와의 관계

02 유아교사의 전문성 영역별 발달

1) 개념

교사의 교직 주기에 따른 발달은 교직에의 입문과 퇴직에 초점을 맞추어 시기를 구분한다. 반면에 유아교사의 영역별 발달은 유능한 교사에게 요구되는 전문성 영역을 중심으로 발달을 구분한다. 이윤식(1999)은 교사 발달에 대한 여러 선행연구를 참고로 교사의 전문성 발달을 전문적 영역, 개인적 영역, 조직 영역의 세 영역으로 구분하였다. 전문적 영역은 교수 학습, 유아 생활지도, 학급 경영과 같은 영역을 포함하며, 개인적 영역은 자아 효능감이나 자아 이해와 같은 발달 영역을 포함하고, 조직 영역은 리더십, 관계와 관련된 발달을 포함한다.

2) 사례

다음에 제시된 교사의 사례를 읽어 보고 각 전문성 영역별로 어떻게 발달해 갔는지 살펴보자.

(1) 머리말

나는 1998년 대학 졸업 직후 인천의 한 유치원에서 교사 생활을 시작했으며, 올 2월 결혼과 동시에 만 4년의 경력을 끝으로 유치원을 그만두게 되었다. 현재는 유치원에 근무하고 있지 않으며, 임시 강사 등의 단기직을 하면서 교육대학원에 다니고 있다

(2) 나의 교사 발달 과정

❶ 예비교사 시기

전기 대학 모집에서 한의학과에 지원하여 낙방을 하고 절망감 속에 후기를 지원하게 된 나는 아무 생각 없이 유아교육과에 입학하게 되었다. 커다란 기대도 원대한 포부도 없었으나 대입에 실패한 경험이 너무나 충격적이어서 나를 거부하지 않고 합격시켜 준 학교와 모든 것이 하느님의 뜻이라고 여기고 입학 이후 항상 감사한 마음으로 생활하게 되었다. 뭐든지 열심히 해보겠다는 의욕에 불탔던 시기여서 과 소모임에 가입하여 지역탁아연합회 소속의 'ㅇㅇ 어린이집'의 자원봉사 교사로 활동하기도 하고, 국립극장 소극장의 놀이방 교사, KBS TV유치원 하나둘셋의 여름 캠프 교사 등 전공과 관련된 일로 경험을 쌓아 보고자 노력했다.

여러 가지 경험들로 자신감이 가득했던 나는 졸업을 앞두고 실습을 나가게 되었다. 그러나 실습 경험은 나에게 많은 실망을 안겨 주었고 교사의 길에 대해 많은 고민을 안겨 주었다. 실습이 끝나고 한참을 방황하던 나는 교사로서의 길을 결심하고 임용고시에 도전하였다. 패기만만하게 도전한 임용시험에서 뜻하지 않게 좌절하게 된 나는 결국 사립 유치원의 문을 두드리게 되었다.

❷ 1년차(생존의 시기)

조용하고 경관이 좋은 산자락에 위치한 덕분에 유치원의 모든 주변 환경은 누가 보아도 아름답고 마음 편안해진다. 유치원은 자연 환경만으로도 그 지역에서 유명해서 엄청난 경쟁률을 뚫고 엄마들이 직접 추첨을 하여 원아를 모집한다. 유치원은 함께 위치한 복지관의 장애 유아를 통합하는 연계 기능을 가지고 있다. 또한 몬테소리 프로그램을 운영하고 있어서 따로 몬테소리 교사 연수를 받아야 했다.

전체 3학급이 혼합 연령으로 구성되어 있으며, 한 반은 교사 협력 체제로 만 3세 유아 담당 정교사 1명, 만 5세 담당 정교사 1명씩 2명이 한 팀을 이루게 된다. 전체 계획과 수업이 교사 협력에 의해 통합, 개별 형식으로 연결되어 진행되며, 원칙상 두 교사는 모두 정교사인 만큼 각각 모든 책임과 권리가 동등하다.

그러나 6명의 교사 중 3년차 교사 1명만 남은 상황에서 각각 나이가 다른 초임교사 3명, 1년차 교사 2명으로 구성되자 그러한 원칙은 달라지게 되었다. 교사의 질을 높여 보고자 몇 년 만에 4년제 졸업생을 어렵게 구한 원장님의 기대가 컸으나, 나를 비롯한 모두 2명의 4년제 신입 교사는 나이는 많으나 수업에 있어서는 무능력한 교사로 취급당하는 경우가 많았다. 특히 경력이 많은 선임 교사와 초임 교사가 짝을 이루게 하는 팀 구성에서 원래 유치원에 남아 있던 주임교사와 한 팀이 된 나는 너무나 괴로운 1년을 보내게 되었다. 나는 이 시기를 개인적으로 최초로 시집살이란 것을 경험한 시기라고 이야기하곤 한다. 아이들과의 상호작용부터 수업 방식까지 하나하나 선임 교사로부터 평가되고 수정되면서 이 시기에 나는 점점 자존심과 자신감을 잃어 가게 되었다.

유치원 운영 특성상 2년, 3년 과정으로 만 3, 4세에 입학해서 담임교사와 2년, 3년씩 같은 반이 되기도 하는 교사와 유아의 관계에서 나는 소외감마저 느끼게 되었다. 그러한 느낌은 같은 반 아이들이 내 아이들이라는 생각을 어렵게 했으며, 내 자신이 보조교사나 실습 교사 같다는 우울한 생각을 하게 했다.

교사 전체와 모든 교실의 수업에 관여하는 주임교사와 나이 많은 초임 교사에게 분노하게 되면서 서로 경쟁 관계에 있던 나머지 4명의 교사에게서 우습게도 동료애가 생기기 시작했다.

❸ 2년차(적응의 시기)

어쨌든 살아남아 보리라 결심했던 1년이 지나고, 2년차에는 나이와 경력이 비슷한 교사와 같은 반을 맡게 되었다. 교사로서 내가 하고 싶은 대로 할 수 있다는 기쁨과 해방감이 컸지만, 학기 초에는 서로 성격과 수업 방식의 견해 차이로 마찰을 겪었다. 다행히 시간이 지나면서 서로의 다른 점들이 각자의 단점을 보완할 수 있는 좋은 역할을 한다는 것을 느끼면서 서로의 의견을 존중하게 되고 친구 같은 동료 관계를 갖게 되었다.

이러한 관계 속에서 서로 독자적으로 자신이 맡은 연령에 대해 계획하는 한편, 공통으로 연계되는 활동에 대해 함께 계획하고 진행하였다. 공동의 책임을 맡고 함께 모니터하고 피드백 하는 과정에서 나와 다른 재능을 가진 동료 교사에게 배우는 것들도 많았으며, 아이들의 가정환경에 대해서도 생각하지 못했던 부분을 발견하기도 했다. 또한 유아들과 민주적이고 자유로운 관계를 맺기 위하여 많은 시간을 보냈다.

그러던 중 다운증후군아와 발달지체아가 통합되면서 두 사람이 협력해도 효과적으로 대처할 해결 방법을 몰랐으므로 교사로서의 한계를 절감하고 여러 가지 시도를 통해 노력을 기울이게 되었다. 그러나 장애아와 특수교육에 대한 이해가 부족하여 실제 교수에서 실효는 없었던 것으로 생각된다.

❹ 3년차(융통성의 시기)

주임교사가 원장님께 요청하여 출산을 앞두고 나와 같은 반을 맡게 되었다. 자신의 의견을 말할 만한 연차 수도 되었고 거부하고 싶은 마음이 가득했지만 원장님의 부탁을 거절할 수가 없었다.

다시금 답답함과 이유를 알 수 없는 억울함을 느꼈지만 새로운 도전이라고 마음먹고 같이 지내게 되었다. 나름대로 주임교사의 특성과 수업 방식을 이해하고 있어서 상대방을 존중하면서 무비판적으로 모방하는 것이 아닌 배울 건 배우고 내 수업은 내 방식대로 재구성하는 형식을 갖게 되었다. 실패의 위험이 있는 새로운 방법들과 활동들에 대해서 주임교사의 조언이 있었지만 예전처럼 무조건 가르치려는 것이 아니라 의견을 제시하는 수준으로 그쳤다.

교실 내에서의 상호작용도 예전과는 그 양상이 많이 달라져서 활동적인 아이들은 나와 상호작용이 많았고, 정적인 아이들은 주임교사와 상호작용이 많았다. 이러한 관찰을 통해 교사의 성향과 상호작용 방식이 다름으로 인해서 얻을 수 있는 긍정적인 부분이라고 생각하게 되었다. 그러나 여전히 전체적인 교육과정 운영이나 교실 구성은 주임교사의 영향력이 강해서, 나는 주도권에 대한 미련을 버리고 나 자신이 새로운 경험을 통해 교사로서 성장하는 계기를 얻기 위해 매주 수요일마다 A대학교 미술디자인 교육원에서 실시하는 아동 미술 지도자 과정에 등록하여 개인 연수 시간을 가졌다. 미술에 대한 새로운 경험들은 모든 영역에 걸쳐 다양하게 통합되었다.

⑤ 4년차(안정의 시기)

출산과 결혼 등으로 나보다 나이가 많거나 경력이 많은 선임 교사 둘이 퇴직을 하게 되어서 나는 처음으로 나보다 나이, 경력이 적은 신입 교사와 같은 반을 맡게 되었다. 우물 안에서의 발전이 힘들다는 생각에 교육대학원에 입학한 터라 신입 교사와 한반을 맡게 된 것이 반갑지만은 않은 일이었다. 서로 보완하고 균형을 이루는 팀 관계를 원했는데 나이와 연차 수를 따져 정하다 보니 어쩔 수 없게 되었다.

그런 중에도 나는 초임 교사 때의 기억과 경험을 되살려 최대한 존중하고 동등한 관계를 유지하려 애를 썼지만 5살이나 차이가 나는 나이며 경력 때문에 동등하고 평등한 관계 자체가 이루어지지 않았다. 불편한 마음이나 불만을 잘 알고 있지만 기본 상황에 대한 해결이 어렵다는 것을 인정하고 수업을 최대한 나누어 연령별로 따로 이루어지도록 하였다. 신입 교사의 수업이 최대한 독립적으로 이루어지도록 하고, 새로운 활동에 대해서는 내가 먼저 수업을 보여주고 함께 평가하고 문제점을 수정하는 방법을 사용하였다. 의외로 이해가 빠르고 아직 어려서 삐뚤게 볼 줄 모르는 신입 교사의 모습을 보면서 더 모범이 되는 동료 교사로 남아야겠다는 생각을 하게 되었다.

나의 주도성이 높아진 교실에서 나는 교육대학원에서 새로 배운 것을 교실에서 적용해 보고 나름대로 평가와 해석을 해 보게 되었다. 특히 새로이 관심을 갖게 된 MI이론을 교실 평가와 유아들에 대한 이해에 접목해 그간의 관찰 결과를 토대로 각 유아들의 특성과 재능에 대한 자료로 사용하기도 하였다.

❻ 재도약의 시기(현재와 미래)

하고 싶은 일이 너무 많아서 미루었던 결혼을 하기로 결심하면서 마음속으로는 다 마치지 못한 공부며 그간 정든 유치원과 동료 교사들에 대한 고민과 미련이 많았다. 그러나 유아교육을 전공한 나는 무엇을 할 수 있나? 내가 가장 흥미있어 하는 것이 무엇인가? 내가 정말 하고 싶은 것이 무엇인가?에 대한 질문들 속에서 유치원을 벗어나 좀 더 넓게 볼 수 있는 여유와 발전을 위한 재도약의 시간을 갖는 계기로 삼기로 결심하게 되었다. 유치원을 그만두면서 나는 올 초부터 부모교육 강사, 모 학습지 부모교육 정보지 구성, 유치원 임시 강사 등 그간의 경험과는 다른 경험을 하게 되었다. 그리고 유치원에 있을 때는 느끼거나 생각하지 못했던 많은 부분을 새삼 다시 배우게 되었다.

현재 나는 내년이나 후년쯤 다시 교사로 돌아가기 위해 임용고시를 준비 중이며 출산을 계획하고 있다. 재도약 과정에서 사회적 활동과 가정과의 문제가 또 남아 있지만 언제나 나에게 닥치는 어려움을 겪어 내면 그것이 나중에 큰 힘이 되리라 믿는다.

(3) 맺음말

나는 아직도 나의 유치원 시절을 기억하고 있다. 보라색 윗도리를 자주 입던 담임선생님이며 그네 타는 순서로 늘 다투던 나보다 크던 사내아이까지 잊을 수 없는 추억들이다. 이렇게 오래전 나의 유치원 때의 기억들이 남다르게 새록새록 한 것은 아무래도 가정 형편상 재미있게 다니던 유치원을 중간에 그만둔 이유 때문인 것 같다. 내가 나름대로 만족한 사립 유치원의 생활을 접으면서 다시 생각한 공립 유치원의 의미는 나와 같은 어린 시절을 보내고 있는 아이들과 함께 즐겁고 행복한 경험을 나누고 싶은 바람을 이룰 수 있는 곳이다.

예전의 나는 나무에 너무 가까이 있어 나무만 보고 숲을 보지 못했다. 하지만 지금의 나는 이 자리, 이 시간에 나무들에서 한 발짝 떨어져 숲을 보고 있다. 더 많이 생각하고 더 많이 느끼는 이 시기가 교사로서 아이들과 함께하는 시간에 더 큰 밑거름이 되기를 바라며 나의 자서전을 마친다.

교사의 연차별 발달 과정

연차	교사의 발달 과정
1년차	• 교사 협력 체제에 잘 적응하지 못함 • 스스로에 대한 자신감이 부족해짐 • 교구 제작이나 교실 준비 등이 주 업무가 됨 • 몬테소리 교사 연수를 받음
2년차	• 교사 협력 체제에 어느 정도 적응하고 동료 교사와 긍정적 협력 체제를 이룸 • 새로운 활동과 교수를 시도함 • 수업의 질 향상과 교사로서의 발전을 위해 노력함
3년차	• 교사 협력 체제에 스스로 융통성을 발휘하고 관계 규정이 가능해짐 • 교실 내에서 유아들과 지내는 데 동료 교사와 상호 보완적인 관계를 유지함 • 스스로 선택한 교사 연수에 참여함
4년차	• 교사 협력 체제에서 처음으로 이끌어 가는 역할을 맡게 됨 • 연령별, 수준별 활동으로 수업의 독립성 유지 • 좀 더 체계적인 교사로서의 발전을 위해 교육대학원에 입학

교사의 발달 과정 중 유아들에 대한 태도 변화

연차	교사의 발달 과정 중 유아들에 대한 태도 변화
1년차	• 유아와 상호작용하는 데 있어 선임 교사의 행동을 모방함 • 유아를 가르쳐야 하는 대상으로 봄 • 유아 연령을 담당하여 스킨십을 많이 함
2년차	• 유아들과 효과적으로 상호작용하는 방법에 대한 이론들을 실제로 적용해 봄 (시행착오 시 상황에 맞게 수정) • 애정을 가지고 유아들의 문제(가정, 개인)에 관심을 기울임 • 민주적이고 자유로운 관계를 맺기 위해 노력함 • 장애아에 대한 이해를 위해 노력함
3년차	• 장애아 통합을 기피하지 않고 적극적으로 받아들이려고 노력함 • 교사와 유아의 성격적 특징이 달라 서로 이해가 어려울 수 있음을 인정 • 개별화된 수업을 스스로 만든 영역별 체크리스트를 사용하여 수업에 반영
4년차	• 새롭고 흥미로운 활동을 하기 위해 수업 준비에 많은 노력을 기울임 • 선임 교사로서 유아들에게 좀 더 엄격하게 대하는 역할을 맡음(일명 아버지 역할) • 유아들에게 많은 자율성을 부여함 • 유아의 의견을 존중하고 반영함 • 기록을 통해 MI이론을 아이들에게 적용해 보려 함

교사의 발달 과정에서 나타난 영역별 특징

영 역		전문직 영역	개인적 영역	조직적 영역
초 점		교육과정의 운영	교사 개인	유치원 조직
단계	1년차	• 선임 교사를 모방한 교육 과정 운영 • 효과적 전달에 집중	• 몬테소리 교사 연수 (1년 과정 수료)	• 유치원 조직의 특수한 체제에 적응하지 못함 • 원장의 기대를 받음
	2년차	• 몬테소리 프로그램과 국가 수준의 교육과정의 통합을 다각도로 시도 • 시범 유치원들을 견학하고 참고함 • 책을 참고하기 시작함	• 종교 교육 세미나 교사 연수 (1년 과정 수료)	• 동료 교사와 동등한 교수 협력 체제 구축 • 교사로서의 활동적인 성향을 인정받고 받아들여짐

단	3년차	• 유아의 흥미와 관심을 존중한 교육과정 운영 • 상황에 따라 목표한 것을 수정하고 재조정 • 미술 연수를 통해 얻은 경험들을 교실의 각 영역과 수업 전반에 활용함	• A대학교 미술디자인 교육원 아동 미술 지도자(1년 과정 수료)	• 스스로 선택한 장기 연수 과정을 잘 마치고 수업에 활용함으로써 동료 교사들의 자기 연수를 자극함 • 서로 새로운 것을 배우고 나누는 계기가 됨
계	4년차	• 참고 자료들을 다시 나와 맡은 반에 맞게 재구성하여 적용 • MI(다중 지능 이론)와 정서 지능 이론에 관심을 갖고 각 유아에 대한 이해와 개별 수업 반영에 활용 시도	• 교육대학원 유아교육과에 입학	• 동등하고 인간적인 동료 관계를 유지하면서 새로 배우게 된 것들은 적용해 보고 의견을 나눔 • 처음으로 대학원 진학에 대한 허락을 얻어 내어서 대학원 진학에 대한 전례를 남김(이후 동료 교사들도 진학)

03 유아교사의 관심사 발달

1) 개념

교사 관심사는 풀러(Fuller)가 처음으로 개념화 하였다. 초기에는 교사가 지각한 문제나 걱정이라 규정하였고, 후에 교사의 구조적인 좌절, 기대 또는 특별한 상황 속에서의 노력 등의 다차원 개념으로 재정의되었다(Caruso & Fawcett, 1992, 재인용). 캐츠(Katz, 1985)는 교사의 관심사를 교사들이 가장 몰두해 있는 일로 정의하였다. 짜이(Tsai, 1990)는 교사의 관심사를 광의와 협의의 개념으로 구분하였다. 광의의 개념으로는 전문적인 일을 수행하는 과정에서 교사가 지각한 흥미 있는 일이나 교사가 관심을 가지고 있는 일을 의미한다. 협의의 개념으로는 교사들이 지각하고 있는 문제, 걱정거리, 요구들을 의미한다. 이러한 견해를 종합해 볼 때, 교사 관심사는 교사들이 자신의 일과 관련하여 지각하는 흥미, 불안, 요구, 스트레스나 염려 및 좌절, 문제, 기대 등 복합적이고 다원적인 개념이다.

2) 관심사 발달 수준

교사들의 관심사를 연구한 초기 학자 중 풀러(Fuller)는 예비교사와 현직교사를 대상으로 연구하였다. 그는 초기 이론을 여러 차례 수정·보완하여 교직 이전 관심사, 생존에 대한 초기 관심사, 교수 상황 관심사, 학생에 대한 관심사로 정리하였다(이은화·배소연·조부경, 1995).

캐츠(Katz, 1972; 1985)는 풀러(Fuller)의 이론을 확장하여 유아교사를 대상으로 교사 관심사를 연구하였다. 캐츠는 유아교사 관심사를 생존 관심사, 강화 관심사, 갱신 관심사, 성숙 관심사로 구분하고 각 수준에서 나타나는 특징과 훈련에 대한 요구, 적절한 훈련 시간과 장소를 제시하였다. 각 수준의 구체적인 특징을 살펴보면 다음과 같다. 교직 생활 최초 1년에 해당하는 초임 교사들에게서 많이 나타나는 생존 관심사 수준에서는 교사로서 적응하기 위한 직접적인 문제에 고심하게 된다. 경력이 많은 교사들의 지원, 이해, 격려, 위로 등이 이들에게 큰 도움이 될 수 있다. 교사로서 어느 정도 안정감과 자신감을 얻게 되면 강화 관심사 수준에 이르게 되는데, 이때 교사들은 교사로서의 업무나 교수 기술을 숙달하고 문제 유아와 상황에 관심을 갖기 시작한다. 이 수준의 교사들에게는 동료 교사와의 감정적 공유와 경력 교사의 풍부한 경험 및 전문가의 도움이 필요하다. 교직 경력 3년을 넘어서면 갱신 관심사를 나타내는 시기가 오는데, 이때 교사들은 반복되는 자신의 일에 싫증을 느끼기 시작한다. 교사들은 다양한 프로그램에 대한 정보, 동료 교사와의 만남, 수업 참관, 전문가와의 상담 등을 통한 교사 발달에 대한 요구가 생기게 된다. 교직 경력이 5년 이상 되면 교사들은 성숙 관심사를 보이기 시작하며, 교사로서 완전한 자신감을 갖게 된다. 이 시기의 교사는 교직 전반에 걸쳐 관심을 가지게 되며, 전문가 협회나 세미나 참석, 학위 취득의 기회, 폭넓은 독서, 다양한 분야의 전문가들과의 상호 접촉으로 자신들의 요구를 만족시키게 된다.

왓츠(Watts, 1980)는 교사의 경력에 따라 관심사의 수준을 두 가지로 분류하였다. 초임 교사 시기는 하루하루를 생존해 나가는 데 관심이 있고, 자신이 교직에 부적합하다는 느낌을 강하게 가지며, 융통성이 없고, 즉각적인 문제에 초점을 맞추는 시기로 특징지을 수 있다. 중견 교사 시기는 교사의 역할에 대한 자신감과 안정감이 증가하며, 유아를 개별적인 욕구를 가진 개인으로 볼 수 있게 되므로 좀 더 유아 중심적이 되는 특징을 갖는다. 또한 유아의 욕구에 대해 통찰력을 갖게 되고, 자율성을 가지며, '무엇을' '어떻게' 보다는 '왜'라는 문제에 관심을 갖는다.

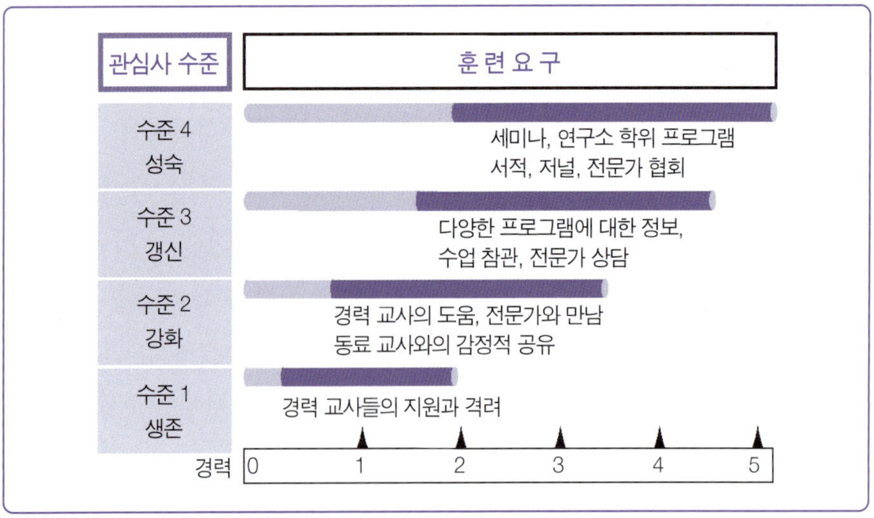

그림 10-1 유아교사의 관심사와 훈련 요구

이상에서 살펴본 이론을 종합해 볼 때 교사 관심사는 어떠한 관점을 취하느냐에 따라 각기 다르게 규정될 수 있으나 대체로 초기, 중기, 후기로 크게 나누어 볼 수 있다. 초기에는 어떤 교사든지 학급 통제 및 유지, 가르칠 내용의 숙달, 장학사로부터 인정받기 등 교사로서의 생존에 관심을 갖는다는 공통점을 가지고 있다. 중기의 교사들은 초기 단계의 불확실성과 당황스러움을 부분적으로 해결해 가며, 교직에 대해 어느 정도 자신감을 가짐으로써 학습자에 대해 보다 개방적인 경향을 보인다. 후기에 속한 교사들은 교직에 대한 권태 혹은 불만족을 가지고 교직을 떠나거나 가장 성숙한 단계에 이르러 학급이나 기관, 자아에 대해 원만한 기능을 한다. 이들은 직업적으로도 안정되고 변화에 개방적일 뿐만 아니라 교육자로서 완벽한 기능을 수행하게 된다.

3) 관심사 발달의 특징

초기 교사 관심사에 관한 연구들은 유아교사의 관심사가 직선적으로 발달한다는 것을 가정하였다. 즉, 교사의 발달이 경력이나 연령에 따라 교사의 관심사나 능력이 질적으로 낮은 수준에서 질적으로 높은 수준으로 순서대로 이동한다고 가정하는 것이다. 실제로 풀러(Fuller)의 초기 연구를 확장하여 유아교사를 대상으로 교사의 관심사를 연구한 캐츠(Katz, 1972)는 교사의 관심사를 교직 초기의 생존 관심사로부터 강화, 갱신, 성숙의 관심사로 구분하였다.

캐츠(Katz)에 따르면 생존 혹은 강화 관심사보다는 갱신이나 성숙 관심사가 더 높은 수준이며, 갱신이나 성숙 관심사를 보이는 교사들은 발달 단계에서 더 높은 수준에 있다. 교사의 관심사에 대한 후속 연구들 역시 교사들의 경력이 높아질수록 생존 관심사보다는 갱신이나 성숙 관심사를 보이는 경향이 있다는 캐츠(Katz)의 주장을 뒷받침하였다. 이러한 연구들이 가정하고 있는 것은 시간이 지남에 따라 교사가 자동적으로 발달하며 교사는 계속해서 성장하고 후퇴는 없다는 것이다.

그러나 최근의 연구들은 교사들이 시기에 따라 어느 한 가지 관심사만 가지고 있는 것이 아니라 모든 영역에 관심을 보이지만 경력에 따라 그 정도의 차이가 나타나는 것으로 이해하고 있다. 짜이(Tsai, 1990)는 캐츠(Katz)의 교사 관심사 척도를 수정하여 유치원 교사 관심사 평정 척도를 제작하였다. 연구 결과에 의하면 교사들은 캐츠(Katz)가 제시한 모든 관심사를 부분적으로 가지고 있었으며, 독립 변인으로 설정한 경력, 학력, 소유하고 있는 자격, 현직 교육을 받은 횟수, 맡고 있는 유아들의 연령에 따라 집단 간에 유의한 차이가 발견되었다. 이승연(1994)은 짜이(Tsai)의 유아교사 관심사 척도를 이용하여 유아교사의 전반적인 관심사 경향과 경력 및 기타 변인에 따른 관심사의 차이를 연구하였다. 연구 결과 우리나라 유아교사들은 유아교육 전반적인 문제에 대해 높은 관심을 가지고 있으며, 특히 생존 관심사에 높은 관심을 보인 것으로 나타났다. 경력에 따라서는 경력이 증가할수록 생존에 대한 관심은 낮아지고 성숙에 대한 관심은 높아지는 양상을 보이는 것으로 나타났다. 교사의 학력에 따른 차이를 분석한 결과 성숙 관심사에서만 집단 간의 차이를 보였고, 근무 기관의 유형에서는 갱신·성숙 관심사에서만 집단 간에 유의한 차이를 보였다.

장선화(1994)는 예비유아교사와 현직 교사의 관심사에 관한 연구에서 예비교사와 현직 교사 모두 각 관심사 영역에서 보통 이상의 관심 수준을 나타냈다고 보고하였다. 현직 교사의 경우 경력, 학력, 근무 기관 유형, 교원 자격 유형에 따라 집단 간에 의미 있는 차이가 있는 것으로 나타났다. 즉, 대체로 경력이 많고 대졸 이상의 학력을 가졌을 경우 생존, 갱신, 성숙 관심사에 더 많은 관심을 보인다. 공립 유치원 교사가 사립 유치원 교사보다 생존, 강화, 갱신, 성숙 관심사 모두에서 더 많은 관심을 가지고 있는 것으로 나타났다.

이세녕(2002)은 연구를 통해 유치원 교사의 경력, 학력, 근무기관 유형에 따른 교사 관심사를 알아본 결과, 경력이 증가함에 따라 관심의 폭이 넓어지고, 갱신, 성숙 단계로 갈수록 경력에 따른 관심의 차이가 커지는 것으로 나타났다. 근무기관 유형에 따라 공립 유치원 교사는 사립 유치원 교사에 비해 생존, 갱신, 성숙 관심사에서 더 높은 관심을 가지고 있었으며, 특히 갱신 관심사에서 유의미한 차이를 나타냈다. 한편 교사의 학력에 따른 교사 관심사에 대한 유의미한 차이는 나타나지 않았다.

이상을 종합해 보면 교수 활동과 관련된 의사결정을 내리거나 현직 교육의 내용을 정할 때 주된 영향을 미치게 되는 교사의 관심사는 대체로 경력에 따라 그 초점이 달라지기는 하지만 모든 교사들이 생존, 강화, 갱신, 성숙의 요소를 모두 가지고 있다고 할 수 있다.

활동 유아교사의 관심사 척도

1 방법 : 문항을 읽고 솔직한 자신의 생각과 일치하는 곳에 표시한다.

① 관심 없다 ② 약간 관심 없다 ③ 보통이다

④ 조금 관심 있다 ⑤ 관심 많다

2 활용 : 생존, 강화, 갱신, 성숙 관심사에 해당하는 문항을 확인하고 합산한 후 자신의 관심사 수준을 파악할 수 있다.

내 용	①	②	③	④	⑤
1. 세미나 참석하기					
2. 문제 유아 돕기					
3. 다양한 유아교육 프로그램에 관심 갖기					
4. 학급의 유아 수(교사 대 유아 비율)에 관심 갖기					
5. 교양 지식의 기초를 형성하기 위해 다양한 독서하기					
6. 유치원이나 어린이집에 오기 싫어하는 유아 다루기					
7. 유아교육에 관련된 전문 잡지나 학술지 보기					

내 용	①	②	③	④	⑤
8. 학급 통제나 훈육의 중요성 강조하기					
9. 다른 분야의 전문가와 만나기					
10. 학습 부진아 돕기					
11. 연구 정보를 교수법에 적용하기					
12. 유아에 대해 적절한 수준의 기대 갖기					
13. 원아 모집 및 선발을 위한 윤리적·철학적 기초 갖기					
14. 특별한 요구(이혼 가정, 편부모, 장애아)를 가진 유아에 관심 갖기					
15. 교수법에 관련된 자료(비디오나 영화) 시청하기					
16. 유아 발달에 관한 정보 접하기					
17. 성장과 학습의 특징 이해하기					
18. 지나치게 의존적인 유아 다루기					
19. 유아교육 관련 협회에 가입하기					
20. 교수 매체 제작 및 활용에 관한 정보에 관심 갖기					
21. 교육 정책 이행 과정에 관심 갖기					
22. 부모와 떨어지기 싫어하는 유아 돕기					
23. 부모회 조직을 위한 새로운 방법 모색하기					
24. 유아가 학습해야 할 교육 내용을 철저하게 이해하기					
25. 내가 근무하는 유아교육기관의 철학적 근거에 관심 갖기					
26. 계속해서 우는 유아 다루기					
27. 프로그램의 목표 달성을 위해 새로운 방법 모색하기					
28. 유아의 기초 능력 평가하기					
29. 유아교육의 역사와 철학에 관해 알기					
30. 유아의 공격적 행동 다루기					
31. 유아교육과정에 발달 이론을 적용하기 위한 방법 모색하기					
32. 일과 계획 조직하기					
33. 급변하는 사회 속에서 유치원(어린이집)의 역할 및 기능에 대해 생각하기					
34. 유아들이 보이는 갈등에 관해 관심 갖기					
35. 시범 학교 참관하기					
36. 일과 운영을 위한 구체적인 수업 활동 계획하기					
37. 학위 취득을 위해 상급학교에 진학하기(방송통신대학교 및 대학원)					
38. 병약한 유아 돕기					

내 용	①	②	③	④	⑤
39. 유아를 위한 새로운 과학 실험이나 활동에 관심 갖기					
40. 수업 상황에 따라 수업 내용 및 방법을 적절히 조절하기					
41. 수업 계획안 작성하기					
42. 현장 연구 계획하기					
43. 유아의 언어 장애에 관심 갖기					
44. 교사로서 나의 학력에 대한 적절성 생각하기					
45. 유아로부터 인정받기					
46. 유아교육 관련 협회나 워크숍에 참여하기					
47. 유아의 긍정적인 자아 개념 증진하기					
48. 직장 동료로부터 인정받기					
49. 장학사로부터 인정받기					
50. 연수에서 배운 새로운 지식 및 기술 적용하기					
51. 문제 유아의 부모와 상담하기					
52. 행정적 지도에 관심 갖기					
53. 학부모로부터 인정받기					
54. 수업 준비를 위해 충분한 시간 할애하기					

관심사 범주 및 문항 번호

관심사	문항 번호
생 존	4, 8, 54, 12, 16, 20, 24, 28, 32, 36, 40, 41, 44, 45, 48, 49, 52, 53
강 화	2, 6, 10, 18, 26, 30, 43, 37, 14, 22, 34, 38, 51
갱 신	3, 7, 11, 50, 15, 23, 27, 31, 35, 39, 42, 19, 46
성 숙	1, 5, 9, 13, 17, 21, 25, 29, 33, 47

출처: Tasi(1990).

토의문제

1. 교사의 발달은 교직에 머무는 동안 지속적으로 이루어져야 한다. 유아교사 발달의 개념을 평생 교육의 관점에서 이야기해 보자.
2. 자신의 자서전을 써보고 교사가 되려고 했던 이유를 개인적 관점 혹은 조직적 관점에서 분석해 보자.

Chapter

11 유아교사의 권리와 의무 찾기

학습목표

- 교직 윤리의 필요성과 내용을 인식한다.
- 유아교사에게 필요한 윤리강령을 이해한다.
- 유아교사의 법적 지위와 권리를 이해한다.

학습내용

- 유아교사의 권리
- 교권
- 교원단체
- 유아교사와 교직 윤리

핵심용어

- 윤 리
- 교직 윤리
- 윤리강령
- 도 덕
- 사도강령
- 딜레마

CHAPTER

Early Childhood Teacher Education

11 유아교사의 권리와 의무 찾기

01 유아교사의 권리

전문가는 자신의 영역에서 책임과 봉사를 수행하며 제도적으로 마련된 법규에 의해 사회적 · 경제적 신분에 대한 보상을 받는다. 유아교사의 권리는 교원이 전문직으로 직무를 원만히 수행할 수 있도록 '법이 인정하는 힘'을 의미한다(권건일 · 신재흡, 2006). 모든 교원은 법에 명시된 권리와 의무를 가지며, 유치원 교사가 법적으로 보장받는 지위와 그에 따른 의무는 다음과 같다.

1) 유치원 교사의 법적 지위

유치원은 「유아교육법」 제2조에 규정된 '학교'이며 유치원 교사는 법령이 정하는 바(「유아교육법」 제21조)에 따라 원아를 교육하는 임무를 수행한다. 따라서 유치원 교사는 초 · 중등교사와 마찬가지로 법에 의거하여 다음과 같은 경제적 · 사회적 지위가 우대되고 그 신분 역시 보장되어야 한다.

(1) 교육기본법

제14조 (교원)

① 학교교육에서 교원의 전문성은 존중되며, 교원의 경제적 · 사회적 지위는 우대되고 그 신분은 보장된다.

(2) 유아교육법

제20조 (교직원의 구분)

① 유치원에는 교원으로 원장 · 원감 · 수석교사 및 교사를 두되, 대통령령으로 정하는 일정 규모 이하의 유치원에는 원감을 두지 아니할 수 있다.

(3) 교육공무원법

제43조 (교권의 존중과 신분보장)

① 교권은 존중되어야 하며, 교원은 그 전문적 지위나 신분에 영향을 미치는 부당한 간섭을 받지 아니한다. ② 교육공무원은 형의 선고나 징계처분 또는 이 법에서 정하는 사유에 의하지 아니하고는 본인의 의사에 반하여 강임 · 휴직 또는 면직을 당하지 아니한다. ③ 교육공무원은 권고에 의하여 사직을 당하지 아니한다.

(4) 교원의 지위 향상 및 교육활동 보호를 위한 특별법

제2조 (교원에 대한 예우)

① 국가, 지방자치단체, 그 밖의 공공단체는 교원이 사회적으로 존경받고 높은 긍지와 사명감을 가지고 교육활동을 할 수 있는 여건을 조성하도록 노력하여야 한다. ② 국가, 지방자치단체, 그 밖의 공공단체는 교원이 학생에 대한 교육과 지도를 할 때 그 권위를 존중받을 수 있도록 특별히 배려하여야 한다. ③ 국가, 지방자치단체, 그 밖의 공공단체는 그가 주관하는 행사 등에서 교원을 우대하여야 한다.

교권 02

1) 교권의 개념

교권은 교원의 교육권 또는 권위를 줄인 말로 학생을 교육할 법적인 권리와 스승 또는 윤리적·사회적 의미에 따른 전문적·기술적인 권위의 복합적 의미를 가진다(강인수, 2002). 백명희(1977)는 이를 교직의 본질인 전문성, 공공성, 그리고 근로자성에 비추어 다음과 같이 정리하였다.

표 11-1 교권의 개념

교직의 본질	교직의 특성	권 리	의 무
전문성	• 인간 가치의 실현 • 사회 개혁과 발전 • 학습자의 능력과 소질을 최대한으로 개발	• 교육과정의 자율성 - 교육과정 결정 및 편성권 - 교재의 선택 및 결정권 - 교육 내용 및 방법 결정권 - 성적의 평가권 - 학생 지도 및 징계권	• 엄격한 표준 유지 • 연수 의무 • 자율적 윤리강령 제정
공공성	• 교육받을 기회 • 교육의 기회 균등 • 종교적, 정치적, 행정적 중립	• 신분상의 보장 - 신분 및 직위보유권 - 직무집행권 - 재심청구 및 행정쟁송권 - 의사에 반한 신분조치를 당하지 아니할 권리 - 권고사직을 당하지 않을 권리 - 불체포 특권 - 처분 사유설명서 교부권 및 후임자 보충발령 유예 - 여교원의 동등 신분 보장권 - 교원의 단체 결성과 교섭협의권 및 노동조합결성권 - 교원의 정치활동	• 성실의 의무 • 직무상의 의무 - 법령 준수 의무 - 복종 의무 - 전념 의무 - 친절, 공정 의무 • 신분상의 의무 - 비밀보유 의무 - 품위유지 의무 - 청렴 의무 - 집단행위 금지 의무 - 정치운동 제한 의무

		• 재산상의 보장 - 보수청구권 - 연금청구권 - 실비변상청구권	
근로자성	• 개인으로서의 지위 • 집단을 통한 지위	• 시민의 기본권 • 근로할 권리 • 집단행위권	• 시민적 기본 의무 • 근로 의무 • 근로 조건 준수 의무

위의 표에서 언급된 교사의 권리와 의무를 보장하고 있는 법률적인 근거에는 다음과 같은 것들이 있다.

표 11-2 법률적 근거에 의한 교사의 권리와 의무

법의 종류	법조항의 내용
대한민국 헌법	[제31조 제6항] 교원지위의 법률주의 학교교육 및 평생교육을 포함한 교육제도와 그 운영, 교육재정 및 교원의 지위에 관한 기본적인 사항은 법률로 정한다.
교육 기본법	[제14조] 교원 ① 학교교육에서 교원의 전문성은 존중되며, 교원의 경제적·사회적 지위는 우대되고 그 신분은 보장된다. ② 교원은 교육자로서 갖추어야 할 품성과 자질을 향상시키기 위하여 노력하여야 한다. ③ 교원은 교육자로서의 윤리의식을 확립하고, 이를 바탕으로 학생에게 학습윤리를 지도하고 지식을 습득하게 하며, 학생 개개인의 적성을 계발할 수 있도록 노력하여야 한다. ④ 교원은 특정한 정당이나 정파를 지지하거나 반대하기 위하여 학생을 지도하거나 선동하여서는 아니 된다. ⑤ 교원은 법률로 정하는 바에 따라 다른 공직에 취임할 수 있다. ⑥ 교원의 임용·복무·보수 및 연금 등에 관하여 필요한 사항은 따로 법률로 정한다.
유아교육법	[제21조] 교직원의 임무
교원의 지위 향상 및 교육활동 보호를 위한 특별법	[제2조] 교원에 대한 예우 [제3조 제2항] 교원 보수의 우대 「사립학교법」 제2조에 따른 학교법인과 사립학교 경영자는 그가 설치·경영하는 학교 교원의 보수를 국·공립학교 교원의 보수 수준으로 유지하여야 한다. [제7조] 교원소청심사위원회의 설치 [제11조] 교원의 지위 향상을 위한 교섭·협의 [제12조] 교섭·협의 사항 교원의 처우 개선, 근무조건 및 복지후생과 전문성 신장에 관한 사항을 교섭·협의

<table>
<tr><td>교육
공무원법</td><td>[제10조 제2항] 임용의 원칙
교육공무원의 임용은 교원으로서의 자격을 갖추고 임용을 원하는 모든 사람에게 능력에 따른 균등한 임용의 기회가 보장되어야 한다.
[제34조] 보수결정의 원칙
① 교육공무원의 보수는 우대되어야 한다.
② 교육공무원의 보수는 자격, 경력, 직무의 곤란성 및 책임의 정도에 따라 대통령령으로 정한다.
[제37조] 연수의 기회균등
교육공무원에게는 연수기관에서 재교육을 받거나 연수할 기회가 균등하게 주어져야 한다.
[제38조] 연수와 교재비
① 교육공무원은 그 직책을 수행하기 위하여 끊임없이 연구와 수양에 힘써야 한다.
[제43조] 교권의 존중과 신분보장
① 교권은 존중되어야 하며, 교원은 그 전문적 지위나 신분에 영향을 미치는 부당한 간섭을 받지 아니한다.
② 교육공무원은 형의 선고나 징계처분 또는 이 법에서 정하는 사유에 의하지 아니하고는 본인의 의사에 반하여 강임, 휴직 또는 면직을 당하지 아니한다.
③ 교육공무원은 권고에 의해 사직을 당하지 아니한다.
[제44조] 휴직
교육공무원이 다음 각 호의 어느 하나에 해당하는 사유로 휴직을 원하면 임용권자는 휴직을 명할 수 있다(신체상 · 정신상의 장애, 병역, 천재지변 또는 전시 · 사변 인한 소재불명, 법률에 따른 의무수행을 위한 직무이탈, 해외유학, 외국의 임시고용, 자녀양육, 연수, 임신 · 출산, 병간호 등).
[제49조] 고충처리
① 교육공무원은 누구나 인사, 조직, 처우 등 각종 직무조건과 그 밖의 신상문제에 대하여 인사상담이나 고충의 심사를 청구할 수 있으며, 이를 이유로 불이익한 처분이나 대우를 받지 아니한다.</td></tr>
<tr><td>사립
학교법</td><td>[제52조] 자격
사립학교의 교원의 자격에 관하여는 국 · 공립학교의 교원의 자격에 관한 규정에 의한다.
[제55조] 복무
사립학교의 교원의 복무에 관하여는 국 · 공립학교의 교원에 관한 규정을 준용한다.
[제56조] 의사에 반한 휴직 · 면직 등의 금지
형의 선고 · 징계처분 또는 이 법에 정하는 사유에 의하지 아니하고는 본인의 의사에 반하여 휴직 또는 면직 등 불리한 처분을 받지 아니한다.
사립학교 교원은 권고에 의하여 사직을 당하지 아니한다.
[제60조] 교원의 불체포 특권
사립학교의 교원은 현행범인의 경우를 제외하고는 소속학교장의 동의 없이 학원 안에서 체포되지 아니한다.</td></tr>
</table>

2) 유아교사의 교권에 대한 인식

유치원 교사들은 「교육법」, 「초·중등교육법」, 「사립학교법」, 「교육공무원법」 등을 통하여 공·사립에 관계없이 모두 법적으로 동일한 교권을 보장받을 수 있도록 되어 있다. 그동안 기존의 법체계 안에서 유치원 교사의 정의, 종류, 임무, 종별과 자격, 임면, 자질 향상, 복지 등과 관련된 내용이 존재하고 있음에도 불구하고 유치원 교사만의 권리와 의무를 가시적으로 드러내어 주는 독립법은 존재하지 않았다. 이로 인하여 유치원 교사들은 다른 각급의 교사들에 비해 법적으로 보장받을 수 있는 자신의 권리와 의무에 대한 인식이 매우 낮았다.

안정모(1995)는 교직의 특성(전문성, 공공성, 근로자성)에 따른 유치원 교사의 권리와 의무에 대한 인식을 조사한 적이 있다. 연구 결과에 따르면 공립 유치원 교사들은 자신을 국가 공무원이라고 생각하기 때문에 교직의 전문성, 공공성에 대하여 높게 인식하고 있었으나, 사립 유치원 교사들은 자신들에 대한 법적인 근거가 있다는 사실 자체도 거의 인식하지 못하는 것으로 나타났다.

한국교원단체총연합회(http://www.kfta.or.kr)에서 조사한 1980년부터 2002년 사이의 교권 침해 사건에 따르면 유치원 교사들의 교권 침해 사건은 단 1건도 없는 것으로 나타났다. 반면 다른 각급 학교의 교권 침해 사건은 사학 재단의 부당 징계, 권고사직 등의 문제에서부터 보수, 학부모와의 관계 등까지 매우 다양하게 보고되었다. 유치원 교사들의 근무시간이 공무원 복무규정 9시간을 초과하는 경우가 많고, 사립 유치원의 경우 보수 수준이 만족할 만하지 못하고, 부당하게 권고사직을 당하는 경우가 실재함에도 불구하고 드러난 사례가 거의 없다는 것은 유치원 교사들이 교직으로서의 권리와 의무에 대한 인식이 매우 낮기 때문이라고 할 수 있다.

전문성의 가장 핵심은 자신이 하는 일에 대한 자율성을 얼마나 확보할 수 있는가에 있다. 유아교사가 내리는 모든 교육적인 의사결정의 자율성은 법적인 권리와 의무가 보장되지 않으면 실현되기 어려운 것이다. 유아교사들이 교권에 대한 개념을 확립하고 전문성을 가진 교사가 되기 위해서는 법적인 근거를 마련하는 일과 함께 현실적인 문제들을 직시하고 자신의 권리와 의무에 대한 법률적인 근거를 확실히 이해하려는 노력을 기울이는 것이 매우 필요한 일이라고 하겠다.

교원단체 03

교원단체는 교직에 종사하는 사람들로 구성되고 운영되며 구성원들의 권익 신장을 주요 목적으로 하는 단체이다. 유치원 교사들이 개별적으로 교원단체에서 활동하는 경우는 드물지만 교원의 이익을 대변하고 압력단체로서의 역할을 할 수 있는 교원단체에 대한 이해는 필요하다.

1) 교원단체의 성격과 기능

(1) 교원단체의 성격

❶ 교원단체는 법정 단체이다.

교원단체는 법적으로 교원집단의 의사를 대표하는 권리가 인정되는 단체이다. 교원단체 설립은 「교육기본법」의 교원단체에 관한 조항(제15조), 「교원지위 향상을 위한 특별법」(제11조), 노동조합의 설립 및 교섭권을 위한 「교원의 노동조합 설립 및 운영 등에 관한 법률」에 근거한다.

❷ 교원단체는 대변단체이다.

교원집단 내에서도 다양한 모임이 존재하지만 이들이 교원 전체의 의견을 대변하는 것은 아니다. 교직이 가지는 특성상 교원단체가 공공성과 공익성을 떠나 존재하기는 어렵다. 교원단체는 단순한 친목을 목적으로 하는 단체가 아니라 교원이라는 직업적 동질성에 근거하여 결성되고 이익을 도모하기 위한 단체이다.

❸ 교원단체는 압력단체이다.

교원단체가 하는 가장 커다란 역할 중에 하나는 교권 침해에 대한 중재와 정책결정과정에의 참여이다. 현재 교육 현장에서는 학생, 부모, 교사, 설립자, 국가 등의 당사자들 간의 상당한 갈등을 경험하고 있다. 강인수(2004)는 이러한 학교공동체의 갈등 현상을 학생·부모 - 교원, 학생·부모 - 학교, 학생·부모 - 교육청 및 국가, 교사(개인, 단체) - 교장, 교사(개인, 단체) - 교육청 및 교육부, 교육청 - 교육부, 정부 내 부처 간의 갈등으로 구분한 바 있다.

❹ 교원단체는 전문단체이다.

교원은 전문직이다. 전문직에 종사하는 사람들은 끊임없이 자신들의 전문성을 함양하기 위한 노력을 기울여야 한다. 교원단체는 교원들의 지식과 능력을 향상시키기 위해 자율적으로 운영하는 전문단체이다.

(2) 교원단체의 기능

❶ 교원의 권익을 대변하고 보호 및 증진한다.

교원단체의 가장 커다란 기능 가운데 하나는 구성원들의 권익을 대변하고 보호하는 것이다. 교직생활을 하다 보면 뜻하지 않게 학교안전사고, 신분 피해, 학부모와의 분쟁 등의 고충을 당할 수 있다. 교원단체는 교사들에게 발생할 수 있는 각종 교권침해 사례를 수집하고, 상담하며 지원하는 역할을 감당한다.

❷ 교원의 전문성을 신장시킨다.

교원단체는 다양한 현직 연수 및 자료 제공으로 교원들의 전문성 신장을 위한 광범위한 노력을 한다. 예를 들어 한국교원단체총연합회 등은 교사들의 연수를 위한 원격연수원을 운영하고 교육자료전 및 현장연구대회를 개최함으로써 교원들의 전문성을 신장시키기 위해 다양한 노력을 기울이고 있다.

❸ 교원의 사회 · 경제적 지위를 향상시킨다.

교원단체는 교원들이 자신들의 사회적, 경제적 지위를 향상시키기 위해 구성된 이익단체의 성격을 가지고 있다. 한국교원단체총연합회가 교육부를 상대로 합의한 영역별 내용을 보면 봉급 및 수당체제 개선, 안전 및 보건, 교권신장, 복지후생, 연구활동 육성 및 지원, 승진제도, 근무조건 등으로 그 범위가 매우 포괄적이고 다양하다.

❹ 교원들이 교육정책에 효과적으로 참여할 수 있게 한다.

교육정책은 넓은 의미에서는 법이나 제도와 관련된 것이지만 좁은 의미로 보면 국가수준의 교육과정 개정과 같이 교실 현장에 직접적으로 영향을 미치는 내용들도 포함된다. 교원단체는 이러한 교육정책을 결정하는 과정에 적극적으로 참여할 수 있는 기회를 제공한다. 2004년 「유아교육법」 제정 당시 한국교원단체총연합회와의 연계도 이러한 사례 가운데 하나이다.

❺ 교원들의 복지향상에 기여한다.

교원단체는 자체적으로 회원에 대한 다양한 복지와 혜택을 제공하기도 한다. 최근 교원단체는 회원들의 경제적 이익을 위해 다양한 여행, 보험, 카드, 휴대폰, 장터 등과 같이 다른 경제 주체들과의 다양한 제휴 및 협력을 하기도 한다. 이러한 경제적 편의는 회원들에게 상당한 경제적 혜택을 가져다준다.

2) 우리나라의 교원단체의 비교

현재 우리나라에는 다양한 교원단체가 존재한다. 이 가운데 가장 대표적인 3개의 단체를 소개하면 다음과 같다.

(1) 한국교원단체총연합회(교총)

1947년 교원의 사회 · 경제적 지위 향상과 교직의 전문성 확립을 기함으로써 교육의 진흥과 문화의 창달에 기여하기 위한 목적으로 설립되었다. 교총은 16개 시 · 도의 지역조직과 초등교사회, 중등교사회, 대학교수회와 같은 직능조직, 그리고 학교급별, 직위별, 설립별, 성별, 전공별 등 25개의 산하단체로 구성되어 있다. 현재 유아교육에서는 한국국공립유치원교원연합회가 연계하여 활동하고 있다.

(2) 전국교직원노동조합(전교조)

1989년에 결성된 교사들의 노동조합단체로 평교사로만 조직되어 있다. 교직을 노동직으로 보기 때문에 사무노조, 금속노조 등과 같이 다양한 노동조합과 연계하여 활동하기도 한다. 교총과 마찬가지로 다양한 교권상담, 정책 개진, 조합원 활동 등을 한다.

(3) 교사노동조합연맹

2017년에 결성된 교사들의 노동조합으로 지역별, 급별, 교과별, 공 · 사립별 노조의 연합체가 조직되어 분권형 노조를 지향한다. 전국국공립유치원교사노조가 급별교사노조에 소속되어 있다. 교권보호와 교육현안에 대한 의견 개진 등의 활동을 한다.

이외에도 교사노동조합연맹, 새로운학교네트워크, 실천교육교사모임, 좋은교사운동 등의 교원단체가 활동하고 있다. 또한, 2019년 12월에는 전국사립유치원교직원노동조합이 고용노동부 경기지청으로 노조설립인가를 받아 출범하였다.

유아교사와 교직 윤리 04

1) 유아 교직 윤리의 개념 및 중요성

(1) 개념

도덕은 한 사회에서 사람들이 가지고 있는 선하고, 옳고, 적합한 것에 대한 견해, 의무에 관한 신념, 어떻게 행동해야 하는가에 대한 사람들의 생각으로 정의할 수 있다(Kidder, 1995). 반면 윤리란 사람으로서 마땅히 행하거나 지켜야 할 도리로서 도덕성에 관한 비판적 숙고를 포함하고 있다. 어떤 직업에서 요구하는 도덕적 원칙이 있다고 할 때, 그것은 직장 내에서 해야 할 것과 하지 말아야 할 것에 대한 기준을 말해 준다(이영애, 2001).

전문직의 윤리강령은 전문직의 구성원이 집단적, 조직적으로 수행하는 과업에 관한 비판적 숙고에 기초하고 있으며, 전문직 종사자들이 과제를 수행하는 도중에 상충된 의무나 책임에 직면하게 될 때 무엇을 해야만 하는지에 대한 지침을 제공한다(이영애, 2001).

인간이 사회생활 속에서 지켜야 하는 규범을 윤리라고 한다면 교직 윤리라 함은 교사가 교직 생활에서 지켜야 하는 실천의 규범이라고 할 수 있다. 곽영우(1997)는 윤리를 사회적 의식의 한 형태로 인간이 마땅히 따라야 하는 행위 규범의 총체로 규정하고 있다. 윤리는 강제력을 수반하는 법률과 달리 인간의 자율적 판단에 근거하며, 사람들의 양심이나 사회의 습관을 기본으로 하여 사회적 규범에 합치되는 것이다. 유아 교직 윤리는 유아교사들이 교직을 수행하면서 스스로 실천하기를 기대하는 규범을 의미하는 것이다.

(2) 유아 교직 윤리의 중요성

캐츠(Katz, 1989)는 직업의 특성상 발생할 수 있는 여러 가지 종류의 유혹들을 잘 다룰 수 있는 기준을 세울 수 있도록 도와주는 것이 바로 윤리강령이라고 정의한 바 있다. 가르치는 일은 필연적으로 수없이 많은 딜레마에 직면하게 된다. 딜레마란 같은 비중의 가치가 서로 충돌하여 그 어느 쪽으로도 의사결정을 내리기 어려운 상태를 의미한다. 윤리강령은 교사들이 바로 이런 딜레마에 직면했을 때 가장 적절한 의사결정을 내릴 수 있도록 이끌어 주는 지침이다. 유아교육에서 특히 윤리강령이 필요한 이유에 대하여 캐츠(Katz)는 다음의 4가지를 들고 있다.

❶ 유아교사의 힘과 지위

유아교사들은 대개 유아들의 인격을 존중하고, 그들의 요구를 들어 주기 위해 노력하며, 학급의 모든 유아들을 공평하게 대하기 위하여 노력한다. 그러나 경우에 따라서 유아들을 함부로 대하기도 하고, 공평하지 못하게 일을 처리하는 경우도 있으며, 유아의 의사를 무시하기도 하고, 유아의 마음에 상처를 주기도 한다. 물론 유아들이 이와 같은 상황에 대해 불만을 제기하거나 이를 적절하게 수정하도록 요구를 할 수 있다면 문제가 없겠지만, 유아들은 스스로 자신을 방어할 수 있는 능력이 아직 부족하다.

교사는 유아들에게는 상대적으로 높은 지위를 가질 수 있지만 부모들과의 관계에서는 반드시 그렇지 않다. 이는 부모들이 의뢰인이기 때문이다. 만일 부모의 요구와 유아의 요구가 충돌한다면 교사는 어떻게 해야 하는가? 교사는 부모들의 요구를 물리치기 어렵지만 유아들에게는 특별한 양해를 구하지 않고도 교사가 원하는 행동을 할 수도 있다. 유아교사를 위한 윤리강령은 바로 이러한 상황에서 유아들의 안녕을 위하여 옳은 판단을 내릴 수 있도록 도와준다.

❷ 유아의 다양성

교사는 학급 전체의 유아들에게 관심을 기울여야 하지만 상황에 따라서 교사 개인의 관심을 필요로 하는 유아가 있을 수도 있다. 이때 교사는 개인과 집단의 요구 가운데 어떠한 것을 받아들여야 하는가? 어떤 아이는 인지적으로 매우 뛰어나서 학급의 다른 아이들을 대상으로 하는 활동을 주면 매우 지루해하고 산만해진다. 이럴 때 교사는 어떻게 해야 하는가? 자신이 속한 기관의 철학과 일치하지 않는 교육을 요구하는 부모와의 갈등은 어떻게 해야 하는가? 윤리강령은 서로 다양한 요구를 가진 유아나 부모로 인하여 발생하는 문제들을 해결하는 데 도움을 준다.

❸ 경험적 기초의 애매성

유아교육과정은 다른 각급 학교의 교육과정과는 달리 유아의 경험과 과정을 중요시한다. 이는 다시 말해서 반드시 가르쳐야 하는 유아교육의 내용이 미리 결정되어 있는 것이 아니라 끊임없이 변할 수 있다는 것이다. 이러한 교육과정 운영의 자율성은 때로는 흥미진진함을 불러일으키기도 하지만 유아교사가 끊임없이 의사결정을 해야 한다는 의미가 된다. 교사가 내리는 대부분의 의사결정 과정에는 교사의 의도 여부에 관계없이 교사 개인의 가치가 포함되기 마련이다. 즉, 유아교사는 다른 어떤 학년의 교사보다도 교사 개인의 가치에 따라 교육과정과 내용 및 방법을 정할 가능성이 높아진다. 윤리강령은 이렇게 불확실성이 높은 상태에서 철학적인 기초를 제공해 줌으로써 교사의 결정에 방향을 잡아 주는 역할을 할 수 있다.

❹ 역할의 애매성

최근 유아교육기관에 맡겨지는 유아들의 연령은 점점 낮아지고, 시간은 더욱 길어지며, 그 숫자는 점점 더 많아지고 있다. 유아들의 연령이 어리고 기관에서 지내는 시간이 더 많아지면 먹이고, 입히고, 씻기고, 기본 생활 습관을 길러 주어야 하는 등 교사들의 역할이 한없이 넓어진다. 이렇게 역할이 넓어지다 보면 부모의 역할과 구분이 어려워지는 문제가 생긴다. 특히 이 모든 문제에 있어 부모의 의견과 일치하지 않는 경우 교사는 자신과 부모, 그리고 유아 사이에서 판단을 내리기 어려운 딜레마에 빠지게 된다. 윤리강령은 바로 이러한 딜레마 상황에서 교사가 옳은 판단을 내릴 수 있도록 도와준다.

• **윤리강령이란?**

윤리강령이란 우리가 옳다고 믿는 것을 행할 수 있도록 도와주는 것이다. 특별히 우리가 옳다고 믿는 것을 행할 때 위험이 따르는 경우에는 더욱 그렇다. 옳은 일을 하면 칭찬이나 보상을 받을 확률이 높은 상황에서는 위험이 많은 상황(예를 들면 직장을 잃는 것)만큼 윤리강령이 요구되지 않을 수 있다. 윤리강령이란 목표를 위해 어떤 일을 시행하는 과정에서 우리가 행동해야 할 옳고 좋은 방법에 관한 진술이다. 그것은 우리가 봉사하고 있는 사람들에게 최상이라고 판단되었을 때, 비록 사람들이 동의하지 않을지라도, 우리들의 전문적 판단에 따라 행동하도록 우리를 서로 격려하는 말이다. 윤리강령은 우리가 봉사하고 있는 사람들이 우리를 좋아할 수 있도록 행동하게 하는 것이 아니라 이 사람들에게 가장 이익이 될 수 있도록 행동하게 한다. 어떤 의미에서, 윤리적 진술은 옳은 것과 더 옳은 것 사이의 선택일 수도 있다. 사실, 옳은 것과 옳지 못한 것 사이의 선택은 별로 문제가 되지 않는다. 두말할 필요 없이, 윤리적 원칙은 일반적으로 우리 사회에서 가치 있다고 생각되는 집단의 관점을 반영하고 있다.

출처: Katz(1989), p. 168.

2) 교직 윤리의 내용

그동안 우리나라에는 유아교사만을 위한 윤리강령이 따로 존재하지 않았다. 그러나 2010년 교육과학기술부가 유아교육선진화 기반조성사업의 하나로 운영한 유치원 교원 양성 및 임용 체제 개선방안을 위한 T/F에서 유치원 교사 헌장 및 윤리강령을 제정 공포하였다(박은혜 · 김수연 · 김희진 · 김희태 · 박정선 · 이대균 · 이희경 · 조부경 · 조형숙 · 황해익 · 김미석 · 김은영, 2010). 본 헌장 및 강령은 위원회가 초안을 작성하고, 유치원 관련 단체들이 검토 후 지원하는 형식으로 제정되었으며 위원회 보고서를 통하여 2010년 12월 최종 공포되었다. 본 헌장과 윤리강령 제정에 참여한 단체로는 유치원교원양성·임용제도개선연구단, 한국4년제유아교사양성대학교수협의회, 한국전문대학유아교육과교수협의회, 한국국공립유치원교원연합회, 한국유치원총연합회, 전국사립유치원연합회가 있다. 보육시설장과 보육교사가 지켜야 할 윤리강령은 2009년 보건복지부와 한국보육시설연합회에서 육아정책연구소에 의뢰하여 제정하였다(김은설·박수연, 2010). 보육교사 윤리강령은 연구진이 영유아의 생존권, 보호권, 발달권, 참여권을 윤리강령에 포함해야 할 주요 가치로 선정하고 윤리강령 초안을 개발한 후 관련 학과 교수, 어린이집 원장, 교사, 행정공무원이 참여하는 4차례의 자문회의를 통해 수정 및 보완하여 최종안을 확정하였다. 유치원 교사와 어린이집 교사의 전문성에 핵심이 되는 유치원 교사 헌장 및 윤리강령, 보육 시설장·교사 윤리강령의 구체적인 내용은 다음과 같다.

(1) 우리나라 유치원 교사 헌장 및 윤리강령

❶ 유치원 교사 헌장

유아교육은 유아의 삶에 초석이 되며, 우리 사회와 국가의 미래를 결정한다. 우리는 국민의 생애초기 교육을 책임지며 사회로부터 존경받는 교사로서 자신을 연마하고 소명의식을 가지고 유아 교육자로서 가야 할 길을 밝힌다.

① 우리는 유아를 사랑하고 개성을 존중하며 전인발달을 지원하고 평화로운 교실문화를 조성한다.

② 우리는 미래지향적이며 질 높은 교육을 계획하고 실천하여 교육자로서의 책임을 다한다.

③ 우리는 가정에 대한 이해와 연대를 강화하여 교육복지 사회 구축에 공헌한다.

④ 우리는 사회의 변화와 요구에 적극 부응하여 유아교육의 혁신과 발전을 위해 노력한다.

⑤ 우리는 교육자로서의 품위를 유지하고 부단한 자기개발을 통해 유아교육 전문가로서의 위상을 갖춘다.

❷ 유치원 교사 윤리강령

01 유치원 교사와 유아

핵심개념 사랑, 평등, 개성 존중, 전인교육, 안전과 보호

① 우리는 유아를 사랑하며 유아의 인격을 존중한다.

② 우리는 유아의 개인적·가정적 배경에 관계없이 모든 유아를 평등하게 대한다.

③ 우리는 유아의 개성을 존중하며 개인의 흥미와 잠재력에 적합한 교육을 제공한다.

④ 우리는 유아의 전인발달을 지원하는 교육과 환경을 제공한다.

⑤ 우리는 유아의 안녕을 위협하는 가정적·사회문화적·경제적 상황을 적극적으로 파악하고 유아를 보호하기 위해 노력한다.

02 유치원 교사와 가정

핵심개념 가족에 대한 이해, 권리 보호, 협력, 지원

① 우리는 유아를 교육하고 지원하기 위해 가정과 연계하고 협력관계를 구축한다.

② 우리는 교육적 목적으로 수집한 가족 정보에 대해 기밀을 유지하고 가족의

사생활을 보장한다.

③ 우리는 유치원에서 일어난 안전사고나 위험 상황에 대해 가족에게 충분히 설명한다.

④ 우리는 가족에게 유치원을 개방하며 필요한 정보를 제공한다.

⑤ 우리는 유치원 운영에 관련된 중요한 의사결정 과정에 부모를 참여시킨다.

⑥ 우리는 가족에게 필요한 지역사회 자원에 대한 정보를 구축하고 이를 가족에게 적극 제공한다.

03 유치원 교사와 사회

핵심개념 사회에 대한 이해, 교원의 지위 향상, 유아교육 위상 강화, 교직문화, 지역사회와의 협력

① 우리는 사회의 흐름을 파악하고 이를 교육에 반영하고자 노력한다.

② 우리는 유아에 관련된 법률과 정책을 이해하고, 이를 개선하기 위한 활동에 적극 참여한다.

③ 우리는 교직 관련 단체와 전문가 협회를 통해 교권 확립을 위한 활동에 참여한다.

④ 우리는 유치원 교육을 사회에 널리 알려 유아교육의 위상을 높인다.

⑤ 우리는 교직원 간의 상호존중과 협력을 통해 건전한 교직문화를 형성한다.

⑥ 우리는 유치원과 연계하여 지역사회의 생활과 문화 향상에 기여한다.

04 유치원 교사의 책무

■■ 핵심개념 직업의식과 긍지, 인성(열정, 개방성, 창의성, 자율성), 교사로서의 품위, 연구와 자기개발

① 우리는 교육전문가로서의 직업의식을 갖는다.

② 우리는 건전한 국가관과 확고한 교육관을 가지고 교직에 종사한다.

③ 우리는 유아에게 최적의 교육을 제공하기 위해 열과 성을 다한다.

④ 우리는 건전한 언행과 생활 태도로 유아에게 모범이 되도록 한다.

⑤ 우리는 열린 사고와 개방적 태도를 가지고 전문성 향상에 매진한다.

⑥ 우리는 다양한 분야의 전문가와 교류하고 새로운 지식과 정책을 비판적으로 수용한다.

(2) 우리나라 어린이집 교사 윤리 선언 및 윤리강령

❶ 보육인 윤리 선언

① 나는 내가 영유아에게 지대한 영향을 미치는 존재임을 잊지 않으며, 항상 스스로의 말과 행동에 신중을 기한다.

② 나는 영유아의 인격과 권리를 존중하며, 어떠한 경우에도 영유아에게 해가 되는 일을 하지 않는다.

③ 나는 영유아 가정의 다양성을 이해하고 존중하며, 상호 신뢰하는 동반자적 관계를 유지한다.

④ 나는 동료를 존중하고 지지하며, 서로 협력하여 최상의 보육서비스를 제공하기 위해 노력한다.

⑤ 나는 보육의 사회적 책임과 역할을 인식하고, 영유아의 권익과 복지를 위한 활동에 앞장선다.

⑥ 나는 「어린이집 원장 · 교사 윤리강령」을 직무수행의 도덕적 규준으로 삼아 진심을 다하여 충실히 이행한다.

❷ 어린이집 원장 및 보육교사 윤리강령

01 영유아에 대한 윤리

① 영유아에게 고른 영양과 충분한 휴식을 제공하여, 몸과 마음이 건강한 사람으로 자라도록 돕는다.

② 성별, 지역, 종교, 인종, 장애 등 어떤 이유에서도 영유아를 차별하지 않고, 공평한 기회를 제공한다.

③ 영유아는 다치기 쉬운 존재임을 인식하여 항상 안전하게 보호한다.

④ 영유아에 대한 정서적, 언어적, 신체적 학대를 행하지 않는다.

⑤ 어린이집 내외에서의 영유아 학대나 방임을 민감하게 관찰하며, 필요한 경우 관련 기관("아동보호전문기관" 등)에 보고하고 조치를 취한다.

⑥ 영유아의 인격을 존중하고, 개인의 잠재력과 개성을 인정한다.

⑦ 개별적 상호작용 속에서 영유아의 요구를 수용하기 위해 노력한다.

⑧ 영유아의 사회 · 정서 · 인지 · 신체 발달을 통합적으로 지원하는 보육프로그램을 실시한다.

⑨ 특별한 도움을 필요로 하는 경우, 전문가와 협력하여 영유아의 입장에서 최선의 대안을 찾는다.

⑩ 보육활동을 계획, 실행, 평가하는 모든 과정에 영유아의 흥미와 의사를 반영한다.

⑪ 영유아의 개인적 기록과 정보에 대해 비밀을 보장한다.

① 상호 신뢰를 바탕으로 영유아의 가정과 동반자적인 관계를 유지한다.

② 각 가정의 양육가치와 의사결정을 존중한다.

③ 경제적 수준, 가족형태, 지역, 문화, 관습, 종교, 언어 등 어떤 것에 의해서도 영유아의 가정을 차별 대우하지 않는다.

④ 보육활동 및 발달 상황에 관한 정보를 정확하게 제공하여 영유아에 대한 가정의 이해를 돕는다. 다문화, 심신장애 등으로 의사소통에 도움이 필요한 경우 문제를 해결할 최선의 방법을 도모한다.

⑤ 어린이집 운영 전반에 관한 정보를 공개하여 영유아 가정의 알 권리에 응한다.

⑥ 보육프로그램과 주요 의사결정에 영유아의 가정이 참여하도록 안내한다.

⑦ 필요한 사회적 지원, 전문서비스 등 관련 정보를 제공하여 영유아 가정의 복리 증진을 돕는다.

⑧ 영유아 가정의 사생활을 보호하고 익명성을 보장한다.

(3) 미국 NAEYC의 유아교사를 위한 윤리강령

다음은 미국 NAEYC에서 제정, 채택한 윤리강령의 일부로 유아교육에 종사하는 교사들이 현장에서 부딪치는 윤리적 딜레마를 해결하려 할 때 도움을 받을 수 있도록 한 것이다. NAEYC의 윤리강령은 1989년에 처음으로 채택되었고, 1997년에 수정되었다.

❶ 서문(Preamble)

NAEYC는 유아교육 종사자에게 매일 요구되는 수많은 의사결정들이 도덕적, 윤리적 특성을 지닌다는 사실을 인식한다. NAEYC의 '윤리강령'은 책임 있는 행동에 대한 지침들을 제시하고, 유아들을 교육하고 보육하는 과정에서 직면하게 되는 중대한 윤리적 딜레마들을 해결하기 위한 보편적인 기준을 제공한다. 출생에서 8세에 이르는 유아들을 위한 프로그램들의 최우선적인 핵심 가치는 영유아와 그 부모에 관련된 일상생활에서의 실제에 초점을 맞춘다. 그러한 프로그램들로는 영아 프로그램, 취학 전 교육기관, 보육기관, 가정보육(family child care homes), 유치원, 초등학교 저학년 학급 등이 있다. 이 윤리강령은 유아들을 직접 상대하지 않는 전문가들 – 행정가, 부모, 교육 이론가, 대학 교수 – 에게도 적용될 수 있다.

❷ 핵심 가치

영유아들을 보육하고 교육하는 과정에서 윤리적 행동의 기준은 우리 분야의 역사 속에 깊이 뿌리 박혀 있는 핵심 가치에 근거한 것이다. 우리는 다음과 같은 가치에 동의한다.

- 유아기를 인생 주기에서 독특하고 가치 있는 한 단계로 이해한다.
- 유아 발달에 관한 지식에 근거하여 직무를 수행한다.
- 유아와 가정 간의 밀접한 유대관계를 이해하고 지원한다.
- 가족, 문화, 집단, 사회의 맥락 속에서만이 유아들을 가장 잘 이해할 수 있고 지원할 수 있다는 사실을 인식한다.
- 각 개인(유아, 가족 구성원, 동료)의 존엄성, 가치, 개성을 존중한다.
- 유아와 성인이 신뢰, 존경, 긍정적인 인식 등을 기초로 한 관계 속에서 유아들의 모든 잠재력을 발휘하도록 도와준다.

❸ 개념적 체계

이 윤리강령은 (1) 유아, (2) 가족, (3) 동료, (4) 지역사회와 공동체의 4장으로 구분하여 교사의 전문적 책임에 관한 개념을 나타낸다. 각 장은 과제를 수행하는 활동 영역을 나타내며 ① 각 영역에서 유아들을 담당한 교사들의 중대한 책임에 대한 개념 도입, ② 모범적인 직업적 실천을 지향하는 일련의 이상(理想)들, ③ 어떤 실천이 요구되고, 금지되고, 허용되는지 정의내리는 일련의 원칙들을 포함하고 있다.

이상(the ideals)은 전문가들의 희망 사항들을 반영하고 있다. 원칙(the principles)은 이 분야에서 직면하는 윤리적 딜레마들을 해결하는 과정에서 필요한 행동의 지침을 제시하고 현직 교사들을 도와주기 위한 목적으로 만들어졌다. 각각의 이상마다 반드시 그에 부합되는 원칙이 존재하는 것은 아니다. 이상과 원칙은 교사들이 가르치는 일과 관련하여 질문을 받을 경우 의사결정의 지향점의 역할을 하기 위한 목적으로 만들어졌다. 이 윤리강령이 몇몇 윤리적 딜레마에 대한 구체적인 방향들을 제공하기는 하지만, 교사들은 더 많은 딜레마에 직면하게 될 것이다. 교사들은 이 윤리강령의 지침들을 이용하여 건전한 직업적 판단을 해야 한다.

이 윤리강령에 나오는 이상들과 원칙들은 유아교육 분야의 중심 가치에 대한 공통 개념을 제시하고 있다. 이 윤리강령은 유아교육에서 주장해 온 내용들을 공개적으로 인정함과 동시에 유아교육 종사자들이 윤리적 행동을 취하도록 지원하고 있다. 윤리적 딜레마들에 직면한 현직 교사들은 이 규칙의 적용 가능한 부분들과 윤리강령 전체에 흐르고 있는 정신으로부터 지침을 발견할 수 있을 것이다. 윤리적 딜레마들은 항상 존재한다. 때때로, 교사가 취해야 할 최상의 윤리적 행동 양식에 대한 '정답'이 분명하지 않다. 하나의 상황을 처리하기 위한 분명하고 긍정적인 방식이 존재하지 않을 수 있다. 하나의 중요한 가치가 다른 중요한 가치와 상충할 수도 있다. 따라서 우리가 '하나의 딜레마'에 처했을 경우 가장 윤리적인 행동 양식을 찾는 과정에서 모든 관계 당사자들과 협의해야 하는 것이 우리의 직업적 책임이다.

제1장 유아들에 대한 윤리적 책임

유아기는 인생 주기에 있어서 독특하고 중요한 하나의 단계이다. 유아들에게 안전하고 건전하고 반응적인 환경을 제공하는 것은 우리의 중대한 책임이다. 우리는 첫째, 유아들의 발달을 지원하고, 둘째, 개인 간의 차이를 존중하며, 셋째,

협동적으로 생활하고 일하는 방법을 배울 수 있도록 도와주고, 넷째, 건강, 자기 인식, 능력, 자기 존중감, 쾌활성을 증진시켜 주는 데 전념해야 한다.

제2장 가정에 대한 윤리적 책임

가정은 유아들의 발달에 있어서 커다란 의미를 지닌다. 가정이라는 용어는 부모뿐만 아니라 유아에 관하여 책임을 담당하는 모든 사람들을 포함하는 개념이다. 가정과 유아들을 담당하는 전문가들은 유아의 복지에 관하여 공통적인 이해관계를 가지고 있기 때문에 우리는 가정과 기관이 유아의 발달을 강화하는 방향으로 서로 협조해야 할 책임이 있음을 인정해야 한다.

제3장 동료에 대한 윤리적 책임

유아교육기관이라는 직무 환경에서 인간의 존엄성은 존중되고, 직업에 관한 만족도는 향상되어야 하며, 긍정적인 관계가 형성되어야 한다. 우리의 핵심 가치에 근거해 볼 때 이 활동 영역에서의 우리의 중요한 책임은 생산적인 직무 수행을 지원하고 직업적 요구 사항들을 충족시킬 수 있는 환경과 관계를 형성하고 유지하는 것이다. 유아에게 적용되는 것과 같은 이상들이 성인들에 대한 우리들의 책임에도 내재되어 있다.

제4장 지역사회와 공동체에 대한 윤리적 책임

유아들에 관한 프로그램들은 가정들과 유아의 복지를 담당하는 기타 기관들로 구성된 근접지역 내에서 운영된다. 지역사회에 대한 우리의 책임은 지역사회의 요구 조건을 만족시키는 프로그램을 제공하고, 유아들에 대한 책임을 나누는 기관들 및 전문가들과 협조하며, 현재 실시되고 있지는 않지만 필요한 프로그램들을 개발하는 것이다. 더 큰 사회는 유아들의 복지와 보호에 관해 그만큼의 책임을 요구한다. 유아의 발달에 관한 우리의 전문화된 지식 때문에 우리는 어떠한 경우에든지 유아들을 위한 대변인으로서의 역할을 수행할 의무를 받아들여야 한다.

❹ 선서문(Statement of Commitment)

유아들을 담당하는 교사로서 나는 NAEYC의 윤리강령에 반영되어 있는 대로 유아들의 교육에 대한 가치를 향상시키는 데 전념하겠습니다. 내 능력을 최대한 발휘해서 나는,

선서문

- 유아교육 프로그램이 유아 발달과 유아교육의 최신 이론에 기초하도록 하겠습니다.
- 유아들을 양육하는 가정의 임무를 존중하고 지원하겠습니다.
- 유아들을 교육하는 동료들을 존중하고 그들이 NAEYC의 윤리강령을 준수할 수 있도록 지원하겠습니다.
- 지역사회와 공동체 내에서 유아, 가정, 교사의 대변자로서 역할을 다하겠습니다.
- 직업적 행동의 높은 기준을 유지하겠습니다.
- 개인의 가치, 의견, 편견이 전문적 판단에 얼마나 영향을 미칠 수 있는지 인식하겠습니다.
- 새로운 사상에 개방적인 자세를 취하고 다른 사람들의 주장으로부터 배울 것은 기꺼이 배우겠습니다.
- 전문가로서 끊임없이 배우고, 성장하며, 기여하겠습니다.
- NAEYC 윤리강령의 이상들과 원칙들을 존중하겠습니다.

(4) 유아교사를 위한 윤리강령의 적용

윤리강령은 실제 교사가 딜레마 상황에 부딪쳤을 때 그 문제를 해결하는 데 도움을 준다. 윤리강령을 실제 상황에 적용하기 위해서는, 첫째, 그 상황과 관련된 이슈를 분석하고, 둘째, 윤리강령에 포함된 원리를 찾아 그 가운데 문제해결의 지침을 세운 후, 셋째, 그 원리들을 적용하여 초기 문제 해결을 시도한다. 마지막으로 결과를 평가하며 반성한다. 다음은 공격적인 성향을 가진 유아의 사례에 윤리강령을 적용한 것이다.

사례

나는 만 4세반을 담임하고 있다. 우리 반의 형철이는 다른 친구들과 자주 싸우고 다치게 하는 등 아주 공격적이다. 이 문제에 대하여 원장 선생님과 계속 의논을 해 보았지만 원장 선생님은 심정적으로 이해해 주시는 것 이외에는 어떤 도움도 주지 못하신다. 형철이의 부모님과 개별 상담을 하였으나 부모님들은 형철이의 행동이 그 나이 또래의 남자아이들에게서 전형적으로 나타나는 행동이라고 생각하기 때문에 아무런 제재를 가할 생각이 없다. 나는 형철이의 행동을 바로잡는 데 상당한 시간을 보내고는 하는데 그 때문에 다른 아이들에게 필요한 관심을 쏟지 못하는 것은 아닌지 걱정이 되기도 한다. 급기야 형철이는 다른 아이들에게 위협적인 존재가 되었고 다른 아이들의 부모들이 불평을 하기 시작했다. 나는 점점 지치고 참을성이 없어지기 시작했다. 어떻게 하는 것이 좋은지 모르겠다.

형철이의 이야기는 현장에서 아주 쉽게 접할 수 있는 문제 가운데 하나이다. 여러분이 교사라면 어떻게 하겠는가? 이 사례 속에는 어떠한 이슈가 포함되어 있는가? 교사가 이 문제를 해결할 수 있는 방안에는 어떤 것이 있는지 생각해 보자.

❶ 관련된 이슈 분석하기

본래 이 사례는 NAEYC에서 유아교사를 위한 윤리강령을 발표하고 이에 관련된 논문들이 출간되기 시작할 때인 1987년에 「Young Children」에 소개되었으며, 이듬해인 1988년에 자세하게 분석된 적이 있다. 다음에 제시되는 내용들은 그 당시에 미국 전역에 있는 교사들이 보낸 반응과 그에 대하여 캐시 콜드웰과 케네스 키프니스가 응답한 내용을 정리한 것이다.

- 형철이는 자신의 또래들과 함께 유아교육기관에 다니면서 긍정적인 경험을 할 권리가 있다. 형철이의 행동은 적절한 조치가 필요하지만 형철이는 자신의 감정을 표현할 수 있어야 하고 교사나 또래 친구들은 형철이를 학급의 짐이 아니라 다른 아이들과 마찬가지로 학급의 보배로 여겨야 한다.
- 교사는 형철이의 행동을 옹호하고, 형철이가 유치원에서 성공할 수 있도록

도와주어야 하는 책임이 있지만, 형철이의 행동은 교사를 매우 힘들게 하고 자신을 고립시키고 있다.

- 교사는 학급 전체의 요구와 형철이가 유치원에 다닐 수 있는 권리 사이에서 균형을 잡아야 한다.
- 교사는 또한 학급에 있는 다른 유아들을 보호해야 하는 책임도 있다. 학급의 다른 유아들은 안전함과 안정됨을 느껴야 하고 학급에서 진행되는 활동으로부터 이익을 얻을 수 있는 기회를 가져야 한다.
- 형철이의 친구들은 형철이 때문에 생기는 잠재적인 위험한 상호작용으로부터 자신을 보호하기 어렵기 때문에 성인의 도움이 필요하다.
- 교사는 또한 자신이 돌보고 있는 유아들의 가족에 대한 책임도 있다. 형철이의 부모는 자신의 자녀의 발달과 요구에 맞는 프로그램에 보낼 수 있어야 한다.
- 다른 유아들의 부모는 자신의 자녀가 유치원에서 긍정적인 경험을 하고 있으며 부상의 위험에 시달리지 않고 있다는 사실을 알 권리가 있다.

❷ NAEYC의 윤리강령에 포함된 원리

이상의 이슈들을 살펴보면 교사는 서로 반대되지만 나름대로의 타당성을 가지고 있는 주장 가운데 한 가지를 선택해야 함을 알 수 있다. 즉, 교사는 딜레마에 처해 있는 것이다. 이러한 상황에서 교사 행동의 지침을 제공해 줄 수 있는 윤리강령의 원리는 다음과 같다.

- 교사는 반드시 가장 최신 이론과 각 유아에 대한 특유의 지식에 기초하여 교육 활동을 계획하고 실천하여야 한다.
- 개별 유아의 독특성과 잠재력을 인식하고 존중해야 한다.
- 상처받기 쉬운 유아들의 특성을 인정해야 한다.
- 유아들의 발달을 촉진하기 위하여 안전하고 건강한 환경을 만들고 유지해야 한다.

❸ 문제 해결을 위한 초기 노력

- 교사는 모든 방법을 동원하여 형철이가 집단 속에서 잘 지내는 방법을 배울 수 있도록 돕는다.
  - 갑자기 화를 내면 다른 친구들이 어떻게 생각할지에 대하여 형철이와 이야기한다.
  - 학급에 있는 다른 유아들에게는 형철이가 아프게 하거나 위협을 하면 어떤 기분이 드는지 형철이에게 말로 표현하도록 격려한다.
  - 형철이에게 피해를 입은 유아가 있으면 형철이가 있는 자리에서 그 아이에게 특별한 관심을 표한다.
  - 비공격적인 행동의 모범을 보여줄 수 있는 유아와 형철이를 짝지어 준다.
  - 형철이의 공격적인 행동을 자극하는 것이 무엇인지를 알아보기 위해 형철이의 놀이를 자세히 관찰하여 공격적인 행동이 나오기 전에 미리 예방하거나 공격적인 행동이 일어났을 때 더 확대되기 전에 형철이의 관심을 다른 곳으로 돌린다.
  - 교사는 형철이에게 화가 나거나 좌절했을 때 그러한 감정을 적절하게 표현하는 방법을 알려 주는 동시에 친구들과 긍정적인 상호작용을 하였을 때는 이를 강화하기도 한다.
  - 형철이에게 좀 더 구조화된 학습 환경을 제공하기 위해 교실 환경을 바꾸기도 하고, 전이 활동이나 일과 계획을 바꾸기도 하는 등의 일련의 변화도 시도한다.
  - 교사는 또한 형철이의 요구를 좀 더 반영하기 위해 교육과정도 수정한다.
  - 이러한 다양한 노력 가운데 그 어느 것도 형철이의 행동을 바꾸지 못했을 때, 교사는 다른 교실 환경, 다른 교사, 다른 친구들이 형철이에게 긍정적인 효과를 주는지를 보고자 일주일 정도 다른 교실에서 생활하도록 배려도 해 본다.

- 교사는 다양한 방법을 통하여 부모와 의사소통한다.
  - 교사는 형철이의 행동이 어느 정도 나아지고 있는지에 대하여 부모와 자주 상담한다. 교사는 부모와의 대화 기회를 이용하여 형철이의 행동이 학교와 집에서 큰 차이가 나는지, 아니면 형철이의 행동에 원인이 될 만한 커다란 스트레스나 질병이 있는지에 대하여 알아본다. 그리고 전문가의 상담을 받아 볼 것을 꾸준히 권한다.
  - 부모에게 아동 발달에 대한 정보를 제공하고, 교실 참관을 통하여 다른 4세 아이들이 집단생활에서 어떻게 행동하는지를 관찰할 수 있는 기회를 제공한다. 교사는 이러한 기회를 통하여 형철이의 부모가 자신의 자녀의 행동이 전형적인 것이 아니라는 것을 인식하기를 희망한다.

❹ 최종 결정

이상의 모든 노력이 형철이의 행동이나 부모의 인식을 바꾸어 줄 수 있다면 가장 좋으나, 교사가 쏟는 헌신의 시간과 노력에도 불구하고 형철이의 공격적인 행동이 지속된다면 교사는 어떻게 해야 하는가? 본 사례에 등장한 교사와 원장 선생님은 형철이의 부모들에게 그의 행동이 나아지지 않았으며 가족이 상담을 받고 형철이만을 위한 보조교사가 지원된다면 계속 다닐 수 있지만 그렇지 않다면 다른 적절한 프로그램을 찾을 수 있도록 도움을 주기로 결정한다.

❺ 생각해볼 점

형철이가 학급에서 자신의 행동을 통제하는 방법을 배울 수 있도록 도와줄 수 있는 또 다른 방법이 있는가? 형철의 부모들에게 다른 기관을 찾도록 하는 교사의 결정을 정당화할 수 있는가? 교사의 이러한 결정을 윤리강령은 지지하고 있는가? 정당화하기 위해 사용할 수 있는 철학적 원리에는 어떤 것이 있는가?

형철이의 사례는 유아교사가 자신이 돌보고 있는 모든 유아들의 요구에 부응할 책임이 있음을 인정할 때 개인의 요구와의 균형을 이루는 것이 얼마나 어려운 것인지를 보여준다. 어린아이들을 가르치는 교사는 때로는 모든 사람에게 만족을 줄 수 없다는 사실을 받아들일 필요가 있다.

유아교육자들은 모든 유아들에게 질적으로 우수한 프로그램을 제공해야 하고, 자신들의 학급에 특정한 유아를 데리고 있는 것이 그 학급에 관련된 모든 사람들의 최상의 이익과 일치하는지의 여부를 반드시 고려해 보아야 한다. 윤리강령에 있는 원리들은 한 명의 유아가 엄청난 부담을 주는 위의 사례와 같은 상황에서 교사들이 어떻게 대처하여야 하는지에 대하여 언급하고 있다. 유아교사들은 개별 유아를 위해서 교수 전략, 교육과정, 환경 등을 적절하게 수정해 주어야 하고, 가족과 상담을 하고, 그 유아가 그 프로그램으로부터 이익을 받아 자신의 잠재력을 최대한으로 발휘할 수 있도록 적절한 전문가의 조언을 구해야 한다. 만일 유아와 그 가족과 함께 이러한 노력을 기울인 이후에도 별다른 이익을 얻지 못하거나 그 프로그램으로부터 이익을 얻을 수 있는 다른 유아들의 능력을 심각하게 위협한다면, 교사들은 그 유아의 현재의 요구가 무엇인지를 결정하고, 이러한 요구에 가장 적절하게 부합하는 환경과 서비스가 무엇인지를 알아내고, 그 유아에게 가장 적합한 프로그램에 등록할 수 있도록 가족 및 해당 전문가와 의사소통을 하여야 한다.

사례 ••• 전염성 질병에 걸린 유아

NAEYC 윤리강령의 적용 사례를 참고하여 사음의 사례를 읽고 우리나라 유치원 교사 윤리강령이 어떻게 적용될 수 있는지 토의해 보자.

내가 근무하고 있는 곳은 직장 어린이집이다. 유진이는 만 4세의 여아로 부모님 모두 직장에 다니는 맞벌이 가정이며 친가, 외가 모두 지방에 있고 서울에는 가까운 친척이 살고 있지 않다.

유진이가 어린이집에 다닌 지 2개월이 지난 5월의 어느 날이었다. 엄마와 함께 등원을 한 유진이는 교사와 인사를 나눈 후 교실로 들어왔다. 그런데 유진이의 눈을 보니 빨갛게 충혈되어 있었고 눈곱도 끼어 있었다.

어머님께 전화를 드리니 “아침에 일어나니까 조금 충혈됐더라구요. 괜찮아질 것 같아 그냥 보냈는데…” 하고 말끝을 흐리셨다. 그래서 “어머님, 혹시 유행성일 수도 있으니까 되도록 유진이 데리고 병원에 가보시는 것이 좋을 것 같아요. 또 전염성일 수도 있어서 교실에는 데리고 있을 수가 없을 것 같아요”라고 대답해드렸다. 어머님께서는 오전에는 시간이 가능하지 않고 점심시간에 데리러 가겠다고만 하셨다.

우리 어린이집은 양호실이나 양호교사가 따로 없기 때문에 오전 시간에는 원장님이 유진이를 데리고 있을 수밖에 없었다. 유진이를 데리고 있는 동안 원장님은 다른 일을 아무것도 할 수가 없었다. 어머니가 점심 때 오셔서 병원에 데리고 간 결과 유행성 결막염이었다. 전염성이 강한 유행성 결막염이어서 당분간 유진이는 어린이집에 올 수가 없었다. 어머니가 밤에 유진이를 부산에 있는 할머니 댁에 데려다 주고 새벽에 서울로 올라오셨다.

1학기가 끝나고 개별 면담 시간에 유진이 어머니는 유진이가 유행성 결막염에 걸렸던 그 때에는 너무 막막했었고 한편으로는 원장님과 교사가 유진이를 돌보아 줄 사정이 아니라는 것을 뻔히 알면서도 유진이를 데려가라고 해서 조금은 야박하다는 생각도 들었다고 말씀하셨다.

요즘은 맞벌이 가정이 늘어나면서 유치원에서도 종일제 프로그램을 실시하고 있는 곳이 많다. 여러 아이들이 생활하는 유치원이나 어린이집에서 전염성이 있는 질병에 걸린 유아는 등원하지 않는 것이 원칙임을 학기 초 오리엔테이션과 통신문을 통해 수시로 부모님들께 말씀드리지만 매해 이런 돌발 상황이 발생하곤 한다. 한편으로는 갑자기 아이가 전염성이 있는 질병에 걸렸을 때 아이들 맡길 곳이 없는 부모님의 입장이 얼마나 막막할까 하고 이해가 될 때도 있다. 하지만 여러 유아들이 함께 생활하는 기관에서 전염성이 있는 유아를 막무가내로 보내는 부모님들을 대할 때면 참 막막하기도 하다.

이럴 때면 어떻게 하는 것이 가장 좋은 방법인지 모르겠다.

3) 유아교사의 윤리적 인식을 돕기 위한 활동

다음에 제시되는 활동들은 유아교사들이 윤리의 개념을 이해하고 이를 실제에 적용할 수 있도록 그 인식을 높이기 위한 것이다. 활동의 대부분은 NAEYC 의 유아교사의 윤리적 행동을 위한 지침에 근거한 것이다(Feeney et al., 2000).

(1) 개인(전문직) 가치관의 벽

❶ 목적

본 활동은 한 집단 내에서 얼마나 다양한 가치관이 존재하는지, 같은 사람이라도 상황에 따라 가치관이 어떻게 다르게 적용되는지를 알아보기 위한 것이다.

❷ 순서

- 교실의 한쪽 벽면에 '전적으로 동의함'이라는 표지판을 붙이고 반대편 벽면에는 '철저히 반대함'이라는 표지판을 붙인다. 벽과 벽 사이는 연속성을 지닌 개인들의 견해를 나타내는 것이다.
- 가치관을 반영하는 몇 가지 문장들을 한 사람이 읽고, 각각의 문장마다 참여자들에게 그들이 동의하거나 반대하는 정도를 가장 정확하게 나타내는 위치에 선다.
- 직접적으로 움직이는 대신 소집단으로 모여 종이 위에 자신의 생각을 나타내는 위치를 표시하도록 한 후 서로 비교해 볼 수도 있다.

❸ 가치관을 반영하는 내용

- 개인과 관련된 내용
  - 부유한 것보다는 착한 것이 낫다.
  - 착하거나 도덕적인 것보다는 현명한 것이 중요하다.
  - 어떤 상황에서는 거짓말하는 것이 좋을 수도 있다.
  - 자신의 양심을 따르는 것이 다른 사람이 원하는 것을 하는 것보다 더 중요하다.
  - 비록 동의하지 않는 내용의 법이라도 법을 준수하는 것은 중요하다.
  - 자신의 가정에 정말로 필요한 것이라면 훔치는 것도 괜찮다.
  - 가정의 책임은 자신 또는 고용주에 대한 자신의 책임보다 훨씬 중요하다.
  - 사람들은 무엇이 옳고 무엇이 그른지 판단하는 데 도움을 얻기 위하여 교

회와 같이 공식적인 종교 기관을 필요로 한다.

– 사회는 사람들이 그 자녀를 어떻게 기르고 보육하고 교육시켜야 하는지 명령할 권한이 없다.
– 사회 구성원으로서 우리는 마약이나 총기류처럼 해로운 물건이나 도구를 금지해야 할 권리와 책임을 져야 한다.
– 사회 구성원으로서 우리는 음식, 주거, 의료 등에 관한 모든 사람들의 욕구가 만족되도록 보장해야 할 사회적 책임을 진다.
– 환경을 보존하기 위해서는 아무리 값비싼 대가라도 치러야 한다.
– 생명을 빼앗는 것은 절대로 허용되어질 수 없다.
– 동성연애자들 간의 결혼은 합법화되어야 한다.

• 직업과 관련된 내용
  – 교사의 가장 중요한 책무는 유아들로 하여금 자신을 만족스럽게 느끼도록 해 주는 것이다.
  – 유치원에서는 초등학교를 위한 준비를 시켜야 한다.
  – 유아들은 교사의 지시 없이는 스스로 학습을 하지 못한다.
  – 인지 발달은 유아교육 프로그램에 있어서 가장 중요한 부분이다.
  – 충분한 시간과 환경이 제공된다면, 유아들은 형식적 교육을 받지 않아도 필요한 모든 것을 배울 것이다.
  – 유아들은 기관에서 놀이를 할 수 있도록 허용되어야만 한다.
  – 가정이 자녀의 학교생활에 개입하는 것은 허용되지 않아야 한다.
  – 공정하게 말해서 유아들은 똑같은 방식으로 대우받아야 한다.
  – 교사들이 각 유아의 요구와 전체 유아의 이해관계에 모두 반응하는 것은 중요하다.
  – 유아들의 행동을 변화시키기 위하여 행동주의에서 말하는 보상 방식을 사용하는 것은 적절하다.

– 유아교육과정은 유아들이 초등학교에서 알아야 하는 내용에 기초해야만 한다.

❹ 사후 활동

- 활동이 끝나면 모두 함께 대화의 시간을 가진다.
- 같은 집단 내에서 유사한 점과 차이 나는 점이 있다는 사실을 알았을 때 어떠했는지에 대해 이야기를 나눈다.
- 다른 가치관을 가지고 있음에도 불구하고 모두 훌륭한 직업인이 될 수 있는지, 그 이유는 무엇인지에 대해 이야기를 나누어 본다.

(2) 도덕적 선택

❶ 목적

본 활동은 도덕적 선택이 필요한 상황에서 참여자들이 어떻게 판단하는지를 알아보기 위한 것이다.

❷ 순서

- 소집단으로 나누어 토의한다.
- 각 상황을 읽고 각자의 선택과 그 원인을 설명한다.
- 시간이 부족한 경우 소집단별로 다른 상황을 선택할 수 있다.

❸ 상황

- 동네 가게

이웃의 가게에 가서 5,500원어치 물건을 사고 10,000원 지폐 한 장을 건네주었다. 잔돈을 받고 밖으로 나와 살펴보니 1,000원짜리 지폐인 줄 알고 받았던 4장의 지폐 중에 5,000원 지폐가 한 장 끼어 있다는 것을 발견했다. 여러분이라면 어떻게 할 것인가?

• 대형 할인점

전국적인 할인점에 가서 대금 지급을 위해 신용카드를 사용하였다. 계산서를 받아 보니, 59,900원의 물건이 19,900원으로 계산되어 있다는 사실을 발견하였다. 여러분이라면 어떻게 할 것인가?

• 호텔의 수건

훌륭하고 두꺼운 수건을 비치해 놓은 호텔에 투숙하고 있다. 떠나려고 계획한 날에 수영을 한 다음 짐을 꾸리기 위해 방으로 돌아왔다. 수영복은 젖었고, 비닐봉지는 하나도 없다. 만약 수영복을 어떤 것으로 싸지 않는다면 다른 옷들도 모두 버리게 될 것이다. 여러분이라면 어떻게 할 것인가?

• 수영장

친구가 좋은 수영장이 있는 고급 호텔에서 인명 구조원으로 일하고 있다. 회원들은 특별 제작된 팔찌를 착용함으로써 물속에서 식별된다. 친구는 당신이 언제든지 와서 이용할 수 있도록 팔찌를 주겠다고 한다. 여러분이라면 어떻게 할 것인가?

• 특별한 초대

친구의 생일파티가 다가오고 있다. 당신은 그다지 관심이 없지만 당신에게 호감을 가지고 있는 누군가로부터 초대를 받은 상태이다. 그 다음날 당신이 정말로 원하는 상대가 여러분에게 그 파티에 가자고 초대를 했다. 여러분이라면 어떻게 할 것인가?

• 찌그러진 범퍼

주차장에서 협소한 공간을 빠져 나오려고 후진을 하고 있었다. ‘쿵’하는 소리를 듣고는 옆에 서 있는 차를 들이받았다는 사실을 깨달았다. 차에서 내려 살펴보니 새로 산 차의 앞부분을 찌그러뜨렸다는 것을 알게 되었다. 하지만 아무도 본 사람이 없다. 여러분이라면 어떻게 할 것인가?

(3) 어느 쪽이 옳은 것인가?

❶ 목적

딜레마는 두 가지 모두 정당화될 수 있는 주장 가운데 한 가지를 선택하는 것이다. 본 활동은 옳은 것과 잘못된 것 사이의 선택과 옳은 것들 중에서의 선택은 다르다는 것을 인식하기 위한 것이다.

❷ 순서

- 두 명씩 짝을 짓는다.
- 모두 옳은 것이라고 정당화될 수 있지만 상반되는 두 개의 견해를 설명하는 대조적인 문장을 하나씩 받는다.
- 두 사람은 서로 각각의 상반되는 견해를 정당화해야 한다. 그런 후에 입장을 바꾸어 반대의 견해를 옹호하는 주장을 한다.
- 몇 쌍의 문장을 가지고 이러한 과정을 반복한다. 이러한 과정을 통해 옳은 것과 잘못된 것 사이의 선택과 옳은 것들 중에서의 선택은 다르다는 것을 인식하게 된다.

❸ 딜레마 내용

오래 된 숲과 멸종 위기에 처한 점박이 부엉이를 보호하는 것이 옳다.	벌목꾼들에게 일자리를 제공하는 것이 옳다.
자신의 신체에 관하여 결정할 수 있는 여성의 권리를 존중하는 것이 옳다.	태아의 생명을 보호하는 것이 옳다.
모든 우리 자녀들에게 훌륭한 공공 교육 시설을 제공하는 것이 옳다.	세금의 계속적인 인상을 억제하는 것이 옳다.
인종이나 민족의 구분 없이 모든 사람에게 동등한 사회 보장을 제공하는 것이 옳다.	그들의 배경 때문에 기회를 박탈당하는 사람들에게 특별한 배려를 하는 것이 옳다.

독립 국가의 내정에 간섭하지 않는 것이 옳다.	전쟁 지역에서 생명을 잃기 쉬운 방어력이 없는 사람들을 위하여 도움을 주는 것이 옳다.
환경 파괴의 대가로 만들어진 개발도상국의 제품들은 수입하지 않는 것이 옳다.	개발도상국의 국민들을 위해서는 비록 낮은 임금이더라도 직장을 제공하는 것이 옳다.
예술에 있어서 창조적이고 심미적인 자유를 지지하는 것이 옳다.	음란하거나 성적으로 저속한 작품을 전시하는 것은 피하는 것이 좋다.
소수의 견해도 보호 받아야 한다.	다수결의 원칙을 지키는 것이 옳다.

(4) 윤리강령에 근거한 의사결정 연습

❶ 목적

본 활동은 교사가 실제 유아교육 현장에서 윤리강령에 근거하여 의사결정을 내리는 과정을 연습하기 위한 것이다.

❷ 순서

- 상황카드를 하나씩 나누어 갖는다.
- 한 사람씩 차례대로 상황카드를 읽고 자신의 결정을 정한다.
- 그런 후 사도강령이나 윤리강령 등에서 자신의 대답을 정당화하기 위한 근거를 찾는다.
- 자신들의 생각에 대한 의견을 비교해 본다.

❸ 상황

가. 공격적인 유아

- 상황

당신의 학급에 몸집이 크고 극도로 공격적인 4세 유아가 다른 유아들을 겁주고 다치게 하고 있다. 원장은 도움을 주지 못했다. 그의 부모는 그의 행동이 그 또래 남자아이들에게 전형적인 것이라고 생각하기 때문에 상담도 받으려 하지 않는다. 당신은 스트레스를 받고 지쳐버렸으며, 다른 유아들이 필요한 관심을 받지 못하고 있을까 봐 걱정하고 있다.

• 질문

당신은 원장에게 그 유아를 당신의 반에서 빼 달라고 요구할 것인가, 아니면 비록 다른 유아들이 고생할지라도 계속 노력해 보기로 결심할 것인가?

나. 무능력한 교사

• 상황

당신은 유치원 교사이다. 옆 교실의 교사는 그다지 일을 잘하지 못한다. 그녀는 종종 아무런 수업 준비도 하지 않고 출근하며, 당신의 활동 자료를 빌려간다. 그녀의 교실은 무질서하며 당신은 그 반 아이들이 부적절하고 심지어 위험하다고 생각되는 것들을 하고 있는 것을 보았다.

• 질문

당신은 비록 그녀와의 관계가 불편해지더라도 이를 지적하고 문제삼겠는가 아니면 유아들이 고생하는 것을 묵인할 것인가?

다. 보수가 높은 직장

• 상황

당신은 대학을 이제 막 졸업했다. 당신은 발달 이론적으로 적절한 교수 방법과 놀이의 가치에 관하여 잘 이해하고 있다. 당신은 집 근처에 일자리를 얻었는데 보수가 괜찮아서 기뻐하고 있다. 그러나 당신은 매일 2~4세 유아들에게 오랜 시간 동안 앉아서 학습지를 시켜야 한다는 사실을 알고 깜짝 놀랐다. 당신이 이러한 방식에 의문을 제기했을 때 원장님은 이것이 본인의 원 운영 방침이며 부모들도 모두 그 방식에 만족하고 있다는 말을 들었다.

• 질문

당신은 유아들에게는 좋지 않은 프로그램이라도 보수가 괜찮은 직장에서 계속 일할 것인가 아니면 그만두고 보수가 더 적더라도 자신의 철학과 맞는 직장을 얻을 것인가?

라. 낮잠

• 상황

당신의 학급에 있는 한 4세 유아의 어머니가 유치원에서 낮잠을 재우지 말도록 요구하였다. 왜냐하면 그가 낮잠을 잘 경우 늦게까지 잠을 안 자고, 따라서 그녀가 새벽 5시에 출근하는 것을 힘들게 만들기 때문이다. 그 유아는 오후 시간에 좋은 정신 상태를 유지하기 위해서 낮잠을 자야 할 필요가 있는 것으로 판단된다.

• 질문

당신은 어머니의 요구를 받아들여 유아에게 낮잠을 재우지 않을 것인가 아니면 유아에게 낮잠이 필요하기 때문에 어머니에게 안 된다고 이야기할 것인가?

토의문제

1. 본문을 읽고 유아교사의 권리와 의무에 관하여 새롭게 알게 된 것은 무엇인지 이야기해 보자.
2. 윤리강령은 현장에서 교사들이 경험하고 있는 딜레마 상황에서 가장 적절한 의사결정을 도와주기 위한 목적을 가지고 있다. 따라서 윤리강령은 교사가 가르치는 사회 문화적 맥락에 의존하게 된다. 우리나라 유아교사를 위한 윤리강령에 반드시 포함되어야 하는 내용에는 어떤 것이 있을지 이야기해 보자.
3. 유아교사의 교직 윤리는 교직 전체의 윤리강령 제정뿐만 아니라 유아교사 개인이 갖추어야 하는 인성과 가치관에 관한 문제이기도 한다. 예비유아교사들이 바람직한 교직 윤리를 갖추도록 돕는 방안에는 어떤 것이 있을지 이야기해 보자.

Chapter

12 반성적 사고와 유아교사 교육

학습목표

- 반성적 사고의 개념을 이해한다.
- 반성적 사고의 과정과 내용을 이해한다.
- 유아교사 교육에서 반성적 사고가 강조되어야 하는 이유를 이해한다.

학습내용

- 반성적 사고의 개념
- 유아교사 교육에서 반성적 사고의 필요성
- 학습 공동체와 반성적 사고를 준비하는 태도

핵심용어

- 반성적 사고의 과정
- 반성적 사고의 내용
- 실천 행위에 대한 반성적 사고
- 실천 행위 중의 반성적 사고
- 실천 행위를 위한 반성적 사고
- 기술적 수준
- 전문가적 수준
- 비판적 수준

CHAPTER Early Childhood Teacher Education

12 반성적 사고와 유아교사 교육

반성적 사고의 개념 01

1) 반성적 사고의 과정과 내용

듀이(Dewey, 1933)에 따르면 반성적 사고란 자신의 신념이나 실천 행위에 대해 그것의 원인이나 궁극적인 결과를 적극적이고 끈기 있게 주의 깊게 고려하는 것을 의미한다. 듀이(Dewey)가 정의한 반성적 사고의 개념을 살펴보면 반성적 사고에는 사고의 과정과 사고의 내용, 이 두 가지 요소가 포함된다. 반성적 사고의 과정은 교사가 어떻게 최종 결정을 내리는가의 순서를 강조하는 반면, 반성적 사고의 내용은 그 사고를 이끌어 낸 실체에 초점을 둔다.

(1) 반성적 사고의 과정

로스(Ross, 1989)는 듀이(Dewey, 1933)와 숀(Schon, 1983)의 연구를 종합하여 반성적 사고의 과정은 ① 교육적 문제나 딜레마를 인지하고, ② 다른 상황의 공통점과 차이점을 인지하는 것으로 문제에 대해 반응하고, ③ 분석된 상황에 비추어 문제를 다시 정의하고, ④ 여러 가지 문제의 해결책을 시도해 보고, ⑤ 나타난 결과를 검토해 보는 것이다. 노울즈와 그의 동료들(Knowles et. al, 1994)은 반성적 사고란 실천 행위를 검토하고 정련하며 학교나 교실에서 교사의 다양한 역할과 관련된 개인적이고, 교육학적이며, 사회적(정치적, 역사적, 그리고 경제적)인 맥락을 주의 깊게 고려하는 계속되는 과정을 의미한다고 정의하였다. 써백과 그의 동료들(Surbeck et al., 1991)은 10명의 유아교육과 학생들이 쓴 저널을 분석하여 반성적 사고는 ① 상황에 대한 반응(reaction), ② 자신의 반응에 대한 분석 및 정당화(elaboration), 그리고 ③ 분석된 결과에 따른 의사결정(contemplation)의 세 가지 단계를 밟게 된다고 보고하고 있다.

이 과정을 좀 더 자세히 살펴보면 다음과 같다.

표 12-1 반성적 사고의 과정

반성적 사고 과정	개 념
1. 반 응	교실에서 일어나는 모든 상황에 대해 보이는 최초의 반응을 의미한다.
• 긍정적 느낌	자신이나 다른 사람에 대한 만족이나 기쁨을 표현하는 것이다.
• 부정적 느낌	자신이나 타인에 대한 불만족이나 불평을 하는 것이다.
• 보고서	개인적인 관심이나 느낌을 포함하지 않고 사실만 언급하는 것이다.
• 개인적 관심	자신이 교실에서 벌어진 상황에 대하여 개인적 관심을 표현하는 것이다.
• 이슈	교육적 이슈, 문제, 지식을 나타내는 것이다.
2. 정당화	자신이 보였던 반응을 설명하고 정당화하며 예를 제시함으로써 확장시키는 과정을 말한다. 정당화는 세 가지 유형이 있다.
• 구체적 정당화	반응을 보였던 그 상황에 초점을 맞추어 확장시키는 것이다.
• 비교 정당화	반응을 보였던 상황을 과거의 경험이나 다른 학급 혹은 다른 상황과 비교하면서 최초의 반응을 확장시키는 과정을 말한다.
• 일반화된 정당화	최초의 반응을 일반적 원리, 이론 또는 광범위한 철학적 배경을 이용하여 정당화하는 과정을 말한다.
3. 의사결정	첫 번째 반응을 확장하고 정당화한 것에 기초하여 개인적, 전문적, 사회적, 윤리적 문제에 대한 의사결정을 한다.
• 개인적 초점	개인적 차원에서 의사결정을 한다.

• 전문가적 초점	교육적 문제, 이슈, 이론, 교수 방법, 미래의 목표, 교사로서의 태도, 아이들의 능력과 특성에 기초하여 의사결정을 한다.
• 사회적 · 윤리적 초점	사회적 이슈, 윤리적 문제 또는 도덕적 차원에서 의사를 결정한다.

반성적 사고는 교사들이 특정한 상황에 대하여 반응을 하는 것으로 시작한다. 이러한 반응은 교사가 의식적으로 그 상황을 인식함으로써 시작되는데, 그 시작이 긍정적인 느낌이나 부정적인 느낌으로 시작될 수도 있고 간단한 사실을 보고하는 것에서부터 시작할 수도 있다. 혹은 교사가 자신의 개인적인 문제와 연계하여 상황을 인식할 수도 있고 좀 더 거시적인 관점에서 논의를 시작할 수도 있다. 교사가 인식한 상황에 대한 반응이 있은 후에는 자신의 반응에 대한 이유를 제시하는 정당화의 단계로 들어선다. 정당화의 단계에서는 자신의 반응에 대한 이유를 단순히 설명할 수도 있고 다른 상황과 비교하여 분석해 볼 수도 있으며 이론적인 관점에서 해석할 수도 있다. 최초의 반응에 이어 이를 정당화한 후에는 상황에 대한 의사결정을 하는 단계로 넘어가는데, 이때 의사결정은 개인적, 전문가적, 사회 · 윤리적 측면에 초점을 맞추어 이루어질 수 있다. 흔히 반성적 사고와 문제 상황에 대한 해결이 혼돈될 수 있으나, 문제 해결은 교사가 해결해야 하는 상황이 교사의 인식 이전에 일어나는 것인 반면에 반성적 사고는 교사가 그 상황을 문제로 인식하는 것에서부터 시작되는 차이점이 있다.

요약하면, 반성적 사고란 과거나 현재에 일어나고 있는 실천적 행위에 대한 사려 깊고 분석적인 사고로부터 미래 행위에 대한 방향을 결정하는 자연스러운 과정이다.

(2) 반성적 사고의 내용

예비교사나 현직 교사들이 반성적 사고를 할 때 어떤 종류의 지식을 이끌어 내는 것이 바람직하고 또 실제로 이끌어 내고 있는가? 로데릭(Roderick, 1986)은

22명의 유아교육과 학생들의 저널을 분석한 결과 이들이 교사로서의 자아, 교사의 역할, 직업인으로서의 유아교사, 교육에 대한 자신의 신념의 재발견 등의 주제에 대하여 사고하고 있음을 밝혀내었다. 볼린(Bolin, 1990)은 한 명의 교생을 두 학기 동안 집중 연구하여 반성적 사고의 내용이 자기 자신, 담임교사, 유아, 학급에서 일어나는 활동, 그리고 유아교육 전반에 걸친 논의점들로 구성되어 있음을 밝히고 있다. 써백과 한(Surbeck & Han, 1993)은 유아교육과 학생 10명의 저널을 분석하여 유아에 대한 이해, 유아교육의 실제에 대한 인식, 유아교육의 전문성에 대한 인식, 그리고 자기 평가의 내용이 담겨 있음을 알게 되었다.

이들의 연구 결과를 종합해 보면 예비교사들이 반성적 사고의 주제로 주로 생각하는 내용의 범위는 유아, 유아교육의 실제, 교사로서의 자아, 사회에서 보는 유아교육의 위치 등임을 알 수 있다.

2) 세 가지 형태의 반성적 사고

반성적 사고란 새로운 개념은 아니며 이미 1933년에 듀이(Dewey)에 의해 언급된 이후 1980년대 숀(Schon, 1983; 1987)에 의해 다시 제기되어 교육학자들로부터 커다란 반응을 일으켰다. 반성적 사고의 형태를 개념화하는 데는 여러 가지가 있을 수 있는데 이 가운데 가장 대표적인 것이 킬리온과 토드넴(Killion & Todnem, 1991)의 정의이다. 이들은 초기 숀(Schon, 1983)의 개념을 확장시켜서 다음과 같이 세 가지 형태의 반성적 사고를 구분하였다.

- 실천 행위에 대한 반성적 사고(reflection-on-practice)
- 실천 행위 중의 반성적 사고(reflection-in-practice)
- 실천 행위를 위한 반성적 사고(reflection-for-practice)

'실천 행위에 대한 반성적 사고(reflection-on-practice)'와 '실천 행위 중의 반성적 사고(reflection-in-practice)'는 근본적으로 반성적 사고가 언제 일어나는가에 대한 시기의 문제이다. 즉, '실천 행위 중의 반성적 사고'는 교사가 가르치는 중에 일어나는 것으로 교사가 수업을 하면서 유아의 반응을 보고 판단하여 교수 내용이나 방법을 변경할 때 바로 실천 행위 중의 반성적 사고가 일어났다고 할 수 있다. '실천 행위에 대한 반성적 사고'는 이미 일어난 상황에 대하여 나중에 반성적 사고를 하게 되는 경우를 말한다. 위의 두 가지가 어떤 상황에 대하여 반응하는 것이라면, '실천 행위를 위한 반성적 사고'는 다른 두 가지의 반성적 사고의 결과가 바람직하게 나타나도록 하는 좀 더 적극적인 개념이라고 볼 수 있다.

반성적 사고를 이 세 가지 형태로 구분하는 것은 교사의 발달 단계를 고려해 볼 때 매우 의미가 있다. 어떤 학자들은 교생이나 경험이 없는 교사들이 그들의 미래에 가질 직업에 대하여 반성적으로 사고를 할 수 있는 능력과 시간이 있는지에 대하여 의문을 표시한다(Berliner, 1986). 특히 벌리너(Berliner)는 교실이란 곳이 가지고 있는 복잡성, 다양성, 역동성을 고려해 볼 때 이 시기의 교사들이 반성적 사고를 할 수 있는 시간을 가진다는 가능성에 대하여 강한 의심을 표시한다. 다시 말해서 이 시기의 교사들은 매일 교실에서 살아남기에 바쁘기 때문에 자신의 사고 과정을 자세히 분석해 보거나 자신의 실천 행위에 대해서 검토해 볼 여유가 없다는 것이다.

교사의 발달 단계를 강조하는 학자들(Fuller & Brown, 1975)의 관점에 따르면 이 시기에 반성적 사고를 강조하는 것은 매우 불필요하며, 대신 교실 상황에서 어떻게 살아남을 수 있는지의 기술을 가르쳐 주는 것이 더 중요하다. 이들의 주장에 대해 킬리온과 토드넴(Killion & Todnem)의 견해를 고려한다면 경험이 없는 교사들이 '실천 행위 중의 반성적 사고(reflection-in-action)'를 하기는 어려움이 있겠지만 다른 두 가지 형태의 반성적 사고를 하는 것은 가능하다고 볼 수 있다. 물론 예비교사들이 그들의 발달 단계에 비추어 볼 때 반성적 사고를 하는 것이 무리가 있다는 주장에도 일리가 있으나 이것이 곧 반성적 사고를 촉진시키려는 노력을 포기함을 의미해서는 안 된다. 자이크너(Zeichner, 1981; 1982)는 교생이나 경험이 없는 교사의 생존 위주의 요구에만 초점을 맞추는 교원 양성 교육과정은 교사 교육자들이 그들의 도덕적 · 윤리적 책임을 무시하고 있는 것이라고 강력하게 반박하고 있다. 유아교사가 반성적으로 사고하는 능력은 쉽게 길러질 수 있는 성격의 것은 물론 아니다. 그러나 반성적 사고가 유아교사의 전문성 향상에 결정적 요소라는 것을 고려한다면 이를 향상시키기 위한 노력이 지속되어야 할 것이다.

3) 반성적 사고의 수준

교사 교육에서 반성적 사고를 촉진하는 프로그램을 구성하고자 할 때 밴 매넌(Van Manen, 1977)의 반성적 사고의 수준은 프로그램의 질을 분명하게 구분해 준다. 밴 매넌은 반성적 사고를 기술적 수준, 전문가적 수준, 그리고 정의, 평화, 평등과 같은 도덕적 · 윤리적 가치를 포함한 비판적 수준으로 구분하였다.

기술적 수준에서 반성적 사고의 주된 관심사는 주어진 목적을 달성하기 위해 교육적 지식을 기술적으로 적용하는 것에 있다. 목표 그 자체가 의문시되는 경우는 거의 없으며 당연히 추구해야 하는 것으로 여겨진다. 실천 행위에 대한 반성적 사고는 단지 경제성이나 효율성 같은 기술적인 측면에 의해서만 정의된다. 자이크너와 리스톤(Zeichner & Liston, 1987)은 이것이 대부분의 교생들이 교생 실습을 하는 동안 가지게 되는 관점이며 초기 대부분의 탐구 중심 교사 교육에서 취한 관점이라고 보았다.

두 번째 전문가적 수준에서 교사는 문제 상황에 직면하거나 어떤 결정을 내려야 할 때 그 문제나 상황의 기저에 깔려 있는 가정이나 경향성에 대하여 분석해 보고 교사가 취한 행동이 미칠 장기적인 교육의 효과까지 검토한 후에 행동을 한다. 이 수준에서 반성적 사고를 하는 교사는 모든 교육적인 행위는 특정한 가치관과 연결되어 있다고 보며, 여러 가지 교육 목표들 가운데 어떤 것이 더 교육적으로 추구할 만한 가치가 있는지에 대한 고려도 함께 한다. 반성적 사고의 두 번째 수준에서 교사는 아주 기술적이고 도구적인 교수 활동에서 벗어나지만 아직도 모든 결정이 교육학적 원리에만 기초를 두고 있다.

반성적 사고의 마지막 단계에서는 교사의 실천 행위 안에 도덕적·윤리적 기준이 포함된다. 이 수준에서 예비교사 혹은 교사들은 학급에서 일어나는 여러 가지 상황과 그에 영향을 미치는 교육적, 사회적, 정치적, 그리고 경제적 조건들을 연관시켜 볼 수 있는 능력이 생기게 된다. 이 단계에서 논의의 대상은 어떤 교육적인 경험이나 활동이 공평하고, 평등하며, 행복한 삶으로 이끌어 줄 것인가에 초점이 맞추어지게 된다. 즉, 교사들은 유아들의 장기적인 발달에 혜택을 줄 수 있는 결정을 내릴 뿐만 아니라 자신의 학급을 넘어서서 교육 정책에도 공헌을 하게 되는 것이다. 물론 정의, 공평, 평등의 개념이 무엇인가에 대하여는 논란의 여지가 많이 있지만, 적어도 토론의 대상이 무엇이 가장 효과적인 교수 방법인가에서 벗어나 무엇이 옳고 그른가의 차원으로 옮겨지게 된다.

밴 매넌(Van Manen)이 세 번째 단계를 중시하는 것은, 교사가 교육 목표를 어떻게 하면 효과적으로 달성할 수 있을까를 염려하는 것이 잘못된 것은 아니지만 이러한 기술적인 관점이 교사들로 하여금 사회의 불평등한 현상을 만들어 내고 유지하는 데 교육이 차지하는 역할에 대한 논의에 장애가 된다고 믿기 때문이다. 톰(Tom, 1984)은 교사를 도덕적 행위의 실천자가 되어야 한다고 주장하며, 비록 세 번째 단계의 반성적 사고를 할 수 있는 교사를 양성하는 것이 매우 어렵지만 반드시 이루어야 하는 과제라고 주장하고 있다.

사례 ••• 현직 교사의 저널

기술적 수준

한 주가 시작되는 월요일이어서 이야기 나누기 시간에 주말에 지낸 일을 발표하였다. 대개의 경우 주말에 놀러 갔거나 집안에 일이 있었던 유아들은 주말발표를 하겠다고 손을 들지만 그냥 집에서 지낸 아이들은 "난 한 거 없어요."라며 발표하기를 매우 꺼려한다. 나는 유아들에게 집에서 밥 먹은 것, 친구나 형제들과 놀았던 것도 모두 친구들에게 들려줄 수 있다고 했지만 이번 주는 그런 말도 거의 효과가 없었다. 나는 계속해서 유아들에게 발표를 하라고 격려했지만 유아들은 계속 몸을 비틀기만 할 뿐 발표를 하고자 하지 않았다.

나는 그 순간에 유아들이 발표에 적극적으로 참여할 수 있는 방법이 없을까 생각하다가 내가 주말에 집에서 책을 읽고 지낸 이야기를 들려주었다. 유아들은 그게 어디 주말을 지낸 이야기냐고 의아해하면서도 "아- 그런 것도 할 수 있구나." 하면서 자기가 지낸 일을 발표하려고 서로 손을 들었다. 나는 평소 유아들에게 모델링을 해 주는 것이 중요하다고 생각하고 있었는데 오늘은 그 전략이 아주 잘 이루어진 것 같아서 매우 기분이 좋았다.

전문가적 수준

한 주가 시작되는 월요일이어서 이야기 나누기 시간에 주말에 지낸 일을 발표하였다. 주말에 놀러 갔었던 유아나 집안에 일이 있었던 유아들은 주말발표를 하겠다고 손을 들었지만 놀러 갈 기회가 없었던 아이들은 "난 한 거 없어요."라며 몸을 비틀고 있었다. 사실 주말 지낸 이야기는 매주 하는 활동이어서 거의 같은 방식으로 진행을 한다.

나는 주말발표를 하는 본래의 목적이 무엇인가에 대하여 다시 한 번 생각하게 되었다. 본래 주말발표는 실습 때도 그랬고 이 유치원에 와서도 모든 선생님들이 월요일만 되면 하던 것이어서 별 생각 없이 나도 습관적으로 하고 있는 활동 가운데 하나이다.

본래 주말발표의 목적이 무엇이었을까? 아니 무엇일까? 일단 월요일이 되면 활동의 흐름이 끊어진 상태이므로 교사가 유아들이 무엇을 하고 지냈는지를 알게 되면 유아들의 관심과 흥미를 좀 더 잘 파악할 수 있는 목적도 있을 것 같다. 아니면 친구들 앞에서 발표를 하면서 자신을 표현하는 능력을 기르고 앉아 있는 아이들의 경우에는 듣는 능력을 길러 줄 수도 있을 것이다.

만일 전자의 경우라면 굳이 모든 아이들이 이야기를 하지 않아도 교사가 등원하는 아이들을 맞으면서 잠깐 물어보아도 될 것이고 후자의 경우라면 굳이 주말발표를 하지 않아도 다른 활동을 통해 얼마든지 가능할 것 같다. 주말발표에 대한 다른 자료를 좀 더 읽고 난 후 활동의 소재와 방식에 대해 변화를 주어야 할 것 같다.

앞의 논의에서 예비교사나 경험이 없는 교사들의 반성적 사고 능력에 의문을 표시한 학자들은 이들이 설사 능력과 시간이 있다 하더라도 기술적인 염려의 범위를 넘어서는 반성적 사고가 가능할 것인지에 대하여 다시 부정적인 견해를 표시한다. 즉, 이들 교사들은 경험이 매우 제한되어 있어 실천적 지식이 부족하므로 반성적 사고를 할 수 있는 내용, 즉 반성적 사고의 대상이 부족하고 당장의 수업 준비에 바빠 좀 더 본질적인 교육 문제들에 대하여 관심을 기울일 여유가 없다는 것이다. 그러나 이러한 주장은 예비교사들이 이미 교실에서 학생으로 많은 시간을 보냈고 이 경험이 교수와 학습에 대한 그들의 신념을 살펴볼 수 있는 매우 풍부한 근원이라는 것을 무시하고 있는 주장이라고 볼 수 있다.

유아교사 교육에서 반성적 사고의 필요성 02

1) 교사의 사고 과정 및 신념 체계와 실천 행위의 관계

학급에서 일어나는 교수 행위가 교사의 사고 과정이나 신념 체계에 따라 영향을 받는다는 증거는 많이 있다. 즉, 교사가 교수-학습의 본질, 아동관, 유아교육의 목적, 교사가 유아에게 미치는 잠재적 영향력, 놀이의 기능 등에 대하여 어떻게 생각하는가에 따라 환경 구성, 교수 자료, 교수 내용, 교수 방법, 그리고 유아와 교사의 상호작용의 본질 등이 달라질 수 있는 것이다.

애쉬톤과 웹(Ross, 1989에서 재인용)은 어떤 행위의 변화를 초래하는 조건이 행위자 내부에 있다고 믿는 것과 행위자가 통제할 수 없는 외부에 있다고 믿는 것이 교수 활동에 어떤 영향을 미치는지를 연구하였다. 이들은 학습자가 교육 내용을 이해하는 데 실패했을 때 학습자의 가정환경, 지능, 교과목에 대한 흥미와 같이 교사가 통제할 수 없는 외부의 조건들이 학습에 가장 큰 영향을 미쳤다고 믿는 교사는 학습자의 이해를 돕기 위해 자신의 교수 방법을 바꾸지 않는다는 것을 발견하였다. 이와 반대로 학습에 가장 중요한 요소가 교사 자신이라고 믿는 교사들은 학습자의 이해를 돕기 위해 교수 방법을 변형하려는 노력을 기울였다. 이에 덧붙여 연구자들은 많은 교사들이 유아들이 학습 내용을 이해하는 데 실패했을 경우 교사 자신보다는 외부의 조건을 문제 삼는다는 것을 보고하고 있다. 이는 교사들이 문제를 한 가지 관점에서만 보거나 자신의 입장에서만 사건을 보기 때문이다(O'Loughlin, 1992). 교사가 자신이 유아에게 미치는 영향을 이해하기 위해서는 교사 자신의 눈을 통해서 본 교수-학습의 본질이 무엇인지를 생각할 수 있는 능력을 키워야 한다. 반성적 사고는 바로 이럴 때 당면한 상황을 다각적인 관점에서 보도록 해 준다.

예비교사들은 교사 교육 프로그램에 들어오기 이전부터 교수-학습에 대하여 이미 많은 신념 체계를 발전시켜 가지고 있다. 그런데 이러한 신념 체계들은 드러나지 않거나 본능적인 것으로 검증되지 않은 것이 대부분이다(Schon, 1983). 교사들의 교수 행위가 바로 이 신념 체계에 의존하지만 겉으로 드러나지 않기 때문에 자신의 행위가 기초하고 있는 것들을 의식하는 경우는 드물다. 또한 교수, 학습, 유아에 대한 신념은 일생에 걸친 경험을 통해 이루어지기 때문에 자신이 가지고 있는 믿음과 신념을 모두 인식할 수 있는 교사는 아무도 없다. 문제는 교사들이 가지고 있는 이러한 신념들 중에는 때로 교육에 적합하지 않은 것이 있을 수도 있다는 것이다. 즉, 아무리 우수한 교사라 할지라도 자신이 의식하지 못하고 있는 바람직하지 않은 신념들이 유아의 학습을 도우려는 교사의 노력을 방해할 수도 있는 것이다. 반성적 사고는 바로 이렇게 감추어진 신념들을 드러내어 검토하고 분석할 수 있게 해 준다. 교사들은 자신의 신념과 관련된 여러 가지 행위의 증거들을 수집하여 각각을 비교하여 볼 수도 있고 적합하지 않은 믿음이나 자신의 신념과 일치하지 않는 행동을 바꿀 수도 있다.

2) 교수 활동의 불확실성과 현장 교육의 강화

가르친다는 것은 매우 불확실하고, 역동적이며, 끊임없이 변화하는 복잡한 과정이고 이 과정에서 교사는 적합한 목표가 무엇인지, 가장 효과적인 교수 방법은 어떤 것인지, 그리고 유아들이 무엇을 배웠는지를 판단하고 평가해야 한다. 교사들이 당면한 문제들 중에는 고정된 정답이 없는 것이 대부분이다. 1970년대 이후 교수 활동(teaching practice)에 대하여 수많은 연구가 이루어졌으나, 이들이 매일의 교실 현장에서 이루어지는 결정에 대하여 구체적인 답변을 해 주지는 못한다. 즉, 연구의 결과들이 어떤 문제를 해결해 주는 정보를 제공해 줄 수는 있으나 해답을 제시해 주는 것은 아니라는 것이다.

이와 같이 교수 활동의 복잡성과 불확실성을 극복하게 하기 위해 예비교사들을 가능하면 현장에 자주, 그리고 빨리 내보내는 것이 1980년대 이후 현재까지 교사 교육의 주된 흐름이 되어 왔다. 그러나 예비교사들을 단순히 현장에 많이 내보내는 것이 해결책은 아니다. 학자들은 대부분의 현장교육이 사회 · 문화적 맥락 속에서 교육을 이해하기보다는 지엽적인 교수 방법이나 기술을 강조한다는 점을 우려한다(Goodman, 1986). 이에 덧붙여 예비교사들은 현장에서 바람직하지 못한 교수 활동을 보아도 비판하지 않고 그대로 수용하려는 경향이 강하기 때문에 현장 중심의 교육을 늘리는 것보다 현장의 경험을 어떻게 재구성할 수 있도록 해 주느냐 하는 것이 더 중요하다. 반성적 사고 능력이 있는 예비교사는 현장 중심 교육의 부정적인 측면을 쉽게 극복하는 경향이 있기 때문에 대학에서 예비교사들의 반성적 사고 능력을 길러 주는 것은 매우 중요하다.

3) 실천적 지식과 자율적인 의사결정자로서의 교사

현대 유아교사가 지니고 있어야 하는 특성 중의 하나는 교수에 필요한 이론적인 지식, 기술, 방법 등을 토대로 실천적 지식을 이끌어 내고 이를 실천에 옮기는 능력이다. 유아교사는 가르치는 일을 하는 동안 유아교사가 속한 교실, 수업 현장이라는 특정한 맥락에서 자신의 실천적 지식을 구성하고 재구성해 간다. 교사의 실천적 지식은 ① 교사가 마주치는 일과, 교실 관리, 학습자의 요구와 같은 교수 실제로부터 형성되며(실제적 측면) ② 교사 스스로 개인적으로 의미 있는 목적을 위해 활용하고(개인적 측면) ③ 교사가 속한 사회의 윤리나 교사 주변인, 관련 연구나 이론 등 주변 환경과 상호작용하는 가운데 형성된다(상호작용적 측면)(Elbaz, 1981, p. 47). 따라서 유아교사의 실천적 지식은 교사가 마주하는 다양한 환경의 영향을 받아 교사 자신이 인식하고 활용하는 지식이라 할 수 있다(이성희, 2012, 재인용).

교실 환경에서 일어나는 많은 문제들이 완벽하고 유일한 대답을 가지고 있지도 않고 또한 유아교사가 현장에서 직면하게 될 많은 문제들에 대하여 직접 적용될 수 있는 지식이나 교수 방법을 모두 배울 수도 없다. 그렇다면 교사에게 필요한 지식과 기술을 가능한 한 많이 배우는 것과 동시에, 이를 근거로 하여 당면한 문제를 최선의 방향으로 판단, 결정, 해결할 수 있는 태도와 능력을 기르는 것 또한 매우 중요한 일이다.

자율적 의사결정자로서의 교사의 역할과 관련하여 고려해 보아야 할 것은 문제 해결을 위해 교사들이 내린 판단이 바람직하지 않을 수도 있다는 점이다. 따라서 교사들은 자신의 판단에 대해 끊임없이 재평가할 기회를 가질 필요가 있다. 이처럼 교사들의 의사결정 과정과 자신의 결정에 대한 재평가를 내릴 수 있도록 해 주는 것이 바로 반성적 사고이다. 문제 상황에 직면한 교사는 가장 윤리적이고 공평한 결정을 내릴 수 있어야 하며, 반성적 사고를 하는 교사는 각각의 대안을 윤리적이고 공평한 기준을 가지고 평가할 수 있게 된다. 반성적 사고는 교사들이 적절하고 바람직한 판단을 내리도록 하는 능력을 향상시켜 주어서 자율적으로 권한을 부여받은 의사결정자가 되게 해 준다.

4) 교사 교육 프로그램의 체제 순응적 교육과정

교사 교육에 대한 최근의 연구들은 현재의 교사 교육 프로그램이 학교와 사회의 현상을 유지하기 위해 급급해하며 이러한 것을 예비교사들에게 심어 주고 있다고 비판을 한다(O'Loughlin, 1992). 이러한 연구들이 주목하고 있는 것은 대부분의 교사 교육 프로그램이 교수 활동과 그것이 기초하고 있는 교육적, 사회적, 혹은 윤리적 영역을 분리시킨다는 것이다. 이들은 무엇을 왜 가르쳐야 하느냐에 대한 논의보다는 어떻게 가르칠 것인가에 초점을 맞추는 교수 활동의 기술적인 측면 그 자체가 교원 양성 교육과정의 목적이 되어 가고 있다는 점을 우려한다. 최근 미국에서는 진보적인 교육사회학자들에 의해 변형 지향적 지성인으로서의 교사(teacher as transformative intellectual) 또는 비판적 지성인으로서의 교사(teacher as critical intellectual)가 이상적인 교사상으로 제시되고 있다.

변형 지향적 교사란 학교와 지역사회 또는 사회의 현존하는 권력 관계에 대한 문제를 사회의 질적 변화의 시각에서 제기하고 지도할 수 있는 능력과 의지를 갖고 있는 교사를 의미한다. 변형 지향적 교사는 지역 공동체의 창조를 위하여 우선적으로 지역사회의 권력 구조와 기관들을 비판적으로 연구한다(이규환, 1995). 이규환은 EU(European Union)의 출현으로 민족국가의 개념이 재평가되고 국경 없는 지역공동체의 건설을 절실히 필요로 하게 되면서, 서구의 교원 교육에서는 필연적으로 지역사회 의식과 지역사회 봉사 정신이 강한 교사를 양성하는 과제가 중시되지 않을 수 없다고 주장한다.

어느 의미에서 반성적 사고 및 활동은 비판적 사고 및 활동의 온건한 표현으로 볼 수 있다. 새로운 연구 결과들에 기초하여 교수 활동에 대하여 끊임없이 반성적으로 재평가하는 것은 교사들에게 교수와 학습에 대한 가정에 의문을 가지게 하고 교사가 학교 사회에서 수동적인 역할을 담당하여 '체제 순응적 교사'가 되는 것을 막아 준다.

03 학습 공동체와 반성적 사고를 준비하는 태도

반성적인 사고를 할 때 학습자들은 학습 상황의 가운데로 나아가야 하며 이것은 자신의 배움에 대한 끊임없는 의심의 가운데로 나아가는 것을 의미한다(Schon, 1987). 학습자들은 때때로 이러한 반성적 사고의 과정이 늘 편안한 것만은 아니라는 것을 느낀다. 그들은 좌절하고 무안함을 느끼며 혼돈되고 또한 위기의식까지 느낀다. 어떤 학생들은 이미 정해진 학습의 과정을 따라가는 확실성, 안정성 등을 포기하려는 준비가 충분히 되어 있지 않은 경우가 있다. 예비교사들이 반성적 사고를 하도록 도와주려면 그들이 자신의 사고를 공유하고 나눌 수 있는 안전하고 서로 격려하는 학습 공동체가 필요하다.

일단 서로 신뢰할 수 있는 학습 공동체가 형성되고 나면 심성을 준비해 주는 것이 반성적 사고를 하는 첫 번째 단계이다. 듀이(Dewey, 1933)에 의하면 반성적 사고를 하는 사람은 그 탐색의 과정을 익히기 전에 열린 마음, 책임감, 그리고 성심성의를 다하는 태도를 먼저 가져야 한다고 하였다.

열린 마음가짐이란 여러 가지 가능성을 적극적으로 고려하려는 태도이다. 상황이나 문제가 생긴 이유를 여러 가지 각도에서 살펴보고 가능한 모든 대안에 대하여 충분히 검토하며 자신이 가장 확실하게 믿었던 신념들조차도 틀린 것일 수 있다는 가능성을 인정하는 것이다. 반성적인 사고가 일어나기 위해서는 학교문화가 가지고 있는 공식적인 의미에 대한 비판이 우선되어야 한다. 열린 마음을 가지고 있는 교사들은 지금까지 당연하고 옳다고 믿어 왔던 교육적 활동에 깔려 있는 신념들을 끊임없이 검토하게 된다.

책임감이라는 것은 어떤 행위를 함으로써 생기게 되는 결과에 대하여 충분한 검토를 하는 것을 의미한다. 책임감을 가진 교사에게는 가르친다는 행위 그 자체가 중요한 것이 아니라 그것과 연결된 가치 혹은 교육의 목표와 관련되어 왜 하는지에 대한 질문이 더욱 중요하게 되는 것이다.

성심성의를 다하는 태도라는 것은 열린 마음과 책임감이 반성적인 사고를 하는 교사의 삶에 있어서 중심이 되는 요소가 되어야 한다고 믿는 것이다. 따라서 교사들은 늘 열린 마음과 민감성을 가지고 유아들을 대하며 자신이 하는 일을 끊임없이 되돌아보고 의미를 찾는다.

토의문제

1. 반성적 사고를 통한 유아교육을 실천할 수 있는 교사 양성을 위해 대학 및 유아교육 현장에서 교사를 지원하고 안내할 수 있는 부분에는 어떤 것이 있는지 이야기해 보자.
2. 반성적 사고를 실천하기 위해 교사가 스스로 개발할 수 있는 전략에는 어떤 것이 있는지 이야기해 보자.
3. 자신의 반성적 사고의 수준을 평가해 보고 그보다 높은 수준의 사고를 하기 위해 어떤 태도와 노력이 필요한지 이야기해 보자.
4. 유아교육 현장에서 실천적 지식을 구성하여 자율적인 의사결정자로서의 역할을 담당하는 교사를 지향함에 있어 걸림돌이 되는 요인은 무엇이며, 이를 극복하기 위한 방안은 무엇인지 이야기해 보자.

참 / 고 / 문 / 헌

강인수(2004). 학교공동체의 안정적 발전을 위한 교원단체의 역할과 과제. 교육법학연구, 16(1), 1-36.

고동섭(2001). 유아교육과 신입생의 특성. 이화여자대학교 대학원 석사학위논문.

고미경(2007). 전문성 향상을 위한 유아교사론. 서울: 창지사.

고전(1997). 교사의 법적 지위에 관한 연구. 연세대학교 대학원 박사학위논문.

곽영우 · 권상혁 · 서정화 · 신통철 · 최성락 · 하상일 · 황희일(1997). 예비교원을 위한 교사론. 서울: 교육과학사.

권건일 · 신재흡(2006). 유아교사론.경기: 양서원.

교육과학기술부(2009). 유아교육 선진화 추진계획. 서울: 교육과학기술부.

교육과학기술부(2012). 유치원 기본과정 내실화를 위한 인성교육프로그램. 서울: 교육과학기술부.

교육과학기술부(2013). 교원자격검정 실무편람. 서울: 교육과학기술부.

교육부(2016). 교원자격검정 실무편람. 세종: 교육부.

교육부(2019). 교원자격검정 실무편람. 세종: 교육부.

교육인적자원부(2001). 유치원교사교육 프로그램. 서울: 교육인적자원부.

교육인적자원부(2006. 12). 교육공무원 등 보수업무 편람.

구수연 · 곽현주 · 나성식(2006). 사립 유치원 교직문화의 특질에 관한 연구. 유아교육학논집, 10(4), 103-124

권미량 · 최애경(2005). 보육시설에서 부모의 갈등과 적응 유형에 대한 사례연구. 생태유아교육연구, 4(1), 1-21.

김병찬(2005). 현대 교사상 탐색을 위한 질적 분석 연구. 한국교육, 32(4), 57-90.

김안나(2011). 수업에 대한 유아교사의 이야기 — 좋은 수업을 찾아서. 유아교육연구, 31(4), 229-258.

김은설 · 김길숙 · 이민경(2015). 영유아교사 인성 평가 도구 개발 및 교육 강화 방안(연구보고 2015-27). 서울: 육아정책연구소.

김은설 · 박수연(2010). 보육 시설장 · 교사 윤리강령 개발 연구. 한국보육시설연합회, 육아정책연구소.

김은영 · 권미경 · 조혜주(2012). 교사양성교육과정 내실화를 위한 유치원과 어린이집 일과운영 및 교사의 직무분석. 서울: 육아정책연구소.

김은영 · 도남희 · 조은경 · 조혜주(2011). 육아지원서비스 질 제고를 위한 인력 운영 개선 방안. 서울: 육아정책연구소.

김은영 · 박은혜(2007). 유치원 교사의 직무수행시간에 대한 인식 분석. 미래유아교육학회지, 14(4), 539-560.

김은영 · 장혜진 · 조혜주(2013). 영유아 교사 복지 실태와 개선 방안(연구보고 2013-13). 서울: 육아정책연구소.

김정환 · 남현우 · 염시창 · 임진영(201). 교직적성인성 검사 도구 개발 연구. 서울: 교육과학기술부.

김정휘 · 고홍화(1994). 교사의 직무 스트레스 연구. 서울: 배영사.

김주훈 외(2002). 학교 교육 내실화 방안 연구(II): 좋은 수업 사례에 대한 질적 접근(연구보고 RR

2002-4-1. 한국교육과정평가원.

김진영 · 엄정애 · 이승연(2007). 유아교사를 위한 유아음악교육. 서울: 양서원.

김현주(2005). 사립유치원 교사 문화의 특질: 어느 사립유치원 교사들의 이야기. 중앙대학교 대학원 석사학위논문.

김희용(2007). 좋은 교사의 자질. 교육철학, 38, 27-46.

김희진 · 박은혜 · 이지현(2000). 유아교육기관에서의 관찰. 서울: 창지사.

남명자(2008). 보육실습에서 겪은 실습교사의 관계 경험과 그 의미 탐색. 유아교육학논집, 12(5), 5-29.

노길영(2000). 경력 유치원 교사를 통해 본 교사 발달의 제 요인 및 유형. 이화여자대학교 대학원 석사학위논문.

류진희(1999). 교육실습과 교육활동. 서울: 양서원.

류혜숙 · 조형숙(2008). 유아교육과 신입생의 대학 입문 경험에 관한 연구. 열린유아교육연구 13(3), 249-276.

민선우(2004). 유아교사의 자아개념과 직무스트레스 및 직무만족도와의 관계. 가톨릭대학교 교육대학원 석사학위논문.

박미나 · 배율미(2013). 유치원 교사들의 직무 실태와 직무 만족도 분석. 한국교육문제연구, 31(3), 21-37.

배소연(2001). 4년제 유아교사양성 대학교의 전공교육과정연구. 교육학연구, 39(4), 271-290.

박승재 외(1997). 중등교원양성 교육과정 연구. 서울: 교육부.

박용헌 외(1994). 사범대학 교육과정의 표준모형 연구. 서울대학교 사범대학.

박은혜 · 고재천(2008). 유아교사의 부모, 원장, 동료교사에 대한 정서적 지형도 분석. 유아교육학논집, 12(4), 139-166.

박은혜 · 김수연 · 김희진 · 김희태 · 박정선 · 이대균 · 이희경 · 조부경 · 조형숙 · 황해익 · 김미석 · 김은영(2010). 유아교육선진화 기반조성사업 5. 유치원 교원 양성 및 임용 체제 개선 방안. 서울: 육아정책연구소.

박은혜 · 문복진 · 한희경 · 박신영(2016). 유아교육관리자 역량강화 및 인성교육 프로그램 정책연구. 대구: 중앙교육연수원.

박은혜 · 조운주(2006). 유아교육실습. 서울: 창지사.

박은혜 · 조운주(2007). 예비유아교사가 인식한 유아교사 이미지의 변화 탐색. 유아교육학논집, 11(4), 225-246.

박은혜(1996). 반성적 사고와 유아교사교육. 유아교육연구, 16(1), 175-192.

박혜경(2010). 좋은 수업에 대한 유아들의 인식. 한국유아교육보육복지연구, 14(4), 97-115.

방정환(1926). 어린이날. 어린이, 4. 5.

백명희(1977). 한국교원의 권리 · 의무에 관한 연구. 이화여자대학교 대학원 박사학위논문.

보건복지부(2013). 만 1세 보육프로그램. 보건복지부.

보건복지부(2016). 2016년도 보육사업안내. 보건복지부.

보건복지부(2020). 2020년도 보육사업안내. 보건복지부.

서경혜 · 최진영·노선숙 · 김수진 · 이지영 · 현성혜(2013). 예비교사 교직 인성 평가도구 개발 및 타당화. 교육과학연구, 14(1), 147-176.

서울특별시교육청(2019). 사립유치원 교원인사실무매뉴얼. 서울특별시교육청.

서울특별시교육청(2019). 교육공무원 인사실무매뉴얼. 서울특별시교육청.

서울특별시교육청(2019). 2020 서울특별시교육비 특별회계 예산편성 기본지침. 서울특별시교육청.

서현 · 송선화(2010). 유아교육과 신입생의 대학생활 적응에 관한 연구. 열린유아교육연구, 15(1), 361-391.

석은조 · 신성철(2008). 유아교사가 지각한 유아교육기관의 조직문화유형에 따른 스트레스와 스트레스 대처방안. 미래유아교육학회지, 15(1), 327-347.

성은영(2006). 반성적 사고 중심의 발문 개선교육 과정에 나타난 교사의 발문 변화. 중앙대학교 일반대학원 박사학위논문.

성은영(2008). 예비유아교사의 교육신념 특성 및 교수수행 과정에서의 어려움 탐색-유치원 교육실습을 중심으로-. 열린유아교육연구, 13(2), 137-163.

송유진(1993). 유아교육기관의 조직풍토와 교사의 직무만족도에 관한 연구. 이화여자대학교 대학원 석사학위논문.

양옥승 · 임승렬 · 박은혜 · 조부경(1997). 유아교사 양성대학 평가. 한국교사교육, 14(1), 30-56.

오문자(2001). 레지오 에밀리아의 유아교육 실제와 제리오 접근법: 한국 현장 적용 실태와의 연결. 21세기 유아교육의 비전 (pp.162-200). 한국유아교육학회 창립25주년 기념 제1회 국제학술대회.

오영희 · 이춘희 · 김혜자 · 이성세 · 최미숙(2008). 유아교육기관 교사의 직무만족도에 관한 연구-자아상태와 스크로크를 중심으로, 유아교육학논집, 12(2), 381-400.

위수정(2001). 유치원에서의 어머니 - 교사 의사소통에 관한 연구. 이화여자대학교 대학원 석사학위논문.

이경민 · 엄은나(2005). 유아 교사 자질에 대한 유치원 1급 정교사 자격 연수 참여 교사의 기대와 자기평가. 유아교육학논집, 9(4), 133-152.

이경민(2002). 유치원 교사의 생애에 대한 기초 연구. 유아교육연구, 22(3), 95-114.

이경하 · 임영심(2006). 18~22개월 영아와 교사의 상호작용에 기초한 영아교사의 역할. 유아교육학논집, 10(1), 55-78.

이고미(2003). 유치원 교사들 간의 인간관계에 관한 연구. 이화여자대학교 교육대학원 석사학위논문.

이규환(1995). 세계 각국의 교원교육 개혁과 그 시사점. 교원교육의 발전방향 모색. 이화여자대학교 교원교육 80주년 기념 학술대회.

이금란(2000). 유치원 교사의 이미지에 관한 연구: 인천광역시를 중심으로. 이화여자대학교 대학원 석사학위논문.

이돈희(1994). 교과교육학 탐구. 서울: 교육과학사.

이성희(2012). 유치원 교사가 계획 · 실행 · 평가한 교육과정에 나타난 실천적 지식 분석. 이화여자대학교 박사학위논문.

이세녕(2002). 유치원 교사의 교사관심사 분석. 이화여자대학교 교육대학원 석사학위논문.

이순자(2008). 공립 유치원 교사의 유치원 조직구조 유형에 따른 교직생활 특성 탐구. 열린유아교육연구, 13(5), 1-45.
이승연(1994). 유치원 교사 발달 단계에 기초한 유치원 교사의 관심사 분석. 이화여자대학교 대학원 석사학위논문.
이영애 · 이연승 · 정진 · 조화연 · 박현주 · 이현숙 · 임원신 · 유준호(2001). 유아교사교육의 새로운 접근. 서울: 창지사.
이영애(2001). 유아교육에서의 교직윤리. 유아교육담당 장학사 연수 교재. 서울: 한국어린이육영회.
이은화 · 김영옥(1993). 유아사회교육. 서울: 양서원.
이은화 · 배소연 · 조부경(1995). 유아교사론. 서울: 양서원.
이은화 · 배소연 · 조부경(2001). 유아교사론. 서울: 양서원.
이정환(1999). 유아교육의 교수학습방법. 서울: 교문사.
이희경 · 김성수(2007). 유아교사 역할에 대한 예비유아교사의 신념분석: Q-방법론적 접근. 영유아교육연구, 10, 169-186.
임승렬 · 권혜진(2005). 이직한 유치원 초임 교사의 이직 동기에 관한 연구. 열린유아교육연구, 19(4), 361-391.
임승렬 · 조경희(1999). 교육실습생의 발달 단계에 따른 장학에 관한 연구. 한국교사교육, 16(1), 259-281.
임재택(1999). 유아교육기관 운영관리. 서울: 양서원.
임진형(2000). 유치원 초임 교사의 사회적 지지, 자기효능감과 직무스트레스 간의 관계. 이화여자대학교 대학원 석사학위논문.
임현식(1997). 교과교육학의 발전 방향에 관한 토론. 이화여자대학교 교과교육연구소 창립기념 학술 심포지움.
장선화(1994). 유아교육 예비교사와 현직교사의 관심사에 관한 연구. 한국교원대학교 대학원 석사학위논문.
정광자(2007). 공립 유치원 교사의 직무만족도와 헌신도 및 사회적 지원과의 관계. 원광대학교 교육대학원 석사학위논문.
정명숙 · 황해익(2010). 학부모가 인식하고 있는 유치원 교사의 이미지. 아동연구, 31(3), 67-82.
정성숙(2010). 유치원 교사 복지 관련법에 대한 교사의 인식과 유치원의 적용실태조사. 덕성여자대학교 교육대학원 석사학위논문.
정향림(2005). 공 · 사립 유치원 교사의 직무스트레스와 직무만족도와의 관계: 경인지역을 중심으로. 이화여자대학교 교육대학원 석사학위논문.
정현숙(2002). 유아교사의 자아상 유형에 관한 연구. 건국대학교 대학원 박사학위논문.
조부경 · 백은주 · 서소영(2001). 유아교사의 발달을 돕는 장학. 서울: 양서원.
조성자 · 문수백 · 민하영(2008). 유아교육기관 교사의 지각된 자아효능감과 사회적 지지가 조직 몰입에 미치는 영향. 한국가정관리학회지, 26(2), 25-32.
조연순 · 황규호 · 박은혜(1997). 전문성 제고를 위한 교원양성 교육과정 개선방안 연구. 이화여자대학교 사범대학 교육과학연구소.
조영식 · 김우진 · 박성혜(2010). 사립유치원 교사의 교직생활 보람에 관한 연구. 어린이미디어연구,

9(3), 91-117.

조운주 · 최일선(2004). 사립 유아교육기관 초임 교사들의 갈등 및 안정에 대한 이해. 유아교육연구, 24(1), 71-93.

조운주(2007). 유아교사와 유아가 인식한 유아교사의 이미지 이해. 유아교육연구, 27(3), 315- 335.

조운주(2014). 예비유아교사를 위한 교직 적성 · 인성검사도구의 타당성 및 개선 방안. 육아지원연구, 9(2), 101-123.

조형숙 · 김정숙(2011). 유치원 교사 이미지에 대한 사회적 인식, 열린유아교육연구, 16(4), 407-428.

조혜진(2007). 영아반 초임교사들의 어려움과 적응에 대한 이해. 유아교육학논집, 11(2), 237-262.

중앙보육정보센터(2007). 평가인증조력프로그램: 영역 4 상호작용.

차현화 · 김현(2008). 예비교사의 자아존중감, 대인관계와 장애인에 대한 태도와 관계. 아동교육, 17(4), 285-297.

최윤경 · 김재원(2011). 보육교직원 보수체계 개선방안 연구. 서울: 육아정책연구소.

최은영 · 황성온 · 황우상(2012). 공립유치원 설치 운영 현황 분석 및 개선 방안 연구. 서울: 육아정책연구소.

최혜정(2007). 영아반 보육실습 체험에 대한 내러티브 연구. 숙명여자대학교 대학원 박사학위논문.

한국보육진흥원(2012.11). 보육교직원 자격기준 변경사항 안내.

홍기칠(2006). 교직적성 · 인성 검사도구의 적용연구. 초등교육연구논총, 22(1), 113-135.

Berliner, D. (1986). In the pursuit of the expert pedagogue. *Educational Researcher, 15*(7), 5-13.

Bolin, F. S. (1990). Helping student teachers think about teaching: Another look at Lou. *Journal of Teacher Education, 4*(1), 10-19.

Bullough, R., & Knowles, J. (1991). Teaching and nurturing: Changing conceptions of self as teacher in a case study of becoming a teacher. *Qualitative Studies in Education, 4*, 121-140.

Carter, K. (1990). Teachers knowledge and learning to teach. In W. R. Houson (Eds.), *Handbook of research on teacher education* (pp. 291-310). New York: Macmillan.

Carter, K., & Doyle, W. (1996). Personal narrative and life history in learning to teach. In J. Sikula (Eds.), *Handbook of research on teacher education (2nd ed.)*. New York: Simon & Schuster MacMillan.

Caruso, J. J. (2000). Cooperating teacher and student teacher phases of development. *Young Children, 55*(1), 75-81.

Caruso, J. J., & Fawcett, M. T. (1992). 발달적 접근에 의한 유아교육기관 장학론. 이은화 · 조부경 (공역). 서울: 교문사. (원서출판일 1986).

Cohn, M. M., & Gellman, V. C. (1988). Supervision: A developmental approach for fostering inquiry in preservice teacher education. *Journal of Teacher Education, 39*(2), 2-8.

Connelly, F., & Clandinin, D. (1990). Stories of experience and narrative inquiry. *Educational Researcher, 19*(5), 2-14.

Day, C. (2007). 열정으로 가르치기(박은혜 · 이진화 · 위수경 · 조혜선 공역). 서울: 파란마음. (원서

2004 출판).

Denzin, N. (1984). *On understanding emotion*. SanFrancisco: Jossey-Bass.

Dewey, J. (1933). *How we think: A restatement of the relations of reflective thinking to the educative process (2nd rev. ed.)*. Lesington, MA: D.C. Heath.

Feeney, S., Freeman, N. K., & Eva Moravcik (2000). *Teaching the NAEYC code of ethical conduct: Activity sourcebook*. Washington, DC: National Association for the Education of Young Children.

Fessler, R. (1985). A model for teacher professional growth and development. In P. J. Burke & R. G. Heideman (Eds.), *Career-long education* (pp. 181-193). Springfield, IL: Charles C Thomas.

Fessler, R., & Christensen, J. (1992). *The teacher career cycle: Understanding and guiding the professional development of teachers*. Boston: Allyn and Bacon.

Freire, P. (2000) 프레이리의 교사론. (교육문화연구회 역). 서울: 아침이슬. (원서 1998 출판).

Fritz. S., Brown. F. W., Lunde. J. P., & Banset. E. A. (1999). *Interpersonal skills for leadership*. New Jersey: Prentice-Hall.

Fuller, F., & Brown, O. (1975). Becoming a teacher. In K. Ryan (Eds.), *Teacher Education*(The Seventy-Fourth NSSE Yearbook). Chicago: University of Chicago Press.

Getzels, J. W., Limpham, J. M., & Campbell, R. F. (1968). *Educational administration as a social process: Theory, practice, and research*. New York: Haper & Row Publishers.

Goodman, J. (1986). Teaching preservice teachers a critical approach to curriculum design: A descriptive account. *Curriculum Inquiry, 16*(2), 81-201.

Hargreaves, A. (2000). Mixed Emotions: Teachers' perceptions of their interactions with students. *Teaching and Teacher Education, 16*(8), 881-926.

Hargreaves, A. (2001). Emotional geographies of teacher's relations with colleague. *International Journal of Education Research, 35*, 503-527.

Hargreaves, A. (2002). Teaching in a box: Emotional geographies of teaching. In C. Surge & C. Day(Eds.), *Developing teachers and teaching practice* (pp.2-25). London: Routledge Falmer Press.

Holt-Reynolds, D. (1992). Personal history-based beliefs as relevant prior knowledge in course work. *American Educational Research Journal, 29*(2), 325-349.

Hyson, M. (Eds.). (2003). *Preparing early childhood professionals: NAEYC's standards for programs*. Washington, DC: National Association for the Education of Young Children.

Johnson, D. W., & Johnson, F. P. (1994). *Joining together group theory and group skills*. Boston: Allyn and Bacon.

Jones, E., & Derman-Sparks, L. (1992). Meeting the challenge of diversity. *Young Children, 47*(2), 12-18.

Jorde-Bloom, P.(1989). *Measuring work attitudes in the early childhood setting. Technical manual for the early childhood job satisfaction survey and early childhood work environ-*

ment survey. Illinois Early Childhood Professional Development Project.

Katz, L. G. (1972). Developmental stages of preschool teachers. *Elementary School Journal*, *73*, 50-54.

Katz, L. G. (1985). Research currents: Teachers as learners. *Language Arts*, *62*(7), 778-782.

Katz, L. G. (1989). 유아교사를 위한 제언. 이차숙 (역). 서울: 양서원.

Kidder, R. M. (1995). *How good people make though choices: Resolving the dilemmas of ethical living*. New York: Fireside.

Knowles, J. G., & Holt-Reynolds, D. (1991). Shaping pedagogies through personal histories in preservice teacher education. *Teachers College Record*, *93*(1), 87-113.

Knowles, J. G., Cole, A. L., & Presswood, C. S. (1994). *Through preservice teachers's eyes: Exploring field experience through narrative and inquiry*. New York: Macmillan College Publishing Company.

Korthage, F. A. J. (1988). The influence of learning orientations on the development of reflective teaching. In J. Calderhead (Eds.), *Teachers' professional learning* (pp. 35-50). Philadelphia: Falmer.

Kremenitzer, J. P., & Miller, R. (2008). Are you a highly qualified, emotionally intelligent early childhood educator. *Young Children*, *63*(4), 106-112.

Lakoff, G., & Johnson, M. (1980). *Metaphors we live by*. Chicago: The University of Chicago Press.

Lazear, D. (1994). *Multiple intelligence approaches to assessment*. Zephyr Press.

Lortie, D. C. (1975). *Schoolteacher: A sociological study*. Chicago: The University of Chicago Press.

Machado, J. M., & Meyer-Botnarescu, H. (2004). *Student teaching: Early childhood practicum guide*. New York: Thomson Learning, Inc.

Marshall, H. H. (1990). Metaphor as an instructional tool in encouraging student teacher reflection. *Theory into Practice*, *29*(2), 128-132.

Mitchell, C., & Webber, S. (1999). *Reinventing ourselves as teachers*. PA: Falmer Press.

Nias, J. (1996). Thinking about feeling: The emotions in teaching. *Cambridge Journal of Education*, *26*(3), 293-306.

O'Loughlin, M. (1992). Engaging teachers in emacipatory knowledge construction. *Journal of Teacher Education*, *43*(5), 336-346.

Osborn , M., & Osborn, S. (1994). *Public speaking(3rd ed.)*. Boston: Houghton mifflin.

Peters, D. L., & Klinzing, D. G. (1990). The content of early childhood teacher education programs: Child development. O. N. Saracho(Eds.), Early childhood teacher preparation. New York: Teachers College Press(pp.67-81).

Pigge, F. L., & Marso, R. N. (1993, February). *Outstanding teachers' sense of teacher efficacy at four stage of career development*. Paper presented at the Annual Conference of the

Association of Teacher Education, Los Angeles.

Pilland, D. D. (1993). *The socialization process of student teachers: A descriptive study* (ERIC Document Reproduction Service No. ED 369 745).

Powell, R., & Birrell, J. (1992, April). *The influences of prior experiences on pedagogical constructs of traditional and nontraditional preservice teachers.* Paper presented at the annual meeting of the American Educational Research Association, San Francisco.

Riggs, I., & Enochs, L. (1990). Toward the development of an elementary teacher's science teaching efficacy belief instrument. *Science Education, 74*, 625-638.

Rike, C. J., & Sharp, L. K. (2008). Assessing preservice teachers' dispositions: A critical dimension of professional preparation. *Childhood Education, 84*(3), 150-153.

Roderick, J. A. (1986). Dialogue writing: Context for reflecting on self as teacher and researcher. *Journal of Curriculum and Supervision, 1*(4), 305-315.

Ross, D. D. (1989). Preparing the reflective practitioner: Transforming the apprentice through dialectic. *Journal of Teacher Education, 40*(2), 31-35.

Rowe, D. J., Early, B., & Loubier, D. (1999). 영아와 걸음마기 유아교사의 역할. 조부경 · 이정미 (공역). 유아교사교육의 새로운 접근 (pp. 33-48). 서울: 양서원. (원서출판일 1994).

Schon, D. (1983). *The reflective practitioner: How professionals think in action.* New York: Basic Books.

Schon, D. (1987). *Educating the reflective practitioner.* San Francisco: Jossey-Bass.

Sergiovanni, T. J., & Carver, F. D. (1980). *The new executive.* New York: Haper & Row Publishers.

Shulman, L. (1987). Knowledge and teaching: Foundations of the new reform. *Harvard Educational Review, 57*(1), 1-22.

Siegel, I. E., & Saunders, R. (1979). An inquiry into inquiry: Question asking as an instructional model. In L. Katz(Eds.), *Current topics in early education*(Vol. II). NJ: Ablex Publishing Corporation.

Surbeck, E., & Han, E. P. (1993) Becoming a child-sensitive teacher: Can journal writing help? *The Journal of Early Childhood Teacher Education, 14*(2), 4-10.

Surbeck, E., Han, E., & Moyer, J. (1991). Assessing reflective responses in journals. *Educational Leadership, 48*(6), 25-29.

Tobin, K. (1990). Changing metaphors and beliefs: A master switch for teaching? *Theory into Practice, 29*(2), 122-127.

Tom, A. (1984). *Teaching as a moral craft.* New York: Longman.

Traver, R. (1987). Autobiography, feminism, and the study of teaching. *Teachers College Record, 88*(3), 443-452.

Tsai, C. T. (1990). *A survey study of Chinese kindergarten teacher concern.* Unpublished

Doctoral Dissertation. University of Illinois.

Van Manen, J. (1977). Linking ways of knowing with ways of being practical. *Curriculum Inquiry, 6*, 205-208.

Zeichner, K. M. (1981, 1982). Reflective teaching and field-based experience in teacher education. *Interchange, 12*(4), 1-21.

Zeichner, K., & Liston, D. (1987). Teaching student teachers to reflect. *Harvard Educational Review, 57*, 23-48.

각 시도 교육청 홈페이지.

각 시도 보육정보센터.

교사노동조합연맹. https://ctu.modoo.at/

교육과학기술부. http://www.mest.go.kr.

교육부(2019). 개정 누리과정 놀이실행자료. 교육부.

국가법령정보센터(2017). 공무원 수당 등에 관한 규정. http://www.law.go.kr/lsInfoP.do?lsiSeq=190935&efYd=20170106#AJAX에서 검색.

국가법령정보센터. 교육공무원 임용후보자 선정경쟁시험규칙 일부개정령(2012. 12. 28.). http://www.law.go.kr에서 검색.

국가법령정보센터(2017. 1.). http://www.law.go.kr에서 검색.

국가법령정보센터(2020. 7.). http://www.law.go.kr에서 검색.

보건복지부·한국보육진흥원(2016). 보육교사 자격기준 변경안내. https://www.kcpi.or.kr에서 검색.

서울특별시 교육청(2017). 2017년도 서울특별시 교육비 특별회계 예산편성 기본지침. file:///C:/Users/minjin/Downloads/-upload-unknown-2017-1-5-20170105_093509_989_033%20(2).pdf에서 인출.

인사혁신처. 공무원 보수 규정. http://www.mpm.go.kr/mpm/에서 검색.

전국교직원노동조합. http://www.eduhope.net.

통계청(2007). 한국표준직업분류. http://kostat.go.kr/e_book/kssc/KSCO07/EBook.htm에서 검색.

통계청(2020). 한국표준직업분류. http://kostat.go.kr/e_book/kssc/KSCO07/EBook.htm에서 검색.

한국교원단체총연합회. http://www.kfta.or.kr.

한국교육개발원 교육통계서비스(2017. 1.). http://kess.kedi.re.kr/index.

한국교육개발원 교육통계서비스(2020. 7.). http://kess.kedi.re.kr/index.

한국보육진흥원(2017. 1.). 보육교직원 자격기준. http://chrd.childcare.go.kr에서 검색.

한국보육진흥원. http://www.kcpi.or.kr.

저자 소개

박 은 혜

이화여자대학교 교육학과(학령전 교육) 졸업(학사)
이화여자대학교 대학원 유아교육 전공(석사)
미국 아리조나 주립대학 유아교육과(박사)
미국 뉴욕 주립대학(제네시오 소재) 유아교육 전공 교수 역임
현 이화여자대학교 유아교육과 교수

제6판

유아교사론

초 판 1쇄 발행 2003년 2월 26일
초 판 4쇄 발행 2004년 8월 26일
제2판 8쇄 발행 2009년 2월 16일
제3판 7쇄 발행 2012년 8월 20일
제4판 8쇄 발행 2016년 7월 10일
제5판 7쇄 발행 2020년 3월 2일
제6판 6쇄 발행 2024년 8월 23일

지 은 이 | 박은혜
펴 낸 이 | 김기섭
편 집 인 | 김민수
펴 낸 곳 | 창지사 www.changjisa.com
08589 서울시 금천구 가산디지털 1로 83 파트너스타워 1차 9층
전화 (02)719-2211~3
팩스 (02)701-9386
등 록 | 1977년 4월 28일 · 제1-421호

© 박은혜, 2003, 2005, 2009, 2013, 2017, 2020

- 이 책 내용의 전부 또는 일부를 재사용하려면 반드시 저작권자와 창지사 양측의 동의를 받아야 합니다.
- 저자와 협의하여 인지는 생략합니다.
- 출판물 불법 복사, 불법 북스캔은 저작권 위반으로 처벌받을 수 있습니다. 불법 제본으로 처벌될 경우(전과기록 됨) 취업 불이익이나 해외유학과 이민 등 비자발급이 거부되는 불이익이 발생할 수 있습니다.

ISBN 978-89-426-1355-7 (93370)

값 24,000원